普通高等院校财务管理、会计学专业系列教材

U0711115

审 计 学

主　编　王雪彬

副主编　李玉琴　曹　慧　孙　颖

北京理工大学出版社
BEIJING INSTITUTE OF TECHNOLOGY PRESS

内 容 简 介

本书分为十六章，重点介绍了注册会计师年度财务报表审计的相关理论与实务。第一章到第八章阐述审计概述、我国审计的组织形式、审计准则及职业道德规范、审计计划和审计重要性、审计方法、风险评估程序与内部控制、风险应对、审计证据和审计工作底稿等审计基础理论；第九章至第十六章主要介绍了审计实务，具体内容包括销售与收款循环审计、采购与付款循环审计、生产与存货循环审计、投资与筹资循环审计、货币资金审计、特殊事项审计、完成审计工作及审计报告。

图书在版编目（CIP）数据

审计学／王雪彬主编. --北京：北京理工大学出版社，2022.9（2022.10 重印）

ISBN 978-7-5763-1728-2

Ⅰ. ①审… Ⅱ. ①王… Ⅲ. ①审计学 Ⅳ. ①F239.0

中国版本图书馆 CIP 数据核字（2022）第 173301 号

出版发行／北京理工大学出版社有限责任公司

社　　址／北京市海淀区中关村南大街 5 号

邮　　编／100081

电　　话／（010）68914775（总编室）
　　　　　（010）82562903（教材售后服务热线）
　　　　　（010）68944723（其他图书服务热线）

网　　址／http://www.bitpress.com.cn

经　　销／全国各地新华书店

印　　刷／三河市天利华印刷装订有限公司

开　　本／787 毫米×1092 毫米　1/16

印　　张／21.25　　　　　　　　　　　　　　　责任编辑／王晓莉

字　　数／499 千字　　　　　　　　　　　　　文案编辑／王晓莉

版　　次／2022 年 9 月第 1 版　2022 年 10 月第 2 次印刷　责任校对／周瑞红

定　　价／54.00 元　　　　　　　　　　　　　责任印制／李志强

"审计学"是会计、审计、财务管理等专业的核心课程。由于审计是一门具有交叉性质的应用科学,是审计实践经验的总结,因而"审计学"课程具有实践性、规范性和综合性的特征,这给"审计学"课程的教学带来了很大的挑战。本书以前沿性、实战性、逻辑性为原则,以审计准则为核心,既注重从理论上对审计准则进行系统的论证和总结,又从实务上对审计准则的运用予以全面透彻的阐释和说明。

本书具有如下特点。

1. 追踪审计准则和审计实务发展前沿

2018 年 5 月 23 日中央审计委员会召开了第一次会议,指出,要着力构建集中统一、全面覆盖、权威高效的审计监督体系,要加强对内部审计工作的指导和监督,调动内部审计和社会审计的力量,增强审计监督合力。因此,我国的审计工作进入了新的发展时代,承载了新的使命。我国审计理论研究者和实务工作者应深刻理解和深入研究审计的新使命,为理论研究和实际工作提供指导。财政部 2017—2018 年对企业会计准则进行了大幅新修订或新发布,包括新修订或新发布的企业会计准则及其应用指南,会计准则解释、通知及解读。本书结合新时代新要求,阐述大量运用分析程序开展财务报表审计的理念。

2. 完整展现年报审计实战过程

本书依据会计师事务所年报审计的逻辑展开阐述,突出审计业务主线,同时将大量实际案例穿插在审计理论学习过程中,具有很强的实战性。

3. 图文并茂,增强生动性和条理性

审计的知识点多而琐碎,如果以文字将其一一罗列,容易使学生失去学习兴趣。本书图文并茂,格式活泼,大量采用图表归纳,有利于学生学习和记忆。

本书编写分工如下:第一章、第二章由曹慧完成,第六章、第七章由李玉琴完成,其余章节由王雪彬完成。孙颖主要负责相关材料的收集与整理。由于编者水平有限,书中难免存在错误和不足,恳请读者批评指正。

编　者
2022 年 2 月

目录

第一章　审计概述 …………………………………………………………（001）

　　第一节　审计的产生和发展 ……………………………………………（002）

　　第二节　审计的概念和性质 ……………………………………………（007）

　　第三节　审计目标和对象 ………………………………………………（009）

　　第四节　审计职能和作用 ………………………………………………（010）

第二章　我国审计的组织形式 ……………………………………………（014）

　　第一节　政府审计机关 …………………………………………………（015）

　　第二节　民间审计组织 …………………………………………………（026）

　　第三节　内部审计机构 …………………………………………………（031）

第三章　审计准则及职业道德规范 ………………………………………（041）

　　第一节　审计准则 ………………………………………………………（042）

　　第二节　中国注册会计师执业准则 ……………………………………（046）

　　第三节　注册会计师职业道德规范和法律责任 ………………………（048）

第四章　审计计划和审计重要性 …………………………………………（060）

　　第一节　审计计划 ………………………………………………………（061）

　　第二节　审计重要性 ……………………………………………………（067）

第五章　审计方法 …………………………………………………………（077）

　　第一节　审计方法 ………………………………………………………（078）

　　第二节　审计抽样方法 …………………………………………………（084）

第六章　风险评估程序与内部控制 ………………………………………（106）

　　第一节　风险评估程序 …………………………………………………（107）

　　第二节　了解被审计单位及其环境 ……………………………………（110）

　　第三节　了解被审计单位的内部控制 …………………………………（114）

　　第四节　评估重大错报风险 ……………………………………………（119）

第七章 风险应对 ·· (125)

第一节 针对财务报表层次的重大错报风险实施的总体应对措施 ··········· (126)

第二节 针对认定层次的重大错报风险设计和实施的进一步审计程序 ········ (127)

第三节 控制测试 ··· (129)

第四节 实质性程序 ·· (134)

第八章 审计证据和审计工作底稿 ·································· (140)

第一节 审计证据 ·· (141)

第二节 审计工作底稿 ··· (146)

第九章 销售与收款循环审计 ······································ (156)

第一节 销售与收款循环的概述 ·· (157)

第二节 销售与收款循环的内部控制及控制测试 ······················ (161)

第三节 销售与收款循环的实质性程序 ································· (164)

第十章 采购与付款循环审计 ······································ (172)

第一节 采购与付款循环审计概述 ····································· (173)

第二节 采购与付款循环的控制及控制测试 ···························· (176)

第三节 应付账款审计 ·· (181)

第四节 固定资产和累计折旧审计 ····································· (183)

第五节 投资性房地产审计 ··· (188)

第六节 其他相关账户审计 ··· (189)

第十一章 生产与存货循环审计 ··································· (195)

第一节 生产与存货循环概述 ·· (196)

第二节 生产与存货循环的控制测试 ··································· (199)

第三节 生产与存货循环的实质性程序 ································· (206)

第四节 应付职工薪酬审计 ··· (226)

第五节 与存货相关的其他账户的审计 ································· (227)

第十二章 投资与筹资循环审计 ··································· (231)

第一节 投资与筹资循环概述 ·· (232)

第二节 投资与筹资循环的控制测试 ··································· (234)

第三节 投资与筹资循环的实质性程序 ································· (237)

第十三章 货币资金审计 ·· (246)

第一节 货币资金与业务循环概述 ····································· (247)

第二节 货币资金的内部控制及控制测试 ······························ (248)

第三节 库存现金审计 ·· (252)

第四节 银行存款审计 ·· (254)

第五节 其他货币资金审计 ··· (257)

第十四章　特殊事项审计 ………………………………………………………………… （260）

　　第一节　期初余额审计 ………………………………………………………………… （261）

　　第二节　期后事项审计 ………………………………………………………………… （262）

　　第三节　或有事项审计 ………………………………………………………………… （265）

　　第四节　持续经营审计 ………………………………………………………………… （266）

　　第五节　会计估计审计 ………………………………………………………………… （268）

　　第六节　关联方交易审计 ……………………………………………………………… （279）

第十五章　完成审计工作 ………………………………………………………………… （290）

　　第一节　取得管理层书面声明和律师声明书 ………………………………………… （291）

　　第二节　与治理层沟通 ………………………………………………………………… （296）

　　第三节　复核审计工作 ………………………………………………………………… （299）

　　第四节　项目质量控制复核 …………………………………………………………… （301）

第十六章　审计报告 ……………………………………………………………………… （307）

　　第一节　审计报告概述 ………………………………………………………………… （308）

　　第二节　审计意见的形成和审计报告的类型 ………………………………………… （309）

　　第三节　审计报告的基本内容 ………………………………………………………… （312）

参考答案 …………………………………………………………………………………… （327）

参考文献 …………………………………………………………………………………… （331）

第一章 审计概述

🔔 **本章学习目标**

1. 了解审计的概念及特征；
2. 了解审计的职能；
3. 掌握审计的作用，了解审计的作用与审计职能之间的关系。

案例导入

英国南海公司案件始末

英国南海股份有限公司（以下简称南海公司）成立于 1710 年，主要从事海外贸易业务。公司成立 10 年间，经营业绩平平。1719—1720 年，公司趁股票投机热在英国方兴未艾之际，发行海量股票，同时公司董事会对外散布公司利好消息，致使公众对股价上涨信心十足，带动了公司股价上升。1719 年，南海公司股价为每股 114 英镑，到 1720 年 3 月股价升至每股 300 英镑，1720 年 7 月股价高达每股 1 050 英镑，公司股东波伦特决定以高于面值数倍的价格发行新股。一时间，南海公司股价扶摇直上，一场股票投机浪潮席卷全英。

英国议会为了制止国内"泡沫公司"的膨胀，于 1720 年 6 月通过了《泡沫公司取缔法》，随之一些公司被解散。许多投资者开始清醒，抛售手中所持股票。股票投资热的降温，致使南海公司股价一路下滑，到 1920 年 12 月，南海公司股价跌至每股 124 英镑。1920 年年底，英国政府对南海公司资产进行清理，发现其实际资本所剩无几。南海公司宣布破产。

南海公司破产，犹如晴天霹雳，震惊了公司投资人和债权人，数以万计的股东及债权人蒙受损失。当证实了百万英镑的损失落在自己头上时，他们纷纷向英国议会提出严惩欺诈者并给予赔偿损失的要求。

英国议会面对舆论压力，为平息南海公司破产引发的风波，于 1721 年 9 月成立了由 13 人组成的特别委员会，秘密查证南海公司破产事件。在查证中发现该公司的会计记录严重失实，并有明显的篡改舞弊行为。为此，特别委员会特聘请伦敦市霍斯特·莱思学校的会计教师查尔斯·斯内尔对南海公司账目进行审查。斯内尔应议会特别委员会的要求，通过对南海公司会计账目的审核，于1721年编制了一份题为《伦敦市霍斯特·莱思学校的习字教师兼会计师查尔斯·斯内尔对南海股份有限公司会计账簿检查的意见》的查账报告书，指出了南海公司存在的舞弊行为，但没有对公司编制虚假账目的目的表示自己的意见。英国议会根据斯内尔的查账报告书，没收了南海公司全部公司董事的个人财产，将公司一名直接责任经理押进了英国伦敦塔监狱。为此，查尔斯·斯内尔成为世界民间审计的先驱者，他编制的查账报告是世界最早由会计师编制的审计报告。

英国政府颁布的《泡沫公司取缔法》，主要目的是防止不正常的股票投机，对股份公司的成立严加限制，以保持资本市场的稳定，保护投资者及债权人的利益不受侵害。1828年，英国政府根据国内经济发展对资金的高度需求，重新认识股份公司的经济意义，撤销了1720年的《泡沫公司取缔法》，1834年以后又通过了由国王授予特许证设立股份公司的法案。英国议会于1844年颁布了《公司法》，促进并规范了股份公司的发展。

（资料来源：葛长银. 审计经典案例评析 [M]. 北京：中国人民大学出版社，2003.）

第一节　审计的产生和发展

审计是社会经济发展到一定阶段的必然产物，现代审计在企业、政府和整个社会经济中占据相当重要的地位。审计和会计一样有着悠久的历史，自其产生之时起，经过不断地完善和演化，至今已经形成一套比较完备的科学体系，为促进社会与经济的稳定发展发挥着重要的作用。

一、审计产生的客观基础

审计是一种社会经济现象，它是因社会经济发展的需求而产生的。随着社会经济的发展，只有当财产所有者与经营管理者出现了分离，形成委托和受托经济责任关系之后，才会产生对审计的需求。因而，受托经济责任关系的确立是审计产生和发展的客观基础。所谓受托经济责任（accountability）关系是指当财产管理制度发展至出现了财产所有权和管理权分离时，财产所有者将财产的经营管理权委托给财产管理者而形成的一种委托和受托关系。

在奴隶社会和封建社会，奴隶主和封建主阶级为了巩固其统治地位，通过征税来维持其生存，而征税的人员都是由最高统治者委托的代理官吏来担任的。最高统治者和代理官吏之间便构成了受托经济责任关系。这时，无论是最高统治者，还是一般的奴隶主和封建主，都非常关切其财产的安全完整，那么就有必要授权给独立于财税和会计活动以外的官员来进行审查，对被委托的代理人所经手的钱、财、物、账进行审核，证明代理人是否诚实地承担和履行了自己的受托经济责任。中外古代审计，都是在这样的客观条件下产生的。

随着社会经济的发展和生产规模的不断扩大，资本主义社会出现了以股份制为主要形式的生产经营企业。股份公司的股东对公司财产拥有所有权，但并不直接参与公司的生产经营管理，而是委托经理行使经营管理职能，这就使财产所有权与经营管理权日益分离。公司经理人员对股东的受托经济责任大大加强了，经理人员要以财务报表形式定期向股东汇报公司的经营状况和财务成果。而这些财务报表是否真实、正确，能否证明管理人员尽职尽责地履行了其承担的经济责任，更需要作为第三者的审计人员进行监督和审查，以保证股东和债权人的正当权益不受侵犯，这就促使了民间审计的产生。

在20世纪，随着经济贸易活动的日趋国际化，跨国公司不断涌现，导致了分权管理。在这种情况下，总公司的经理人员已不可能亲自搜集各种经营管理信息，不可能对各级管理层次和各个管理区域的管理者进行监督。为了审查各级管理者在所有权统一的前提下对总公司最高管理者所承担的受托经济责任，内部审计便应运而生。

在社会主义市场经济体制下，无论是国有企业还是公司制企业，同样实行财产所有权和经营管理权分离，企业管理者承担着各种受托经济责任。为了保护国家和投资者的合法权益，必须由独立的权威机构审查企业的财务收支情况，确认企业的会计资料是否真实、可靠，经济活动是否合法、合理，以确定和解除有关责任人的受托经济责任。社会主义国家的政府、人民团体和事业单位虽然不是生产经营组织，但它们同样负有节约财政开支、减少经费支出和提高工作效率的受托经济责任。因此，国家也要审查其财政、财务收支的合法性、合理性和真实性。

由此可见，无论是在奴隶社会、封建社会，还是在资本主义社会和社会主义社会，各种不同性质的审计都同财产所有权与经营管理权相分离而产生的受托经济责任关系有关。没有这种受托经济责任关系，就不可能产生审计行为。

二、审计关系理论

受托经济责任关系产生审计行为的同时，也形成了审计关系。审计关系是指一项审计行为必然涉及的审计人、被审计人和审计委托人三方之间所形成的经济责任关系。所以，审计关系由以下三种审计关系人组成。

第一关系人，即审计主体（审计机构或人员），称审计人。他们根据审计委托人的委托，对被审计单位的财务状况及有关人员履行受托经济责任情况进行验证、审查，并提出审查报告书或证明书。

第二关系人，即审计客体（被审计单位），称被审计人。他们接受审计委托人的授权，经营管理其资源财产，履行受托经济责任。其受托经济责任须经审计人验证审查后才能确定或解除。

第三关系人，即审计委托人。他们是资源财产的所有者，向被审计人提出履行经济责任的要求，使两者之间存在明确的受托经济责任关系，并接受审计人提出的审查报告书或证明书。

审计关系存在于一切审计工作之中，必须由审计人、被审计人和审计委托人三方构成。在这三种审计关系人中，审计人、被审计人和审计委托人之间不存在任何经济利益关系，必须处于独立的地位。这就是所谓审计机构或人员的独立性。

三、审计的发展

审计以维系受托经济责任为基础，以加强经济管理和控制为动力，以保证受托经济责任得到全面有效履行为目的。在现在社会科学高速发展的背景下，审计遵循着自身的运行规律，在丰富的社会经济实践中不断发展，日渐成熟。

（一）审计主体的发展

审计主体是指执行审计的组织和机构，即审计活动的执行者。审计主体一般包括政府审计、民间审计和内部审计。

1. 政府审计的发展

在西方国家，随着生产力的发展和受托经济责任关系的出现，早期的政府审计也应运而生。据考证，早在奴隶制度下的古罗马、古埃及和古希腊时期，就已建立官厅审计机构，设有监督官一职。监督官以"听证"方式对掌管国家财物和赋税的官吏进行审查和考核，该工作是具有审计性质的经济监督工作。到中世纪，西方国家的封建王朝中大都设有审计机构和审计人员，对国家的财政收支进行监督。在西方国家中，英国的政府审计有着悠久的历史。1866 年，《国库和审计部法案》在伦敦议会通过，标志着现代英国政府审计制度的建立。美国在 1921 年成立了会计总署（General Accounting Office，GAO；现已更名为"政府责任署"，Government Accountability Office，GAO）。会计总署是隶属于国会的一个独立经济监督机构，它担负着为国会行使立法权和监督权提供审计信息和建议的重要职责。会计总署和总审计长置于总统管辖以外，独立行使审计监督权。

我国的政府审计活动起源于西周的宰夫。宰夫独立于财计部门，行使就地稽核之权，履行财政经济的监督职能，标志着我国政府审计的产生。秦汉时期在中央设"御史大夫"一职，掌管政治、军事的监察及行使经济监督之权，控制和监督财政收支活动。隋唐至宋代，我国政府审计进入了发展、兴旺时期。隋朝开创了一代新制，设置"比部"，隶属于都官或刑部，掌管国家财计监督，行使审计职权。唐朝进一步发展和完善了隋朝以来的三省六部制，比部仍隶属于刑部，但其审查范围更加广泛，而且具有很强的独立性和较高的权威性。宋朝则专门设置了"审计司（院）"，这是我国"审计"的正式命名。从此，"审计"一词就成为财政监督的专用名词。元明清各朝，君主专制日益强化，审计有所发展，但总体上处于停滞状态。元朝和明朝取消了比部，明朝和清朝设置了都察院，成为当时最高的监察、监督机关，但由于审计缺乏独立性，故其财计监督和审计职能被严重削弱。辛亥革命之后，中华民国于 1912 年设审计处，1914 年北洋政府改为审计院，同年颁布了《审计法》。1928 年，国民党政府也颁布了《审计法》和实施细则，次年还颁布了《审计组织法》，仍设审计院，后改为审计部，隶属于监察院。中华人民共和国成立之初，由于实行高度集中的计划经济模式，国家没有设置独立的审计机构，基本上是以会计检查代替了审计监督。1982 年修改的《中华人民共和国宪法》（以下简称《宪法》）规定，我国建立政府审计机构，实行审计监督制度，并于 1983 年 9 月在国务院设立了我国政府审计的最高机关审计署，在全国县以上各级人民政府设置各级审计机关。1988 年 10 月颁发了《中华人民共和国审计条例》，1995 年 1 月 1 日起实施《中华人民共和国审计法》（以下简称《审计法》），从法律上进一步确立了政府审计的地位，这标志着我国政府审计正在朝法制化、制度化和规范化的方向发展。

2. 民间审计的发展

民间审计起源于 16 世纪的意大利合伙企业制度，形成于英国股份制企业制度，发展和完善于美国发达的资本市场，是随着商品经济产生和发展起来的。1720 年，英国"南海公司事件"发生，当时"南海公司"以虚假的会计信息诱骗众多投资者，令股票一度暴涨后又暴跌，最终破产倒闭，给投资者造成了巨大的损失。英国议会聘请会计师查尔斯·斯内尔对"南海公司"进行审计。1721 年，斯内尔以"会计师"的名义出具了"查账报告书"，从而宣告了民间审计的诞生。1844 年，英国政府为了保护股票持有者和债权人的利益颁布了《公司法》，规定股份公司必须设监察人，负责审查公司账目。1845 年又对《公司法》进行了修订，规定股份公司的账目必须经董事以外的人员审计。这一规定无疑对发展民间审计起了推动作用。1853 年，在苏格兰的爱丁堡创立了世界上第一个职业会计师团体——爱丁堡会计师协会。随后，英国出现多家会计师协会，民间审计队伍迅速扩大。1880 年，英国五个地方会计师团体进行合作，由皇家政府特许成立了英格兰及威尔士特许会计师协会（Institute of Chartered Accountants in England and Wales，ICAEW），从此奠定了以民间审计为主体的现代西方审计制度。这一时期的英国民间审计，没有成套的方法和理论依据，审计目的只是查错揭弊，审计方法是对大量的账簿记录进行逐笔的详细审计。由于详细审计产生于英国，故也称英国式审计。

美国的民间审计开始于 1883 年，由英国传入。1887 年，美国公共会计师协会成立，1917 年，该会更名为美国会计师协会，到 1957 年发展为美国注册会计师协会（American Institute of Certified Public Accountants，AICPA），成为世界上最大的民间审计职业团体。早期的美国民间审计，多采用英国式的详细审计。20 世纪初期，由于金融资本对产业资本更为广泛的渗透，企业同银行利益关系更加紧密，银行逐渐把企业资产负债表作为了解企业信用的主要依据，于是在美国产生了以证明企业偿债能力为主要目的的资产负债表审计，即信用审计，又称美国式审计。20 世纪 30 年代，资本主义世界经历了历史上最严重的经济危机，大批企业倒闭，成千上万的投资者和债权人蒙受了巨大的经济损失。这从客观上促使企业利益相关者从只关心企业财务状况，转变到更加关心企业盈利水平，产生了对企业损益表进行审计的客观要求。美国 1933 年颁布的《证券法》规定，在证券交易所上市的公司财务报表都必须接受注册会计师审计，向社会公众公布注册会计师出具的审计报告。在这一时期，审计对象已转为全部财务报表；审计的主要目的是对财务报表发表意见，以确定财务报表的可信性；审计范围已扩大到测试相关的内部控制，并以控制测试为基础进行抽样审计；审计准则开始制定和实施，审计工作向标准化、规范化过渡；注册会计师资格考试制度广泛推行，注册会计师专业素质普遍提高。

第二次世界大战以后，各经济发达国家通过各种渠道推动本国的企业向海外拓展，跨国公司得到空前发展。国际资本的流动也带动了民间审计的跨国界发展，形成了一大批国际会计师事务所。随着这些国际会计师事务所的合并变更，时至今日已合并为"四大"国际会计师事务所，分别是普华永道（Pricewaterhouse Coopers）、安永（Ernst & Young）、毕马威（KPMG）和德勤（Deloitte Touche Tohmatsu）。与此同时，审计技术也在不断完善，抽样审计方法得到普遍运用，风险导向审计方法得到推广，计算机辅助审计技术得到广泛采用。

中国注册会计师审计的历史比西方国家要短得多。1918 年 9 月，北洋政府农商部颁布了我国第一部注册会计师法规——《会计师暂行章程》，并于同年批准著名会计学家谢霖先生为中国的第一位注册会计师，谢霖先生创办的中国第一家会计师事务所——正则会计师事务所也获批成立。之后，上海、天津、广州等地相继成立了许多会计师事务所。中华人民共和国成立之初，由于推行高度集中的计划经济模式，中国的民间审计便悄然退出了经济舞台。直到1978年后我国实行"对外开放、对内搞活"的方针，党和政府的工作重点转移到经济建设上来，为注册会计师制度的恢复和重建创造了客观条件。1980年12月，财政部发布了《关于成立会计顾问处的暂行规定》，标志着我国民间审计行业开始复苏。1986年7月，国务院颁布了《中华人民共和国注册会计师条例》，标志着我国民间审计的发展进入了一个新阶段。1988年年底，中国注册会计师协会成立。1991年，恢复全国注册会计师统一考试。1994年1月1日，《中华人民共和国注册会计师法》（以下简称《注册会计师法》）实施。从此，我国民间审计开始得到迅猛发展。

3. 内部审计的发展

20世纪初，以美国为代表的资本主义国家经济日益发展，企业生产规模急剧扩大，涌现出大量的股份公司和垄断组织，其分支机构遍及各地，管理层次增多，企业内部只能采取分权管理体制。企业为了保证经营方针和管理制度的贯彻执行，必须对下属公司进行审查。因此，一些企业在内部设置专门机构和人员，由最高管理层授权，对其所属分支机构实行检查和监督。这是近代内部审计的早期阶段。1941年，美国纽约最早创建了内部审计师协会，并取得了内部审计理论研究的系列成果，内部审计获得了长足发展。1947年，该协会制定了《内部审计师职责说明》，之后又不断修订，并于1977年完成了《内部审计专业实务准则》，使内部审计的发展进入了高潮阶段。

我国的内部审计是随着政府审计的恢复和重建产生与发展的。1983年，在我国恢复政府审计监督制度的同时，审计署开始筹划我国内部审计工作。1985年，国务院发布了《内部审计暂行办法》，审计署根据该规定，发布了《关于内部审计工作的若干规定》，为内部审计发展提供了法律上的准则。1987年，在北京正式成立了中国内部审计协会。根据《审计法》的有关规定，1995年7月，审计署又颁布了《关于内部审计工作的规定》，进一步规范了我国内部审计工作。所有这些，都对我国内部审计的发展产生了巨大的影响，为内部审计的进一步完善创造了条件。

（二）民间审计方法的发展

一百多年来，由于审计环境的不断变化，民间审计为了实现审计目标，一直随着审计环境的变化不断调整审计方法，使审计方法沿着"账项基础审计—制度基础审计—风险导向审计"的轨迹发展。

1. 账项基础审计

在审计发展的早期，由于企业组织结构简单，业务性质单一，民间审计主要是为了满足财产所有者对会计账目进行独立检查的要求而成立的。民间审计的重心在资产负债表，旨在发现错误和防止舞弊，审计方法是详细审计，即对全部会计凭证和账簿进行详细检查，因而被称为账项基础审计方法（accounting number-based audit approach）。它在审计方法史上占有十分重要的地位，直到现在仍被不同程度地采用。

2. 制度基础审计

19世纪末，会计和审计步入了快速发展时期。民间审计的重点从检查受托责任人对资产的有效使用转向检查企业的资产负债表和损益表，判断企业的财务状况和经营成果是否真实和公允。由于企业规模日益扩大，经济活动和交易事项越加复杂，民间审计工作量和审计成本迅速增加，使详细审计难以实施。为了提高审计效率，注册会计师将审计的视角转向企业的管理制度，特别是会计信息赖以生成的内部控制，从而将内部控制与抽样审计结合起来。从 20 世纪 50 年代起，以控制测试为基础的抽样审计在西方国家得到广泛应用，这种审计方法要求注册会计师在了解被审计单位内部控制的基础上，确定其可信赖程度，进而确定审计的范围、重点和方法，因而被称为制度基础审计方法（system-based audit approach）。由于制度基础审计广泛采用抽样审计，减少了大量对凭证、账表进行检查、验证的时间和精力，提高了审计的效率，因此它是现代审计的重要标志之一。

3. 风险导向审计

由于审计风险既受到企业固有风险因素的影响，如管理人员的品行和能力、行业所处环境、业务性质、容易产生错报的财务报表项目、容易遭受损失或被挪用的资产等导致的风险；又受到内部控制风险因素的影响，即账户余额或各类交易存在错报而内部控制未能防止、发现或纠正的风险；还受到注册会计师实施审计程序未能发现账户余额或各类交易存在错报风险的影响，故审计职业界很快开发出了审计风险模型。审计风险模型的出现，从理论上既解决了注册会计师以制度为基础采用抽样审计的随意性，又解决了审计资源的分配问题，要求注册会计师将审计资源分配到最容易导致财务报表出现重大错报的领域。这种以审计风险模型为基础进行的审计被称为风险导向审计方法（risk-oriented audit approach）。风险导向审计以风险评估为基础确定审计的重点和范围，从而降低了审计成本，提高了审计效率，使审计行为更科学。

第二节　审计的概念和性质

一、审计的概念

对于什么是审计，目前在审计界并没有统一的概念。一般认为，审计是由独立的专职机构或人员接受委托或根据授权，按照法规和一定的标准，对被审计单位特定时期的财务报表和其他有关资料及其所反映的经济活动的真实性、合法性、合规性、公允性和效益性进行审查，并发表意见的一种具有独立性的经济监督、鉴证和评价活动。

世界各国的审计界都对审计概念进行了深入的研究，最具代表性的是美国会计学会（American Accounting Association，AAA）审计基本概念委员会发表于 1973 年的《基本审计概念说明》，该说明考虑了审计的过程和目标，将审计定义为："审计是一个系统化过程，即通过客观地获取和评价有关经济活动与经济事项认定的证据，以证实这些认定与既定标准的符合程度，并将结果传达给有关使用者。"2010 年《中华人民共和国审计法实施条例》提出的审计概念是："审计是审计机关依法独立检查被审计单位的会计凭证、会计账簿、财务会计报告以及其他与财政收支、财务收支有关的资料和资产，监督财政收支、财务收支真实、合法和效益的行为。"

二、审计的性质

审计的性质即审计的本质特征，是审计区别于其他工作的根本属性。审计是一种经济监督活动，与国家其他宏观经济管理部门一起，共同构成我国社会主义市场经济条件下的经济监督体系。但审计监督与其他经济监督有着本质的区别，其本质特征集中体现于独立性和权威性两方面。

（一）独立性

独立性是审计的重要特征。审计的独立性是保证审计工作顺利进行的必要条件。正因为审计具有独立性，审计结果才受到社会的信任，才能保证审计人员依法进行的经济监督活动客观公正。因而，审计的独立性表现在以下三个方面。

1. 机构独立

审计机构必须是独立的专职机构，应当独立于被审计单位之外，与被审计单位没有任何组织上的行政隶属关系，且不能受制于其他部门和单位，这样才能确保审计机构独立地行使审计监督权，对被审计事项做出客观公正的评价和鉴证。

2. 精神独立

审计人员执行审计业务，要保持精神上的独立，坚持客观公正、实事求是的精神，不受任何部门、单位和个人的干涉，独立地对被审查事项做出公允、合理的评价和结论。

3. 经济独立

审计机构或组织从事审计业务活动必须有一定的经费来源或经济收入，以保证其生存和发展所需。经济独立要求审计机构或组织的经济来源要有一定的法律、法规作保证，不受被审计单位的制约。即使是民间审计组织，也规定其除了正常的业务收费外，不允许与被审计单位有其他经济依附关系。

由此可见，审计监督不同于其他宏观经济管理部门的经济监督，审计是具有独立性的经济监督活动。审计工作本身一般不与其他专职业务相连，它既可以从宏观的高度对财政、金融、各级政府等部门的经济活动进行监督，也可以从微观的角度对具体的经营者进行检查监督，因此是一种专门的经济监督活动，具有最充分的独立性。

2022 年 1 月 1 日施行的新《审计法》第十四条规定："审计机关和审计人员不得参加可能影响其依法独立履行审计监督职责的活动，不得干预、插手被审计单位及其相关单位的正常生产经营和管理活动。"我国《注册会计师法》第六条规定："注册会计师和会计师事务所依法独立、公正执行业务，受法律保护。"

（二）权威性

审计组织的权威性是与审计组织的独立性相关的。审计组织的权威性是审计监督正常发挥作用的重要保证。审计组织的权威性由以下两个方面决定。

1. 审计组织的地位和权力由法律明确规定

为了有效保证审计组织独立地行使审计监督权，各国法律对实行审计制度、建立审计机关以及审计机构的地位和权力都做出了明确规定。这样就使审计组织在地位和权力上的权威性在法律上得到了体现。例如，我国的《宪法》《审计法》《注册会计师法》等对政府审计机关、民间审计组织的设立、职权范围都做出了明确规定，我国的内部审计机构也是根据有关法律设置的，这些都充分体现了审计组织的法定地位和权威性。

2. 审计人员依法执行职务，受法律保护

法律规定，审计人员依法执行职务时，任何组织和个人不得拒绝、阻碍，不得打击报复审计人员；审计组织或人员以独立于企业所有者和经营者的"第三者"身份进行工作，且取得审计人员资格必须通过国家统一规定的严格考试，因而审计人员具有较高的专业知识，这就保证了其所从事的审计工作具有准确性、科学性。正因如此，审计人员的审计报告具有一定的社会权威性。

第三节　审计目标和对象

一、审计目标

审计目标是指在一定历史环境下，人们通过审计实践活动所期望达到的境地或最终结果。它是指导审计工作的指南。审计目标的确定，除受审计对象的制约外，还取决于审计的性质、审计职能和审计委托人对审计工作的要求。不同种类的审计，其审计目标是不相同的，如财务报表审计目标与经济效益审计目标就有所不同。审计目标概括起来，就是指审查和评价审计对象的真实性和公允性、合法性和合规性、合理性和效益性。

（一）真实性和公允性

审计的首要目标是审查和评价反映被审计单位财务收支及其有关经营活动的财务报表和其他有关资料的真实性和公允性。审查财务报表和其他有关资料的目的在于评价会计数据和其他相关经济数据的真实性和公允性，判明财务报表是否如实、公允地反映了被审计单位的财务状况、经营成果和现金流量，其记录和计算是否准确无误，有无夸大业绩和资产、隐瞒亏损和债务等情况，从而发现问题，并做出纠正的意见和建议。政府审计和内部审计侧重于审查真实性，而民间审计则侧重于审查公允性。

（二）合法性和合规性

审查和评价被审计单位财务收支及其有关经营活动的合法性和合规性是审计目标之一。审查被审计单位财务收支及其有关经营活动的目的在于评价被审计单位的财务收支及其有关经营活动是否符合国家的法律、法规，会计处理方法和财务报表编报是否符合会计准则和相关会计制度的规定，揭露和查处违法、违规行为，保护各方面资财的安全完整，保证审计委托人的利益不受侵犯，促进被审计单位和整个国民经济健康发展。

（三）合理性和效益性

审查和评价被审计单位财务收支及其有关经营活动的合理性和效益性也是审计目标之一。审查被审计单位财务收支及其有关经营活动的合理性的目的在于评价被审计单位的经营活动是否正常，是否符合事物发展的常理，是否符合企业经营管理的原则和要求。审查被审计单位财务收支及其有关经营活动的效益性的目的在于评价被审计单位的经营活动和资源利用是否讲究效率，经营活动有无经济效益，经营目标、决策、计划方案是否可行、是否讲求效果，并找出存在的不足及其原因，提出建设性的意见，促使被审计单位进一步改善经营管理，提高经济效益。

二、审计对象

审计对象是指审计监督的范围和内容。通常把审计对象概括为被审计单位的财务收支及其有关的经营管理活动。其中，被审计单位即审计的客体，也即审计的范围；财务收支及其经营管理活动即审计的内容。具体地说，审计对象包括以下两个方面的内容。

（一）被审计单位的财务收支及其有关的经营管理活动

无论是传统审计还是现代审计，无论是政府审计还是内部审计、民间审计，都要求以被审计单位客观存在的财务收支及其有关的经营管理活动为审计对象，对其是否公允、合法、合规及其效益情况进行审查和评价，以便对被审计单位所承担的受托经济责任是否得到认真履行进行确定、解除和监督。根据我国《宪法》规定，政府审计的对象为国务院各部门和地方各级政府的财政收支、国家的财政金融机构和企业事业组织的财务收支。内部审计的对象为本部门、本单位的财务收支以及其他有关的经济活动。民间审计的对象为委托人指定的被审计单位的财务收支及其有关的经营管理活动。

（二）被审计单位的会计资料和其他有关资料

被审计单位的财务收支及其有关的经营管理活动需要通过会计资料和其他有关资料等信息载体反映出来。因此，审计对象还包括记载和反映被审计单位的财务收支，提供会计信息载体的会计凭证、会计账簿、财务报表等会计资料以及相关的计划、预算、经济合同等其他资料。提供被审计单位经营管理活动信息的载体，除上述会计、计划统计等资料以外，还有经营目标、预测、决策方案、经济活动分析资料、技术资料等其他资料，电子计算机的磁盘、光盘和进入网络系统的会计资料等信息载体。以上都是审计的具体对象。

综上所述，审计对象是指被审计单位的财务收支及其有关的经营管理活动，以及作为提供这些经营管理活动信息载体的会计资料和其他有关资料。会计资料和其他有关资料是审计对象的形式，其所反映的被审计单位的财务收支及其有关的经营管理活动才是审计对象的本质。

第四节　审计职能和作用

一、审计职能

审计职能是指审计本身所固有的、体现审计本质属性的内在功能。审计职能并不是一成不变的，它是随着社会经济的发展对审计需要的变化而不断发展变化的。目前在国内审计理论界对审计职能有不同的看法，影响较大的是三职能论，即审计具有经济监督、经济鉴证和经济评价三种职能，其中经济监督是基本职能，经济鉴证和经济评价是以经济监督为基础而派生出的职能。

（一）经济监督

监督是指监察和督促。经济监督是指有制约力的单位或机构监察和督促其他经济单位的经济活动符合一定的标准和要求，在规定的范围内沿正常轨道合理运行。

经济监督是审计最基本的职能。纵观审计产生和发展的历史，审计无不表现为经济监督的活动，履行着经济监督的职能。从政府审计来看，其审计活动就是国家各级政府对所属单位经济活动的综合监督。具体来说，就是对国家的财政收支和国有企业、事业单位的财政、财务收支及其相关的经营管理活动的真实性、合法性、合规性进行监督，并通过审查揭示错弊，督促被审计单位遵守国家的法律、法规，履行经济责任，使经济活动更加合法、有效。从内部审计来看，内部审计的主要职责同样是依照法规、内部经营目标和管理规定，对本部门、本单位的经济活动进行监察和督促，以保证对内部单位的有效管理，完成既定的管理目标。从民间审计来看，其也是代理审计委托者对被审计单位财务收支的合法性和公允性进行审查验证，纠正被审计单位在会计记录、经营管理方面的弊端和不足，从而实现对被审计单位的经济监督。审计监督可以严肃财经纪律，维护国家、人民和股东的利益，可以保证企业、事业单位经济活动的合法性。

（二）经济鉴证

鉴证是指鉴定和证明。经济鉴证是指通过对被审计单位的财务报表及其他相关资料的审核和验证，证实被审计单位记载经济活动的有关资料是否合法和公允，并按审查结果向审计委托人出具书面报告，以取得审计委托人或社会公众的信任。

经济鉴证职能是随着现代审计的发展而出现的一项职能，它不断受到人们重视，日益强化，并显示其重要作用。不少国家的法律明文规定，企业的财务报表必须经过注册会计师的审查鉴证后，才可向财务报表的使用者及社会公众公布。随着社会主义市场经济的逐步确立，我国民间审计的经济鉴证职能也在不断发展与健全，表现为各类企业的财务报表必须经中国注册会计师审计并出具审计报告后，才可对外报出。因此，审计的经济鉴证职能在我国社会主义市场经济中将发挥越来越重要的作用。

（三）经济评价

经济评价就是通过审查验证，对被审计单位经营决策、计划、预算是否切实可行，经济活动及其结果是否完成了预定的目标，内部控制制度是否健全、有效等进行评定，从而有针对性地提出意见和建议，以促进其改善经营管理，提高经济效益。

在现代审计中，经济评价的职能更加重要。这是因为，经济监督的目的是保证经济活动的合法、有效，而经济评价则可在经济监督的基础上对被审计单位取得的成就、存在的不足给予更为深刻的揭示和说明，从而有助于被审计单位改进工作，进一步提高管理水平、经济效益。经济评价职能既突出地表现在政府审计的经济效益审计和内部审计的经营管理审计之中，也表现在民间审计对被审计单位内部控制的管理建议书中。

应该说明的是，不同的审计组织形式在审计职能的体现上的侧重点有所不同，政府审计和内部审计侧重于经济监督和经济评价，而民间审计则更侧重于经济鉴证。

二、审计作用

作用是指对某些事项产生的影响和效果。审计作用与审计职能紧密相连，是履行审计职能、实现审计目标过程中所产生的社会效果。审计主要有制约性和促进性两大作用。

（一）制约性作用

制约性作用是指在通过对被审计单位的财务收支及其有关的经营管理活动进行审核检查、监督和鉴证，确保财经法规和财务制度得到遵守和执行方面所起到的防护和制约作用。

在市场经济条件下，被审计单位报出的各种信息资料真实、正确、可靠与否，与国家、企业、投资人和债权人的经济利益直接相关。审计依其独立的身份对被审计单位报出的财务报表等资料进行审核、验证，可揭露各种错误与舞弊行为，以确保被审计单位对国家法律与法规、计划和预算的贯彻执行，以及报出的会计资料及其他资料的真实、可靠。这也是审计应发挥的最基本的作用。定期的和经常的审计制度，可以对违法和违纪行为形成制约和威慑，从而对维护国家财经法纪、保护所有者的权益、保证会计资料的正确和可靠起到制约性作用。

（二）促进性作用

促进性作用是指通过对被审计单位的经营管理活动和经营管理制度进行审查和评价，对被审计单位完善其内部控制制度、改善经营管理和提高经济效益起到建设性的促进作用。

通过对被审计单位经营管理活动及经营管理制度的审查和评价，确定其取得的成绩，并总结经验，提出进一步奋斗的方向；揭示经营管理中存在的问题和管理制度上的薄弱环节，提出改进建议，促进其改善经营管理。通过对被审计单位经营管理活动所实现的经济效益进行审查和评价，揭示经营管理活动效益低下的环节，并深入分析原因，提出改进意见和建议，从而促使被审计单位改进生产和经营管理工作，提高经济效益。

本章小结

受托经济责任关系的确立是审计产生和发展的客观基础。审计关系是指一项审计行为必然涉及的审计人、被审计人和审计委托人三方之间所形成的经济责任关系。随着经济环境的不断变化，审计在审计主体、审计目标、审计内容、审计方法等方面沿着一定的轨迹向前发展。

审计是由独立的专职机构或人员接受委托或根据授权，按照法规和一定的标准，对被审计单位特定时期的财务报表和其他有关资料及其所反映的经济活动的真实性、合法性、合规性、公允性和效益性进行审查，并发表意见的一种具有独立性的经济监督、鉴证和评价活动。审计的本质特征集中体现在独立性和权威性方面。

审计目标概括起来是指审查和评价审计对象的真实性和公允性、合法性和合规性、合理性和效益性。审计对象是指被审计单位的财务收支及其有关的经营管理活动，以及作为提供这些经营管理活动信息载体的会计资料和其他有关资料。

审计具有经济监督、经济鉴证和经济评价三种职能，并在实际工作中发挥着制约性和促进性两大作用。

思考与练习

一、单项选择题

1. 审计的性质应当表述为（　　）。

A. 经济监督 　　　　　　　　　　B. 财政财务收支审查

C. 会计检查 　　　　　　　　　　D. 独立性经济监督

2. 审计产生和发展的社会基础是（　　）。

A. 社会生产力 　　　　　　　　　B. 受托经济责任关系

C. 国家权利 　　　　　　　　　　D. 资产私有制

3. 审计按其实施的范围，可以划分为（　　）。

A. 全部审计和局部审计 　　　　　B. 详细审计和抽样审计

C. 全部审计和抽样审计 　　　　　D. 详细审计和局部审计

4. 对被审计单位的计划、方案和预算的编制，投资方案的选择，经营决策的制定及其可行性研究报告等进行审查的审计是（　　）。

A. 详细审计 　　　B. 事前审计 　　　C. 事中审计 　　　D. 局部审计

二、多项选择题

1. 审计的独立性表现为（　　）。

A. 组织上的独立性 　　　　　　　B. 业务工作上的独立性

C. 经费上的独立性 　　　　　　　D. 人员上的独立性

2. 审计的职能包括（　　）。

A. 经济监督职能 　　　　　　　　B. 经济鉴证职能

C. 调节市场职能 　　　　　　　　D. 经济评价职能

3. 20世纪三四十年代，注册会计师审计的主要特点有（　　）。

A. 审计的主要目的是查错防弊，保护企业资产的安全和完整

B. 审计报告使用人是股东和债权人

C. 以控制测试为基础使用抽样审计

D. 审计对象是以资产负债表和损益表为中心的全部财务报表及相关财务资料

4. 属于审计促进性作用的有（　　）。

A. 改善经营管理 　　　　　　　　B. 提高经济效益

C. 揭露错误和舞弊行为 　　　　　D. 完善内部控制制度

三、简答题

1. 审计的独立性表现在哪几个方面？如何理解审计监督与其他经济监督的本质区别？

2. 简述审计的目标。

3. 简述审计的职能。

4. 简述审计的基本分类。

第二章 我国审计的组织形式

本章学习目标

1. 了解我国审计的模式；
2. 了解国际内部审计发展的新趋势；
3. 掌握会计师事务所的组织形式，明确各自的优缺点。

案例导入

2020年度证券审计市场分析报告（简述）

2021年9月，中国证券监督管理委员会（以下简称证监会）发布《2020年度证券审计市场分析报告》（以下简称报告），报告内容主要包括从事证券服务业务会计师事务所（以下简称证券所）的基本情况，2020年度上市公司年报审计市场状况、审计机构变更、审计意见、关键审计事项，以及证券审计执业问题等。

报告资料显示，截至2021年4月，69家会计师事务所备案从事证券服务业务，约占全国会计师事务所总数的0.8%，较《中华人民共和国证券法》修订前增加29家，增幅达72.5%。新增证券所分布在北京（8家）、深圳（5家）、广东（4家）、浙江（3家）、上海（2家），江苏、安徽、山东、湖南、河北、青岛、重庆各1家，分布较为广泛。新增证券所规模总体呈现三三制分布，即收入超过1亿元、1000万元至1亿元、低于1000万元的约各占三分之一，规模差异较大。

2020年度，证券所收入总额为574亿元，较上年度增长11.4%。其中，证券服务业务收入为184.9亿元，较上年度增长11.6%，占收入总额的32.2%。7家证券所证券服务业务收入增长50%以上。2020年度，IPO（Initial Public Offering，首次公开募股）公司数量为394家，筹资额为4742.3亿元，分别增长96%和90.5%；IPO审计及验资收费超过34亿元，平均收费超过850万元，分别增长123.5%和14.9%，增长显著。

2020年度，证监会及其派出机构共对6家会计师事务所及其注册会计师进行了6家次、12人次的行政处罚；对31家会计师事务所及其注册会计师采取了118家次、254人次的行政监管措施，较上年度分别增加20家次、39人次。各证券交易场所共对

2 家会计师事务所及其注册会计师采取了 3 家次、8 人次的纪律处分，较上年度增加 1 家次；对 6 家会计师事务所及其注册会计师采取了 2 家次、10 人次的自律监管措施，较上年度增加了 8 人次。

（资料来源：中国证券监督管理委员会 http：//www.csrc.gov.cn/csrc/c105942/c1500040/content.shtml）

根据《宪法》《审计法》（2006 年 2 月第一次修正，2021 年 10 月第二次修正）和《注册会计师法》规定，我国组建的审计组织形式，主要有政府审计机关、部门和单位的内部审计机构以及民间审计组织。

第一节　政府审计机关

一、政府审计机关及其人员

政府审计机关是代表政府依法行使审计监督权的行政机关，具有宪法赋予的独立性和权威性。现行《宪法》第九十一条规定："国务院设立审计机关，对国务院各部门和地方各级政府的财政收支，对国家的财政金融机构和企事业组织的财务收支，进行审计监督。审计机关在国务院总理领导下，依照法律规定独立行使审计监督权，不受其他行政机关、社会团体和个人的干涉。"

政府审计机关实行统一领导、分级负责的原则。国务院设审计署，在国务院总理领导下，负责组织领导全国的审计工作，对国务院负责并报告工作。审计署设审计长一人，副审计长若干人。审计长由国务院总理提名，全国人民代表大会决定，国家主席任命。副审计长由国务院任命。

县级以上地方人民政府设立审计机关。地方各级审计机关分别在省长、自治区主席、市长、州长、县长、区长和上一级审计机关的领导下，组织领导本行政区的审计工作，负责领导本级审计机关审计范围内的审计事项，对上一级审计机关和本级人民政府负责并报告工作。地方各级审计机关负责人的任免，应当事先征求上一级审计机关的意见。

审计署根据工作需要，可以在重点地区、部门设立派出机构，进行审计监督。审计署向重点地区、城市和计划单列市派出的代表人员，在该地区和城市组成审计特派员办事处，代表审计署执行审计业务，监督某些地方审计局难以监督的审计项目。

审计署根据工作需要，可以在国务院各部委设立派出机构，进行审计监督。

审计署还可按工作内容和范围分设财政、金融、外贸外资、农林水利、基础建设、科教卫生等职能审计部门，开展对行政机关、企业、事业、团体等部门的各种专业性审计工作。另外，审计署还可设置审计科研培训机构，开展审计科学研究和培训审计人员。

审计署对地方各级审计机关（包括审计特派员办事处）实行业务上的领导，主要包括以下六个方面。

（1）地方各级审计机关对本级人民政府和上一级审计机关负责并报告工作，审计业务以上级审计机关领导为主。

（2）审计署根据国家方针、政策作出的审计工作决定和颁发的审计规章，地方各级审计机关要遵照执行。

（3）审计署制定的工作计划，组织的全国性行业审计、专项审计，交办和委托办理的审计任务，地方各级审计机关要认真办理。

（4）各省、自治区、直辖市和计划单列市审计局的审计工作情况，查出的重要违纪问题以及其他有关文件资料，应及时向审计署报告和提供。

（5）审计署有权纠正地方审计机关作出的不适当的审计结论和处理决定。

（6）地方审计机关在审计监督中，对涉及中央财政收支的审计项目以及办理审计署委托的审计项目所作出的审计结论、处理决定，必须报审计署备案，重大的必须报经审计署同意。

二、政府审计机关的职责权限

政府审计机关是依照《宪法》规定建立的，实行的是法定审计，承担繁重的审计任务。为此，《审计法》明确规定了其职责和权限。

（一）政府审计机关的主要职责

中央审计委员会第一次会议强调，政府审计的定位是"党和国家监督体系的重要组成部分"，要求审计机关自觉在思想和行动上与党中央保持一致，拓展审计监督的广度和深度，消除监督盲区，加大对党中央重大政策措施贯彻落实情况的跟踪审计力度，加大对经济社会运行中各类风险隐患的揭示力度，加大对重点民生资金和项目的审计力度。

政府审计机关应按有关法律法规规定的审计客体的范围，对各单位的下列事项进行审计监督。

（1）审计机关对本级各部门（含直属单位）和下级政府的预算执行情况、决算草案以及其他财政收支情况，进行审计监督。

（2）审计署在国务院总理的领导下，对中央预算执行情况、决算草案以及其他财政收支情况进行审计监督，向国务院总理提出审计结果报告。地方各级审计机关分别在省长、自治区主席、市长、州长、县长、区长和上一级审计机关的领导下，对本级预算执行情况、决算草案以及其他财政收支情况进行审计监督，向本级人民政府和上一级审计机关提出审计结果报告。

（3）审计署对中央银行的财务收支，进行审计监督。

（4）审计机关对国家的事业组织以及使用财政资金的其他事业组织的财务收支，进行审计监督。

（5）审计机关对国有企业、国有金融机构和国有资本占控股地位或者主导地位的企业、金融机构的资产、负债、损益以及其他财务收支情况，进行审计监督。遇到涉及国家财政金融重大利益情形，为维护国家经济安全，经国务院批准，审计署可以对前面规定以外的金融机构进行专项审计调查或审计。

（6）审计机关对政府投资和以政府投资为主的建设项目的预算执行情况和决算草案，对其他关系国家利益和公共利益的重大公共工程项目的资金管理使用和建设运营情况，进行审计监督。

（7）审计机关对国有资源、国有资产，进行审计监督。审计机关对政府部门管理的和其他单位受政府委托管理的社会保险基金、全国社会保障基金、社会捐赠资金以及其他公共资金的财务收支，进行审计监督。

（8）审计机关对国际组织和外国政府援助、贷款项目的财务收支，进行审计监督。

（9）根据经批准的审计项目计划安排，审计机关可以对被审计单位贯彻落实国家重大经济社会政策措施情况进行审计监督。

（10）除《审计法》规定的审计事项外，审计机关对其他法律、行政法规规定的应当由审计机关进行审计的事项，依照《审计法》和有关法律、行政法规的规定进行审计监督。

（11）审计机关有权对与国家财政收支有关的特定事项，向有关地方、部门、单位进行专项审计调查，并向本级人民政府和上一级审计机关报告审计调查结果。

（12）审计机关根据被审计单位的财政、财务隶属关系或者国有资产监督管理关系，确定审计管辖范围。

（13）依法属于审计机关审计监督对象的单位，应当按照国家有关规定建立健全内部审计制度，其内部审计工作应当接受审计机关的业务指导和监督。

（14）社会审计机构审计的单位依法属于被审计单位的，审计机关按照国务院的规定，有权对该社会审计机构出具的相关审计报告进行核查。

（二）政府审计机关的权限

（1）审计机关有权要求被审计单位按照审计机关的规定提供财务、会计资料以及与财政收支、财务收支有关的业务、管理等资料，包括电子数据和有关文档。被审计单位不得拒绝、拖延、谎报。被审计单位负责人应当对本单位提供资料的及时性、真实性和完整性负责。审计机关对取得的电子数据等资料进行综合分析，需要向被审计单位核实有关情况的，被审计单位应当予以配合。

（2）国家政务信息系统和数据共享平台应当按照规定向审计机关开放。审计机关通过政务信息系统和数据共享平台取得的电子数据等资料能够满足需要的，不得要求被审计单位重复提供。

（3）审计机关进行审计时，有权检查被审计单位的财务、会计资料以及与财政收支、财务收支有关的业务、管理等资料和资产，有权检查被审计单位信息系统的安全性、可靠性、经济性，被审计单位不得拒绝。

（4）审计机关进行审计时，有权就审计事项的有关问题向有关单位和个人进行调查，并取得有关证明材料。有关单位和个人应当支持、协助审计机关工作，如实向审计机关反映情况，提供有关证明材料。

（5）审计机关进行审计时，被审计单位不得转移、隐匿、篡改、毁弃财务、会计资料以及与财政收支、财务收支有关的业务、管理等资料，不得转移、隐匿所持有的违反国家规定取得的资产。审计机关对被审计单位违反前面规定的行为，有权予以制止；必要时，经县级以上人民政府审计机关负责人批准，有权封存有关资料和违反国家规定取得的资产；对其中在金融机构的有关存款需要予以冻结的，应当向人民法院提出申请。

审计机关对被审计单位正在进行的违反国家规定的财政收支、财务收支行为，有权予以制止；制止无效的，经县级以上审计机关负责人批准，通知财政部门和有关主管部门暂停拨付与违反国家规定的财政收支、财务收支行为直接有关的款项，已经拨付的，暂停使用。审计机关采取上述两个规定的措施不得影响被审计单位合法的业务活动和生产经营活动。

（6）审计机关认为被审计单位所执行的上级主管部门有关财政收支、财务收支的规定与法律、行政法规相抵触的，应当建议有关主管部门纠正；有关主管部门不予纠正的，审计机关应该提请有权处理的机关依法处理。

（7）审计机关可以向政府有关部门通报或者向社会公布审计结果。审计机关公布或者通报审计结果时，应当保守国家秘密、工作秘密、商业秘密、个人隐私和个人信息，遵守法律、行政法规和国务院的有关规定。

（8）审计机关履行审计监督职责，可以提请公安、财政、自然资源、生态环境、海关、税务、市场监督管理等机关予以协助。有关机关应当依法予以配合。

三、对违反财经法规的被审计单位的处理

对违反财经法规的被审计单位，应按下列规定处理。

（1）被审计单位违反《审计法》规定，拒绝、拖延提供与审计事项有关的资料的，或者提供的资料不真实、不完整的，或者拒绝、阻碍检查、调查、核实有关情况的，由审计机关责令改正，可以通报批评，给予警告；拒不改正的，依法追究法律责任。

（2）被审计单位违反《审计法》规定，转移、隐匿、篡改、毁弃财务、会计资料以及与财政收支、财务收支有关的业务、管理等资料，或者转移、隐匿、故意毁损所持有的违反国家规定取得的资产，审计机关认为对直接负责的主管人员和其他直接责任人员依法应当给予处分的，应当向被审计单位提出处理建议，或者移送监察机关和有关主管机关、单位处理，有关主管机关、单位应当将处理结果书面告知审计机关；构成犯罪的，依法追究刑事责任。

（3）对本级各部门（含直属单位）和下级政府违反预算的行为或者其他违反国家规定的财政收支的行为，审计机关、人民政府或者有关主管机关、单位在法定职权范围内，依照法律、行政法规的规定，区别情况采取下列处理措施：

1）责令限期缴纳应当上缴的款项；

2）责令限期退还被侵占的国有资产；

3）责令限期退还违法所得；

4）责令按照国家统一的财务、会计制度的有关规定进行处理；

5）其他处理措施。

（4）对被审计单位违反国家规定的财务收支的行为，审计机关、人民政府或者有关主管机关、单位在法定职权范围内，依照法律、行政法规的规定，区别情况采取前条规定的处理措施，并可以依法给予处罚。

（5）审计机关在法定职权范围内作出的审计决定，被审计单位应当执行。审计机关依法责令被审计单位缴纳应当上缴的款项，被审计单位拒不执行的，审计机关应当通报有关主管机关、单位，有关主管机关、单位应当依照有关法律、行政法规的规定予以扣缴或者采取其他处理措施，并将处理结果书面告知审计机关。

（6）被审计单位应当按照规定时间整改审计查出的问题，将整改情况报告审计机关，同时向本级人民政府或者有关主管机关、单位报告，并按照规定向社会公布。各级人民政府和有关主管机关、单位应当督促被审计单位整改审计查出的问题。审计机关应当对被审

计单位整改情况进行跟踪检查。审计结果以及整改情况应当作为考核、任免、奖惩领导干部和制定政策、完善制度的重要参考；拒不整改或者整改时弄虚作假的，依法追究法律责任。

（7）被审计单位对审计机关作出的有关财务收支的审计决定不服的，可以依法申请行政复议或者提起行政诉讼。被审计单位对审计机关作出的有关财政收支的审计决定不服的，可以提请审计机关的本级人民政府裁决，本级人民政府的裁决为最终决定。

（8）被审计单位的财政收支、财务收支违反国家规定，审计机关认为对直接负责的主管人员和其他直接责任人员依法应当给予处分的，应当向被审计单位提出处理建议，或者移送监察机关和有关主管机关、单位处理，有关主管机关、单位应当将处理结果书面告知审计机关。

（9）被审计单位的财政收支、财务收支违反法律、行政法规的规定，构成犯罪的，依法追究刑事责任。

（10）报复陷害审计人员的，依法给予处分；构成犯罪的，依法追究刑事责任。

（11）审计人员滥用职权、徇私舞弊、玩忽职守或者泄露、向他人非法提供所知悉的国家秘密、工作秘密、商业秘密、个人隐私和个人信息的，依法给予处分；构成犯罪的，依法追究刑事责任。

四、政府审计机关审计监督活动的原则

1. 合法性原则

审计工作从开始到送交审计报告整个过程应按照审计法规的规定进行。审计机关在审计时应按照法律规定的权限，依法取证，保证所取得审计证据的合法性。审计工作以国家法规、制度为监督依据。审计机关在法律规定的权限内，根据以事实为依据、以法律为准绳的原则，依法作出审计决定。

2. 独立性原则

审计机关不参与被审计单位的经济活动，与被审计者没有任何经济利害关系，所处地位比较客观、公正，具有职能上的独立性。我国《宪法》第九十一条规定："审计机关在国务院总理领导下，依照法律规定独立行使审计监督权，不受其他行政机关、社会团体和个人的干涉。"这就从组织、法律上为政府审计的独立性提供了保证。

3. 强制性原则

审计机关的审计活动是具有强制性的国家经济监督活动，被审计单位和有关人员必须积极配合审计机关的工作。审计机关作出的审计结论和决定，被审计单位和有关人员必须执行。审计结论和决定涉及其他有关单位的，有关单位应当协助执行。

五、政府审计的新要求与新发展

2018 年 5 月 23 日，中央审计委员会召开第一次全体会议。中央审计委员会的成立，是推进国家治理体系和治理能力现代化的一场深刻变革，是推进审计管理体制改革的伟大创举，是我国审计改革和发展的里程碑，对加强党对审计工作的领导、做好新时代审计工作具有重大的现实意义和深远的历史意义。我国政府审计迎来了前所未有的发展机遇，党和国家对政府审计的发展提出了新要求，需要政府审计有新发展。

（一）我国政府审计的新要求

我国政府审计实务工作者和理论研究者应加强学习，明确新要求，更好地发挥政府审计在党和国家监督体系中的重要作用。

1. 加强党对审计工作的领导

中央审计委员会第一次会议强调，改革审计管理体制，组建中央审计委员会，是加强党对审计工作领导的重大举措。审计是党和国家监督体系的重要组成部分，要落实党中央对审计工作的部署要求，加强全国审计工作统筹，优化审计资源配置，做到应审尽审、凡审必严、严肃问责，努力构建集中统一、全面覆盖、权威高效的审计监督体系，更好发挥审计在党和国家监督体系中的重要作用。

各级政府审计机关和广大审计干部要落实党中央对审计工作的部署要求，要坚持以习近平新时代中国特色社会主义思想为指导，加强党对审计工作的领导，坚持围绕中心、服务大局，依法全面履行审计监督职责，为产业发展、民生建设、环境保护等重点工作保驾护航，更好发挥审计监督在国家治理体系中的重要作用。

2. 拓展政府审计监督的广度和深度

中央审计委员会第一次会议指出，要拓展审计监督的广度和深度，消除监督盲区，加大对党中央重大政策措施贯彻落实情况的跟踪审计力度，加大对经济社会运行中各类风险隐患的揭示力度，加大对重点民生资金和项目的审计力度。

政府审计机关和广大审计干部应通过揭露社会经济运行中存在的问题，提出完善党和国家治理的整改措施，推动党和国家各项政策和决策部署的有效实施，围绕公共资金、国有资产、国有资源和领导干部履行经济责任情况、促进党风廉政建设、促进党和国家重大决策部署落实等方面实施审计，确保一切经济活动都在审计监督下规范进行。

3. 深化政府审计体制、制度改革

中央审计委员会第一次会议要求，深化审计制度改革，解放思想、与时俱进，创新审计理念，及时揭示和反映经济社会各领域的新情况、新问题、新趋势。加强对全国审计工作的领导，强化上级审计机关对下级审计机关的领导，加快形成审计工作全国一盘棋。

政府审计机关要优化和整合监督资源力量，建立在党中央统一领导下的政府审计机构，改革审计管理体制，构建集中统一、全面覆盖、权威高效的审计监督体系和审计工作机制，保障政府审计依法独立行使审计监督权；要整合审计监督力量，减少职责交叉分散，避免重复检查和监督盲区，增强监督效能，将国家经济领域的监督力量整合起来，把监督资源集中起来，攥指成拳，形成合力。优化审计署职责，实现对公共资金、国有资产、国有资源和领导干部履行经济责任情况的审计全覆盖。

4. 增强审计监督体系的合力

中央审计委员会第一次会议提出，政府审计要加强对内部审计工作的指导和监督，调动内部审计和社会审计的力量，增强审计监督合力。

政府审计加强对内部审计工作的指导和监督是推进国家治理体系和治理能力现代化，是实现审计全覆盖、推动实现经济高质量发展的需要。内部审计机构和人员可以推动党中央、国务院重大决策部署在本部门本单位的有效落实，审查和评价本部门本单位的业务活动及其内部控制，风险管理的适当性、合法性和有效性，促进本部门本单位改善公司治理

和公司管理。各级政府审计机关和广大审计干部要充分利用内部审计的工作，形成审计监督合力。

社会审计发挥职能的主要领域在于企业的财务报告和内部控制的审计，通过独立、客观、权威的财务信息和内部控制的鉴证活动，提高资本市场整体的信息透明度，帮助市场精准、合理地配置资源，提高市场效率。各级政府审计机关和广大审计干部要充分利用社会审计的工作，增强审计监督合力。

5. 切实落实审计整改建议

中央审计委员会第一次会议要求，各地区各部门特别是各级领导干部要积极主动支持配合审计工作，依法自觉接受审计监督，认真整改审计中查出的问题，深入研究和采纳审计提出的建议，完善各领域政策措施和制度规则。中央审计委员会各成员单位更要带头接受审计监督。

各地区各部门特别是各级领导干部要及时、准确、完整地提供同本单位本系统履行职责相关的资料和电子数据，不得制定限制向审计机关提供资料和电子数据的规定，已经制定的要坚决废止。对有意设置障碍、推诿拖延的，要进行批评和通报；造成恶劣影响的，要严肃追责问责。对各类审计发现的问题，要严格落实整改责任，加强督促检查，限期整改到位，定期对账销号。要严肃整改纪律，对整改不力、屡审屡犯，敷衍了事、拒不整改、弄虚作假、违法违纪的严肃问责。

6. 加强政府审计信息化建设

中央审计委员会第一次会议指示，要坚持科技强审，加强审计信息化建设。创新审计方法和组织协调模式，坚持科技强审，不断强化大数据审计思维，提升大数据审计能力，切实提高审计效率和精准度。

推进审计信息化发展是国家审计改革、创新的内在要求，是各级政府审计机关、全体审计人员的共同责任，要全员参与，统筹谋划，以信息化推动新时代政府审计事业新发展。各级政府审计机关要坚持科技强审，向信息化要资源，向大数据要效率，积极拓展大数据技术运用，大力推广数字化审计模式，推进大数据审计应用全覆盖。全体审计人员要解放思想，形成大数据审计思维，努力提升大数据审计能力，积极推动大数据审计的实践运用。

7. 加强政府审计干部队伍建设

中央审计委员会第一次会议强调，希望加强审计机关自身建设，以审计精神立身，以创新规范立业，以自身建设立信。审计机关各级党组织要认真履行管党治党政治责任，努力建设信念坚定、业务精通、作风务实、清正廉洁的高素质专业化审计干部队伍。

各级政府审计机关要加强审计干部理想信念和社会主义核心价值观教育，引导审计人员树立正确的世界观、人生观、道德观和价值观，切实增强审计干部抵御各种风险和诱惑的能力；要严格遵守各项纪律，坚持依法审计、文明审计、廉洁审计，持之以恒加强作风建设，努力建设高素质专业化审计干部队伍，为做好审计工作提供坚强保障。

（二）我国政府审计的新发展

我国政府审计正处在最好的发展时期。党和国家对政府审计提出的新要求，对政府审计的发展具有巨大的促进作用，促进政府审计的新发展。

1. 提高政府审计人员的政治站位

在新形势下，政府审计人员要不断增强政治敏锐性和政治鉴别力，要以政治眼光提升政府审计的视野境界，以政治立场校准政府审计的方向路径，把讲政治贯穿政府审计全过程。政府审计机构和人员要正确把握党和国家的大政方针，以及我国经济发展的新趋势、新变化，牢固树立政府审计工作围绕党和国家的中心工作、服务大局的职能定位，始终把政府审计工作放在党和国家工作的大局中去谋划、去部署。善于从全局性、前瞻性来看待和分析问题，着力分析党和国家重大政策措施贯彻落实情况，客观揭示社会经济运行中面临的关键问题和突出矛盾。针对审计过程中发现的党和国家重大政策措施不落实、不衔接、不配套等问题，及时提出整改和完善措施。

在新的历史时期，政府审计机构和人员要适应党和国家对审计工作的新要求，把促进社会经济可持续发展作为政府审计工作的最高目标。在审计工作中，注重从微观入手、宏观着眼，注意揭示具有普遍性、倾向性、苗头性的问题，使政府审计在促进贯彻落实党和国家重大政策措施、健全法规制度、推动社会经济发展中发挥更大的作用；要始终坚持有重点、有步骤、有深度、有成效地推进审计全覆盖，把有限的审计资源聚焦于重大决策、重大部署、重大事项上来。

2. 强化对党和国家重大政策措施落实的跟踪审计

开展对党和国家重大政策措施落实的跟踪审计是党和国家赋予政府审计机构和人员的一项新的重要职责。要加大对党中央重大政策措施贯彻落实情况的跟踪审计力度，加大对经济社会运行中各类风险隐患的揭示力度。对党和国家重大政策措施落实的跟踪审计是一项全新的审计工作，需要政府审计机关和人员探索多样化的审计方法，以提高审计质量，发挥审计的综合性监督作用。

政府审计机关和人员要持续组织对党和国家重大政策措施和宏观调控部署落实情况的跟踪审计，着力监督检查各地区各部门落实党和国家重大政策措施、促进深化改革、防范和化解风险等政策措施的具体部署、执行进度、实际效果等情况，促进党和国家重大政策措施落地生根和不断完善。政府审计机关和人员要向党中央看齐，向国家工作部署看齐，增强政治责任感、历史使命感、时代方位感，知道政府审计监督作为党和国家监督体系的组成部分，是党中央赋予国家审计机关新的职责和使命，是促进国家治理现代化的重要保障，切实增强主动性和适应性，利用好审计这个抓手，当好重大政策落实的"督查员"。对党和国家重大政策措施落实的跟踪审计的内容和重点，必须紧扣党和国家改革发展大局，突出政策措施落实与完善、重大项目落地与重要资金保障等，聚焦监督重点，推动国家重大政策措施落实。

3. 进一步深化扶贫攻坚工作审计

政府审计机关要加强对扶贫攻坚工作审计的统筹谋划，要重点通过对财政、社保、金融、企业、投资等其他方面的审计，将相关扶贫政策落实情况作为一项重要审计内容。要进一步聚焦"精准"，持续关注扶贫对象精准、项目安排精准、资金使用精准、措施到户精准、因村派人精准、脱贫成效精准等落实情况，促进精准扶贫、精准脱贫方略贯彻落实；要进一步聚焦"安全"，循着资金流向，盯住关键环节，严肃揭示和查处作风不实、谋取私利和侵害贫困群众切身利益等扶贫领域的腐败和作风问题；要进一步聚焦"绩效"，加大对深度贫困地区和重点群体扶贫脱贫质量的审计力度，着力揭示扶贫资金和项目重大损失浪费、无法实现预期脱贫效果等问题。

4. 加强对国有企业、国有资本审计

加强对国有企业和国有资本审计，是贯彻落实习近平总书记在中央审计委员会第一次会议上的重要讲话精神的具体举措，是促进经济高质量发展、推动国企改革、促进完善现代企业制度、促进权力规范运行和反腐倡廉的需要，是更好发挥审计在党和国家监督体系中重要作用的重要举措。我国政府审计对国有企业、国有资本的审计不但不会弱化和退出，还要进一步加强。各级政府审计机关要提高政治站位，深刻认识做好国有企业、国有资本审计的重要意义。

各级政府审计机关要以习近平新时代中国特色社会主义思想为指导，持续深化国有企业、国有资本审计。有序推进国有企业领导人员经济责任审计全覆盖，科学制定中长期规划和年度审计计划，结合实际研究，细化经济责任审计的具体内容。根据工作需要，适时组织开展专项审计或审计调查，及时揭示和反映改革发展中的新情况、新问题、新趋势，服务中央宏观决策，为地方党委、政府部署工作提供参考依据。党的十八大以来，我国经济进入增长速度从高速转向中高速的新常态，国有企业审计的内容和重点是坚决贯彻落实党中央、国务院要求，以维护国有资产安全，对国有企业、国有资本和国有企业领导人员履行经济责任情况实行审计全覆盖。

5. 扎实推进国家重大风险防控审计

政府审计作为党和国家监督体系的重要组成部分，有责任、有义务，也有能力在推动防范化解重大风险、维护国家经济安全中发挥应有的作用。政府审计机关发现问题、提出建议有助于进一步推动防控金融风险工作，对防范化解重大风险具有重要作用。一是切实防范地方政府债务风险，积极稳妥化解存量、严控增量；二是结合金融监管机构改革，统筹抓好金融领域风险防范，完善金融机构绩效评价体系；三是尽快建立企业职工基本养老保险基金中央调剂制度及配套措施，积极推进养老保险全国统筹。

政府审计要积极主动适应新形势，紧盯资产管理、理财等金融创新业务，关注互联网金融发展、跨境资本流动、人民币国际化、信息科技领域带来的新风险，及时把握风险积累过程及成因，尽早将不利因素化解在源头。防范化解重大风险的重点是防控金融风险，防控金融风险的重点则是控制国有企业杠杆率、地方政府隐性债务规模和金融机构信用过度扩张。

6. 实施国家经济信息安全审计

随着移动互联网、物联网、大数据、云计算、智能化等应用的持续拓展，未来中国经济信息安全的威胁范围将持续扩大。因此，必须迅速建立起国家、社会、企业三位一体的经济信息安全审计体系。

国家经济信息安全审计应由政府审计机关依据国家法律，特别是针对计算机网络本身的各种安全技术要求，对广域网上经济信息安全实施审计。财政、金融、社会保障、地方政府债务、国有企业和国有金融机构等审计应由政府审计机关实施。注册会计师审计对企业计算机网络环境的安全提供审计服务，会计师事务所等社会中介机构是对企业计算机网络系统的安全进行评价的机构。企业管理层应正视网络系统可能带来的潜在损失，要通过内部审计机构对安全性进行检查和评价。内部审计机构和人员对网络的安全控制进行审计，帮助企业对相应的信息处理系统的安全性、可靠性作出正确判断。

7. 实行联网实时审计的新技术

联网实时审计是近年来兴起的一项现代审计技术，它是指通过网络与被审计单位或者项目信息系统进行互联后，进行实时、远程监控的行为。实行联网实时审计，加强对业务和交易发生过程中的动态审计，提高政府审计服务的及时性和效率，实现政府审计从"结果导向型"向"过程控制型"转变。这是现代审计技术发展的新趋势。

联网实时审计给政府审计人员提供了前所未有的审计数据，政府审计领域空前扩大，对于促进政府审计预警机制的建立、实现政府审计关口前移起着重要的作用，可以充分发挥政府审计"全覆盖"的功能。与现场审计相比，联网实时审计具有全面性、时效性以及审计成本低、效率高和规范性强等优势；联网实时审计通过对审计对象相关业务数据和资料的不间断调集、整理和分析，查找经营管理中存在的问题、疑点和异常，评价经营管理状况、内部控制状况和风险程度，为现场审计提供线索和资料，为编制审计计划、安排审计资源提供支持。

8. 深入采用大数据审计技术方法

政府审计运用大数据审计技术是通过对被审计单位基础数据的挖掘与分析，对其运行和财务状况提供更为详细的数据证明。在现阶段，审计人员通过大数据审计技术，有效聚焦高风险领域，建立大数据审计执行的一致性和标准化，为各类常规审计提供多维度的合规性、完整性、准确性的确认。在审计的每个阶段都可以使用大数据审计技术，包括审前风险评估阶段的计划及风险评估、审计实施阶段的控制测试、实质性测试和审计报告阶段的评价审计结果。

政府审计工作利用大数据审计技术，在审计流程中，可以分析被审计单位的付款行为、评估信用等级、洞察信用风险、预测信用额度等。政府审计工作利用大数据审计技术手段后，事前风险分析、事中数据分析、事后业绩分析等都将成为新的审计内容。政府审计工作通过大数据审计技术可以获取大量的非结构化和半结构化数据，这些数据能够实现从量变到质变的转换，从非结构化和半结构化数据中发现相关性，为政府审计获取更多相关和可靠的审计证据。

9. 不断提高审计的智能化水平

人工智能技术以及各种机器学习的形式，为政府审计人员提供了诸多可能性。并行处理、获取海量数据以及算法优化等人工智能技术看似遥不可及，其实已经开始逐步走进政府审计实务中。人工智能把审计工作中"人"做的工作与"机器人"做的工作分离出来，也就是让智能机器人来执行那些工作量大但不涉及判断的数据收集活动，从而让审计人员能够集中精力关注更加复杂的问题，进而提升审计质量和价值。

利用人工智能技术，不仅能够提高政府审计工作的针对性和灵活性，而且发挥着以下两个方面的作用。

（1）降低差错率。人工智能技术使分析的一致性和准确度提高，避免了人为判断的主观影响，改善了决策制定流程。

（2）提高审计效率。人工智能技术为政府审计人员对海量交易进行高速、有效分析并发现风险提供技术支持，能够监控交易活动并发现舞弊行为。

10. 提高政府审计人员的素质和能力

"打铁必须自身硬"。这对于保障新时代政府审计发挥作用、取得成效尤为重要。政府审计机关和人员要坚定以习近平新时代中国特色社会主义思想为指导，认真贯彻习近平总书记关于深化审计体制改革的重要论述，聚焦中心任务，强化责任担当，激发改革效能，切实担负起审计监督的责任。

中央和地方党组织审计委员会要强化政府审计人员的继续教育与培训，有计划地提高政府审计人员的政治素养、专业素质和职业胜任能力；多渠道引进和多途径培养政府审计人员，从严管理政府审计干部队伍，打造一支政治素质高、业务能力强的政府审计干部队伍；加强政府审计队伍思想和作风建设，强化理论武装，坚定理想信念；发挥国家治理的基石作用，不断提高政府审计人员的依法审计能力，努力建设信念坚定、业务精通、作风务实、清正廉洁的高素质专业化政府审计干部队伍。

六、政府审计是高层次的经济监督

要使社会主义市场经济体制有序运行，必须建立健全经济监督体系。在经济监督体系中，与财政、税务、金融、工商行政管理等经济监督相比，与民间审计、内部审计相比，政府审计是高层次的经济监督。

1. 政府审计的对象决定了它是高层次的经济监督

中华人民共和国成立以后，在较长的时期内，我国参照苏联模式，设立了财政、税务、金融、工商行政管理等经济监督，这些经济监督也确实发挥了一定的作用。但是，这些经济监督主要是从某个侧面对微观经济活动进行监督，无法对整个国民经济进行有效的监督。民间审计是接受委托的审计，没有强制性。内部审计是单位内部的经济监督，监督范围较窄。而政府审计则是根据法律、制度、党和国家的决定，对党和国家重大决策部署的执行，国务院各部门和地方各级人民政府及其各部门的财政收支、银行信贷、重大投资项目进行审计监督，促使国家数以亿计的货币资金、财产物资以及宝贵的人力、物力资源得到合理有效的使用，从而保证在经济活动中有决定性影响的部门及企业的经济效益。可见，政府审计是高层次的经济监督。

2. 政府审计的地位和性质也决定了它是高层次的经济监督

财政、税务、金融等经济监督机构都有自身的目的性和价值观，即都有本身的业务及由此决定的要求。民间审计是一种社会中介服务，有其自身的利益，实施审计是要收费的；内部审计是为本单位的业务和目标服务的，并不超越所在单位的利益。而政府审计则不是以本部门的利益为目标，它的唯一目标就是维护政府和全体人民的利益。这也决定了政府审计是高层次的经济监督。因此，政府审计对计划、预算执行情况、决算、信贷、重大项目的客观公正的监督是任何其他经济监督部门和其他审计所不能替代的，对中央与地方、国家与企业有关资金分配、使用等问题的监督、执法作用也胜于其他任何经济监督部门和其他审计形式。

3. 政府审计实施了对国民经济的全面经济监督

政府审计机关通过遍布全国的各级审计机构，依照法律、制度、规定，对一切影响国民经济正常运行的单位和事项，分别做出没收其非法所得，处以罚款、停止财政拨款等处理方法，强行和及时制止一切损害政府和人民利益的错误行为，解决那些普遍存在的或者有重大影响的倾向性问题。政府审计机关还向党和国家提供重大决策部署的执行情况，向政府及有关部门提供预算执行情况和国民经济管理中各项资金的使用状况、财经法纪执行情况及经济效益等信息，使有关部门能够及时采取措施，防止出现重大损失。

第二节 民间审计组织

一、民间审计组织及人员

民间审计也称注册会计师审计或者独立审计，是商品经济发展到一定阶段的必然产物。只要商品经济发展到一定阶段，公司中存在所有权与经营权分离，存在不同利益的集团和阶层，民间审计就有存在和发展的必要。我国民间审计的振兴，始于 1980 年注册会计师制度的恢复和重建。在我国，民间审计组织是指会计师事务所，民间审计人员是指注册会计师。目前，无论从会计师事务所的数量上看，还是从注册会计师的数量上看，我国民间审计都得到了飞速的发展。

(一) 会计师事务所

会计师事务所是指经国家批准、注册登记，依法独立承办审计业务和会计咨询业务的单位。会计师事务所由注册会计师组成，是其承办法定业务的工作机构。它不是国家机关的职能部门，经济上也不依赖国家或其他任何单位。

会计师事务所实行自收自支、独立核算、依法纳税，具有法人资格。但合伙设立和特殊普通合伙设立的会计师事务所不具有法人资格。注册会计师必须加入会计师事务所才能承办业务。按规定，成立会计师事务所应报经财政部或省级财政厅（局）审查批准，并向当地工商行政管理机关办理登记，领取执照后，方能开业。注册会计师和会计师事务所的行业管理机关，在全国为财政部，在各地区为省、自治区、直辖市财政厅（局）。注册会计师职业实行行业自律，成立了行业组织。全国性的注册会计师行业组织为中国注册会计师协会。

(二) 注册会计师

在我国，取得执业注册会计师资格主要通过考试和考核实际工作经验年限两方面确定。

根据《注册会计师法》及《注册会计师全国统一考试办法》的规定，具有下列条件之一的中国公民，可报名参加考试：①具有高等专科以上学历；②具有会计或者相关专业（指审计、统计、经济）中级以上专业技术职称。

目前，注册会计师资格考试分为两个阶段：第一个阶段为专业考试，考试科目有会计、审计、财务成本管理、经济法、税法和公司战略与风险管理；第二个阶段为综合考试。专业考试和综合考试每年进行一次。专业考试部分科目合格者，取得由全国注册会计师考试委员会统一印制的单科合格证明，其合格成绩在取得单科合格证明后的 5 年内有效。专业考试全科合格成绩长期有效。专业考试全科合格者可以参加综合考试。综合考试合格者取得由全国注册会计师考试委员会统一印制的全科合格证书。取得全科合格证书者，可申请成为中国注册会计师协会非执业会员；具有两年以上实际工作经验者，可申请注册成为执业注册会计师。

在我国，注册会计师考试合格者只能取得成为注册会计师的资格，只有加入会计师事务所，从事审计业务工作两年以上，并具备相应的业务能力，才能准予注册成为执业注册会计师。所以，经注册会计师考试合格的人员，应由其申请加入的会计师事务所报财政部或省级财政厅（局）批准注册。经批准注册的注册会计师，由财政部统一制发注册会计师证书。

（三）中国注册会计师协会

中国注册会计师协会是在财政部领导下，经政府批准成立的注册会计师的职业组织，成立于1988年。一方面，它对会计师事务所和注册会计师进行自我教育和自我管理；另一方面，它又是联系政府机关和会计师事务所、注册会计师的桥梁与纽带。中国注册会计师协会作为一个独立的社会团体，对外发展与国际会计职业组织之间的相互交往，为我国注册会计师步入国际舞台发挥作用；对内拟订会计师事务所管理制度和注册会计师专业标准，组织注册会计师业务培训和考试等方面的工作。

中国注册会计师协会的宗旨：服务、监督、管理、协调。其为注册会计师、会计师事务所和审计事务所（以下简称事务所）服务，为社会主义市场经济服务；监督注册会计师和事务所执业质量、执业道德；依法管理注册会计师行业；协调行业内、外部关系，维护注册会计师和事务所的合法权益。

中国注册会计师协会的最高权力机构是全国会员代表大会，凡重大事项，必须经会员代表大会讨论决定。协会执行机构为理事会，理事会由全国会员代表大会选举出的若干名理事组成。协会的常设办事机构为秘书处，由秘书长、副秘书长若干人并配备必要数量的专职人员组成。

二、注册会计师的业务范围

注册会计师的业务范围十分广泛，涉及经济生活的各个方面。

（一）鉴证业务

鉴证业务是指注册会计师对某一主体负责编制的书面认定资料的可靠性进行查证。注册会计师查证后，要签发一份书面报告，以反映鉴证结果。近年来，社会日益认同注册会计师的专业知识、技能和经验，对各种鉴证业务的需求日益增加。鉴证业务可进一步分为以下四种。

1. 审计业务

审计业务是指通过取得和评价某一会计主体历史财务报表的证据，以便对该主体管理当局在这些财务报表中所作的认定是否按照会计准则公允表达发表审计意见。注册会计师从事的主要审计业务是财务报表审计。注册会计师根据审计准则的要求，完成了必要的审计程序，取得了相应的审计证据后，应编制和出具审计报告。审计报告主要表述注册会计师的审计意见，具有法定证明效力。注册会计师及其所在的会计师事务所对其出具的审计报告要承担相应的法律责任。

2. 审阅业务

审阅业务是指注册会计师对某一会计主体所作的认定是否符合既定标准或惯例进行查证，并发表意见。这类业务有：①审查未来财务信息（如财务预测或计划）所依据的假设是否合理，是否根据这种假设所编制，与历史财务信息的基础是否一致；②审查确定某一会计主体的内部控制系统是否科学，是否符合政府或管理当局所确定的标准等。一般来说，审阅的范围通常比审计要小，审阅实施的程序比审计要少。

3. 复核业务

复核业务主要涉及复核某一财务报表、比较分析财务信息等业务。复核业务的范围又比审计和审阅的范围要小。复核的目的是为认定的可靠性提供"消极保证"，这与审计所提供的"积极保证"恰好相反。因此，复核人员复核财务报表后，在所提出的意见中，不是说"财务报表按照会计准则公允地表达……"，而是提出复核人员"没有发现财务报表不符合会计准则公允表达……"。一般情况下，对非公开上市公司的财务报表，为了特定目的需要，可以进行复核。

4. 保证业务

美国注册会计师协会的审计保证业务特别委员会将保证业务定义为"为企业或个体决策者提供的能改进信息质量或内容的那种独立专业业务的总称"。信息技术的发展与创新，特别是互联网技术的发展，使注册会计师的工作对象有了较大的变化。因此，美国注册会计师协会强调，今后的保证业务不限于财务报表和传统报告，并提出了它认为有推广潜在新业务系列的可能性的几个领域：电子商务保证、保健效果评估、经营主体绩效评估、信息系统质量评估、综合风险估量、养老工作保证等。

（二）管理咨询业务

管理咨询业务是指注册会计师为客户提供管理建议与技术协助，以帮助客户改善其能力和合理利用资源，并实现其预定的目标。在执行管理咨询业务时，注册会计师扮演的是一个公司外部专家或顾问的角色。因此，注册会计师不能替代董事会和经理层做任何管理决策。在规模较大的会计师事务所内，都设立单独的管理咨询部门从事管理咨询业务。目前，管理咨询业务所获得的收入，已成为很多会计师事务所总收入中重要且日益增长的部分。为指导注册会计师执行管理咨询业务，不少国家的注册会计师职业团体制定了从事管理咨询业务的准则或说明书。

为什么在第二次世界大战以后，注册会计师会突然对管理咨询业务感兴趣呢？这是由一系列因素造成的，归结到一点，就是许多注册会计师的委托人不仅需要注册会计师在通常的范围内提供帮助，而且需要注册会计师提供更多的专业服务。与此同时，20世纪出现了以泰勒为代表的较为成熟的科学管理理论。这一理论给公司管理的各个方面造成了极大的影响，更新了许多进入新兴会计行业的年轻人的思想和观点。自然，注册会计师更容易接受科学管理的召唤。对他们来说，注册会计师业务不仅包括传统的服务项目，而且包括许多科学管理范畴内的服务。当时，就有很多会计师事务所试行这种范围广泛的服务方式。第二次世界大战以后，具有美国特色的超越会计、审计业务的管理咨询服务被越来越广泛地接受。

管理咨询业务的兴起和发展，为注册会计师行业向纵深发展提供了广阔而美好的前景。时至今日，国际会计师事务所从事的咨询业务有了长足的发展，业务种类繁多，而且逐步细化。但是，21世纪初，随着美国上市公司会计丑闻的不断爆发，美国通过法案对会计师事务所从事管理咨询业务进行了限制，规定从事上市公司财务报表审计业务的会计师事务所不能同时为该上市公司提供管理咨询服务。

（三）税务服务业务

各国政府为了实现其职能，都通过了很多税收法规。复杂繁多的税收法规使注册会计师和其他税务专家的服务业务不断增加。纳税人，特别是作为公司的法人纳税人，不仅要依法纳税，认真履行纳税义务，而且应充分享受纳税人的权利。公司关心自己的纳税负担是否合理合法，能否享受本国以及外国的税收优惠政策，考虑税收筹划，为提高公司的利润水平服务。

很多国家明确规定，注册会计师可以从事税务服务业务。税务服务是注册会计师的重要业务之一，是会计师事务所的主要业务收入来源之一。

（四）会计服务业务

会计服务业务是各国中小会计师事务所的主要业务，主要包括代理记账、编制财务报表、工资单处理等。

近年来，法务会计服务成为会计师事务所的重要业务。由于企业财务舞弊已成为世界各国企业界的一种公害，因此，借助注册会计师的专业能力来减少公司财务舞弊现象的发生，也成为市场经济中的热点。与此同时，市场经济本质上就是法制经济，由于会计天生具有的经济后果性，会计解释上的法律争端也成为法律界一个令人头痛的问题。为迎合这种市场需要，注册会计师创立了法务会计，提供法务会计服务业务。

（五）其他服务业务

注册会计师提供的服务业务很多，除上述业务外，还包括商定程序服务业务。对财务信息执行商定程序的目标是注册会计师对特定财务数据、单一财务报表或整套财务报表等财务信息执行与特定主体商定的具有审计性质的程序，并就执行的商定程序及其结果出具报告。注册会计师执行商定程序服务业务，仅报告执行的商定程序及其结果，并不提出鉴证结论。

除此之外，注册会计师还提供个人理财服务业务、诉讼支持服务（专家证人）业务等。为了更好地提供个人理财服务业务和诉讼支持服务业务，有些国家新设了相关的资格证书。

三、会计师事务所的组织形式

会计师事务所是注册会计师依法承办业务的组织。纵观注册会计师行业在各国的发展，会计师事务所主要有独资、普通合伙、有限责任公司、有限责任合伙等组织形式。我国会计师事务所主要有普通合伙、有限责任公司和特殊普通合伙等组织形式。

（一）独资会计师事务所

独资会计师事务所由具有注册会计师执业资格的个人独立开业，承担无限责任。它的优点是：对执业人员的需求不多，容易设立，执业灵活，能够在代理记账、代理纳税等方面很好地满足小型企业对注册会计师服务的需求。其虽承担无限责任，但实际发生风险的程度相对较低。它的缺点是：无力承担大中型公司的鉴证业务和咨询业务，缺乏发展后劲。

（二）普通合伙会计师事务所

普通合伙会计师事务所是由两位或两位以上注册会计师组成的合伙组织，合伙人以各自的财产对会计师事务所的债务承担无限连带责任。它的优点是：在风险牵制和共同利益的驱动下，会计师事务所强化专业发展，扩大规模，提高规避风险的能力。它的缺点是：建立一个跨地区、跨国界的大型会计师事务所要经历一个漫长的过程；同时，任何一个合伙人执业中的错误与舞弊行为，都可能给整个会计师事务所带来灭顶之灾，甚至一夜之间土崩瓦解。

（三）有限责任公司会计师事务所

有限责任公司会计师事务所是由注册会计师认购会计师事务所股份，并以其所认购的股份对会计师事务所承担有限责任。会计师事务所以其全部资产对其债务承担有限责任。它的优点是：可以通过公司制形式迅速聚集一批注册会计师，建立规模较大的会计师事务所，承办大中型公司鉴证业务和咨询业务。它的缺点是：降低了风险责任对执业行为的高度制约，弱化了注册会计师的个人责任。

（四）有限责任合伙会计师事务所

有限责任合伙会计师事务所是会计师事务所以全部资产对其债务承担有限责任，各合伙人对个人执业行为承担无限责任。它的最大特点在于，既融入了普通合伙和有限责任公司会计师事务所的优点，又摒弃了它们的不足。这种组织形式是为顺应经济发展对注册会计师行业的要求，于20世纪90年代初期兴起的。到1995年年底，原六大国际会计师事务所在美国的执业机构已完成了向有限责任合伙的转型，在其他国家和地区的执业机构的转型也基本完成。同时，在它们的主导下，许多国家和地区的大中型会计师事务所也陆续开始转型。有限责任合伙会计师事务所已成为当前的发展趋势。

（五）特殊普通合伙会计师事务所

我国现行的特殊普通合伙会计师事务所，在性质上相当于西方国家的有限责任合伙会计师事务所。2010年7月，财政部和国家工商行政管理总局制定的《关于推动大中型会计师事务所采用特殊普通合伙组织形式的暂行规定》发布。该暂行规定指出：采用特殊普通合伙组织形式的会计师事务所，一个合伙人或者数个合伙人在执业活动中因故意或者重大过失造成合伙企业债务的，应当承担无限责任或者无限连带责任，其他合伙人以其在合伙企业中的财产份额为限承担责任。合伙人在执业活动中非因故意或者非重大过失造成的合伙企业债务以及合伙企业的其他债务，由全体合伙人承担无限连带责任。

（六）国际四大会计师事务所

在会计师事务所前冠以"国际"两字，主要原因是：①这些会计师事务所为世界上大部分跨国公司提供以审计业务为主的专业服务；②这些会计师事务所雇用的注册会计师来自各个国家；③这些会计师事务所被认为是除跨国公司以外的另一重要经济力量。

国际会计师事务所是世界先进会计师事务所的典型代表。这些国际会计师事务所也是由若干中小型会计师事务所逐步扩充发展而成的。20世纪40年代以后，作为这些国际会计师事务所前身的几个中小事务所以办理企业的破产、合并业务和担任跨国公司审计为契机，扩大了其在世界上的影响。由于业务增多，它们一方面在世界各地设立分支机构，一方面兼并其他会计公司，走上了扩张之路。当今活跃在国际民间审计舞台上的，主要是英美两国的国际四大会计师事务所，它们几乎垄断了世界上所有跨国公司的审计业务。早在20世纪80年代末，有人就提出，在全世界，原"六大"几乎无处不在；在欧洲每一个重要的商业城市中都可以找到至少一家属于原"六大"的会计师事务所。原"六大"成员机构遍布全世界，业务范围从早期的代理记账、审计、税务服务发展到业务开发、合同谈判、公司改造、安排上市、管理顾问、公司秘书等，几乎包揽了各种商务活动。各大会计师事务所在服务对象上也各有侧重，形成了专门化。例如，解体前的安达信以员工训练和公用事业业务著称，较多地拥有石油和天然气工业的委托单位；德勤在政府业务和大型项目服务上具有特色；安永在医疗保健及财务服务方面占有很大优势；毕马威在银行方面具有很强的竞争力；永道在通信电子工业中称雄；普华则以处理国际性事业机构业务为优。

1997年9月，原"六大"之中的永道、普华宣布合并为普华永道国际会计师事务所，实力超强的原"六大"变成了"五大"。2002年，因涉嫌美国安然公司财务欺诈案，安达信会计师事务所被撤销。至此，著名的"五大"变成"四大"。

目前，国际四大会计师事务所包括德勤（Deloitte Touche Tohmatsu）、普华永道（Pricewaterhouse Coopers）、安永（Ernst & Young）、毕马威（KPMG）。

第三节　内部审计机构

一、内部审计机构及其特征

内部审计是指由部门或单位内部相对独立的审计机构和审计人员对本部门或本单位的财政财务收支、经营管理活动及其经济效益进行审核和评价，查明其真实性、正确性、合法性、合规性和有效性，提出意见和建议的一种专门活动。其主要目的是通过审计加强风险管理、健全内部控制系统、查错揭弊、改善经营管理和提高经济效益。

（一）内部审计机构

我国的内部审计机构是根据审计法规和其他财经法规的规定设置的，主要包括部门内部审计机构和单位内部审计机构。

1. 部门内部审计机构

国务院和县级以上地方各级人民政府各部门，应当建立内部审计监督制度，根据审计业务需要，分别设立审计机构并配备审计人员，在本部门主要负责人的领导下，负责本部门和所属单位的财务收支及其经济效益的审计。

2. 单位内部审计机构

大中型企事业单位应当建立内部审计监督制度，设立审计机构，在本单位董事会下设的审计委员会或本单位主要负责人的领导下，负责本单位的财务收支及其经济效益的审计。内部审计机构在董事会下设的审计委员会或本单位主要负责人的领导下开展内部审计工作。审计业务少的单位和小型企事业单位，可设置专职的内部审计人员，而不设独立的内部审计机构。

不管是部门内部审计机构还是单位内部审计机构，都有其专职业务，其性质与会计检查和其他专业检查并不相同，因此必须单独设立，并受单位党组织、董事会下设的审计委员会或本单位主要负责人的领导。内部审计机构不应设在财会部门之内，受财会负责人的领导，因为这样设置机构难以有效开展内部审计工作。

（二）内部审计特征

我国内部审计的特征，有些与西方企业的内部审计相似，有些则是中国特色社会主义市场经济体制下所特有的。我国内部审计一般具有以下特征。

1. 服务上的内向性

内部审计是为加强内部经济管理和控制服务的，内部审计人员是部门、单位领导在经济管理和经济监督方面的参谋和助手。服务上的内向性是国内外内部审计共同的基本特征。无论是西方企业的内部审计还是我国企业的内部审计，其主要职责都是代表董事会或主要负责人监督企业及其各部门贯彻管理层的意图，维护本单位的利益，为实现企业目标服务。

2. 审查范围的广泛性

内部审计是作为部门、单位领导在经济管理和经济监督方面的参谋和助手来进行的，其审计报告不具有法律效力。它既可进行内部财务审计、经济责任审计和经济效益审计，又可对下属单位进行财经法纪审计；既有制约作用，又有促进作用。而且，审计一般能满足管理层的要求，管理层要求审查什么，内部审计人员就审查什么。与外部审计相比，这种业务范围的广泛性，是国内外内部审计的共同特征。

3. 作用的稳定性

随着经济的发展，西方内部审计已冲破只起制约作用的范围，扩展到改善经营管理和提高风险控制水平。我国内部审计亦如此，一方面：审计必须以法律为准绳，履行财务审计的监督职能，发挥审计的制约作用；另一方面：它还要履行经济责任审计和经济效益审计的评价职能，促使部门或单位改善经营管理，增强风险控制能力，提高经济效益，充分发挥审计的促进作用。我国内部审计的制约性和促进性两项作用，在相当长的时间内会同时存在。所以，审计作用的稳定性又是国内外内部审计的共同特征。

4. 微观监督与宏观监督的统一性

我国内部审计代表部门、单位的管理层执行审计监督，防止差错弊端，为加强内部管理服务，这是微观监督的性质，也是内部审计的主要工作内容。与此同时，内部审计还应从党和国家利益出发，对党和国家重大决策部署的执行情况，本部门本单位是否遵守国家的政策、法律、法令和规章制度进行审查，又具有宏观监督的性质。所以，微观监督与宏观监督的统一性，是我国内部审计独有的特征。

二、内部审计机构的权限与责任追究

我国部门和单位内部审计机构是依据审计法规和其他财经法规而建立的，为了便于其行使审计监督权，在法规中对其职责权限也有明确规定。

（一）内部审计机构的权限

2018年1月12日，修订后的《审计署关于内部审计工作的规定》正式发布，其中规定了现代内部审计的权限。内部审计机构或者履行内部审计职责的内设机构应有下列权限：

（1）要求被审计单位按时报送发展规划、战略决策、重大措施、内部控制、风险管理、财政财务收支等有关资料（含相关电子数据，下同），以及必要的计算机技术文档；

（2）参加单位有关会议，召开与审计事项有关的会议；

（3）参与研究制定有关的规章制度，提出制定内部审计规章制度的建议；

（4）检查有关财政财务收支、经济活动、内部控制、风险管理的资料、文件和现场勘察实物；

（5）检查有关计算机系统及其电子数据和资料；

（6）就审计事项中的有关问题，向有关单位和个人开展调查和询问，取得相关证明材料；

（7）对正在进行的严重违法违规、严重损失浪费行为及时向单位主要负责人报告，经同意作出临时制止决定；

（8）对可能转移、隐匿、篡改、毁弃会计凭证、会计账簿、会计报表以及与经济活动有关的资料，经批准，有权予以暂时封存；

（9）提出纠正、处理违法违规行为的意见和改进管理、提高绩效的建议；

（10）对违法违规和造成损失浪费的被审计单位和人员，给予通报批评或者提出追究责任的建议；

（11）对严格遵守财经法规、经济效益显著、贡献突出的被审计单位和个人，可以向单位党组织、董事会（或者主要负责人）提出表彰建议。

（二）内部审计机构的责任追究

公司党组织、董事会及其审计委员会或者主要负责人在管理权限范围内，授予内部审计机构以下必要的处理、处罚权。

（1）被审计单位不配合内部审计工作、拒绝审计或者提供资料、提供虚假资料、拒不执行审计结论或者报复陷害内部审计人员的，公司董事会及其审计委员会或者主要负责人应当及时予以处理；构成犯罪的，移交司法机关追究刑事责任。

（2）被审计单位无正当理由拒不执行审计结论的，内部审计机构应当责令其限期改正；拒不改正的，报请公司董事会及其审计委员会或主要负责人依照有关规定予以处理。

（3）对被审计单位违反财经法规、造成严重损失浪费行为负有直接责任的主管人员和其他直接责任人员，构成犯罪的，依法追究刑事责任；不构成犯罪的，依照有关规定予以处理。

（4）报复陷害内部审计人员，构成犯罪的，依法追究刑事责任；不构成犯罪的，依照有关规定予以处理。

（5）对被审计单位和内部审计机构的责任追究。被审计单位有下列情形之一的，由单位党组织、董事会（或者主要负责人）责令改正，并对直接负责的主管人员和其他直接责任人员进行处理：①拒绝接受或者不配合内部审计工作的；②拒绝、拖延提供与内部审计事项有关的资料，或者提供资料不真实、不完整的；③拒不纠正审计发现问题的；④整改不力、屡审屡犯的；⑤违反国家规定或者本单位内部规定的其他情形。

内部审计机构或者履行内部审计职责的内设机构和内部审计人员有下列情形之一的，由单位对直接负责的主管人员和其他直接责任人员进行处理；涉嫌犯罪的，移送司法机关依法追究刑事责任：①未按有关法律法规和内部审计职业规范实施审计导致应当发现的问题未被发现并造成严重后果的；②隐瞒审计查出的问题或者提供虚假审计报告的；③泄露国家秘密或者商业秘密的；④利用职权谋取私利的；⑤违反国家规定或者本单位内部规定的其他情形。

内部审计人员因履行职责受到打击、报复、陷害的，单位党组织、董事会（或者主要负责人）应当及时采取保护措施，并对相关责任人员进行处理；涉嫌犯罪的，移送司法机关依法追究刑事责任。

三、内部审计的新使命与新发展

中央审计委员会第一次会议强调，要加强对内部审计工作的指导和监督，调动内部审计的力量。这不仅说明了内部审计工作的重要性，而且要求发挥内部审计更大的作用，我国内部审计迎来了前所未有的发展机遇。因此，我们必须深刻领会、准确把握有关会议文件精神，深入落实党和国家对内部审计提出的新使命，深层次研究和指明我国内部审计新的发展路径。

（一）我国内部审计的新使命

中国特色社会主义进入了新时代，我国内部审计承载了新使命。我国内部审计理论研究者和实务工作者应深刻理解和深入研究内部审计的新使命，为理论研究和实际工作提供指导。

1. 全国内部审计工作座谈会赋予内部审计的新使命

2018 年 9 月 11 日，全国内部审计工作座谈会在京召开，会议强调，要提高政治站位，站在党和国家事业全局的高度，加强党对内部审计工作的全面领导，扎实推进党和国家重大决策部署的全面落实。

加强内部审计工作是落实党和国家重大决策部署的重要内容之一，是实现内部审计转型升级发展的需要。对于内部审计机构和内部审计人员而言，要深入把握和不断总结内部审计工作的规律和经验，改革内部审计组织领导体制和审计模式，坚守党和国家对内部审计工作的职责定位，推动内部审计工作，促进我国经济高质量发展。我国内部审计只有把握大局、明辨方向、找准路子、扎实工作，才能完成新使命，取得新发展，实现新作为，开创新局面。

2. 审计署赋予内部审计的新使命

2018 年 1 月 12 日，《审计署关于内部审计工作的规定》正式发布，赋予了内部审计新使命，并于 2018 年 3 月 1 日起正式实施。规定将内部审计的职责范围从"财政财务收支、经济活动"扩展到了"内部控制评价与风险管理审计"，并对内部审计提出了新使命，贯彻落实党和国家重大决策部署跟踪审计、公司发展规划和发展战略审计、公司"三重一大"决策程序审计、公司年度业务执行情况审计、公司涉及的履行管理自然资源资产和保护生态环境责任的审计、境外审计等内容。对于内部审计和组织管理，要求国有企业和国有控股企业建立总审计师制度，总审计师在公司党组织、董事会领导下具体管理内部审计工作。

为贯彻落实《审计署关于内部审计工作的规定》，内部审计机构和内部审计人员应充分认识内部审计的新使命，增强内部审计职业的自信心；深入贯彻落实《审计署关于内部审计工作的规定》的内在自觉心，做好制度对接；深层次研究内部审计在新时期的新特点，发挥内部审计的确认和咨询作用；切实履行内部审计的新使命、新要求，切实提高内部审计质量和成效。

3. 改革内部审计领导体制赋予内部审计的新使命

我国国有企业重大决策必须先由党组织研究提出意见建议，涉及"三重一大"等事项，必须经党组织研究决定后，再由董事会、经理层作出决定。因此，国有企业和国有控股企业的内部审计机构应当提高政治意识、大局意识，根据企业党组织、董事会（或者主要负责人）的要求和部署，实施内部审计计划，开展内部审计工作。坚持党对内部审计的全面领导，公司在党组织系统中成立审计委员会，由党组织书记担任审计委员会主任，党组织全面领导内部审计工作，保证和落实国有企业党组织在内部审计工作中的主导作用。

国有企业内部审计机构和人员在企业党组织领导下，实现审计干部、机构编制、审计业务全面管理，构建新的内部审计监督体系，促进内部审计发挥综合监督的功能；逐步推进内部审计工作全覆盖，提高内部审计的地位和权威。国有企业内部审计机构和内部审计人员要把推动党和国家重大决策部署的有效落实放在首位，认真查处党和国家重大决策部署不落实、落实不到位等问题，并对相关责任人进行问责，促进党和国家重大决策部署在本单位的有效落实。

4. 科学技术发展赋予内部审计的新使命

在数字经济时代，如果离开数字化技术和方法，将无法提高内部审计的工作效率。科学技术的进步正逐步取代部分内部审计人员，内部审计行业的岗位需求逐步下降。科技在某些方面可以模仿人类甚至可以超过人类，但内部审计人员并不会毫无用处。内部审计重要发展方向之一就是要细分工作职能，挑选适合的"人"去实施相应的"事"。

科学技术发展赋予内部审计新使命，要求内部审计机构和内部审计人员加强对科技能力的培养和运用，用科技武装内部审计人员的头脑。在现代科学技术飞速发展的时代，内部审计人员应采用大数据技术了解被审计单位情况，利用互联网了解内部控制的有效性，建立智能化的内部审计工作流程，采用区块链技术控制内部审计质量。因此，内部审计机构和内部审计人员要坚持科技强审，向互联网要信息，向大数据要资源，向智能化要效率，用高科技推动内部审计工作的现代化。

5. 建设内部审计队伍赋予内部审计的新使命

"打铁必须自身硬"，建设一支政治素质过硬、业务素质精湛的内部审计队伍，对于保障新时代内审计完成新使命、取得成效而言尤为重要。内部审计人员要提高政治思想水平，深入学习、认真贯彻习近平新时代中国特色社会主义思想，要坚定理想信念，精通内部审计业务，拥有过硬的工作作风，廉洁奉公；强化担当意识，勇于改革创新，激发内部审计工作效能，肩负起新时代赋予内部审计的新使命。

内部审计机构和内部审计人员应强化共产主义理想信念和实现中华民族伟大复兴的教育，使内部审计人员树立既有远大理想又能脚踏实地工作，既能抵御各种诱惑又能客观公正待人处事；既能严格遵守各项纪律又能坚持文明审计、和谐审计，努力建设一支高标准、高素质、专业化的内部审计队伍，为实现新时代的内部审计新使命提供人力资源保障。

（二）我国内部审计的新发展

目前，我国内部审计正处于发展时期，党和国家赋予了内部审计新的使命，这必将促进我国内部审计新的发展，促进我国内部审计的转型升级。

1. 提高内部审计人员的政治站位

传统内部审计人员，两眼只盯着被审计单位的被审计事项，根据审计结果对照审计标准，仅提出专业性的审计意见和审计结论，政治敏锐性不够强，政治站位不够高。在新形势下，内部审计人员要不断增强政治敏锐性和政治鉴别力，要以政治意识提升内部审计的政治站位，以大局意识校准内部审计的方向路径，把内部审计工作的全过程导向正确的轨道。

内部审计机构和内部审计人员要认真学习习近平新时代中国特色社会主义思想和党的十九大报告精神，深入把握党和国家的重大决策部署，深刻认识我国社会经济发展的新情况和新特征，坚持围绕公司党组织的要求和中心工作来谋划内部审计工作，始终将有效落实党和国家的重大决策部署、公司党组织和董事会的要求作为内部审计工作的重点去部署。内部审计人员要善于从大局着眼，从全局性来看待和分析内部审计发现的问题，着力分析单位长远发展和健康发展存在的问题，并提出改进和完善的意见和建议；要善于从细节着手，客观揭示单位经营管理中面临的问题和矛盾，及时提出整改和完善措施。内部审计机构和内部审计人员要始终坚持把握大局，有重点、有深度、有科技含量地推进内部审计工作全覆盖，促进党和国家、单位的重大决策、重大部署、重大事项的有效落实。

2. 强化对党和国家重大政策措施落实情况审计

内部审计机构和内部审计人员实施对党和国家重大政策落实情况的审计是新时代内部审计的新使命。《审计署关于内部审计工作的规定》明确要求：对本单位及所属单位贯彻落实党和国家重大政策措施情况进行审计。我国实行的是中国特色社会主义制度，从根本上来讲，党和国家的利益与企事业单位的利益是一致的。只有党和国家的利益得到保障，企事业单位才能有更好的发展前景。因此，内部审计机构和内部审计人员要持续组织对党和国家重大决策部署的有效落实进行审计，重点监督检查本单位落实党和国家重大决策部署、深化改革开放举措、防范和化解重大风险等的执行进度、实际效果等情况，针对发现的问题，及时提出改进和完善的措施和建议。

对党和国家重大决策部署有效落实情况的审计内容和重点，必须紧扣党和国家重大决策部署和企事业单位改革发展大局，突出党和国家重大决策部署有效落实、企事业单位重大改革落地等，聚焦存在不落实和落实不到位的问题并提出整改措施，推动党和国家重大决策部署、党和企事业单位改革发展落实到位。内部审计机构和内部承计人员要关注本单位的重大改革措施的实施情况，将影响本单位可持续发展和员工利益的改革措施和领域纳入内部审计的范围，及时了解和掌握改革措施的推进情况，发现改革过程中出现的问题，及时向本单位党组织和董事会报告并提出意见和建议，促进本单位重大改革措施的顺利进行。

3. 加大对公司发展规划的审计力度

对公司发展规划的审计作为新时代对内部审计提出的新要求，已受到越来越多公司的重视。由经营审计向发展规划审计转变，是内部审计发展的重要趋势。对公司发展规划进行审计，可以提高制定和实施发展规划的水平，充分发挥内部审计增加公司价值的作用，推动进一步完善公司治理和公司管理。对公司发展规划进行审计应涵盖制定和实施公司发展规划的全过程，其审计内容应包括总体规划、业务发展规划和资源保障规划有关的资料，应重点审计制定三个层次发展规划所依据的基础和假设的可靠性、可行性以及三个层次发展规划执行的效果。

对公司发展规划进行审计是内部审计人员按照规定的审计程序，根据既定的标准，对制定和实施公司发展规划的正确性和有效性做出判断，发现其中存在的问题，深入分析其中的原因，并提出整改措施和建议的过程。对公司发展规划进行审计分为制定发展规划审计和实施发展规划审计。制定发展规划审计包括：制定公司三个层次发展规划的存在性审计；制定每一个发展规划的正确性审计；制定三个层次发展规划的一致性审计。实施发展规划审计可分为实施发展规划存在的问题审计和实施发展规划取得的效果审计。实施发展规划存在的问题审计是指审计实施发展规划过程中存在问题的多少、能否妥善解决以及比照同类先进公司的发展规划指标的差距。实施发展规划取得的效果审计是指审计实施发展规划的实际效果好坏及其是否偏离了发展规划。

4. 实施公司信息系统安全的审计

随着互联网、移动互联网、云计算、大数据、物联网、人工智能等应用的持续发展，企业信息系统安全威胁日益严峻。由于信息系统的脆弱性、技术的复杂性、操作的人为因素，信息系统存在固有风险和操作风险；信息系统的设计和管理者聚焦于设计、开发和使用信息系统，而对信息系统面临的威胁和安全性关注不够。因此，公司应建立内部对公司信息系统安全进行审计的制度和机制。信息系统安全审计是对与信息系统设计、运行和维护安全相关的活动进行确认、识别、分析和认证，确认和认证与信息安全有关的活动主体和责任主体，并对信息系统设计、运行和维护安全提出完善建议和意见。

信息系统安全审计作为一种可以确保信息系统的安全、可靠及高效运行的新审计模式，受到世界各国的普遍重视。在数字经济时代，公司信息系统安全被提到了前所未有的高度，加快发展信息系统安全审计具有重要意义。信息系统安全审计包括实施信息系统审计，信息系统生命周期有效性、高效性和安全性审计，各种应用软件合法性、正确性、安全性审计。对公司信息系统安全的审计是指由内部审计机构和内部审计人员依据国家法规和技术标准，对公司依赖的信息系统和相关的硬件、软件应用的安全性实施的审计。通过内部审计机构和内部审计人员对信息系统安全性的审计，可以帮助公司提高信息系统的安全性、可靠性和效率。

5. 实行非现场联网审计的新技术

在传统内部审计业务中，内部审计人员对被审计事项进行抽样的事后审计，审计对象只是一部分样本和数据，以样本的性质和特征推断总体的性质和特征存在抽样风险。实行非现场联网审计，可以对被审计事项的所有数据和信息进行审计，并能对业务和交易发生时的数据和信息进行审计，极大地提高了内部审计发现问题的及时性和内部审计工作的效率，实现现代内部审计从"注重业务结果的审计模式"向"关注业务过程的审计模式"转变。

非现场联网审计是指内部审计人员通过审计信息系统与被审计单位信息系统进行联网后，进行非现场、远程实时监控的行为。非现场联网审计给内部审计人员提供了新的审计方式，可以大量收集审计数据和信息，让审计时间提前、审计领域扩大、审计关口前移，有利于及时发现被审计业务和管理中发生的问题，促进单位建立风险预警机制和实施全面风险管理审计，充分发挥内部审计在单位风险管理中的重要作用。非现场联网审计通过网络对被审计对象进行实时审计，可以提高内部审计的全面性和时效性，及时发现经营管理、内部控制状况和风险管理中存在的问题、疑点和异常，督促被审计单位及时整改和完善，促进单位健康、可持续发展。

6. 积极采用大数据审计技术方法

与传统的内部审计技术方法相比，内部审计运用大数据审计技术方法是通过对公司内外部数据的挖掘与分析，对公司的经营成果、财务状况和现金流量提供更为详细的信息。在现阶段，内部审计人员应积极采用大数据审计技术，建立行业和企业大数据库，确定高风险的业务和领域并进行有效应对，为各类常规审计和风险管理提供多维度、多样化、多种类的数据。内部审计工作的每个阶段都可以使用大数据审计技术，包括审前风险评估阶段的计划及风险评估、审计实施阶段的控制测试、实质性测试和审计报告阶段的确定审计结果。

内部审计人员采用大数据审计技术的方法有：分析一个时间段的数据；互相使用多个数据集，挖掘其中的关系；比较不同数据集的数据，确认数据的可靠性；从数据中获取相关性，进行规律总结和趋势预测。内部审计人员实施大数据审计技术的程序：首先，全面广泛收集与被审计事项相关的数据，形成数据库；其次，针对数据库，深度挖掘和分析各种数据之间的关系，发现并推断各种数据之间的未知关系；最后，根据数据分析结果，结合被审计事项的实际情况，得出审计结论。内部审计工作利用大数据审计技术手段后，审计的事前风险分析、事中数据核实测试、事后结论确定都可以采用这种技术。

7. 实施对区块链应用的审计

区块链是一个带有时间戳的账务记录系统，具有可靠性、可信性、开放性等特点，已经在比特币发行和交易中得到成功应用。目前，区块链技术开始向会计、审计、证券、票据、数字资产、产权登记、能源交易等应用领域延伸。对于内部审计而言，区块链技术的广泛采用，为其充分发挥积极作用提供了广阔的舞台。事实上，鉴于区块链技术的复杂性，公司内部各部门应用区块链时会碰到很多技术问题，风险管理部门会关注区块链应用的合规性，董事会和经理层也会关注区块链应用的安全性。因此，内部审计对区块链应用的审计就有其必然性和必要性。

外部审计是指鉴证公开披露财务报表信息的合法性和公允性。区块链技术的准确、完整、透明和安全，可能导致外部审计作用的弱化。内部审计对区块链技术应用的审计，应对数据录入的及时性、准确性等进行审计，对区块链中智能化合约的分区块链分布式账本设置的合理性进行审计，对区块链应用系统和相关网络可能受到入侵和攻击的安全性进行审计。在区块链系统中，内部审计人员可以通过只读方式实时访问区块链上的数据，来获取审计所需要的信息；某区块中记录了一类重要交易，内部审计人员可以通过软件实现持续监控该区块，来实现持续审计；内部审计人员通过审计加密存储在区块链中的合同、协议、采购订单和发票等辅助文件，确认这些辅助信息，从而提高审计工作流程的效率。

8. 更新内部审计人员的理念和思维

传统内部审计人员认为，不用现代审计理念与技术方法，同样可以查出问题线索，出具审计报告。虽然现在以抽样为主体的内部审计技术和方法可以发现被审计事项存在的一些问题，但必然会增加内部审计的风险。在新时代，利用内部审计软件进行审计已转变为信息安全审计，事后审计已转变为实时联网审计，抽样审计已转变为大数据全面审计，危险品的存货盘点已转变为虚拟现实方法、大量核对已智能化。内部审计人员只有拥有现代审计理念和数字化思维，才能将内部审计工作的作用发挥到极致。

更新内部审计人员的理念和思维，促使其充分认识到现代审计理念和数字化思维在内部审计工作中的作用，实现现代审计理念和数字化思维在内部审计工作中的广泛应用。在数字化技术广泛应用的时代，大数据存在且以电子数据的方式存储，只有加强云计算、区块链、人工智能等技术的应用，才能促进内部审计工作的顺利开展。现代审计理念和数字化思维是内部审计人员综合能力的体现，内部审计机构要加强对内部审计人员现代审计理念和数字化思维的培训，培养内部审计人员的现代审计理念和数字化思维。

本章小结

我国的审计组织形式由政府审计机关、内部审计机构和民间审计组织三类共同构成。政府审计是指由政府审计机关代表政府依法进行的审计。本章介绍了政府审计机关及其人员、职责权限，并结合中央审计委员会第一次全体会议，介绍了政府审计的新要求与新发展。我国的政府审计机关是以《宪法》为依据设置的，是代表政府依法行使审计监督权的行政机关。《审计法》对政府审计机关的职责和权限做出了明确的规定。内部审计是由各部门、各单位内部设置的审计机构或审计人员实施的审计。内部审计具有服务上的内向性、审查范围的广泛性、作用的稳定性和微观监督与宏观监督的统一性等特征。民间审计是指由经政府有关部门审核批准的注册会计师组成的会计师事务所进行的审计。注册会计师依法承办财务报表审计、审阅等业务。注册会计师的相关服务还包括对财务信息执行商定程序、税务服务、管理咨询及会计服务等。

思考与练习 ▶▶ ▶

一、单项选择题

1. 不以本部门的收益为目标，其目标是维护政府和全体人民的利益的审计是（　　）。

A. 内部审计　　　　B. 民间审计　　　　C. 政府审计　　　　D. 国际审计

2. 会计师事务所的主要经济来源是（　　）。

A. 由政府拨款　　　　　　　　B. 向委托人收取费用

C. 对外投资   D. 接受社会捐赠

3. 为了将内部审计的独立性提高到最大限度，内部审计人员应向（   ）报告工作情况。

A. 财务副总经理   B. 公司总会计师

C. 公司董事会或下属审计委员会   D. 公司全体股东

4. 注册会计师在执业过程中保持职业怀疑，以质疑的思维方式评价所获取证据的有效性，并对产生怀疑的证据保持警觉是（   ）的要求。

A. 专业胜任能力   B. 客观性

C. 应有关注   D. 职业行为

二、多项选择题

1. 对本级各部门（含直属单位）和下级政府违反预算的行为或者其他违反国家规定的财政收支行为，审计机关、人民政府或者有关主管部门在法定职权范围内，依照法律、行政法规的规定，区别情况采取下列处理措施（   ）。

A. 责令限期缴纳应当上缴的款项

B. 责令限期退还被侵占的国有资产

C. 责令限期退还违法所得

D. 责令按照国家统一的会计制度的有关规定进行处理

2. 属于注册会计师业务范围内的业务有（   ）。

A. 财务报表审计   B. 财务报表审阅

C. 预测性财务信息审核   D. 代编财务信息

3. 民间审计自诞生以来，从其内容发展来看，主要经历了（   ）。

A. 详细审计   B. 资产负债表审计

C. 财务报表审计   D. 管理审计

三、简答题

1. 简述民间审计的业务范围。

2. 简述政府审计、内部审计和民间审计的主要特征。

3. 简述政府审计的职能。

4. 简述注册会计师的业务范围。

第三章 审计准则及职业道德规范

🔔 本章学习目标

1. 了解审计准则的含义；
2. 掌握职业道德基本原则和概念框架；
3. 掌握注册会计师应当承担的法律责任。

案例导入

立信会计师事务所被追加为金亚科技投资者索赔共同被告

投资者诉金亚科技虚假陈述纠纷案，成都中院正式追加立信会计师事务所为被告。中国证券监督管理委员会（以下简称证监会）通报金亚科技存在以下问题：2014年年报虚增利润总额 8 049.55 万元；2014 年年报虚增银行存款 21 791.18 万元；2014年年报虚列预付宏山公司 3.1 亿元工程款。

证监会认定立信会计师事务所在对金亚科技 2014 年度财务报表审计时，未充分遵循中国注册会计师执业准则的相关规定，未能勤勉尽责，决定没收立信会计师事务所业务收入 90 万元，并处以 270 万元的罚款，合计罚没 360 万元；对签字注册会计师给予警告，处以 10 万元的罚款。

自 2016 年起，多批金亚科技投资者起诉金亚科技 B 立信会计师事务所。原告认为立信会计师事务所严重违反《中华人民共和国会计法》和《中华人民共和国证券法》规定，其知道或应当知道被告金亚科技虚假陈述，而不予纠正或者不出具保留意见，构成共同侵权，属于"未勤勉尽责，所制作、出具的文件有虚假记载、误导性陈述或者重大遗漏"，故申请法院追加立信会计师事务所为被告，要求其承担连带赔偿责任。

（资料来源：证券时报 e 公司）

第一节　审计准则

一、审计准则概述

（一）审计准则的含义

审计准则（auditing standards），又称审计标准或执业准则，是审计人员在执行审计业务过程中必须遵守的技术规范。它既是衡量审计工作质量的权威性标准，也是判断审计人员审计职责履行情况的法定依据。

审计准则是审计执业规范体系的重要组成部分，是适应审计自身的需要和社会公众对审计的要求而产生和发展的。审计准则反映了审计工作的客观规律和基本要求，是人们在长期的审计实践中总结出来的。它是从理论上对审计实践的总结，反过来又指导审计实践，服务于审计实践，成为指导审计工作的原则和规范。

由于审计主体包括政府审计、内部审计和民间审计三大类，而各类审计主体服务的对象不同，自身的工作性质不同，其相应的规范要求，即审计准则也各不相同。审计准则根据审计主体及其作用范围的不同，可分为政府审计准则、内部审计准则和注册会计师执业准则。

（二）审计准则的性质

根据审计准则的含义，审计准则具有如下性质。

（1）审计准则是规范审计人员执业的行为准则。审计人员在执业过程中为了达到审计目标，在制订审计计划、实施审计程序、出具审计报告时，应当明确哪些工作是必须做的，哪些工作是可以做的，哪些工作是不能做的。审计准则正是规范审计人员执行审计业务的权威性标准。

（2）审计准则既对审计人员的素质提出要求，同时也向社会提供审计工作质量保证。审计准则一般对审计人员的业务技能和品德操行提出较高的标准，而且把独立性视为审计工作的灵魂，这就为审计报告使用人提供了审计工作质量保证。

（3）审计准则是通过审计人员执行审计程序体现出来的。

（4）审计准则是审计人员签署最终审计意见时的客观保证。根据审计准则的要求，审计人员在出具审计报告前，应当完成预定的审计程序，获取充分、适当的审计证据，以得出合理的审计结论，并将其作为形成审计意见的基础。在审计过程中，一旦发现问题，审计人员应主动与被审计单位交换意见。但是，如果双方产生意见分歧，审计准则就为审计人员的意见提供了客观上的保证。

（三）审计准则的作用

审计准则的制定和实施，使审计人员在执行审计业务时有了规范和指南，也便于考核审计工作质量。因而，审计准则是充分、有效地发挥审计作用的必要条件和重要保证。审计准则的作用主要包括以下几个方面。

1. 实施审计准则，有助于赢得社会公众的理解和信任

审计是一种专业行业，社会公众很难真正理解其中的技术细节。借助审计准则，社会

公众可了解审计工作的基本内容和审计质量的基本水准，从而使审计赢得社会公众的理解和信任。例如，注册会计师在出具的财务报表审计报告中，一般要写明"我们按照中国注册会计师审计准则的规定执行了审计工作"。这也就是向审计报告使用人表明，审计工作已经达到规定的质量标准，审计意见是可以充分信赖的，从而为审计取信于社会公众提供了保证。

2. 实施审计准则，有助于提高审计工作质量

审计准则一般对审计人员的任职条件、业务能力及其在工作中应保持的职业态度，审计工作的基本程序和方法，以及审计报告的撰写方式和要求等都做了详细规定，这就为评价审计人员在审计过程中的专业行为和工作质量提供了依据，从而促使审计人员依法执业，谨慎工作，充分考虑审计风险，以保证审计工作的质量。

3. 实施审计准则，有助于维护审计组织和审计人员的合法权益

审计准则中规定了审计人员的工作范围和规则。审计人员若违背了审计准则，不仅说明其未能切实履行应尽的职责，而且也应对其所造成的后果承担必要的法律责任。但是，只要审计人员能够严格按照审计准则的要求执业，就是尽到了职责，就可最大限度地降低审计风险。当审计人员受到不公正的指责和控告时，可以充分利用审计准则维护其合法权益。

4. 实施审计准则，有助于推动审计理论研究和审计经验的交流

审计准则是审计实践经验的总结和升华，已经成为审计理论的一个重要组成部分。审计准则的实施有助于促进审计理治水平的提高。各国审计准则的协调，特别是国际审计准则的制定和协调工作，对各国审计经验和学术交流起到重要的推动作用。

二、政府审计准则

目前，很多国家的政府审计部门都制定了自己的审计准则，这些准则基本上是以注册会计师审计准则为范本的，但也突出了政府审计在地位、作用、工作性质、工作范围等方面与注册会计师审计存在的差异，适应了对审计主体的特殊要求。

最高审计机关国际组织下属的审计准则委员会成立于1984年5月。该委员会自成立以来一直致力于政府审计准则的制定。最高审计机关国际组织审计准则是依据《利马宣言——审计规则指南》《悉尼声明——关于业绩审计、公营企业审计和审计质量的总声明》《巴黎宣言——关于审计在促进政府行政管理和公司管理改革中的作用》《东京宣言——公共会计责任制指导方针》以及联合国专家小组关于发展中国家公共会计和审计问题的报告等拟定，并征求了广泛的意见后形成的。该准则由基本要求、一般准则、外勤工作准则和报告准则四部分组成。

美国会计总署在政府审计准则的制定上做出了重大贡献，于1972年颁布了世界上第一部政府审计准则《政府机构、计划项目、活动和职能的审计准则》，作为审计人员对政府支出和投资活动进行审计的质量要求。该准则共分为七章，包括引言、政府审计的类型、一般准则、财务审计的外勤工作准则、财务审计的报告准则、绩效审计的外勤工作准则和绩效审计的报告准则。

为了适应社会主义市场经济发展的需要，实现政府审计工作规范化，明确审计责任，保证审计质量，我国最高政府审计机关——审计署自1989年起就开始着手制定我国政府

审计准则。1996 年 12 月，审计署颁布了《中华人民共和国国家审计基本准则》。此后，又接连发布了一批政府审计具体准则。我国政府审计准则体系由国家审计基本准则、通用审计准则和专业审计准则、审计指南三个层次组成。

国家审计基本准则是制定其他政府审计准则和审计指南的依据，是我国政府审计准则的总纲。国家审计基本准则包括总则、一般准则、作业准则、报告准则和处理、处罚准则等。通用审计准则是依据国家审计基本准则制定的，是审计机关和审计人员在依法办理审计事项、提交审计报告、评价审计事项、出具审计意见书、作出审计决定时，应当遵循的一般具体规范。通用审计准则一般包括了解被审计单位情况、审计业务约定书、审计计划、审计抽样、审计证据、审计工作底稿、内部控制与审计风险、审计重要性、分析性复核、错误与舞弊、期初余额、期后事项、财务报告审计、经济责任审计、效益审计、利用其他社会组织和专家的工作、计算机信息系统、违反法规的行为等方面的规范。专业审计准则是依据国家审计基本准则制定的，是审计机关和审计人员依法办理特定行业的审计事项时，在遵循通用审计准则的基础上，同时应当遵循的特殊具体规范，如专门对内部控制、公共事业或自然垄断的国有企业，一般性国有及国有控股企业，不同类型国家机关与事业单位，公共基金会，反舞弊等特殊行业、特殊事项的具体规范。审计指南是对审计机关和审计人员办理审计事项提出的审计操作规程和方法，为审计机关和审计人员从事专门审计工作提供可操作的指导性意见。

三、内部审计准则

国际内部审计师协会为了提高内部审计工作的质量和效率，于 1974 年成立了职业准则和责任委员会，负责制定内部审计准则。1978 年，该协会颁布了《内部审计实务准则》，提出了对内部审计人员开展内部审计工作的五项基本要求，包括独立性、业务能力、工作范围、审计工作的实施和内部审计部门的管理。国际内部审计师协会制定的《内部审计实务准则》是当今世界有关内部审计影响最大、最具权威性的一部准则，该准则的颁布标志着内部审计在规范化和合理化方面迈出了一大步。它的优点在于比较系统地确定了内部审计的目标、地位和工作范围，对内部审计人员的素质、职业道德、工作程序、继续教育等方面提出了全面要求。这对提升内部审计质量、对社会各方面理解和支持内部审计工作都具有重要意义。

由中国内部审计协会制定的内部审计准则体系由内部审计基本准则、内部审计具体准则、内部审计实务指南三个层次组成。内部审计基本准则是制定内部审计具体准则和内部审计实务指南的依据，是内部审计准则的总纲，包括总则、一般准则、作业准则、报告准则和内部管理准则等。内部审计具体准则是依据内部审计基本准则制定的，是内部审计机构和人员在进行内部审计时应遵循的具体规范，包括审计计划、审计通知书、审计证据、审计工作底稿、内部控制审计、舞弊的预防、检查与报告、审计报告、后续审计、内部审计督导、内部审计与外部审计的协调、结果沟通、遵循性审计、评价外部审计工作质量、利用外部专家服务、分析性复核、风险管理审计、重要性与审计风险、审计抽样、内部审计质量控制、人际关系等方面的规范。内部审计实务指南是依据内部审计基本准则和内部审计具体准则制定的，为内部审计机构和人员从事内部审计提供的具有可操作性的指导性意见。

四、注册会计师审计准则

注册会计师审计准则是用来规范注册会计师执行审计业务，获取审计证据，形成审计结论，出具审计报告的专业标准。目前，世界上很多国家已基本形成各自的注册会计师审计准则体系。

（一）美国的注册会计师审计准则

美国是注册会计师审计职业比较发达的国家。20世纪40年代，美国注册会计师审计界最早提出了比较全面的注册会计师审计准则，在这以后，无论是国际审计准则的制定，还是其他各国审计准则的建立，都深受其影响。

1939年，美国注册会计师协会成立了审计程序委员会，并通过审计程序委员会发表了一系列的审计程序说明。1947年，审计程序委员会发布了《审计准则试行方案——其公认的重要性和范围》，标志着世界上第一部审计准则的初步成型，具有划时代的历史意义。该方案在1954年又进行了部分修订与补充，重新以《一般公认审计准则——其重要性和范围》为题发布，形成了十条内容，成为对审计工作的原则性规定。同时，审计程序委员会还一直致力于对十项准则的解释和说明，从1939年到1972年间，该委员会共发布了《审计程序说明书》54辑。1972年，该委员会更名为审计准则执行委员会，同年发布了《审计准则说明书》第一辑。1978年，该委员会正式定名为审计准则委员会（Auditing Standards Board，ASB），负责制定《审计准则说明书》。公认审计准则的内容范围有狭义和广义之分。从狭义上讲，它仅指《一般公认审计准则》的三部分共十条。从广义上讲，公认审计准则还包括《审计准则说明书》和审计指南。《一般公认审计准则》三部分共十条的内容如下。

1. 一般准则（general standards）

（1）审计应由一位或多位经过充分技术培训，并精通业务的审计人员执行。

（2）对一切与业务有关的问题，审计人员均应保持独立的意志和态度。

（3）在执行审计工作和编写报告时，应保持职业人员应有的职业谨慎。

2. 外勤工作准则（standards of field work）

（1）审计工作必须充分地进行计划安排，若有助理人员，应予以适当督导。

（2）审计人员必须对内部控制制度有充分了解，以便计划审计工作，并确定将要执行测试的性质、时间及范围。

（3）应运用检查、观察、询问和函证等方法，获取充分适当的证据事项，以便为对被审计财务报表发表意见提供合理的基础。

3. 报告准则（standards of reporting）

（1）审计报告应说明财务报表是否按照一般公认会计原则编制。

（2）审计报告应说明本期采用的会计原则是否与上期一致。

（3）除非审计报告中另有说明，财务报表中信息的披露均应被认为是合理和充分的。

（4）审计报告应就整个财务报表发表意见，或者声明不能发表意见。若不能发表总体意见，则应说明其理由。在任何情况下，财务报表一经审计人员签署，即应在报告中明确说明其审计工作的性质及其所负责任的程度。

（二）国际审计准则

《国际审计准则》由国际会计师联合会（International Federation of Accountants，IFAC）下属的国际审计实务委员会于 1980 年开始制定和发布。在《国际审计准则》发布之前，已有许多国家制定了本国的审计准则，或以法规、公告形式发布了有关的审计条例。这些准则和条例在内容、形式上有很多不一致的地方。国际审计实务委员会在了解、分析、研究这些分歧的基础上，制定了《国际审计准则》，因此《国际审计准则》具有一定的概括性和代表性。国际审计实务委员会从 1980 年 6 月开始，先后颁布了数十项《国际审计准则》文件，这些文件可分为一般准则、外勤工作准则和报告准则三个部分。

第二节　中国注册会计师执业准则

一、中国注册会计师执业准则框架

中国注册会计师执业准则受注册会计师职业道德守则统御，包括注册会计师业务准则和会计师事务所质量控制准则。

注册会计师业务准则包括鉴证业务准则和相关服务准则，鉴证业务准则由鉴证业务基本准则统领，按照鉴证业务提供的保证程度和鉴证对象的不同，分为审计准则、审阅准则和其他鉴证业务准则。

二、中国注册会计师执业准则体系内容

（一）鉴证业务准则

鉴证业务准则是用来规范注册会计师执行鉴证业务，明确鉴证业务的目标和要素，确定中国注册会计师审计准则、审阅准则、其他鉴证业务准则适用的鉴证业务类型的。

1. 鉴证业务基本准则框架

鉴证业务基本准则框架及主要内容如表 3-1 所示。

表 3-1　鉴证业务基本准则框架及主要内容

框架结构	主要内容
总则	明确了制定本准则的目的、鉴证业务范围、鉴证业务要素，以及注册会计师执行鉴证业务的总要求
鉴证业务的定义和目标	明确了鉴证业务和鉴证对象信息的定义、鉴证业务的分类及目标
业务承接	规范了注册会计师承接业务的行为；要求注册会计师在接受委托前应当初步了解业务环境；明确了可以作为鉴证业务承接的业务应当具备的特征，以及对于不能完全满足鉴证业务要求的业务，注册会计师应当如何应对；回答了已承接鉴证业务的变更等问题

续表

框架结构		主要内容
鉴证业务五要素	鉴证业务的三方关系	明确了鉴证业务涉及注册会计师、责任方和预期使用者三方关系，以及责任方声明和业务条款的确定
	鉴证对象	明确了鉴证对象和鉴证对象信息具有多种形式，鉴证对象的多种特征、适当的鉴证对象应当具备的条件
	标准	明确了标准的定义、适当的标准应当具备的特征，要求注册会计师应当对标准的适当性进行评价，以及标准应当能够为预期使用者获取
	证据	规范了注册会计师对证据的获取和记录，要求注册会计师在决定证据收集程序的性质、时间安排和范围时，应当考虑重要性、鉴证业务风险及可获取证据的数量和质量，并充分阐述了下列内容：①总体要求；②职业怀疑态度；③证据的充分性和适当性；④重要性；⑤鉴证业务风险；⑥证据收集程序的性质、时间安排和范围；⑦可获取证据的数量和质量；⑧记录
	鉴证报告	明确了鉴证报告应当以书面形式出具并载明鉴证结论，规范了不同鉴证业务结论的表达方式，提出了不同鉴证结论或解除业务约定的条件
附则		明确了本准则的适用范围和施行日期

2. 审计准则

审计准则是用来规范注册会计师执行历史财务信息的审计业务。在提供审计服务时，注册会计师对所审计信息是否不存在重大错报提供合理保证，并以积极方式提出结论。

在执业注册会计师框架体系结构中，审计准则是核心内容。按照审计过程、业务性质和规范的内容，又将审计准则划分为一般原则与责任、风险评估与风险应对、审计证据、利用其他主体的工作、审计结论与报告，以及特殊领域六小类。

3. 审阅准则

审阅准则是用来规范注册会计师执行历史财务信息的审阅业务。在提供审阅服务时，注册会计师对所审计信息是否不存在重大错报提供有限保证，并以消极方式提出结论。财务报表审计与审阅的区别如表3-2所示。

表3-2 财务报表审计与审阅的区别

区别	财务报表审计	财务报表审阅
定义	注册会计师对财务报表是否不存在重大错报提供合理保证，以积极方式提出意见，增强除管理层之外的预期使用者对财务报表信赖的程度	注册会计师通过以询问和分析程序为主的审阅程序，获取充分、适当的证据，对财务报表提供有限保证
目标	注册会计师通过执行审计工作，对财务报表是否按照适用的会计准则和相关会计制度编制，财务报表是否在所有重大方面公允反映被审计单位的财务状况、经营成果和现金流量发表审计意见	注册会计师在实施审阅程序的基础上，对财务报表是否按照适用的跨级准则和相关会计制度编制，是否在所有重大方面公允反映被审阅单位的财务状况、经营成果和现金流量发表意见

区别	财务报表审计	财务报表审阅
范围	为实现财务报表审计目标，注册会计师根据审计准则和职业判断实施恰当的审计程序	为实现财务报表审阅目标，注册会计师根据审计准则和职业判断实施适当的审阅程序
业务性质	合理保证的鉴证业务	有限保证的鉴证业务
执业标准	中国注册会计师审计准则	中国注册会计师审阅准则
程序	程序实施范围较广，包括检查记录或文件、检查有形资产、观察、询问、函证、重新计算、重新执行、分析程序等	以询问和分析程序为主，只有当有理由相信所审阅的财务报表可能存在重大错报时才需要追加其他程序
保证程度	以积极方式提供合理保证	以消极方式提供有限保证

4. 其他鉴证业务准则

其他鉴证业务准则是用来规范注册会计师历史财务信息审计或审阅以外的鉴证业务，以及预测性财务信息的审核。

（二）相关服务准则

相关服务准则是用来规范注册会计师代编财务信息、执行商定程序等服务。在提供相关服务时，注册会计师不提供任何程度的保证。

（三）会计师事务所质量控制准则

会计师事务所质量控制准则要求会计师事务所对上市公司财务报表审计实施项目质量控制复核，包括独立性、审计过程中识别的特别风险及其应对措施，审计过程中作出的重要判断，意见分歧，调整事项和审计报告等。要求会计师事务所按照法律法规的规定定期轮换项目负责人；只有意见分歧问题得到解决，项目负责人才能出具审计报告；会计师事务所在不长于三年的周期内选取已完成的业务进行检查。

第三节　注册会计师职业道德规范和法律责任

一、注册会计师的职业道德

道德是社会为了调整个人之间以及和社会之间的关系所提倡的行为规范的总和。它通过各种形式的教育和社会舆论的力量，使人们具有善和恶、荣誉和耻辱、正义和非正义等概念，并逐渐形成一定的习惯和传统。所谓注册会计师的职业道德，是指对注册会计师的职业品德、执业纪律、业务能力、工作规则及所负责任等思想方式和行为方式所作的基本规定和要求。中国注册会计师职业道德守则用来规范中国注册会计师职业道德行为，提高职业道德水准，维护职业形象。

任何一种专门职业，在任何一个国家，为使其从业人员能切实担负起应有的责任，都强调专业人员的职业道德，大都制定本职业的职业道德守则。注册会计师从事的职业活动，必须和其他职业一样，遵守职业道德规范。注册会计师的职业道德是在审计职业活动中产生的，具有审计职业特有的道德要求。与其他专业相比，注册会计师职业的责任尤为重要。例如，医师、律师发生过失，受损害者往往只是患者和个别委托人，而注册会计师发生过失则可能使成千上万人受到牵连、蒙受损失。因此，为促使注册会计师更好地履行职责，保持应有的职业行为规范，保证执业质量，在公众中树立良好的职业形象和职业信誉，赢得社会公众的尊重和信任，强调注册会计师的职业道德就显得尤为重要。

（一）注册会计师职业道德的基本原则

注册会计师为实现执业目标，必须遵守一系列基本原则。这些基本原则包括诚信、独立性、客观和公正、专业胜任能力和应有的关注、保密、良好的职业行为。

1. 诚信

诚信是指诚实、守信，是指一个人言行与内心思想一致，不虚伪，能够履行与别人的约定而取得对方的信任。诚信原则要求注册会计师应当在所有的职业关系和商业关系中保持正直，诚实守信。

注册会计师如果认为业务报告、申报资料或其他信息存在下列问题，则不得与这些有关问题的信息发生牵连：①含有严重虚假或误导性的陈述；②含有缺乏充分根据的陈述或信息；③存在遗漏或含糊其词的信息。

注册会计师如果注意到已与以上有关问题的信息发生牵连，则应当采取措施消除牵连。在鉴证业务中，如果注册会计师依据执业准则出具了恰当的非标准业务报告，则不被视为违反要求。

2. 独立性

独立性是指不受外来力量控制、支配，按照一定的规则行事。独立性原则通常是对执业注册会计师提出的明确要求。在执行鉴证业务时，注册会计师必须保持独立性。如果注册会计师不能与客户保持独立，而是存在经济利益、关联关系，或屈从于外界压力，就很难取信于社会公众。

注册会计师执行审计和审阅业务以及其他鉴证业务时，应当从实质上和形式上保持独立性，不得因任何利害关系影响其客观性。

会计师事务所在承办审计和审阅业务以及其他鉴证业务时，应当从整体层面和具体业务层面采取措施，以保持会计师事务所和项目组的独立性。

3. 客观和公正

客观是指按照事物的本来面目去考察，不添加个人的偏见。公正是指公平、正直，不偏袒。客观和公正原则要求注册会计师应当公正处事、实事求是，不得由于偏见、利益冲突或他人的不当影响而损害自己的职业判断。如果存在导致职业判断出现偏差，或对职业判断产生不当影响的情形，注册会计师不得提供相关专业服务。

4. 专业胜任能力和应有的关注

专业胜任能力和应有的关注原则要求注册会计师通过教育、培训和执业实践获取和保持专业胜任能力。注册会计师应当持续了解并掌握当前法律、技术和实务的发展变化，将专业知识和技能始终保持在应有的水平，确保为客户提供具有专业水准的服务。

注册会计师作为专业人士，在许多方面都要履行相应的责任，保持和提高专业胜任能力就是其中的重要内容。专业胜任能力是指注册会计师具有专业知识、技能和经验，能够经济有效地完成客户委托的业务。注册会计师如果不能保持和提高专业胜任能力，就难以完成客户委托的业务。事实上，如果注册会计师在缺乏足够的知识、技能和经验的情况下提供专业服务，就构成了一种欺诈。一个合格的注册会计师，不仅要充分认识自己的能力，对自己充满信心，更重要的是，必须清醒地认识到自己在专业胜任能力方面存在的不足。如果注册会计师不能认识到这一点，承接了难以胜任的业务，就可能给客户乃至社会公众带来危害。

专业服务要求注册会计师在应用专业知识和技能时，应当合理运用职业判断。专业胜任能力可分为两个独立阶段：①专业胜任能力的获取；②专业胜任能力的保持。注册会计师应当持续了解和掌握相关的专业技术和业务的发展，以保持专业胜任能力。持续职业发展能够使注册会计师发展和保持专业胜任能力，使其胜任特定业务环境中的工作。

应有的关注要求注册会计师勤勉尽责，保持应有的关注，遵守执业准则和职业道德规范的要求，勤勉尽责，认真、全面、及时地完成工作任务。在审计过程中，注册会计师应当保持职业怀疑态度，运用专业知识、技能和经验，获取和评价审计证据。同时，注册会计师应当采取措施以确保在其授权下工作的人员得到适当的培训和督导。在适当情况下，注册会计师应当使客户、工作单位和专业服务的其他使用者了解专业服务的固有局限性。

5. 保密

注册会计师能否与客户维持正常的关系，有赖于双方能否自愿而又充分地进行沟通和交流，不掩盖任何重要的事实和情况。只有这样，注册会计师才能有效地完成工作。但是，注册会计师与客户的沟通，必须建立在为客户信息保密的基础上。这里所说的客户信息，通常是指涉密信息。一旦涉密信息被泄露或被利用，往往会给客户造成损失。因此，许多国家规定，在公众领域执业的注册会计师，在没有取得客户同意的情况下，不能泄露任何客户的涉密信息。

保密原则要求注册会计师应当对因职业关系和商业关系而获知的信息予以保密，不得有下列行为：

（1）未经客户授权或法律法规允许，向会计师事务所以外的第三方披露其所获知的涉密信息；

（2）利用所获知的涉密信息为自己或第三方谋取利益。

注册会计师在社会交往中应当遵循保密原则。注册会计师应当警惕无意泄密的可能性，特别是向主要近亲属和其他近亲属以及关系密切的商业伙伴无意泄密的可能性。主要近亲属是指配偶、父母或子女。其他近亲属是指兄弟姐妹、祖父母、外祖父母、孙子女、外孙子女。

注册会计师还应当对拟接受的客户或拟受雇的工作单位向其披露的涉密信件保密，在终止与客户或工作单位的关系之后，注册会计师仍然应当对在职业关系和商业关系中获知的信息保密。如果变更工作单位或获得新客户，注册会计师可以拥有以前的经验，但不应利用或披露任何由于职业关系和商业关系获得的涉密信息。注册会计师应当明确在会计师事务所内部或工作单位内部保密的必要性，采取有效措施，确保其下级员工以及为其提供建议和帮助的人员遵循保密原则。

注册会计师在下列情况下可以披露客户的涉密信息：

（1）法律法规允许披露，并且取得客户或工作单位的授权；

（2）根据法律法规的要求，为法律诉讼、仲裁准备文件或提供证据，以及向有关监管机构报告发现的违法行为；

（3）法律法规允许的情况下，在法律诉讼、仲裁中维护自己的合法权益；

（4）接受注册会计师协会或监管机构的执业质量检查，答复其询问和调查；

（5）法律法规、执业准则和职业道德规范规定的其他情形。

在决定是否披露涉密信息时，注册会计师应当考虑下列因素：

（1）如果客户或工作单位统一注册会计师披露涉密信息，是否为法律法规所禁止；

（2）如果客户或工作单位统一注册会计师披露涉密信息，是否会损害利害关系人的利益；

（3）是否已了解和证实所有相关信息；

（4）信息披露的方式和对象；

（5）可能承担的法律责任和后果。

6. 良好的职业行为

良好的职业行为原则要求注册会计师应当遵守相关法规，避免发生任何损害职业声誉的行为。

在推介自身和工作时，注册会计师应当客观、真实、得体，不得损害职业形象。注册会计师应当诚实、实事求是，不得有下列行为：

（1）夸大宣传提供的服务、拥有的资质或获得的经营；

（2）贬低或无根据地比较其他注册会计师的工作。

（二）职业道德概念框架

职业道德概念框架是指解决职业道德问题的思路和方法，用以指导注册会计师遵循职业道德基本原则。在运用职业道德概念框架时，注册会计师应当运用职业判断。如果发现存在可能违反职业道德基本原则的情形，注册会计师应当评价其对职业道德基本原则的不利影响。在评价不利影响的严重程度时，注册会计师应当从性质和数量两个方面予以考虑。如果认为对职业道德基本原则的不利影响超出可接受的水平，注册会计师应当确定是否能够采取防范措施消除不利影响或将其降低至可接受的水平。

1. 对遵循职业道德基本原则产生不利影响的因素

对遵循职业道德基本原则产生不利影响的因素包括自身利益、自我评价、过度推介、密切关系和外在压力等，具体如表3-3所示。

表3-3　对遵循职业道德基本原则产生不利影响的因素

因素	举例说明
自身利益	①注册会计师在客户中拥有直接经济利益 ②会计师事务所的收入过分依赖某一客户 ③会计师事务所以较低的报价获得新业务，而该报价过低，可能导致注册会计师难以按照适用的执业准则要求执行业务 ④注册会计师与客户之间存在密切的商业关系 ⑤注册会计师能够接触到涉密信息，而该涉密信息可能被用于谋取个人私利 ⑥注册会计师在评价所在会计师事务所以往提供的专业服务时，发现了重大错误

因素	举例说明
自我评价	①注册会计师在对客户提供财务系统的设计或实施服务后，又对系统的运行有效性出具鉴证报告 ②注册会计师为客户编制用于生成有关记录的原始数据，而这些记录是鉴证业务的对象
过度推介	①注册会计师推介客户的产品、股份或其他利益 ②当客户与第三方发生诉讼或纠纷时，注册会计师为该客户辩护 ③注册会计师站在客户的立场上影响某项法律法规的制定
密切关系	①审计项目团队成员的近亲属担任审计客户的董事或高级管理人员 ②鉴证客户的董事、高级管理人员，或所处职位能够对鉴证对象施加重大影响的员工，最近曾担任注册会计师所在会计师事务所的项目合伙人 ③审计项目团队成员与审计客户之间存在长期业务关系
外在压力	①注册会计师因对专业事项持有不同意见而受到客户解除业务关系或被会计师事务所解雇的威胁 ②由于客户对所沟通的事项更具有专业性，注册会计师面临服从该客户判断的压力 ③注册会计师被告知，除非其同意审计客户某项不恰当的会计处理，否则计划中的晋升将受到影响 ④注册会计师接受了客户赠予的重要礼品，并被威胁将公开其收受礼品的事情

2. 具体工作中遵循职业道德基本原则应采取的措施

具体工作中遵循职业道德基本原则应采取的措施包括会计师事务所层面采取的措施和业务层面采取的措施，具体如表 3-4 所示。

表 3-4　具体工作中遵循职业道德基本原则应采取的措施

会计师事务所层面采取的措施	业务层面采取的措施
领导层强调遵循职业道德基本原则的重要性，强调鉴证业务项目组成员应当维护公众利益	对已执行的非鉴证业务，由未参与该业务的注册会计师进行复核，或在必要时提供建议；对已执行的鉴证业务，由鉴证业务项目组以外的注册会计师进行复核，在必要时提供建议
制定有关政策和程序，实施项目质量控制，监督业务质量；识别对职业道德基本原则的不利影响，评价不利影响的严重程度，采取防范措施消除不利影响或将其降低至可接受的水平，识别会计师事务所或项目组成员与客户之间的利益或关系；监控对客户收费的依赖程度；防止项目组以外的人员对业务结果施加不当影响；鼓励员工就遵循职业道德基本原则方面的问题与领导层沟通	向客户审计委员会、监管机构或注册会计师协会咨询
向鉴证客户提供非鉴证服务时，指派鉴证业务项目组以外的其他合伙人和项目组，并确保鉴证业务项目组和非鉴证业务项目组分别向各自的业务主管报告工作	与客户治理层讨论有关的职业道德问题

续表

会计师事务所层面采取的措施	业务层面采取的措施
及时向所有合伙人和专业人员传达会计师事务所的政策和程序及其变化情况；向合伙人和专业人员提供鉴证客户及其关联实体的名单，保持独立	向客户治理层说明提供服务的性质和收费的范围
指定高级管理人员负责监督质量控制系统是否有效运行	由其他会计师事务所执行或重新执行部分业务
建立惩戒机制，保证相关政策和程序得到遵守	轮换鉴证业务项目组合伙人和高级员工

（三）审计业务对独立性的要求

独立性是保证审计质量的前提，包括实质上的独立性和形式上的独立性。实质上的独立性是一种内心状态，注册会计师在得出结论时不受影响职业判断的因素影响，诚信行事，遵循客观和公正原则，保持职业怀疑态度。形式上的独立性是一种外在表现，使一个理性且掌握充分信息的第三方，在权衡所有相关事实和情况后，认为会计师事务所或审计项目组成员没有损害诚信、客观和公正原则或职业怀疑态度。

1. 经济利益

会计师事务所、审计项目组成员或其主要近亲属、其他合伙人或其主要近亲属、为审计客户提供非审计服务的其他合伙人以及管理人员或其主要近亲属，不得在审计客户中拥有直接经济利益或重大间接经济利益。否则，可能因自身利益、密切关系或外在压力产生不利影响。

注册会计师应当评价不利影响的严重程度，并在必要时采取将拥有经济利益的审计项目组成员调离审计项目组，或由审计项目组以外的注册会计师复核该成员已执行的工作，以消除不利影响或将其降低至可接受的水平。

2. 贷款和担保

会计师事务所、审计项目组成员或其主要近亲属从银行或类似金融机构等审计客户取得贷款，或获得贷款担保，可能对独立性产生不利影响。如果审计客户不按照正常的商业程序、条款和条件提供贷款或担保，将因自身利益产生非常严重的不利影响，导致没有防范措施能够将其降低至可接受的水平。

3. 商业关系

会计师事务所、审计项目组成员或其主要近亲属，与审计客户或其他高级管理人员之间由于商业关系或共同的经济利益而存在密切的商业关系，可能因自身利益或外在压力产生严重的不利影响。如果存在此类商业关系，应当予以终止。

会计师事务所、审计项目组成员或其主要近亲属从审计客户购买商品或服务，如果按照正常的商业程序公平交易，通常不会对独立性产生不利影响。如果交易性质特殊或金额较大，可能因自身利益产生不利影响。会计师事务所应当评价不利影响的严重程度，并在必要时采取取消交易、降低交易规模或将相关审计项目组成员调离审计项目组等防范措施，以消除不利影响或将其降低至可接受的水平。

4. 家庭和私人关系

如果审计项目组成员与审计客户的董事、高级管理人员或所处职位能够对客户会计记录或被审计财务报表的编制施加重大影响的员工存在家庭和私人关系，可能因自身利益、密切关系或外在压力产生不利影响。

如果审计项目组成员的主要近亲属是审计客户的董事、高级管理人员或特定员工，或者在业务期间或财务报表涵盖期间曾担任上述职务，只有把该成员调离审计项目组，才能将对独立性产生的不利影响降低至可接受的水平。

如果审计项目组成员的主要近亲属在审计客户中所处职位能够对客户的财务状况、经营成果和现金流量施加重大影响，将对独立性产生不利影响。会计师事务所应当评价不利影响的严重程度，并在必要时采取防范措施消除不利影响或将其降低至可接受的水平。

作为监督经济运行的有效方式，注册会计师审计在全球范围内得到认可和重视，注册会计师应该遵循职业道德，保持独立性，发挥经济警察的作用。然而，近些年发生的一系列审计造假案件也折射出目前注册会计师职业道德缺失的问题。职业道德缺失会导致注册会计师的社会声誉遭受严重打击，使注册会计师行业的社会公信力逐渐下滑。因此，必须加强注册会计师职业道德建设，使注册会计师能够客观公正地出具审计报告。

案例分析

ABC 会计师事务所的 A 注册会计师正在考虑接受甲公司的委托，针对其 2020 年度按照企业会计准则编制的财务报表与国际财务报告准则的相符程度发表补充意见。甲公司 2020 年度的财务报表已经由 XYZ 会计师事务所的 B 注册会计师审计，并出具审计报告，本次委托所涉及的相关工作构成对 B 注册会计师工作的补充。A 注册会计师向甲公司管理层了解到，XYZ 会计师事务所对甲公司特定行业内的国际财务报告准则相关问题的经验不足。A 注册会计师据此认为本次委托具有合理性，决定承接该业务。

【解析】上述做法不符合中国注册会计师职业道德守则的要求。注册会计师拟执行的工作作为对另一注册会计师工作的补充时，可能因自身利益对专业胜任能力和勤勉尽责原则产生不利影响，注册会计师应当评价不利影响的严重程度，并采取相应的防范措施。例如，在作出是否承接业务的决定前与另一注册会计师充分沟通。

二、注册会计师的法律责任

随着我国社会主义市场经济体制的确立和民主法治的不断加强，我国经济生活正从人治向法治转变，经济法规不断建立和健全，各种专业人员的法律责任相继明确。

注册会计师的审计活动是一种有目的、独立、公正、具有权威性的鉴证活动。在审计业务过程中，不仅涉及有关经济单位的利益，还涉及某些人的经济责任和法律责任，是一项极为严肃的工作，其结论正确与否对有关单位或个人影响极大。因此，明确我国注册会计师的法律责任，对于促使注册会计师遵守职业道德，保证审计结论的正确性和公正性，具有重要的意义。

（一）注册会计师应承担的法律责任

注册会计师在承办业务过程中未能履行合同条款，或未能保持应有的职业谨慎，或出于故意不作充分披露，出具不实报告，致使审计报告的使用者遭受损失，注册会计师或会计师事务所应承担责任。一般来说，违约和过失可能承担行政责任或民事责任，欺诈则可能承担民事责任或刑事责任。

1. 违约

违约是指合同的一方或多方未能履行合同条款规定的义务。对于注册会计师而言，则是指未能按照业务约定书的要求在商定的期间内完成业务委托等违约行为。

2. 过失

过失是指没有保持最起码的职业谨慎而使他人蒙受损失。对于注册会计师而言，过失是指在执行审计业务时没有保持应有的职业谨慎，按程度不同可分为普通过失和重大过失。

（1）普通过失。普通过失是指没有保持职业上应有的职业谨慎，即指执业过程中没有完全遵循专业准则的基本要求。

（2）重大过失。重大过失是指没有保持最低限度的执业谨慎，即指执业过程中根本没有遵循专业准则的基本要求。

3. 欺诈

欺诈是指使用欺骗手段获取不当或非法利益的故意行为。欺诈的重要特征是作案具有不良动机，这也是欺诈与过失的主要区别之一。如果明知委托单位的财务报表有重大错报，仍出具不恰当的无保留意见的审计报告，就涉嫌欺诈。

（二）不断加重的注册会计师法律责任

1. 注册会计师法律责任不断加重的原因

从目前情况看，注册会计师涉及法律诉讼的数量和金额都呈上升趋势。由于审计环境发生了很大变化，企业规模扩大、业务全球化以及企业经营的错综复杂性，会计业务更加复杂，审计风险增大。同时，政府监管部门保护投资者的意识日益增强，监管措施日益完善，处罚注册会计师的力度日益加大。在这种情况下，利益相关者起诉注册会计师的案件逐渐增多，注册会计师败诉的案例也日益增多。

总体来说，注册会计师法律责任逐步加重的社会原因可归结为以下几个方面。

（1）日益重视维护消费者权益。随着美国20世纪30年代早期《证券法》的通过和证券市场的发展，投资者、债权人和其他利益相关者开始更多地使用经审计的财务报表作为决策依据。这种现象提高了社会公众对注册会计师工作的期望，也增强了依赖注册会计师工作的投资者和债权人由于遭受损失而向注册会计师获取补偿的欲望。这可以视为对消费者权益与商业利益之间出现失衡而进行的一种补偿，表明人们开始逐渐重视和维护消费者的权益。

（2）有关审计保险论的运用。社会公众将注册会计师看作财务报表的保证人。因此，当会计师事务所作为一个拥有经济实力的团体时，投资者、债权人和其他利益相关者在每次遭遇困境时，往往将会计师事务所和注册会计师作为索取赔偿的对象，当作承担责任的"深口袋"，这就是所谓的"深口袋"理论。注册会计师越来越明显地被看作是担保人而非独立、客观的审计者和报告者。

（3）注册会计师拓展在商业领域的业务。注册会计师除了从事传统的审计业务外，还从事审阅、复核和各种保证业务，管理咨询和税务、会计服务业务也不断增加。业务领域的不断拓展，使注册会计师面临新业务的风险，并不断加重注册会计师应承担的法律责任。

2. 注册会计师法律责任不断加重的表现

诉讼增多是注册会计师责任不断加重的主要表现形式。近十多年来，企业经营失败或者因管理层舞弊造成破产倒闭的事件剧增，投资者、债权人和其他利益相关者蒙受重大损失，注册会计师因而被指控未能及时揭示或报告这些问题，并被要求赔偿有关损失。迫于社会的压力，许多国家的法院判决逐渐倾向于加重注册会计师在这些方面的法律责任。

注册会计师法律责任不断加重，履行责任的对象也随之拓宽，这些都使注册会计师很容易被指控为民事侵权，诉讼案件也因此增多。在目前的法律环境下，注册会计师职业引人关注的一个问题是，指控会计师事务所和注册会计师执业不当的诉讼案件和赔偿金额日益增多。20世纪90年代，由于法律诉讼和赔偿金额的激增，美国会计师事务所应对诉讼的直接费用支出占其审计业务收入的20%左右。诉讼赔偿不仅是大型会计师事务所面临的问题，也是中小型会计师事务所提供鉴证业务应当考虑的问题。

在国外，政府和民间诉讼者一样，也越来越多地就注册会计师执业不当提起诉讼，并从法律上要求进行赔偿。例如，美国联邦储备局和美国司法部曾联合对与一家主要金融机构审计失败有关的会计师事务所提起诉讼；英国政府也曾经在美国起诉一家与一个现已不存在的汽车制造公司有关的会计师事务所，以求弥补损失。起诉注册会计师的案件不断增加的现象不仅出现在美国，在其他国家和地区也是如此。

保险危机是注册会计师责任加重的另一种表现形式。伴随着诉讼迅速增加的趋势，出现了另外一个重要的现象：职业过失保险赔付急剧增加，而保险赔付的增加又不可避免地导致保险费用的攀升。例如，在美国，在对执业不当的审判中，凡涉及大额赔付的，陪审团裁决的基础就是认为赔偿金额通常由保险公司而非被告承担。陪审团的裁决表明他们已先入为主地认为被告都事先投了保。

早期的司法制度倾向于限定注册会计师对第三方的法律责任，但自20世纪70年代末以来，不少法官转而规定注册会计师对已知的第三方使用者或财务报表的特定用途必须承担法律责任。当注册会计师涉及民事侵权案件时，诉讼带来的直接后果就是赔偿金额持续上涨，这又导致注册会计师由于支付高额保险费用而不断提高服务收费。

（三）注册会计师承担法律责任的种类

注册会计师因违约、过失或欺诈给被审计单位或其他利害关系人造成损失的，按照有关法律规定，可能被判承担行政责任、民事责任或刑事责任。这三种责任可单处，也可并处。行政责任，对注册会计师而言，包括警告、暂停执业、罚款、吊销注册会计师证书等；对会计师事务所而言，包括警告、没收违法所得、罚款、暂停执业、撤销等。民事责任主要是指赔偿受害人损失。刑事责任是指触犯刑法所必须承担的法律后果，其种类包括罚金、有期徒刑以及其他限制人身自由的刑罚等。

（四）注册会计师法律责任的预防

与注册会计师法律责任相适应，注册会计师必须在执业中遵循执业准则和有关要求，尽量减轻自己的责任，尽力避免或减少法律诉讼，具体措施主要有以下6条。

1. 遵循执业准则和职业道德要求

只要注册会计师严格遵守执业准则和职业道德要求，执业时保持认真与谨慎，一般不会发生过失，至少不会发生重大过失。因此，注册会计师一定要理解和掌握执业准则和职业道德要求，并在执业时严格遵守。

2. 谨慎选择委托单位

委托单位如果对其顾客、职工、国家机关和其他方面没有保持正直的品格，出现法律纠纷的可能性就比较大。因此，会计师事务所在接受委托之前，应当采取必要的措施获得对委托单位的基本了解，评价其品格，一旦发现委托单位缺乏正直的品格，应尽量拒绝接受委托。

3. 招收合格的助理人员

对于大多数审计项目来说，相当多的工作是由经验不足的助理人员完成的，因而注册会计师要承担较大的风险。因此，必须严格助理人员的选取条件，对他们进行适当、有效的培训。注册会计师在工作过程中还要对他们进行必要的监督和指导。

4. 严格签订审计业务约定书

严格签订审计业务约定书是确定会计师事务所和委托单位责任的重要文件，无论执行何种审计业务，都要在执行业务之前与委托单位签订审计业务约定书，明确业务的性质、范围以及双方的责、权、利，这样才能在发生法律诉讼时减少无休止的争执。

5. 深入了解委托单位的业务

在审计过程中，注册会计师之所以未能发现重大错报，一个重要原因就是他们不了解委托单位所在行业的情况及委托单位的业务。所以，注册会计师必须熟悉委托单位的经济业务和生产经营业务，对于陷入财务困境的委托单位要特别注意。历史上绝大多数涉及注册会计师的诉讼案，都集中在濒临破产的委托单位。

6. 聘请有相关经验的律师

在审计过程中，注册会计师应聘请熟悉注册会计师法律责任的律师，详细讨论所有潜在的风险情况并仔细考虑律师的建议。一旦发生法律诉讼，也要聘请有经验的律师参与诉讼。

另外，投保充分的责任保险是会计师事务所一项极为重要的预防措施，这项措施能防止或减少诉讼失败时会计师事务所的经济损失。

本章小结

审计准则是审计人员在执行审计业务过程中必须遵守的技术规范。它既是衡量审计工作质量的权威性标准，也是判断审计人员审计职责履行情况的法定依据。审计准则根据审计主体及其作用范围的不同，可分为政府审计准则、内部审计准则和注册会计师执业准则。审计准则是充分、有效发挥审计作用的必要条件和重要保证。

注册会计师职业道德是指注册会计师的职业品德、职业纪律、专业胜任能力及职业责任等的总称。注册会计师提供专业服务，必须遵守职业道德基本原则，包括诚信、独立性、客观和公正、专业胜任能力和应有的关注、保密、良好的职业行为等。

注册会计师的法律责任是指注册会计师未能履行审计责任，违反法律、执业准则而应该承担的法律责任。注册会计师的违约、过失和欺诈行为是产生法律责任的真正根源。注册会计师被判负行政责任、民事责任或刑事责任。注册会计师应采取必要的措施避免法律诉讼。

思考与练习 ▶▶ ▶

一、单项选择题

1. 审计准则是审计人员在执行审计业务过程中必须遵守的技术规范，是衡量审计工作质量的（　　）。

A. 重要依据　　　　　B. 权威性标准　　　　C. 一般标准　　　　D. 权威性依据

2. 实施审计准则，有助于赢得（　　）的理解和信任。

A. 审计人员　　　　　B. 审计委托者　　　　C. 被审计单位　　　D. 社会公众

3. 下列准则中，属于中国注册会计师执业准则体系核心部分的是（　　）。

A. 审阅准则　　　　　B. 审核准则　　　　　C. 审计准则　　　　D. 相关服务准则

4. 我国注册会计师审计准则用以规范注册会计师执行（　　）。

A. 历史财务信息审阅业务　　　　　　　B. 预测性财务信息审核业务

C. 历史财务信息审计业务　　　　　　　D. 代编财务信息业务

5. 在提供审计服务时，注册会计师对所审计信息是否不存在重大错报（　　）。

A. 提供合理保证　　　　　　　　　　　B. 提供有限保证

C. 提供绝对保证　　　　　　　　　　　D. 不提供任何程度的保证

二、多项选择题

1. 审计准则的性质包括（　　）。

A. 审计准则是规范审计人员执业的行为准则

B. 审计准则既对审计人员的素质提出要求，同时也向社会提供审计工作质量保证

C. 审计准则是通过审计人员执行审计程序体现出来的

D. 审计准则是审计人员签署最终审计意见时的客观保证

2. 下列鉴证业务中，属于历史财务信息审计业务的有（　　）。

A. 甲公司 2021 年度财务报表审计

B. 乙公司 2021 年第二期出资的审验

C. 丙公司 2021 年按照特殊目的编制基础编制的财务报表审计

D. 丁公司 2023 年盈利预测的审核

3. 以下有关鉴证业务三方关系人的说法中，不正确的有（　　）。

A. 责任方可能不是预期使用者，也可能是预期使用者，但不是唯一的预期使用者

B. 委托人不是三方关系之外的第四方，它可以是三方关系中的任何一方

C. 注册会计师可能不是责任方，也可能是责任方，但不是唯一的责任方

D. 注册会计师可能不是预期使用者，也可能是预期使用者，但不是唯一的预期使用者

4. 鉴证对象信息具有多种表现形式，可以是财务报表，也可能是（　　）。

A. 有关设备生产能力的说明文件

B. 反映企业的运营情况效率或效果的关键指标

C. 对法律、法规遵守情况或执行效果的声明

D. 企业的内部控制或信息技术系统有效性的认定

三、简答题

1. 简述审计准则的性质和作用。

2. 简述中国注册会计师执业准则体系的构成。

3. 简述鉴证业务的定义、类型和目标。

4. 简述鉴证业务的三方关系。

5. 简述注册会计师应当遵循的职业道德的基本原则。

第四章 审计计划和审计重要性

🔔 **本章学习目标**

1. 熟悉审计计划的概念和作用；
2. 掌握审计重要性；
3. 掌握制定总体审计策略时应考虑的事项；
4. 掌握具体审计计划的内容。

案例导入

瑞华会计师事务所对康得新项目审计情况的说明

2019年7月28日，深陷 *ST康得财务造假风波中的瑞华会计师事务所在其微信官方公众号发布文章《关于康得新项目2015—2018年年报审计主要工作情况的说明》（以下简称《说明》）。《说明》中专门针对预处罚涉及事项所执行的主要审计程序进行了说明，主要内容如下。

（1）货币资金：审计人员亲自函证当期所有银行存款账户（包括零余额账户和本期内注销的账户）及与金融机构往来的其他重要信息，函证过程保持了充分的独立性；项目组亲自打印银行账户开户清单及企业信用报告，核对相关信息与公司提供的是否一致、检查货币资金受限情况；亲自到银行打印当期对账单（银行不予提供除外）并与银行存款日记账核对，实施利息收入测试。

（2）销售收入：实施真实性检查，抽查大额交易或主要客户交易合同、发货单、签收单、运单及回单；核对合同条款与合同金额，并与销售合同台账进行核对；实施分析性程序；对关联方交易进行检查；进行截止性测试；审计人员亲自打印海关证明，并与公司内部相关单据核对；对新增重大客户或大额户进行销售分析；结合应收账款审计，对主要客户当期发生额实施询证，2015—2017年应收款项的回函率达到70%以上，2018年回函率为42.80%；检查客户回款，涉及第三方回款，取得相关授权资料及企业的资质查询。

（3）采购及应付账款：抽查主要供应商的付款情况，并对资产负债表日后的付款进行抽查，根据公司情况，选择金额重大或账龄较长的供应商实施独立询证，询证当期发生额及期末余额，2015—2017 年应付款项的回函率达到 70% 以上，2018 年回函率达到 45% 以上；抽查重点供应商的登记信息和资质，检查是否存在潜在发现关联方；结合存货审计，实施采购真实性检查。

（4）开发支出：取得研发人员简历并分析；获取公司内部与项目有关的文件；分析项目处于研究阶段还是开发阶段；检查研发费用明细表，实施细节检查；对于开发支出的减少，检查资本化或费用化处理是否正确。

（5）销售费用：分析销售费用总体及明细变化；对其中大额项目或异常变动项目查阅有关合同协议或原始凭据，检查其真实合理性并与相关科目核对；对销售费用中列示的重点项目进行钩稽检查，重点抽查变动异常或大额费用发生凭证；检查运输合同、分析运费与收入变动比例，抽查运费清单及结算单。

《说明》中还强调，除上述审计程序外，项目组还通过询问、观察、分析程序、函证、检查、重新计算、重新执行等程序，对其他报表项目进行审计。事务所还安排了具有丰富审计经验的复核合伙人及质量专管员对康得新年报审计进行独立复核与质量监控。

（资料来源：沈景景，刘俊平. 对康得新案背后审计职业怀疑缺失的反思 [J]. 中国管理信息化，2021（5）：47-48.）

计划审计工作对于注册会计师顺利完成审计工作和控制审计风险具有非常重要的意义。由于很多关键决策是在这个阶段作出的，如可接受的审计风险水平和重要性的确定、项目人员的配置等，因而充分的审计计划将有助于注册会计师关注重点审计领域、及时发现和解决潜在问题，并恰当组织和管理审计工作，以使审计工作更加有效。同时，充分的审计计划还可以帮助注册会计师对项目组成人员进行恰当的分工、指导、监督和复核，并有助于协调其他注册会计师和专家的工作。

第一节　审计计划

一、审计计划的概念和作用

审计工作是指注册会计师为了完成各项实际业务，达到预期的审计目标，在执行具体审计程序之前进行的计划工作。作为对审计工作实施的一种预先规划，对任何审计项目和会计师事务所而言，不论其业务繁简，也无论其规模大小，审计计划都是至关重要的，只不过计划审计在不同情况下的繁简、粗细程度有所不同。审计计划具有以下几个方面的作用。

（1）通过制订和实施审计计划，注册会计师可根据具体情况收集充分、适当的证据，保证审计目标的实现。

（2）通过审计计划，可以保持合理的审计成本，提高审计工作的效率和质量。通过编制审计总体策略和审计具体计划，审计项目负责人可以全面了解审计工作的整体安排和各审计步骤的具体时间安排，掌握审计工作的进度。同时，审计项目负责人可以通过预先的计划安排，对所有参加审计工作的人员进行合理的分工、搭配，从而协调一致地完成审计工作。

（3）便于对审计业务助理人员进行指导和监督。审计计划对各级注册会计师的工作任务作了事先安排，便于审计业务助理人员执行有关的审计程序，也可达到对其审计工作进行督导的目的，便于他们在实践中不断提高专业素质和技能。

（4）可以避免与被审计单位之间产生误解。注册会计师在执行审计业务的过程中，要想保持良好的信誉，最大限度地减轻自己的法律责任，最基本的一点就是收集充分、适当的审计证据。而要做到这一点，需要被审计单位的支持与协作。完整、透明的审计计划可以避免与被审计单位之间产生误解，有利于同被审计单位保持良好的关系。

二、初步业务活动

（一）初步业务活动的目的

注册会计师在计划审计业务前，需要开展初步业务活动。注册会计师开展初步业务活动有助于实现以下三个主要目的：①确保注册会计师已具备执行业务所需的独立性和专业胜任能力；②确定不存在因管理层诚信问题而影响注册会计师保持该项业务意愿的情况；③确保与被审计单位不存在对业务约定条款的误解。

（二）初步业务活动的内容

1. 针对保持客户关系和具体审计业务实施相应的质量控制程序

针对保持客户关系和具体审计业务实施相应的质量控制程序，并且根据实施相应质量程序的结果作出适当的决策，是注册会计师控制审计风险的重要环节。

连续审计时，注册会计师通常执行针对保持客户关系和具体审计业务的质量控制程序。而在首次接受审计委托时，注册会计师需要执行针对建立有关客户关系和承接具体审计业务的质量控制程序。总体来讲，无论是连续审计还是首次接受审计委托，注册会计师均应考虑下列主要事项，以确定保持客户关系和具体审计业务的结论是恰当的：①被审计单位的主要股东、关键管理人员和治理层是否诚信；②项目组是否具备执行审计业务的专业胜任能力以及必要的时间和资源；③会计师事务所和项目组能否遵守职业道德规范。

由于在连续审计的情况下，注册会计师已经积累了一定的审计经验，因此在决定是否保持与某一客户的关系时，项目负责人通常重点考虑本期或前期审计中发现的重大事项及其对保持该客户关系的影响。在实务中，会计师事务所可以根据首次审计和连续审计的不同情况制定不同的质量控制程序，以提高审计工作的效率和效果。

2. 评价遵守职业道德规范的情况

评价遵守职业道德规范，包括评价独立性的情况，也是一项非常重要的初步业务活动。

职业道德规范要求项目组成员恪守独立、客观、公正的原则，保持专业胜任能力和应有的关注，并对审计过程中获知的信息保密。对于保持独立性，质量控制准则要求会计师事务所制定政策和程序，项目负责人实施相应措施，以保持独立性。例如，会计师事务所应当每年至少一次向所有受独立性要求约束的人员获取其遵守独立性政策和程序的书面确认函。值得注意的是，审计过程中情况会发生变化。例如，在现场审计过程中，注册会计师发现财务报表存在舞弊，因而对管理层、治理层的胜任能力或诚信产生了极大疑虑，则注册会计师需要针对这一新情况，考虑并在必要时重新实施相应的质量控制程序，以决定是否继续保持该项业务及其客户关系。

虽然保持客户关系及具体审计业务和评价职业道德的工作贯穿审计业务的全过程，但这两项活动需要安排在其他重要审计工作之前，以确保注册会计师已经具备执行业务所需要的独立性和专业胜任能力，且不存在因管理层诚信问题而影响注册会计师保持该项业务意愿等情况。

3. 及时签订或修改审计业务约定书

在作出接受或保持客户关系及具体审计业务的决策后，注册会计师应该按照审计业务约定书准则的规定，在审计业务开始前，与被审计单位就审计业务约定条款达成一致理解，签订或修改审计业务约定书，以避免双方对审计业务的理解产生分歧。

三、总体审计策略和具体审计计划

审计计划包括总体审计策略和具体审计计划两个层次。

（一）总体审计策略

注册会计师应当为审计工作制定总体审计策略，用以确定审计范围，报告目标、时间安排及所需沟通，以及审计方向，并指导制定具体审计计划。

1. 审计范围

注册会计师应当确定审计业务的特征，包括采用的会计准则和相关会计制度、特定行业的报告要求以及被审计单位组成部分的分布等，以界定审计范围。

具体来说，在确定审计范围时，注册会计师需要考虑下列事项。

（1）编制财务报表适用的会计准则和相关会计制度。

（2）特定行业的要求报告，如某些行业的监管部门要求提交的报告。

（3）预期的审计工作涵盖范围，包括需审计的集团内组成部分的数量及所在地点。

（4）母公司和集团内其他组成部分之间存在的控制关系的性质，以确定如何编制合并财务报表。

（5）其他注册会计师参与部分审计的范围。

（6）需审计的业务分部性质，包括是否需要具备专门知识。

（7）外币业务的核算方法及外币财务报表折算和合并法规。

（8）除对合并财务报表审计之外，是否需要对组成部分的财务报表单独进行法定审计。

（9）内部审计工作的可利用性及对内部审计工作的拟依赖程度。

（10）被审计单位使用服务机构的情况及注册会计师如何取得有关服务机构内部控制设计、执行和运行有效性的证据。

（11）拟利用在以前期审计工作中获取的审计证据的程度，如获取的与风险评估程序和控制测试相关的审计证据。

（12）信息技术对审计程序的影响，包括数据的可获得性和预期使用计算机辅助审计技术的情况。

（13）根据中期财务信息审阅及在审阅中所获信息对审计的影响，相应调整审计涵盖范围和时间安排。

（14）与为被审计单位提供其他服务的会计师事务所人员讨论可能影响审计的事项。

（15）被审计单位的人员和相关数据可利用性。

2. 报告目标、时间安排及所需沟通

总体审计策略的制定应当包括明确审计业务的报告目标，以及计划审计的时间安排和所需沟通的性质，包括提交审计报告的时间要求、预期与管理层和治理层沟通的重要日期等。

为计划报告目标、时间安排及所需沟通，注册会计师需要考虑下列事项：

（1）被审计单位财务报告时间表；

（2）与管理层和治理层就审计工作的性质、范围和时间所举行的会议的组织工作；

（3）与管理层和治理层讨论预期签发报告和其他沟通文件的类型及提交时间；

（4）就组成部分的报告及其他沟通文件的类型及提交时间与组成部分的注册会计师沟通；

（5）项目组成人员之间预期沟通的性质和时间安排；

（6）是否需要跟第三方沟通，包括与审计相关的法律、法规规定和业务约定书约定的报告责任；

（7）与管理层讨论在整个审计过程中通报审计工作进展及审计结果的预期方式。

3. 审计方向

总体审计策略应能恰当地反映注册会计师考虑审计范围、时间和方向的结果。注册会计师应当在总体审计策略中清楚地说明下列内容：

（1）向具体审计领域调配的资源，包括向高风险领域分派有适当经验的项目组成员、就复杂的问题利用专家工作等；

（2）向具体审计领域分配资源的数量，包括安排到重要存货存放地观察存货盘点的项目组成员的数量、对其他注册会计师工作的复核范围、对高风险领域安排的审计时间预算等；

（3）何时调配这些资源，包括是在期中审计阶段还是在关键的截止日期调配资源等；

（4）如何管理、指导、监督这些资源，包括预期何时召开项目组预备会和总结会、预期项目负责人和经理如何进行复核、是否需要实施项目质量控制复核等。

（二）具体审计计划

1. 总体审计策略和具体审计计划之间的关系

制定总体审计策略和具体审计计划的过程紧密联系，并且两者的内容也紧密相关。注册会计师应当针对总体审计策略中所识别的不同事项，制订具体审计计划，并考虑通过有效利用审计资源以实现审计目标。值得注意的是，虽然编制总体审计策略的过程通常在具体审计计划之前，但是两项计划活动并不是孤立、不连续的，而是内在紧密联系的，对其中一项的决定可能会影响甚至改变对另外一项的决定。例如，注册会计师在了解被审计单位及其环境的过程中，注意到被审计单位对主要业务的处理依赖复杂的自动化信息系统，因此计算机信息系统的可靠性及有效性对其经营、管理、决策以及编制可靠的财务报告具有重大影响。对此，注册会计师可能会在具体审计计划中制定相应的审计程序，并相应调整总体审计策略的内容，作出利用信息风险管理专家的决定。

因此，注册会计师应当根据实施风险评估程序的结果，对总体审计策略的内容予以调整。在实务中，注册会计师将制定总体审计策略和具体审计计划相结合进行，可能会使审计计划更有效率、效果，并且注册会计师也可以采用将总体审计策略和具体审计计划合并为一份审计计划文件的方式，以提高编制及复核工作的效率，增强其效果。

2. 具体审计计划包括的内容

注册会计师应当为审计工作制订具体审计计划。具体审计计划比总体审计策略更加详细，其内容包括获取充分、适当的审计证据以将审计风险降至可接受的低水平，项目组成员拟实施的审计程序的性质、时间和范围。具体审计计划应当包括计划风险评估程序、计划实施的进一步审计程序和计划其他审计程序。

(1) 计划风险评估程序。具体审计计划应当包括按照《中国注册会计师审计准则第1211号——了解被审计单位及其环境并评估重大错报风险》的规定，为了足够识别和评估财务报表重大错报风险，注册会计师计划实施的风险评估程序的性质、时间和范围。

(2) 计划实施的进一步审计程序。具体审计计划应当包括按照《中国注册会计师审计准则第1231号——针对评估的重大错报风险实施的程序》的规定，针对评估的认定层次的重大错报风险，注册会计师计划实施的进一步审计程序的性质、时间和范围。

需要强调的是，随着审计工作的推进，对审计程序的计划会逐步深入，并贯穿整个审计过程。例如，计划风险评估程序通常在审计开始阶段进行，计划实施的进一步审计程序则需要依据计划风险评估程序的结果进行。因此，为达到编制具体审计计划的要求，注册会计师需要完成计划风险评估程序，识别和评估重大错报风险，并针对评估的认定层次的重大错报风险，计划实施的进一步审计程序的性质、时间和范围来进行工作。

通常，注册会计师计划实施的进一步审计程序可以分为进一步审计程序的总体方案和拟实施的具体审计程序（包括进一步审计程序的具体性质、时间和范围）两个层次。进一步审计程序的总体方案主要是指注册会计师针对各类交易、账户余额和列报决定采用的总体方案（包括实质性方案或综合性方案）。拟实施的具体审计程序则是对进一步审计程序的总体方案的延伸和细化，通常包括控制测试和实质性程序的性质、时间和范围。在实务中，注册会计师通常单独编制一套包括这些具体程序的"进一步审计程序表"，待具体实施审计程序时，注册会计师将基于所计划的具体审计程序，进一步记录所实施的审计程序及结果，并最终形成有关进一步审计程序的审计工作底稿。

另外，完整、详细的进一步审计程序的计划包括对各类交易、账户余额和列报实施的具体审计程序的性质、时间和范围，包括抽取的样本量等。在实务中，注册会计师可以统筹安排进一步审计程序的先后顺序，如果对某类交易、账户余额或列报已经作出计划，则可以安排先行开展工作，与此同时再制定其他交易、账户余额和列报的进一步审计程序。

（3）计划其他审计程序。具体审计计划应当包括根据审计准则的规定，注册会计师针对审计业务需要实施的其他审计程序。计划的其他审计程序可以包括上述进一步审计程序的计划中没有涵盖的、根据其他审计准则的要求注册会计师应当执行的既定程序。

在审计计划阶段，注册会计师除了按照《中国注册会计师审计准则第 1211 号——了解被审计单位及其环境并评估重大错报风险》进行计划工作外，还需要兼顾其他准则中规定的、针对特定项目在审计计划阶段应执行的程序及记录要求。例如，《中国注册会计师审计准则第 1141 号——财务报表审计中对舞弊的考虑》《中国注册会计师审计准则第 1324 号——持续经营》《中国注册会计师审计准则第 1142 号——财务报表审计中对法律法规的考虑》《中国注册会计师审计准则第 1323 号——关联方》等准则中对注册会计师针对不同特定项目在审计计划阶段应当执行的程序及其记录作出了规定。当然，由于被审计单位所处行业、环境各不相同，特别项目可能也有所不同。例如，有些企业可能涉及环境事项、电子商务等，在实务中，注册会计师应根据被审计单位的具体情况确定特定项目并执行相应的审计程序。

四、审计过程中对计划的更改

审计计划并不是审计业务的一个孤立阶段，而是一个持续的、不断修正的过程，贯穿于整个审计业务的始终。由于未预期事项、条件的变化或在实施审计程序中获取的审计证据改变等原因，注册会计师在必要时应当对总体审计策略和具体审计计划做出更新和修改。

审计过程可以分为不同阶段，通常前面阶段的工作结果会对后面阶段的工作计划产生一定的影响，而在后面阶段的工作过程中又可能发现需要对已制订的相关计划进行相应的更新和修改。通常来讲，这些更新和修改涉及比较重要的事项。例如，对重要性水平的修改，对某类交易、账户余额和列报的重大错报风险的评估和进一步审计程序（包括总体方案和拟实施的具体审计程序）的更新和修改等。一旦计划被更新和修改，审计工作也就应当进行修正。例如，在制订审计计划时，注册会计师基于对材料采购交易的相关控制的设计和执行获取的审计证据，认为相关控制设计合理并得以执行，因此未将其评价为高风险领域并且计划执行控制测试。但是在执行控制测试时获得的审计证据与审计计划阶段获得的审计证据相矛盾，注册会计师认为该类交易的控制没有得到有效执行，此时，注册会计师可能需要修正对该类交易的风险评估，并基于修正的评估风险修改计划的审计方案，如采用实质性方案。

五、指导、监督与复核

注册会计师应当制订审计计划，确定对项目组成员的指导、监督以及对其工作进行复核的性质、时间安排和范围，主要取决于下列四项因素：

（1）被审计单位的规模和复杂程度；

（2）审计领域；

（3）评估的重大错报风险；

（4）执行审计工作的项目组成员的专业素质和胜任能力。

第二节　审计重要性

审计重要性是现代审计理论和实务中一个非常重要的概念。注册会计师对审计重要性的运用贯穿于整个审计过程。在计划审计工作时，注册会计师应当考虑导致财务报表发生重大错报的原因，并应当在了解被审计单位及其环境的基础上，确定一个可接受的重要性水平，即首先为财务报表层次确定重要性水平，以发现在金额上重大的错报。同时，注册会计师还应当评估各类交易、账户余额和列报认定层次的重要性，以便确定进一步审计程序的性质、时间和范围，将审计风险降至可接受的低水平。在确定审计意见类型时，注册会计师也需要考虑重要性水平。

一、重要性的定义

我国审计准则对重要性的定义是："重要性取决于在具体环境下对错报金额和性质的判断。如果一项错报单独或连同其他错报可能影响财务报表使用者依据财务报表做出的经济决策，则该项错报是重大的。"为了更清楚地理解重要性定义，需要把握以下几点。

（1）重要性概念是针对财务报表使用者决策的信息需求而言的。判断一项错报重要与否，应视其对财务报表使用者依据财务报表做出经济决策的影响程度而定。如果财务报表中的某项错报足以改变或影响财务报表使用者的相关决策，则该项错报就是重要的，否则就不重要。

（2）重要性受到错报的数量或者性质的影响，或者受到两者的共同影响。一般来说，金额大的错报比金额小的错报更重要。在某些情况下，某些金额的错报从数量方面看并不重要，但从性质方面考虑，则可能是重要的。对于某些财务报表披露的错报，难以从数量上判断其是否重要，应从性质上考虑其是否重要。

（3）在通用目的财务报表的审计中，注册会计师对重要性的判断是基于将财务报表使用者作为具有一定理解能力，并能理性地做出相关决策的一个集体来考虑的。注册会计师难以考虑错报对个别特定使用者可能产生的影响，因为个别特定使用者的需求千差万别。

（4）重要性的确定离不开具体环境。由于不同的被审计单位面临不同的环境，不同的报表使用者有不同的信息需求，因此注册会计师确定的重要性也不相同。某一金额的错报对某个被审计单位的财务报表来说是重要的，而对另一个被审计单位的财务报表来说可能不重要。

（5）对重要性的评估需要运用职业判断。影响重要性的因素有很多，注册会计师应当根据被审计单位面临的环境，并综合考虑其他因素，合理确定重要性水平。不同的注册会计师在确定同一被审计单位财务报表层次和认定层次的重要性水平时，得出的结果可能不同，主要是因为其对影响重要性的各因素的判断存在差异。因此，注册会计师需要运用职业判断来合理评估重要性。

需要注意的是，仅从数量角度考虑，重要性水平只是提供一个门槛或临界点。在该门槛或临界点之上的错报就是重要的；反之，该错报则不重要。重要性并不是财务信息的主要质量特征。

二、重要性与审计风险的关系

在执行审计业务时，注册会计师不仅应当考虑重要性，也应考虑重要性与审计风险的关系。

（一）审计风险的定义

审计风险（Audit Risk，AR）是指财务报表存在重大错报而注册会计师发表不恰当审计意见的可能性。由于审计工作中存在不确定因素，审计风险在某种程度上来说是不可避免的。虽然注册会计师不能完全消除审计风险，但是通过自身努力，寻找重点风险领域、改变风险存在和发生的条件、降低风险发生的频率、将审计风险降到最低却是可能的。

可接受的审计风险的确定，需要考虑会计师事务所对审计风险的态度、审计失败对会计师事务所可能造成的损失等因素。但必须注意的是，审计业务是一种保证程度高的鉴证业务，可接受的审计风险应当足够低，以使注册会计师能够合理保证所审计财务报表不含有重大错报。

（二）审计风险的种类

现代审计理论认为，审计风险包括重大错报风险和检查风险两大要素。因此，审计风险的大小取决于重大错报风险和检查风险两者的大小。

1. 重大错报风险

重大错报风险（Material Misstatement Risk，MMR）是指财务报表在审计前存在重大错报的可能性。重大错报风险与被审计单位的风险相关，且独立存在于财务报表的审计中。在设计审计程序以确定财务报表整体是否存在重大错报时，注册会计师应当从财务报表层次和各类交易、账户余额、列报认定层次两方面考虑重大错报风险。

（1）两个层次的重大错报风险。财务报表层次重大错报风险与财务报表整体存在广泛联系，可能影响多项认定。此类风险通常与控制环境有关，但也可能与其他因素有关，如经济萧条。此类风险难以被界定于某类交易、账户余额、列报的具体认定；相反，此类风险增大了任何数目的不同认定发生重大错报的可能性。此类风险对注册会计师考虑由舞弊引起的风险特别相关。

注册会计师评估财务报表层次重大错报风险的措施包括：考虑审计项目组承担重要责任的人员的学识、技术和能力，确定是否需要专家介入；考虑给予业务助理人员适当程度的监督指导；考虑是否存在导致注册会计师怀疑被审计单位持续经营假设合理性的事项或情况。

注册会计师同时考虑各类交易、账户余额、列报认定层次的重大错报风险，考虑的结果直接有助于注册会计师确定认定层次上实施的进一步审计程序的性质、时间和范围。注册会计师在各类交易、账户余额、列报认定层次获取审计证据，以便能够在审计工作完成时，以可接受的低审计风险水平对财务报表整体发表审计意见。

（2）固有风险和控制风险。认定层次的重大错报风险又可以进一步细分为固有风险和控制风险。

固有风险（Inherent Risk，IR）是指假设不存在相关的内部控制，某一认定发生重大错报的可能性，无论该错报单独考虑，还是连同其他错报构成重大错报。某些类别的交易、账户余额、列报及其认定的固有风险较高。例如，复杂的计算比简单的计算更可能出错；受重大计量不确定性影响的会计估计发生错报的可能性较大。产生经营风险的外部因素也可能影响固有风险。例如，技术进步可能导致某项产品陈旧，进而导致存货易于发生高估错报（计价认定）。被审计单位及其环境中的某些因素还可能与多个甚至所有类别的交易、账户余额、列报有关，进而影响多个认定的固有风险。

控制风险（Control Risk，CR）是指某项认定发生了重大错报，无论该错报单独考虑，还是连同其他错报构成重大错报，而该错报没有被企业的内部控制及时防止、发现和纠正的可能性。控制风险取决于与财务报表编制有关的内部控制设计和运行的有效性。由于控制的固有局限性，某种程度的控制风险始终存在。

由于固有风险和控制风险不可分割地交织在一起，有时无法单独进行评估，故审计准则通常不单独提到固有风险和控制风险，而将这两者合并称为"重大错报风险"。但这并不意味着注册会计师不可以单独对固有风险和控制风险进行评估。相反，注册会计师既可以对两者进行单独评估，也可以对两者进行合并评估。具体的采用评估的方法取决于会计师事务所偏好的审计技术和方法及实务上的考虑。

2. 检查风险

检查风险（Detection Risk，DR）是指某一认定存在错报，该错报单独或连同其他错报是重大的，但注册会计师未能发现这种错报的可能性。检查风险取决于审计程序设计的合理性和执行的有效性。由于注册会计师通常并不对所有的交易、账户余额、列报进行检查，以及其他原因，检查风险不可能降为零。其他原因包括注册会计师可能选择了不恰当的审计程序、审计过程执行不当，或者错误解读了审计结论。这些其他因素可以通过适当计划、在项目成员之间进行恰当的职责分配、保持职业怀疑态度，以及监督、指导和复核助理人员所执行的审计工作解决。

（三）审计风险模型

在既定的审计风险水平下，可接受的检查风险水平（the acceptable level of detection risk）与认定层次重大错报风险的评估结果呈反向关系。评估的重大错报风险越高，可接受的检查风险水平越低；评估的重大错报风险越低，可接受的检查风险水平越高。检查风险与重大错报风险的反向关系用数学模型表示为

$$AR = MMR \times DR$$

这个模型称为审计风险模型（audit risk model）。根据该模型，在既定的审计风险下，根据实施风险评估程序所评估的重大错报风险水平（assessed level of material misstatement risk），便可推算出检查风险。例如，假设针对某一认定，注册会计师将可接受的审计风险水平设定为5%，注册会计师实施风险评估程序后将重大错报风险评估为25%，则根据这一模型，可接受的检查风险计算如下：

$$DR = AR/MMR = 5\%/25\% = 20\%$$

实务中，注册会计师不一定用绝对数量表达这些风险水平。从定性的角度看，审计风险各要素可用"高""中""低"等文字描述。

注册会计师应当合理设计审计程序的性质、时间和范围，并有效执行审计程序，以控

制检查风险。上例中，注册会计师根据确定的可接受的检查风险（20%），设计审计程序的性质、时间和范围。

（四）重要性与审计风险的关系

重要性与审计风险之间存在反向关系。重要性水平越高，审计风险越低；重要性水平越低，审计风险越高。这里所说的重要性水平的高低指的是金额的大小，通常，2 000 元的重要性水平比 1 000 元的重要性水平高。在理解重要性与审计风险之间的关系时，必须注意，重要性水平是注册会计师从财务报表使用者的角度进行判断的结果。如果重要性水平是 2 000 元，则意味着低于 2 000 元的错报不会影响财务报表使用者的决策，此时注册会计师需要通过执行有关审计程序合理保证能发现高于 2 000 元的错报。如果重要性水平是 1 000 元，则金额在 1 000 元到 2 000 元之间的错报仍然会影响到财务报表使用者的决策，此时注册会计师需要通过执行有关审计程序合理保证能发现金额在 1 000 元到 2 000元之间的错报。显然，重要性水平为 1 000 元时审计不出现这样的重大错报的可能性，即审计风险，要比重要性水平为 2 000 元时的审计风险高。审计风险越高，越要求注册会计师收集更多、更有效的审计证据，以将审计风险降至可接受的低水平。因此，重要性和审计证据之间也是反向变动关系。

值得注意的是，注册会计师不能通过不合理地人为调高重要性水平来降低审计风险。因为重要性是依据重要性概念中所述的判断标准确定的，而不是由主观期望的审计风险水平决定的。由于重要性和审计风险存在上述反向关系，而且这种关系对注册会计师将要执行的审计程序的性质、时间和范围有直接影响，因此，注册会计师应当综合考虑各种因素，合理确定重要性水平。

三、重要性水平的确定

（一）财务报表整体重要性

由于财务报表审计的目标是注册会计师通过执行审计工作对财务报表发表审计意见，因此，注册会计师应当考虑财务报表层次的重要性。只有这样，才能得出财务报表是否公允反映的结论。注册会计师在制定总体审计策略时，应当确定财务报表层次的重要性水平。

确定多大错报会影响财务报表使用者所做的决策，是注册会计师运用职业判断的结果。很多注册会计师根据所在会计师事务所的惯例及自己的经验考虑重要性水平。注册会计师通常先选择一个恰当的基准，再选用适当的百分比乘以该基准，从而得出财务报表整体的重要性。使用公式可以将其表示为

$$财务报表整体的重要性 = 基准 \times 百分比$$

1. 选择基准要考虑的因素

选择基准要考虑的因素包括：财务报表要素；是否存在财务报表使用者特别关注的项目；被审计单位的性质、所处的生命周期阶段以及所处行业和经济环境；被审计单位的所有权结构和融资方式；基准的相对波动性。选择基准举例，如表 4-1 所示。

表 4-1　根据被审计单位的情况选择基准

被审计单位的情况	可能选择的基准
企业的盈利水平保持稳定	经常性业务的税前利润
企业近年来经营状况大幅度波动，盈利和亏损交替发生，或由正常盈利变为微利或微亏，或本年度税前利润因情况变化而出现意外增加或减少	过去 3～5 年经常性业务的平均税前利润或亏损（取绝对值），或其他基准，如营业收入
国际企业集团设立的研发中心，主要为集团下属企业提供研发服务，并以成本加成方式向相关企业收取费用	成本与营业费用总额
企业为新设企业，处于开办期，尚未开始经营，目前正在建造厂房及购买机器设备	总资产
企业处于新兴行业，目前侧重于抢占市场份额，扩大知名度和影响力	营业收入
开放式基金，致力于优化投资组合、提高基金净值、为基金持有人创造投资价值	净资产

在确定恰当的基准后，注册会计师通常运用职业判断合理选择百分比，据以确定重要性水平。以下是实务中一些参考数值的举例：

（1）对于以营利为目的的企业，经常性业务的税前利润或税后净利润的 5%，或总收入的 0.5%；

（2）对于非营利性组织，费用总额或总收入的 0.5%；

（3）对于共同基金公司，净资产的 0.5%。

2. 各类交易、账户余额、列报认定层次的重要性水平

由于财务报表提供的信息由各类交易、账户余额、列报认定层次的信息汇集加工而成，注册会计师只有通过对各类交易、账户余额、列报认定实施审计，才能得出财务报表是否公允反映的结论。因此，注册会计师还应当考虑各类交易、账户余额、列报认定层次的重要性。

各类交易、账户余额、列报认定层次的重要性水平通常称为可容忍错报。可容忍错报的确定以注册会计师对财务报表层次重要性水平的初步评估为基础。它是在不导致财务报表存在重大错报的情况下，注册会计师对各类交易、账户余额、列报确定的可接受的最大错报。

在确定各类交易、账户余额、列报认定层次的重要性水平时，注册会计师应当考虑以下两方面因素：一是各类交易、账户余额、列报的性质及错报的可能性；二是各类交易、账户余额、列报的重要性水平与财务报表层次重要性水平的关系。由于为各类交易、账户余额、列报确定的重要性水平，即可容忍错报对审计证据数量有直接的影响，因此，注册会计师应当合理确定可容忍错报。

需要强调的是，在制定总体审计策略时，注册会计师应当对那些金额本身就低于所确定的财务报表层次重要性水平的特定项目额外加以考虑。注册会计师应当根据被审计单位的具体情况，运用职业判断，考虑是否能够合理地预计这些项目的错报将影响使用者依据

财务报表做出的经济决策。注册会计师在做出这一判断时，应当考虑的因素包括：①会计准则、法律法规是否影响财务报表使用者对特定项目计量和披露的预期（如关联方交易、管理层及治理层的报酬）；②与被审计单位所处行业及其环境相关的关键性披露（如制药业的研究与开发成本）；③财务报表使用者是否特别关注财务报表中单独披露的特定业务分部（如新近购买的业务）的财务业绩。了解治理层和管理层对上述问题的看法和预期，可能有助于注册会计师根据被审计单位的具体情况做出最终判断。

四、评价错报的影响

注册会计师在评价审计结果时，应当汇总已识别但尚未更正的错报，并将其与特定的某类交易、账户余额及列报认定层次和财务报表层次的重要性水平相比较，以考虑其金额与性质是否对财务报表的反映产生重大影响。

（一）尚未更正错报的汇总数

尚未更正错报的汇总数包括已经识别的具体错报和推断误差。

1. 已经识别的具体错报

已经识别的具体错报是指注册会计师在审计过程中发现的，能够准确计量的错报，主要包括下列两类。

（1）对事实的错报。这类错报产生于被审计单位收集和处理数据的错误，对事实的忽略或误解，或故意舞弊行为。例如，注册会计师在审计测试中发现最近购入存货的实际价为 28 000 元，但账面记录的金额却为 20 000 元。因此，存货和应付账款分别被低估了 8 000 元，这里被低估的 8 000 元就是已识别的对事实的错报。

（2）涉及主观决策的错报。这类错报产生于两种情况：一是管理层和注册会计师对会计估计值的判断差异，例如，由于包含在财务报表中的管理层做出的估计值超出了注册会计师确定的合理范围，所以出现判断差异；二是管理层和注册会计师对选择和运用会计政策的判断差异，由于注册会计师认为管理层选用会计政策会造成错报，管理层却认为选用会计政策适当，故出现判断差异。

2. 推断误差

推断误差也称"可能误差"，是注册会计师对不能明确、具体识别的其他错报的最佳估计数。推断误差通常包括下列内容。

（1）通过测试样本估计出的总体错报减去在测试中发现的已经识别的具体错报。例如，应收账款年末余额为 1 500 万元，注册会计师抽查 10% 样本发现，金额有 50 万元的高估，高估部分为账面金额的 10%，据此注册会计师推断总体的错报金额为 150（1 500×10%）万元，那么上述 50 万元就是已经识别的具体错报，其余 100 万元即推断误差。

（2）通过实质性分析程序推断出的估计错报。例如，注册会计师根据客户的预算资料及行业趋势等要素，对客户年度销售费用独立做出估计，并与客户账面金额比较，发现两者间有 40% 的差异。考虑到估计的精确性有限，注册会计师根据经验认为 10% 的差异通常是可接受的，而剩余 30% 的差异需要有合理的解释并取得佐证性证据。假定注册会计师对其中 10% 的差异无法得到合理的解释或不能取得佐证性证据，则该部分差异金额即为推断误差。

（二）评估尚未更正错报的汇总数的影响

注册会计师应当评估在审计过程中已识别但尚未更正错报的汇总数是否重大。

注册会计师需要在出具审计报告之前，评估尚未更正错报单独或累积的影响是否重大。在评估时，注册会计师应当从特定的某类交易、账户余额及列报认定层次和财务报表层次考虑这些错报的金额和性质，以及这些错报发生的特定环境。

注册会计师应当分别考虑每项错报对相关交易、账户余额及列报的影响，包括错报是否超过之前为特定交易、账户余额及列报所设定的较之财务报表层次重要性水平更低的可容忍错报。此外，如果某项错报是（或可能是）由舞弊造成的，无论其金额大小，注册会计师均应当按照《中国注册会计师审计准则第1141号——财务报表审计中对舞弊的考虑》的规定，考虑其对整个财务报表审计的影响。考虑到某些错报发生的环境，如前面提及的注册会计师在判断错报的性质是否重要时应考虑的一些具体情况，即使其金额低于计划的重要性水平，注册会计师仍可能认为其单独或连同其他错报从性质上看是重大的。

注册会计师在评估尚未更正错报是否重大时，不仅需要考虑每项错报对财务报表的单独影响，而且需要考虑所有错报对财务报表的累积影响及其形成原因，尤其是一些金额较小的错报，虽然单个看起来并不重大，但是其累计数却可能对财务报表产生重大的影响。例如，某个月末发生的错报可能并不重要，但是如果每个月末都发生相同的错报，其累计数就有可能对财务报表产生重大影响。为全面评价错报的影响，注册会计师应将审计过程中已识别的具体错报和推断误差进行汇总。

（三）对尚未更正错报的汇总数的影响的处理

尚未更正错报与财务报表层次重要性水平相比，可能出现以下两种情况。

1. 尚未更正错报的汇总数低于重要性水平

如果尚未更正错报的汇总数低于重要性水平（并且特定项目的尚未更正错报也低于考虑其性质所设定的更低的重要性水平，下同），则对财务报表的影响不重大，注册会计师可以发表无保留意见的审计报告。

2. 尚未更正错报的汇总数超过或接近重要性水平

（1）如果尚未更正错报的汇总数超过了重要性水平，则对财务报表的影响可能是重大的，注册会计师应当考虑通过扩大审计程序的范围或要求管理层调整财务报表来降低审计风险。在任何情况下，注册会计师都应当要求管理层就已识别的错报调整财务报表。如果管理层拒绝调整财务报表，并且扩大审计程序范围的结果不能使注册会计师认为尚未更正错报的汇总数不重大，注册会计师应当考虑出具非无保留意见的审计报告。

（2）如果尚未更正错报的汇总数接近重要性水平，则注册会计师应当考虑该汇总数连同尚未发现的错报是否可能超过重要性水平，并考虑通过实施追加的审计程序，或要求管理层调整财务报表降低审计风险。

在评价审计程序结果时，注册会计师确定的重要性和审计风险，可能与计划审计工作时评估的重要性和审计风险存在差异。在这种情况下，注册会计师应当考虑实施的审计程序是否充分。

案例分析

RZ 会计师事务所首次接受委托，审计 HY 公司 2014 年度财务报表。HY 公司处于新兴行业，面临较大竞争压力，目前侧重于抢占市场份额。审计工作底稿中与重要性和错报评价相关的部分内容摘录如下。

（1）考虑到 HY 公司所处的市场环境，财务报表使用者最为关注收入指标，审计项目组将营业收入作为确定财务报表整体重要性的基准。

（2）经与前任注册会计师沟通，审计项目组了解到，HY 公司以前年度内部控制运行良好、审计调整较少，因此，将实际执行的重要性确定为财务报表整体重要性的 75%。

（3）审计项目组将明显微小错报的临界值确定为财务报表整体重要性的 3%，该临界值也适用于重分类错报。

（4）审计项目组认为无须对金额低于实际执行的重要性的财务报表项目实施进一步审计程序。

（5）在运用审计抽样实施细节测试时，考虑到评估的重大错报风险水平为低，审计项目组将可容忍错报的金额设定为实际执行的重要性的 120%。

要求：针对以上（1）至（5）项，逐项指出审计项目组的做法是否恰当，如不恰当，简要说明理由。

【解析】（1）恰当。

（2）不恰当。因为 RZ 会计师事务所首次接受委托，HY 公司处于新兴行业，属于高风险行业，且面临较大的竞争压力，应考虑选择较低的百分比来确定实际执行的重要性，如 50%。

（3）恰当。

（4）不恰当。可能需要对金额低于实际执行的重要性的财务报表项目实施进一步审计程序，如单个低于实际执行的重要性项目但汇总起来可能金额重大、对于存在低估风险的财务报表项目，或者识别出存在舞弊风险的财务报表项目。

（5）不恰当。在运用审计抽样实施细节测试时，注册会计师可以将可容忍错报的金额设定为等于或低于实际执行的重要性。

本章小结

注册会计师在计划审计业务前需要开展初步业务活动，并在此基础上计划审计工作。审计计划分为总体审计策略和具体审计计划两个层次。总体审计策略用以确定审计范围、报告目标、时间安排及所需沟通，以及审计方向，并指导制订具体审计计划。具体审计计划比总体审计策略更加详细，其内容包括计划风险评估程序、计划实施的进一步审计程序和计划其他审计程序。

重要性取决于在具体环境下对错报金额和性质的判断。如果一项错报单独或连同其他错报可能影响财务报表使用者依据财务报表做出的经济决策，则该项错报是重大的。审计风险是指财务报表存在重大错报而注册会计师发表不恰当审计意见的可能性。审计风险包括重大错报风险和检查风险两大要素。重大错报风险又可以进一步分为固有风险和控制风险。重要性与审计风险之间存在反向关系。

注册会计师在确定计划的重要性水平时，主要是从数量和性质两方面考虑。重要性的数量是针对错报的金额大小而言的。在审计过程中，注册会计师应当考虑财务报表层次和各类交易、账户余额、列报认定层次的重要性水平。在某些情况下，某些金额的错报从数量方面看并不重要，但从性质方面考虑，则可能是重要的。

思考与练习

一、单项选择题

1. 注册会计师应当在计划审计工作前开展初步业务活动，以确保其达到（   ）的目的。

A. 合理利用专家工作

B. 具备执行业务所需要的独立性和专业胜任能力

C. 对客户的商业机密保密

D. 制定总体审计策略和具体审计计划

2. 下列内容中，不属于具体审计计划的是（   ）。

A. 对专家工作的利用和对高风险领域安排的审计时间预算

B. 为识别和评估财务报表重大错报风险，注册会计师计划实施的风险评估程序的性质、时间和范围

C. 针对评估的认定层次的重大错报风险，注册会计师计划实施的进一步审计程序的性质、时间和范围

D. 注册会计师针对业务需要实施的其他审计程序

3. 下列有关审计重要性的表述中，不正确的是（   ）。

A. 对于某些财务报表披露的错报，难以从数量上判断其是否重要，应从性质上考虑其是否重要

B. 如果财务报表中的某项错报足以改变或影响财务报表使用者的相关决策，则该项错报就是重要的

C. 对重要性的判断是基于财务报表个别特定使用者理性地做出相关决策来考虑的

D. 注册会计师需要运用职业判断来合理评估重要性

4. 下列与重大错报风险相关的表述中，正确的是（   ）。

A. 重大错报风险是因选择了不恰当的审计程序而产生的

B. 重大错报风险是假设不存在相关的内部控制，某一认定发生重大错报的可能性

C. 重大错报风险独立于财务报表审计而存在

D. 重大错报风险可以通过合理实施审计风险予以控制

5. 某一认定存在错报，该错报单独或连同其他错报是重大的，但注册会计师未能发现，这种错报的可能性称为（   ）。

A. 控制风险　　　　B. 重大错报风险　　　C. 检查风险　　　　D. 审计风险

二、多项选择题

1. 在制定财务报表审计的总体审计策略、未确定审计项目组的工作方向时，注册会

计师应当考虑影响审计业务的重要因素有（   ）。

  A. 确定适当的重要性水平

  B. 初步识别可能存在较高的重大错报风险的领域

  C. 评价是否需要针对内部控制的有效性获取审计证据

  D. 识别被审计单位、所处行业、财务报告要求等方面最近发生的重大变化

  2. 重要性取决于在具体环境下对错报金额和性质的判断。在以下关于重要性的说法中，正确的有（   ）。

  A. 某些金额的错报从数量方面看并不重要，但从性质方面考虑，则可能是重要的

  B. 不同的注册会计师在确定同一被审计单位财务报表层次和认定层次的重要性水平时，可能得出不同的结果

  C. 某一金额的错报对某个被审计单位的财务报表来说是重要的，而对另一个被审计单位的财务报表来说可能不重要

  D. 如果财务报表中的某项错报足以改变或影响被审计单位的相关决策，则该项错报就是重要的

  3. 注册会计师应当考虑重大错报风险，下列说法中正确的有（   ）。

  A. 财务报表层次重大错报风险与财务报表整体存在广泛联系，可能影响多项认定

  B. 财务报表层次重大错报风险只与控制环境有关，与其他因素无关

  C. 注册会计师考虑各类交易、账户余额、列报认定层次重大错报风险的结果直接有助于其确定认定层次上实施的进一步审计程序的性质、时间和范围

  D. 认定层次的重大错报风险包括固有风险和控制风险

  4. 注册会计师在确定财务报表层次的重要性水平时，通常先选择一个恰当的基准，以下表述中正确的有（   ）。

  A. 对于以营利为目的的被审计单位而言，来自经常性业务的税前利益或税后净利润可能是一个适当的基准

  B. 对于收益不稳定的被审计单位或非营利性组织来说，税前利润或税后净利润可能是一个适当的基准

  C. 对于资产管理公司来说，净资产可能是一个适当的基准

  D. 由于销售收入和总资产具有相对稳定性，故注册会计师经常将其用作确定计划重要性水平的基准

  5. 如果尚未更正错报的汇总数接近重要性水平，注册会计师应当考虑（   ）相加后是否可能超过重要性水平。

  A. 尚未发现的错报   B. 尚未更正错报的汇总数

  C. 已发现的所有错报   D. 已更正的所有错报

三、简答题

1. 简述注册会计师在计划审计业务前，需要开展初步业务活动的内容。

2. 试述总体审计策略和具体审计计划的主要内容。

3. 试述审计风险的构成要素及审计风险与重要性之间的关系。

4. 试述在计划审计工作时，从数量方面考虑重要性的基本要求。

5. 简述对尚未更正错报的汇总数的影响的处理原则。

第五章 审计方法

本章学习目标

1. 了解审计方法的选用原则；
2. 理解审计取证基本方法和审计取证的各种技术方法；
3. 掌握审计抽样的特征和意义；
4. 掌握审计抽样的基本原理；
5. 了解抽样技术在控制测试和实质性程序中的运用。

案例导入

斯特公司财务造假案

厄特马斯公司是一家主要从事应收账款业务的金融公司。2013年3月，该公司向斯特公司贷了一笔10万美元的贷款，随后又向其发放了两笔总计65 000美元的贷款。斯特公司出具的经道奇与尼文会计师事务所审计过的资产负债表显示，它的总资产已超过250万美元，且有近100万美元的净资产。但在2014年1月，斯特公司宣告破产，法庭证词表明，就在资产负债表报告斯特公司拥有100万美元净资产的2013年年底，公司已处于资不抵债的无望状态；斯特公司会计以虚构巨额收入向审计人员隐瞒了公司濒临破产的事实。其中，虚构的最大一笔会计分录是将超过70万美元的虚假销售收入，记入"应收账款"账户的借方。厄特马斯公司为追回经济损失，起诉了道奇与尼文会计师事务所（以下简称事务所），认为审计人员应该很轻易地查出虚增70多万美元应收账款项目这一事实。这个虚构事项如果被纠正的话，将使报告的净资产减少近70%，那么厄特马斯公司也就不可能贷给斯特公司如此大额的款项了。然而事务所律师辩护说，审计主要是"抽样测试"，而不是对所有账目进行详细检查，17张假发票并未包含在被检查的200张发票之内是不足为奇的。

那么，究竟审计人员需不需要承担相应的损失呢？虽然通常审计工作是建立在以抽样为基础的原则上的，但审计抽样有自己的适用范围，在抽样对象的选取上也应将那些大额或关键的项目、超过某一金额的项目纳入测试范围。鉴于会计人员登记的12月份大额销售收入的性质可疑，事务所有责任对其进行特别检查。对于在日常商业过程中记入账簿的账户来说，用抽样和测试的方式来进行查账就已经足够。然而，由于环境所决定，事务所必须对12月份的应收账款进行仔细审查。

（资料来源：葛长银. 审计经典案例评析 [M]. 北京：中国人民大学出版社，2003.）

第一节　审计方法

一、审计方法的概念

审计方法是指审计人员检查和分析审计对象，收集审计证据，并依据审计证据形成审计结论和意见的各种专门手段的总称。随着审计实践的发展和审计理论的丰富，现代审计方法已经超越了传统的事后查账技术，发展到广泛运用审计调查、审计分析、抽样审计、内部控制系统评价等经验风险导向审计等技术方法，并日趋多样化和现代化，已形成一个完整的审计方法体系。

审计的一般方法是以审计工作的先后顺序、审计工作的范围或详简程度及审计工作建立的基础而划分的方法，它与审计取证没有直接联系，并不是取证的具体方法。审计的一般方法，按审计工作的先后顺序不同，可以分为顺查法和逆查法；按审计工作的范围或详简程度不同，可以分为详查法和抽查法；按审计工作建立的基础不同，可以分为账目基础审计法、制度基础审计法和风险基础审计法。

审计的取证方法是指收集审计证据所采取的各种技术方法，主要包括审阅法、核对法、盘点法、函证法、验算法、观察法、分析法、询问法、调节法、鉴定法等。在我国注册会计师审计准则中，取证方法包括检查记录或文件、检查有形资产、观察、询问、函证、重新计算、重新执行、分析程序等。

二、审计的一般方法

1. 顺查法

顺查法是按照会计业务的处理程序，即按从业务处理的开始到处理的终结的顺序，采用相应的审计技术，取得会计记录是否完整的审计证据的方法。其具体操作是：首先审查原始凭证是否真实正确，并核对记账凭证；然后再以记账凭证核对账簿，审查账证是否一致、总账与明细账是否一致；最后以账簿核对财务报表，审查所编财务报表是否与账簿一致。

这种方法的优点是：能全面、系统地揭露账务处理中的错报，审计风险较低。但是其缺点同样突出，如果业务多，凭证繁多，就会造成工作量大、审计成本高、工作效率低等问题。因此，顺查法一般适用于经济活动比较简单的单位审计。

2. 逆查法

逆查法按照会计业务处理程序相反方向进行审核检查的一种审计方法。其具体操作是：其首先审核检查财务报表，再由报表核对账簿，最后由账簿核对凭证。

这种方法的优点是：有选择、有重点地进行审核检查，因而可以省时、省力，工作效率高。其缺点是：如果审计人员对审查的重点问题判断失误，就会造成轻重倒置；同时，由于采取有重点的审查方法，也不能揭露账务处理中的全部错报，形成较高的审计风险。

顺查法和逆查法，各有长处和不足，但在审计实践中多用逆查法，在某些局部问题上则采用顺查法。然而，无论是顺查法还是逆查法，不一定都要完整地从一端查到另一端，只要同会计处理程序顺次和逆次的方向一致，从任何一个环节开始到任何一个环节终止都是可以的。

3. 详查法

详查法是对被审计单位审计期间内被审事项的所有凭证、账簿、报表进行详细审查的一种审计方法。它的优点是：能够掌握全面、详细、准确的情况，审计质量极大程度地得到保证。其缺点是：耗费多、审计成本高，一般情况下不宜采用，只有对某些特别重要的问题，才使用这种方法。

4. 抽查法

抽查法是对被审计单位审计期间内被审事项的全部会计记录、凭证，抽取部分有代表性地进行审查，用以推断总体有无错报的一种审计方法。它的优点是：可以大大减少工作量，节省审计成本，提高效率，达到事半功倍的效果。其缺点是：如果样本选择不当，就可能得出错误的结论。

5. 账目基础审计

账目基础审计主要是围绕会计账簿、财务报表的编制过程来进行审计。它通过对账表上的数字进行详细核实来判断是否存在舞弊行为或技术性错误。这种方法从审计产生至20世纪40年代一直被广泛采用。这种以会计账目为基础的审计必须进行大量的检查、核对、加总和重新计算等工作，要求审计人员具备良好的会计知识。随着审计范围的扩展和组织规模的增大，这种方法自身存在的难以克服的局限性日渐突出。

经过长时间的探索，审计人员越来越清楚地认识到单纯围绕账表事项进行详细审查，既耗时又费力，已经无法圆满地完成审计任务。为了保证审计质量，必须寻找更为可靠、更有效率的审计方法。

6. 制度基础审计

制度基础审计是以内部控制评审为基础，确定审计重点、范围和程序的一种审计方法。这一方法改变了传统的对于经济业务结果进行详细检查的做法，强调对于内部控制的评价。如果评价的结果证明内部控制值得信赖，则在实质性检查阶段只需抽取少量样本便可以得出审计结论；如果评价的结果认为内部控制不可靠，那么应根据内部控制的具体情况扩大审查范围。制度基础审计在20世纪40年代初期开始在英国、美国得到应用，这是现代审计发展和成熟的重要标志。目前，内部控制已经成为世界审计理论与实践的核心基础。

7. 风险基础审计

风险基础审计是迎合高度风险社会的产物。它要求审计人员重视对企业环境和企业经营的全面风险分析，使用风险审计模型，制定审计战略，制定与企业状况相适应的多样化审计计划，以达到审计工作的效率性和效果性。

风险基础审计往往结合审计技术中的分析性检查进行。对财务报表中的某些项目，不仅注意其相互间的内在联系，而且加以计算分析比较，看其是否正常合理。若有异常，则从中确定审计目标，并采用相应审计技术取证，以求审中要害，避免审计目标上的事务，从而大大增强审计报告的可信性。

风险基础审计对现代审计的发展所产生的影响是重大的。它迫使现代审计从关注内部控制转向审计风险。目前，风险基础审计代表了现在审计方法发展的最新趋势。

三、审计的取证方法

1. 审查书面资料方法

审查书面资料方法是指通过审查书面资料以获取审计证据的一系列方法。它是审计中广泛使用的直接获取审计证据的最基本方法，审查的对象主要是会计凭证、会计账簿、财务报表和其他有关资料，因此也称查账法。审查书面资料的具体方法主要包括审阅法、核对法和验算法。

（1）审阅法。审阅法是指通过仔细审查阅读被审计单位一定时期的会计资料和其他有关资料以获取审计证据的一种审查方法。审阅法广泛用于财政财务审计，审阅的内容包括会计凭证、会计账簿和财务报表，以及计划、预算、决策方案、合同等书面资料，其中又以会计凭证、会计账簿和财务报表的审阅最为重要。通过审阅，审计人员可以初步确定会计资料及其他有关资料是否真实、正确。审阅的具体内容如下。

1）原始凭证的审阅。其主要审阅原始凭证所反映的交易或事项是否符合规定，凭证格式是否规范，编号是否连续，填发单位的名称、地址、公章是否完整，是否有经手人和业务负责人的签字。此外，还要查看凭证上记载的抬头、日期、数量、单价、金额、摘要栏的字迹是否清晰，计算是否正确，有无刮擦、涂改或伪造的痕迹等。如有不符合规定的情况，就有可能存在问题。

2）记账凭证的审阅。其主要审阅记账凭证是否附有合法的原始凭证，记账凭证的记录是否符合会计准则的规定，账户名称、会计分录编制及金额是否正确，业务摘要是否与原始凭证记载的交易或事项一致，有无制单、复核、记账和主管人员的签章。

3）账簿的审阅。其主要审阅明细账和日记账。因为明细账和日记账的记录详细，通过审阅易于发现问题。在审阅明细账时，应注意各项记录是否规范和完备，如业务摘要、对应科目是否齐全，有无刮擦、涂改痕迹，是否按规定的方法更正记账错误，明细记录的内容是否真实、正确，特别应注意审阅应收应付账款、材料成本差异、管理费用、制造费用、销售费用、财务费用等容易掩盖错弊和经常反映会计转账事项的账簿。

4）财务报表的审阅。其主要审阅财务报表的编制是否符合会计准则及其他财务会计法规的规定，有无编制人员和审核人员的签章；报表项目是否完整，有关项目之间的对应关系和钩稽关系是否正确，相关数据是否一致；报表附注是否按照具体会计准则的要求对相关的内容做了充分的披露。通过审阅，查明报表各项目是否合法、合规、合理，有无异常变化现象。

5）其他文件资料的审阅。审计人员还应通过审阅被审计单位的其他文件资料，如计划或预算资料、合同资料、业务规范、技术经济指标、各种规章制度和其他有关资料等，来进一步获取审计证据。例如，通过审阅银行借款合同，可以确定银行借款及其真实性。

（2）核对法。核对法是指对被审计单位的会计凭证、会计账簿和财务报表等书面资料之间的有关数据，按照其内在的联系进行相互对照检查，以获取审计证据的方法。核对的主要内容如下。

1）证证核对。证证核对是指原始凭证之间、原始凭证与记账凭证、记账凭证与汇总记账凭证之间的核对。其主要内容是核对原始凭证上记载的数量、单价、金额和合计数是否相符；核对记账凭证与其所附原始凭证是否相符，原始凭证的合计数与记账凭证的合计数是否相符，原始凭证的张数与金额是否相符；记账凭证按日期、科目将有关数量、金额相加与汇总记账凭证的有关数据是否相符。

2）账证核对。账证核对是指记账凭证或某些原始凭证与账簿之间的核对。其中，又以凭证与明细账和日记账的核对为主。其主要内容是核对记账凭证是否已过入有关明细账和总账，两者的日期、摘要、会计科目、金额是否相符；日记账上的记录是否与相应的原始凭证记录相符。

3）账账核对。账账核对是指明细账、日记账与总账之间的核对。其主要核对各明细账户的余额合计数与总账中有关账户的余额是否相符，日记账上的本期发生额合计数与总账本期发生额是否相符；核对总账各账户的期初余额、本期发生额和期末余额的计算是否正确，各账户的借方余额合计数与贷方余额合计数是否相符。

4）账表核对。账表核对是指将有关财务报表项目与总账和明细账进行核对，主要是核对财务报表上各项目的金额与相应总账中各账户余额或明细账户余额以及发生额合计是否相符。

5）表表核对。表表核对主要是将不同报表之间有关项目进行核对，主要是核对资产负债表、利润表、现金流量表及所有者权益（股东权益）变动表上的数字计算是否正确无误，各张报表之间的相关数字是否相符。如果涉及前期的数字，还应核对是否与前期财务报表上的有关数字相符。

6）账实核对。账实核对主要是核对账卡上所反映的实物余额是否与实际存在的实物数相符，通常是核对实物盘点表与有关账簿是否相符。此外，还须核对银行对账单、客户往来清单等外来对账单是否与本单位有关账项的记载相符。

通过上述详细核对，可以比较容易地发现会计资料中存在的差错和问题，而且取得的审计证据也较为可信。因此，核对法是现代审计中常用的方法之一。审计人员在使用核对法时，为避免核对内容重复和遗漏，使核对工作井然有序，可以使用一些符号进行标记。

（3）验算法。验算法又称重算法、复算法，是指对被审计单位书面资料的有关数据在审阅、核对的基础上进行重新计算，以验证原计算结果是否正确的一种方法。验算法可以取得书面证据，是审计中常用的方法之一。

被审计项目中需要验算的内容有很多，主要包括对会计凭证、会计账簿、财务报表中的有关项目的小计、合计、总计、累计、差额、乘积等进行重新计算；对某些业务如固定资产折旧、投资收益、汇兑损益、应交税金等进行重新计算，以验证原计算结果是否正确；对有关成本费用归集和分配的结果进行验算，以验证成本、费用的分配标准和方法是否正确等。当然，验算法的应用需要审计人员具备专业知识，熟悉会计、统计和各种分析方法，以确保计算结果正确。

2. 分析方法

分析方法是指对会计资料有关指标进行观察、推理、分解和综合分析，以揭示其本质和了解其构成要素相互关系的一种审计方法。分析方法在审计工作中的运用比较广泛，民间审计将分析方法称为分析程序。一般而言，在整个审计过程中，都将运用分析方法，以判断会计数据的合理性及报表认定表达的公允性。分析方法按分析技术可分为以下几类。

（1）比较分析法。比较分析法是指通过将被审计单位某一财务报表项目与相关的标准进行比较，以获取审计证据的一种方法。比较的目的是检查该项目有无异常变化，并从中找出疑点，确定下一步审计重点。相关标准根据审计目标而定，可以是计划数、预算数、上期实际数或同行业标准等。运用比较分析法时，可以采用绝对数比较，也可以采用相对数比较。绝对数比较是将有关资料的数量、金额与相关标准直接进行比较，看其差额的程度是否在正常的范围内、是否合乎情理，如实际数与计划数或预算数比较、本期实际与上期实际比较、本期实际与历史最好水平或行业先进水平比较。相对数比较是将有关资料的百分比或比率与相关标准进行比较的一种方法，常用于比较不同单位的资料，或本单位不同时期的资料，尤其适用于比较本单位不同时期变化较大的资料。

（2）比率分析法。比率分析法是指通过对两个性质不同但又相关的指标所构成的比率进行分析，从中发现疑点，以进一步查明原因，获取审计证据。例如，分析毛利率可以测试毛利或库存商品的价值；利用资产负债率、流动比率、速动比率可以分析企业负债水平和偿债能力等。

（3）趋势分析法。趋势分析法是指通过对连续若干期某一项目的变动金额及其百分比的计算，分析该项目的增减变动方向和幅度，从中发现异常变动，为进一步审查提供线索。

除上述分析方法外，还有因素分析法、账户分析法、账龄分析法、综合分析法、逻辑分析法等。

3. 证实方法

证实方法是指审计人员通过收集书面资料以外的审计证据，对客观事物的所有权、数量、质量和价值等进行证实的一种审计方法。证实方法主要包括观察法、查询法、鉴定法、盘存法和调节法等。

（1）观察法。观察法是指通过对被审计单位的生产经营管理进行实地观察来收集书面资料以外的审计证据的方法。通过这种方法可以获取直接或间接的环境证据。在运用观察法时，审计人员应亲临被审计单位的车间、仓库、科室、工地等现场，对其内部控制的执行情况，财产物资的存放、保管和使用状况，工人的劳动态度及劳动效率等生产经营管理情况进行实地观察，查明其经济活动是否真实、是否符合有关标准和规章制度，并从中发现薄弱环节和存在的问题。应用观察法时，若与查询法、盘存法等其他审计方法结合起来使用，则能取得更好的效果。必要时，可视具体情况和要求，对现场进行摄影或拍照，作为审计证据。

（2）查询法。查询法是指审计人员对审计过程中所发现的问题和疑点，通过向有关人员询问和质疑等方式来证实客观事实或书面资料，以获取审计证据的方法。查询法有面询和函证两种方式。

1）面询。面询是指审计人员向被审计单位内部和外部有关人员当面征询意见，核实情况。征询意见的方式可采用面谈，也可采用书面回答。运用面询方式时，审计人员应讲究方式方法，谋求被询问人员的真诚合作，提供切实有用的审计证据。面询必须做成书面记录，并由答询人签字盖章，作为查询证实证据。

2）函证。函证是指审计人员通过向第三方发函来了解有关信息和现存状况，以取得和评价审计证据的方法，一般用于往来款项的查证。函证有积极的函证和消极的函证两种方式。积极的函证方式，要求被询证者对询证函中询问的事项无论与事实是否相符都必须给予回函答复。这种方法手续较麻烦，但能取得书面证据，提高审计证据的可靠性，对于重要事项的函证一般应采用这种方式。消极的函证方式，要求被询证者对询证函中询问的事项有异议时才给予复函。因此，消极的函证方式不如积极的函证方式可靠性高。

函证工作必须由审计人员直接办理，函件应由审计人员直接寄发和收取，不能委托被审计单位代办，以保证审计证据的可靠性。询证函内容应简明扼要，便于对方答复。

（3）鉴定法。鉴定法是指对书面资料、实物和经济活动等的分析、鉴别，超过审计人员的能力和知识水平，而邀请有关专门部门或人员运用专门技术进行识别、测试和鉴定以获取审计证据的方法，如对书面资料真伪的鉴定，对实务性能、质量、价值的鉴定，以及对经济活动的合法性和有效性的鉴定等。鉴定需要专门知识和鉴别技能，通常需要配备或聘请有关专业人员，运用化验分析、物理检验等专门方法进行鉴定检查。例如，当伪造凭证的人不承认其违法行为时，可通过公安部门对其笔迹进行鉴定，出具证明；当对商品材料的质量、价值难以确定时，可请商检部门通过检查化验，确定商品质量和实际价值；当确定某项基建工程的质量时，可请基建方面的专家进行鉴定等。这是通过观察法不能取得证据时必须使用的一种方法。应用鉴定法时，鉴定人员必须提供鉴定结论。鉴定结论必须具体、客观和准确，并作为一种独立的审计证据，详细地计入审计工作底稿。

（4）盘存法。盘存法是指对被审计单位的财产物资进行实地盘点，以确定其数量、品种、规格及其金额等实际状况，借以证实有关实物账户的余额是否真实、正确，从中获取实物证据的一种方法。对实物的盘存按其组织方式分为直接盘存和监督盘存。

1）直接盘存。直接盘存是指审计人员直接对实物进行盘点，并要求被审计单位有关人员协同执行。这种方法常用于数量较少但容易出现舞弊行为的贵重物品的盘点。一般应采取预先不告知有关人员盘点时间的突击盘点方式进行，以防止有关人员在盘点前对弊端进行掩饰。

2）监督盘存。监督盘存，简称监盘，是指由被审计单位的财产经管人员及其他有关人员进行实物盘点，审计人员在现场监督盘点的进行，并对其中部分物资进行抽查的方法。这种方法常用于盘存数量较大的实物，如厂房、机器设备、大宗原材料、在产品、产成品等。

（5）调节法。调节法是指在检查某个项目时，由于现有的数据与需要证实的数据在时点上不一致（通常是报表日与盘存日不一致），通过对有关数据进行增减调节，来证实数据是否正确的方法。这是一种取得实物证据的方法，通常结合盘存法使用。调节法的基本原理是将报表日至盘存日视为一个会计期间，将报表日视为期初，盘存日视为期末，根据以下公式调节：

$$报表日结存数 = 盘存日结存数 + 报表日至盘存日的财产物资减少数 -$$
$$报表日至盘存日财产物资增加数$$

报表日结存数是指需要推断的实际结存数，不是账面结存数。盘存日结存数由审计盘存取得，报表日至盘存日的财产物资增减数可审阅有关凭证取得。调节法常用于以下两方面。

1）对未达账项的调节。例如，通过编制银行存款余额调节表，对被审计单位与开户银行双方发生的未达账项进行增减调节，以验证银行存款账户的余额是否正确。

2）对财产物资的调节。当财产物资的盘存日与报表日不同时，结合实物盘存，运用调节法编制有关财产物资调节表，对盘存日有关财产物资的盘存数进行增减调节，以验证或推算报表日有关财产物资的应结存数是否与报表日结存数一致。一般适用于原材料、自制半成品、在产品、产成品等存货的检查。例如，某被审计单位 2021 年 12 月 31 日账面结存甲材料 2 200 千克，经审阅和核对无差错。注册会计师于 2022 年 3 月 5 日对甲材料进行了监盘，监盘数为 3 500 千克。2022 年 1 月 1 日至 3 月 5 日收入 48 000 千克，发出 47 200 千克，且收发数额均经审阅、核对和验算无误。经过调节计算，推算出该单位 2021 年 12 月 31 日甲材料结存数应为 2 700 千克（3 500+47 200−48 000）千克，与账面结存数 2 200 千克不一致，注册会计师应要求有关人员说明情况，并进一步查账核实。

第二节　审计抽样方法

一、审计抽样的意义

抽样技术已运用于政治、经济、科学文化及社会生活的各个领域，并发挥着重要作用。抽样技术运用于审计工作是审计理论和实践的重大突破，实现了审计从详查到抽查的历史性飞跃。

审计抽样是指先对特定对象总体抽取部分样本进行审查，然后以其审查结果来推断该总体的一种方法。审计抽样是指审计人员对某类交易或账户余额中低于百分之百的项目实施审计程序，使所有抽样单元都有被选取的机会。在审计历史上，先后出现过任意抽样、判断抽样和统计抽样三种类型。

（一）任意抽样

任意抽样是审计从详查向抽查演变时最先运用的一种抽样方法。当时审计人员运用这种抽样方法只是为了减少工作量，对于抽样的规模、技术和内容等均无规律可循，只是任意抽取样本。由于任意抽样是任意地抽取样本，故以其审查结果推断总体数量缺乏科学性和可靠性。所以，这一方法后来被判断抽样所替代。

（二）判断抽样

判断抽样是根据审计人员的经验判断，有目的地从特定审计对象总体中抽查部分样本进行审查，并以样本的审查结果来推断总体的抽样方法。采用这种方法能否取得成效，取决于审计人员的经验和判断能力。正确的判断只能来自周密的调查和对实际情况的研究分析。因此，审计人员必须深入实际掌握各方面的情况，才有可能作出正确的判断。但是，由于判断抽样只凭审计人员的经验和主观判断，判断正确，就会有成效；判断不正确，缺乏客观性，就会影响审计工作的效果。因此，现代审计常用统计抽样。

（三）统计抽样

统计抽样是审计人员运用概率论原理，遵循随机原则，从审计对象总体中抽取一部分有效样本进行审查，然后以样本的审查结果来推断总体的抽样方法。运用统计抽样可以使总体中的每一单位都有被抽查的机会，使样本的特征尽可能接近总体的特征。在抽样过程中，要使样本的特征接近总体特征，必须有一定数量的样本。抽查的样本越多，则越可能接近总体的特征，但需要花费更多的时间；反之，抽查的样本过少，虽能节省时间，但抽查的误差必然大。而正确地运用统计抽样就可以做到抽查适度的样本数量，使其既取得较好的效果，又花费较少的时间，还能科学地评价审计结果的可靠程度。但是，统计抽样运用难度较大，要求审计人员具有较高的数学和统计学水平。此外，内部控制无效、资料残缺不全的被审计单位以及揭露贪污舞弊的财经法纪审计，均不宜采用统计抽样。

现代审计广泛采用统计抽样有其合理的理论依据：一是有充分的数学依据。统计抽样要利用高等数学方法。抽查时，如果选择样本适当，那么根据审查样本的结果，运用概率论的原理，可以通过样本显示出与总体性质近似的特征，即可以通过抽取的样本推断总体。二是有有效的内部控制系统依据。公司具有有效的内部控制系统，则会计上发生错误和弊端的可能性必然降低，即使发生了错误和弊端也能尽早发现。所以，运用统计抽样必须以公司有效的内部控制系统为前提。三是有合理的经济依据。现代公司机构庞大，业务频繁，在这种情况下，如果采用详查法，既费时间又耗精力，同时还要支出大量的审计费用，为节约审计资源，也需要以统计抽样进行抽查代替详查。

统计抽样的优点在于：①统计抽样能够科学地确定抽样规模；②统计抽样中总体各项目被抽中的机会是均等的，可以防止主观判断；③统计抽样能计算抽样误差在预先给定的范围内的概率，并根据抽样推断的要求，把这种误差控制在预先给定的范围之内；④统计抽样便于审计工作规范化。

尽管统计抽样有上述优点，解决了判断抽样难以解决的问题，但是统计抽样的产生并不意味着判断抽样的消亡。因为在运用统计抽样时，存在许多不确定因素，要凭借审计人员的正确判断加以确定，所以统计抽样并不排斥审计人员的经验判断。在实际工作中，只有将统计抽样和判断抽样结合起来运用，才能取得较好的效果。

抽样技术在审计工作中的具体应用，主要有属性抽样和变量抽样。

二、抽样风险和非抽样风险

审计人员在运用抽样技术进行审计时，有两方面的不确定因素：一方面直接与抽样相关；另一方面则与抽样无关。我们将直接与抽样相关的因素造成的不确定性称为抽样风险，将与抽样无关的因素造成的不确定性称为非抽样风险。

（一）抽样风险

抽样风险是审计人员依据抽样结果得出的结论与审计对象总体特征不相符的可能性。抽样风险与样本量成反比，样本量越大，抽样风险越小。

1. 审计人员在进行控制测试时，应关注的抽样风险

审计人员在进行控制测试时，应关注以下抽样风险。

（1）信赖不足风险。这是指抽样结果使审计人员没有充分信赖实际上应予信赖的内部控制的可能性。

（2）信赖过度风险。这是指抽样结果使审计人员对内部控制的信赖超过了其实际上可予信赖程度的可能性。

2. 审计人员在进行实质性测试时，应关注的抽样风险

审计人员在进行实质性测试时，应关注以下抽样风险。

（1）误受风险。这是指抽样结果表明账户余额不存在重大错报而实际上存在重大错报的可能性。

（2）误拒风险。与误受风险相反，误拒风险是指抽样结果表明账户余额存在重大错报而实际上不存在重大错报的可能性。因为它，审计无法达到预期的效果。

上述这些风险都将严重影响审计的效率与效果。信赖不足风险与误拒风险一般会导致审计人员执行额外的审计程序，降低审计效率；信赖过度风险与误受风险很可能导致注册会计师得出不正确的审计结论。

可见，信赖过度风险和误受风险对审计人员来说是最危险的风险。而信赖不足风险和误拒风险则属于保守型风险，出现这两种风险后，审计效率虽不高，但其效果一般能保证。

（二）非抽样风险

非抽样风险是指审计人员因采用不恰当的审计程序或方法，或因误解审计证据等而未能发现重大误差的可能性。产生这种风险的原因主要有：

（1）人为错误，如未能找出样本文件中的错误等；

（2）运用了不切合审计目标的程序；

（3）错误解释样本结果。

非抽样风险无法量化，但审计人员应当通过对审计工作适当的计划、指导和监督，坚持质量控制标准，力争有效地降低非抽样风险。非抽样风险对审计工作的效率和效果都有一定影响。

三、属性抽样

属性抽样是指在精确度界限和可靠程度一定的条件下，为了测定总体特征的发生频率而采用的方法。

现代审计的一大特征是以内部控制系统测试和评价为基础，其重要步骤之一是对内部控制系统进行控制测试，以便了解实际执行的内部控制系统是否与规定一致，是否有效或一贯地执行。属性抽样是用于控制测试方面的统计抽样法。在控制测试中，审计人员只要求作出某种属性的总体发生率是多少的结论，而不必作出总体错误数额大小的估计。因此，采取属性抽样，要通过对样本的审核，以证明被审计单位的内部控制系统是否有效地执行；并与以前比较，核实内部控制系统是在改善还是在恶化。

运用属性抽样的方法，主要包括下列步骤。

1. 确定预计差错发生率

属性抽样是推断错误或舞弊的发生频率，即估计账目或内部控制系统出现错误或异常的频率，用百分比表示预计差错发生率。

预计差错发生率与被审计单位的内部控制系统以及会计核算质量有密切关系。如果内部控制制度无效、会计核算质量差，则预计差错发生率就高，那么抽样的规模势必要大，抽取的样本就更多；反之，则抽取的样本可以少一些。因此，预计差错发生率与样本数量是成正比例的关系。

审计人员在确定预计差错发生率时，可按下列三种情况来确定：①在参考前期审计工作底稿的基础上确定，也就是在参考历史资料的基础上确定；②抽查少量样本并在加以测试的基础上确定；③根据审计人员对情况的了解和判断来确定。

2. 确定精确度

在控制测试中，审计人员必须事先确定精确度。因为样本的预计差错发生率不一定等于总体的实际差错率，它可能略大于或小于实际差错率，所以有必要根据样本结果，以一定的正数和负数为界限设立一个区间。这个区间也就是抽样误差的容许界限。而这个容许界限就称为精确度。因此，我们可以样本结果为基础，设定一个偏差区间，如±1%，±1%就是精确度。在样本结果上加减一定的精确度，就构成精确度的界限。界限两端为精确度的上限和下限。假设样本结果预计差错发生率为3%，精确度为±1%，则精确度的上限为4%（3%+1%），下限为2%（3%−1%）。假定总体差错率处于2%~4%，都是可以接受的。精确度除用相对数表示外，也可用绝对数表示，如±1 000元。精确度越低，即差错的容许界限越宽，则抽查的样本数量越少；反之，提高精确度，即差错的容许界限越窄，则抽查的样本数量越多。

精确度的高低往往取决于审计项目的重要性。审查重要项目时，应提高精确度，对差错的容许界限严加限制，审查一般项目则可放宽一些。精确度的高低与抽取样本的多少成反比例的关系。

3. 确定可靠程度

可靠程度又称置信度，是测定抽样可靠性的尺度。因为样本毕竟不是总体，根据样本计算出来的差错率并不能百分之百地代表总体的实际差错率。可靠程度就是表明样本性质能够代表总体性质的可靠性程度。

可见，根据可靠程度可以判断样本代表总体的可信水平，同样也可以估计样本不能代表总体的可能性。如果可靠程度定为95%，表示总体的真实特征有95%的可能性落在特定的精确度范围内，另外还有5%的可能性不在精确度界限内，这里的5%就称为风险度。例如，在95%的可靠程度下，精确度为±1%的含义是：总体某特征的真实发生率在样本发生率±1%范围内的概率为95%，或审计人员有95%的把握保证总体某特征的真实发生率在样本发生率±1%的范围内，另外还存在5%的风险，即有5%的可能总体某特征的真实发生率不在样本发生率±1%的范围内。因此，风险度与可靠程度是两个相互对立的概念，两者互为补充，5%的风险度和95%的可靠程度表达的是同一个问题的两个不同方面。

可靠程度是测定样本可信水平的尺度，要求样本的可靠程度越高，就必须有越大的样本容量作保证。当样本容量等于总体容量时，样本的可靠程度达到100%，这时的可信度最高。所以可靠程度越高，样本量也就越大。显然，可靠程度成为影响样本量的又一重要因素。

可靠程度主要取决于被审计单位的内部控制系统有效性。内部控制系统越有效，则可靠程度越高。

4. 确定样本数量

确定了预计差错发生率、精确度和可靠程度之后，就可以通过确定样本容量的统计表来确定样本数量。90%、95%、99%可靠程度的样本量确定表分别如表5-1、表5-2、表5-3所示。

表5-1　样本量确定表（可靠程度：90%）

预计差错发生率/%	精确度上限/%															
	0.50	1	2	3	4	5	6	7	8	9	10	12	14	16	18	20
0.00	460	230	120	80	60	50	40	40	30	30	25	* *	* *	* *	* *	* *
0.25	*	400	200	140	100	80	70	60	50	50	40	40	30	30	* *	* *
0.50		800	200	140	100	80	70	60	50	50	40	40	30	30	30	* *
1.00			400	180	100	80	70	60	50	50	40	40	30	30	30	* *
1.50			*	320	180	120	90	60	50	50	40	30	30	30	30	* *
2.00				600	200	140	90	80	50	50	40	40	30	30	30	* *
2.50				*	360	160	120	80	70	60	40	40	30	30	30	* *
3.00					800	260	160	100	90	60	60	50	30	30	30	* *
3.50					*	400	200	140	100	80	70	50	40	40	30	* *
4.00						900	300	200	100	90	70	50	40	40	30	* *
4.50						*	550	220	160	120	80	60	40	40	30	* *
5.00							*	320	160	120	80	60	40	40	30	* *
5.50							*	600	280	160	120	70	50	40	30	30
6.00								*	380	200	160	80	50	40	30	30
6.50								*	600	260	180	90	60	40	30	30
7.00									*	400	200	100	70	40	40	40
7.50									*	800	280	120	80	40	40	40
8.00										*	460	160	100	50	50	40
8.50										*	800	200	100	70	50	40
9.00											*	260	100	80	50	40
9.50											*	380	160	80	50	40

续表

预计差错发生率/%	精确度上限/%															
	0.50	1	2	3	4	5	6	7	8	9	10	12	14	16	18	20
10.00												500	160	80	50	40
11.00												*	280	140	70	60
12.00													550	180	90	70
13.00													*	300	160	90
14.00														600	200	100
15.00														*	300	140
16.00															650	200
17.00															*	340
18.00																700
19.00																*

注：* 表示大于 1 000，* * 表示小于 25。

表 5-2　样本量确定表（可靠程度：95%）

预计差错发生率/%	精确度上限/%															
	0.50	1	2	3	4	5	6	7	8	9	10	12	14	16	18	20
0.00	600	300	150	100	80	60	50	50	40	40	30	30	* *	* *	* *	* *
0.25	*	650	240	160	120	100	80	70	60	60	50	40	40	30	30	30
0.50		*	320	160	120	100	80	70	60	60	50	40	40	30	30	30
1.00			600	260	160	100	80	70	60	60	50	40	40	30	30	30
1.50			*	400	200	160	120	90	60	60	50	40	40	30	30	30
2.00			900	300	200	140	90	80	70	50	40	40	30	30	30	
2.50			*	550	240	160	120	80	70	70	40	40	30	30	30	
3.00				*	400	200	160	100	90	80	60	50	30	30	30	
3.50				*	650	280	200	140	100	80	70	50	40	40	30	
4.00					*	500	240	180	100	90	70	50	40	40	30	
4.50					*	800	360	200	160	120	80	60	40	40	30	
5.00						*	500	240	160	120	80	60	40	40	30	
5.50						*	900	360	200	160	90	70	50	50	30	
6.00							*	550	280	180	100	80	50	50	30	
6.50							*	1 000	400	240	120	90	60	40	30	
7.00								*	600	300	140	100	70	50	40	
7.50								*	*	460	160	100	80	50	40	

续表

预计差错发生率/%	精确度上限/%															
	0.50	1	2	3	4	5	6	7	8	9	10	12	14	16	18	20
8.00										*	650	200	100	80	50	50
8.50										*	*	280	140	80	70	50
9.00											*	400	180	100	70	50
9.50											*	550	200	120	70	50
10.00												800	220	120	70	50
11.00												*	400	180	100	70
12.00													900	280	140	90
13.00													*	460	200	100
14.00														1 000	300	160
15.00														*	500	200
16.00															*	300
17.00															*	550
18.00																*
19.00																*

注：＊表示大于 1 000，＊＊表示小于 25。

表5-3　样本量确定表（可靠程度：99%）

预计差错发生率/%	精确度上限/%															
	0.50	1	2	3	4	5	6	7	8	9	10	12	14	16	18	20
0.00	920	460	230	160	120	90	80	70	60	50	50	40	40	30	30	30
0.25	*	*	340	240	180	140	120	100	90	80	70	60	50	40	40	40
0.50		*	500	280	180	140	120	100	90	80	70	60	50	40	40	40
1.00			*	400	260	180	140	100	90	80	70	60	50	40	40	40
1.50			*	800	360	200	180	120	120	100	90	60	50	40	40	40
2.00				*	500	300	200	140	140	100	90	70	50	40	40	40
2.50				*	1 000	400	240	200	160	120	100	70	60	40	40	40
3.00					*	700	360	260	160	160	100	90	60	50	50	40
3.50					*	*	550	340	200	160	140	100	70	50	50	40
4.00						*	800	400	280	200	160	100	70	50	50	40
4.50						*	*	600	380	220	200	120	80	60	60	40
5.00							*	900	460	280	200	120	80	60	60	40
5.50							*	*	650	380	280	160	90	70	70	50

续表

预计差错发生率/%	精确度上限/%															
	0.50	1	2	3	4	5	6	7	8	9	10	12	14	16	18	20
6.00								*	1 000	500	300	180	100	80	70	50
6.50								*	*	800	400	200	120	90	70	60
7.00									*	*	600	240	140	100	70	70
7.50									*	*	800	280	160	120	80	70
8.00										*	*	400	200	140	100	70
8.50										*	*	500	240	140	100	70
9.00											*	700	300	180	100	90
9.50											*	1 000	360	200	140	90
10.00												*	420	220	140	90
11.00												*	800	300	180	140
12.00													*	500	240	160
13.00													*	600	360	200
14.00														*	500	280
15.00														*	900	360
16.00																500
17.00															*	1 000
18.00																*
19.00																*

注：* 表示大于 1 000。

假定审计人员确定的预计差错发生率为 2%，可靠程度为 95%，精确度上限为 4%，则可以根据表 5-2 所列样本量确定表查得，样本数量为 300。

5. 选择随机抽样方法

当样本数量确定以后，就要选择适当的抽样方法抽取足够的样本。适当的样本数量对以最低的代价保证样本的代表性固然重要，解决了"抽多少"的问题，但仅有这一点是不够的。要产生恰当的样本，关键在于"如何抽"，即依照什么原则、采用什么方法来抽取样本。一般来说，依照随机原则进行抽样，能够使抽取的样本具有广泛的代表性，并能避免人为的偏见。随机原则是指在抽样时，总体项目被抽中与否必须完全由随机率因素决定，即完全是盲目的、偶然的，不让主观因素起任何作用，因而每一个总体项目都有同等被抽中的机会。所以在审计过程中一旦确定抽取样本的数量和方法，任何人来抽取都能保证样本具有充分的代表性。在审计工作中运用的随机抽样方法主要有随机数表法、系统抽样法、分层抽样法和整群抽样法。

（1）随机数表法。利用随机数表抽取样本是最简便的方法，因而得到普遍使用。所谓随机数表，亦称乱数表，就是任意组成五位数字，同时把这五位数字完全随机地纵横排列所构成的一种表格，如表 5-4 所示。

表 5-4　随机数表

栏	行									
	1	2	3	4	5	6	7	8	9	10
1	32044	69037	29655	92114	81034	40582	01584	77184	85762	46505
2	23821	96070	82592	81642	08971	07411	09037	81530	56195	98425
3	82383	94987	66441	28677	95961	78346	37916	09416	42438	48432
4	68310	21792	71635	86089	38157	95620	96718	79554	50209	17705
5	94856	76940	22165	01414	01413	37231	05509	37489	56459	52983
6	95000	61958	83430	98250	70030	05436	74814	45978	09277	13827
7	20764	64638	11359	32556	89822	02713	81293	52970	25080	33555
8	71401	17964	50940	95753	34905	93566	36318	79530	51105	26952
9	38464	75707	16750	61371	01523	69205	32122	03436	14489	02086
10	59442	59247	74955	82835	98378	83513	47870	20795	01352	89906
11	11818	40951	99279	32222	75433	27397	46214	48872	26536	41042
12	65785	06837	96483	00230	58220	09756	00533	17614	98144	82427
13	05933	69834	57402	35168	84138	44850	11527	05692	84810	44109
14	31722	97334	77178	70361	15819	35037	46319	21085	37957	05102
15	95118	88373	26934	42991	00142	90852	14199	93593	76028	23664
16	14347	69760	76797	91159	85189	84766	88814	90023	62928	14789
17	64447	95461	85772	84261	82306	90347	97519	03144	16530	52542
18	82291	62993	83884	69165	14135	25283	35685	47029	62941	37099
19	45631	73570	53937	02803	60044	85567	10497	26882	50000	47039
20	59594	78376	47900	30057	94668	04629	10087	13562	13800	15764
21	72010	44720	92746	82059	42361	54456	66999	77103	47491	65161
22	35419	04632	07000	25529	72128	90494	05118	34453	42189	82994
23	71750	86044	76982	81606	93646	00776	06017	10638	08818	94242
24	84739	48460	08613	88344	27585	44997	58464	68682	56828	78191
25	38929	79307	78252	14446	21545	34737	48625	61374	32181	17834
26	67690	88918	06316	08110	24591	38729	53296	64295	87158	64938
27	64601	76493	91280	23056	21242	26983	34203	40045	82157	65050
28	72065	44093	88240	17510	73412	88774	96914	05702	17130	20916
29	90225	74930	08500	64177	13202	15085	15734	57555	63812	57696
30	28621	05997	60429	26054	65632	27972	42932	81090	49530	35918

表5-4所列数字都是五位数字,但实际上,在使用时不限于五位数字,可以用两位数字,也可以用三位、四位数字。使用这种方法的程序是:先确定抽样数量,然后将总体项目的编号与随机数表的数字相对照,最后挑选出需要抽样的数量。例如,审查银行存款支出凭证,凭证编号为0 001~1 000,审计人员打算从中随机抽出100张。选择数字时,可以从表的任何地方开始,但必须遵循一定的顺序。假定从随机数表的第一行开始,从左至右选择,则可选出320,690,296,921,810,405,015,771,857,465这十个数字。第一行用完后,就可以从第二行、第三行等继续挑选,直至抽满100个数字为止。

利用随机数表抽取样本项目,可以避免主观成分。选择数字时,既可以从随机数表的任何方向开始选择,又可以从随机数表的任何地方开始选择。

(2)系统抽样法。系统抽样法又称间隔抽样法,亦称等距抽样法,是以总体中某一标志排列为出发点,按照固定的顺序,每隔一个固定的间隔抽出一个单位组成样本的一种随机抽样方法。这种方法比随机数表法简便,不过总体的排列必须完全处于随机状态。

确定间隔数的公式如下:

$$M = N/n$$

式中,M为抽样间隔数;N为总体数量;n为抽样数量。

例如,从2 500张凭证中抽取500张凭证审查,则抽样间隔数为

$$M = 2\ 500/500 = 5$$

那么,从前5张凭证中随机选定一张凭证,如从第3#开始,每间隔5张凭证抽取一张,即3#,8#,13#,18#,23#,28#,…,直到抽完500张凭证为止。

(3)分层抽样法。分层抽样法是按照一定标准将总体划分为若干层次,然后对每一层次进行随机抽样的方法。

分层抽样法的特点是依据审计人员的判断,将总体分成若干性质相近的层次,然后再进行随机抽样。审查各层次时,对每一层次所使用的方法并不局限于随机抽样方法。例如,审计人员审查某企业库存材料时,将库存材料分为三类:第一类是价值高、使用频繁的重要材料;第二类是价值中等、比较重要的材料;第三类是价值低的一般材料。运用分层抽样法,第一类材料为第一层次,要全部审查;第二类材料为第二层次,可利用随机数表进行抽查;第三类材料为第三层次,可按系统抽样法抽取样本。

分层抽样法的优点主要在于,它使审计人员将样本选择与总体中的关键项目联系起来,并能对不同的层次采用不同的审计方法,可以提高样本的代表性和审计的有效性。因此,分层抽样法可理解为判断抽样与统计抽样的综合运用。

(4)整群抽样法。整群抽样法是先将总体项目按某一标志分成若干群,然后使用随机数表法或系统抽样法抽样,整群地抽取样本项目的方法。

例如,将全年的现金支出凭证按旬划分为36个群,现要从中抽出4个旬进行审查。

假设从随机数表中选出32,29,15,7四个随机数,那么样本就由第7,15,29,32四旬的现金支出凭证所组成。

整群抽样法的优点是抽选单位比较集中,避免了样本过于分散,简化了审计工作。但以群为单位进行抽样,显著地影响了总体中各单位分配的均匀性,抽样误差较大,代表性较低。

6. 评价抽样结果，推断总体特征

样本项目抽出后，通过对样本项目的审查，就能得出样本差错率。比较样本差错率与确定样本时所使用的预计差错发生率的差异，并确定是否要对抽样规模进行适当的调整。具体情况有：①样本差错率与预计差错发生率大致相同，说明样本规模符合抽样要求；②样本差错率小于预计差错发生率，说明样本规模较大，但这时样本都已审查完毕，已无须缩小样本；③样本差错率大于预计差错发生率，说明样本规模过小，这时就应以样本差错率代替预计差错发生率重新确定样本规模，并抽取和审查新增的样本项目，重新计算样本差错率，直至样本差错率等于或小于计算样本规模时所使用的预计差错发生率为止。

评价抽样结果后，样本实际差错率等于或小于预计差错发生率，审计人员便可接受样本结果，结束测试，并进一步作出推断。属性抽样的审计结论，通常是以一定的可靠程度确信总体差错率不超过某一百分比，这个百分比就是样本差错率加上精确限度所形成的精确度上限。在属性抽样中，只要根据所确定的可靠程度、已审查的样本规模和在审查样本中发现的差错数，就可直接从样本结果评价表中查找精确度上限百分比。

90%、95%、99%可靠程度的样本结果评价表分别如表5-5、表5-6、表5-7所示。

案例分析

确定的可靠程度为95%，审计人员在审查了被审计单位300张现金支出凭证后，发现有6张现金支出凭证有差错，从表5-6的样本规模300那一行往右查到6个差错所在的栏次，得出4%就是总体差错率的精确度上限。因此，审计人员可以作出如下审计结论：以95%的把握，确信全部现金支出凭证的差错率不超过4%。

查阅样本结果评价表时，如果审查的样本规模位于两行中间，则要使用较小的样本规模那一行；如果样本中发现的差错数在两列中间，则要使用较高的差错发生数那一列。只有这样，才能使审计结论较为可靠。

表5-5 样本结果评价表（可靠程度：90%）

样本规模	精确度上限/%															
	0.5	1	2	3	4	5	6	7	8	9	10	12	14	16	18	20
25											0				1	
30							0						1		2	
40					0						1		2	3		4
50						0			1			2	3	4	5	
60				0				1		2		3	4	5	6	7
70				0			1		2		3	4	5	6	8	9
80			0		1		2		3	4	5	6	8	9	10	
90			0		1	2		3	4		6	7	9	11	12	

样本规模	精确度上限/%															
	0.5	1	2	3	4	5	6	7	8	9	10	12	14	16	18	20
100				0	1		2	3	4		5	7	9	10	12	14
120			0	1	2	3	4	5	6	7	9	11	13	15	17	
140			0	1	2	3	4	5	6	7	9	11	13	16	18	21
160			0	1	2	4	5	6	8	9	10	13	16	19	22	25
180			0	2	3	4	6	7	9	10	12	15	18	22	25	28
200			1	2	4	5	7	8	10	12	14	17	21	24	28	32
220			1	2	4	6	8	10	12	13	15	19	23	27	31	35
240		0	1	3	5	7	9	11	13	15	17	21	26	30	35	39
260		0	1	3	5	8	10	12	14	17	19	24	28	33	38	43
280		0	2	4	6	8	11	13	16	18	21	26	31	36	41	46
300		0	2	4	7	9	12	14	17	20	22	28	33	39	45	50
320		0	2	5	7	10	13	16	18	21	24	30	36	42	48	54
340		0	3	5	8	11	14	17	20	23	26	32	38	45	51	58
360		0	3	6	9	12	14	18	21	25	28	34	41	48	55	61
380		0	3	6	9	13	16	19	23	26	30	37	44	51	58	65
400		1	4	7	10	14	17	21	24	28	31	39	46	54	61	69
420		1	4	7	11	15	18	22	26	29	33	41	49	57	65	73
460	0	1	4	8	12	16	20	24	28	33	37	45	54	63	71	80
500	0	1	5	9	13	18	22	27	31	36	40	50	56	69	78	88
550	0	2	6	10	15	20	25	30	35	40	45	55	59	76	87	97
600	0	2	7	12	17	22	28	33	39	44	50	61	72	84	95	107
650	0	2	8	13	19	24	30	36	42	48	54	66	79	91	104	116
700	0	3	8	14	20	27	33	39	46	52	59	72	85	99	112	126
800	0	4	10	17	24	31	38	46	53	61	68	83	99	114	129	145
900	0	4	12	20	28	36	44	52	61	69	78	95	112	129	146	164
1 000	1	5	13	22	31	40	49	59	68	77	87	106	125	144	164	183

表 5-6　样本结果评价表（可靠程度：95%）

样本规模	精确度上限/%															
	0.5	1	2	3	4	5	6	7	8	9	10	12	14	16	18	20
25												0				1
30											0			1		2
40									0			1		2		3
50							0				1		2	3	4	5
60						0			1			2	3	4	5	6
70						0		1		2		3	4	5	7	8
80					0		1		2		3	4	5	7	8	9
90					0		1	2		3	4	5	6	8	9	11
100				0		1		2	3	4	5	6	8	9	11	13
120				0	1		2	3	4	5	6	8	10	12	14	16
140				0	1	2	3	4	5	6	8	10	12	14	17	19
160				1	2	3	4	5	6	8	9	12	14	17	20	23
180				1	2	3	5	6	7	9	11	14	17	20	23	26
200				1	3	4	6	7	9	11	12	16	19	23	26	30
220				2	3	5	7	8	10	12	14	18	22	25	29	33
240			1	2	4	6	8	10	12	14	15	20	24	28	33	37
260			1	3	4	7	9	11	13	15	17	22	26	31	36	41
280			1	3	5	7	10	12	14	17	18	24	29	34	39	44
300		0	1	3	6	8	11	13	16	18	21	26	31	37	42	48
320		0	2	4	6	9	11	14	17	20	22	28	34	40	45	51
340		0	2	4	7	10	12	15	18	21	24	30	36	42	49	55
360		0	2	5	8	10	13	17	20	23	26	32	39	45	52	59
380		0	2	5	8	11	14	18	21	24	28	34	41	48	55	62
400		0	3	6	9	12	15	19	22	26	29	37	44	51	59	66
420		0	3	6	9	13	16	20	24	27	31	39	46	54	62	70
460		0	4	7	11	15	18	22	26	31	35	43	51	60	68	77
500		1	4	8	12	16	21	25	29	34	38	47	56	66	75	84
550		1	5	9	14	18	23	28	33	38	43	53	63	73	83	94
600	0	1	6	10	15	20	26	31	36	42	47	58	69	80	92	103
650	0	2	6	12	17	23	28	34	40	46	52	64	76	88	100	112
700	0	2	7	13	19	25	31	37	43	50	56	69	82	95	108	122

续表

样本规模	精确度上限/%															
	0.5	1	2	3	4	5	6	7	8	9	10	12	14	16	18	20
800	0	3	9	15	22	29	36	43	51	58	65	80	95	110	125	141
900	0	4	10	18	26	34	42	50	58	66	74	91	108	125	142	159
1 000	1	4	12	20	29	38	47	56	65	74	84	102	121	140	159	178

表 5-7 样本结果评价表（可靠程度：99%）

样本规模	精确度上限/%															
	0.5	1	2	3	4	5	6	7	8	9	10	12	14	16	18	20
25																0
30														0		
40												0		1		2
50										0			1	2		3
60									0			1	2	3		4
70								0			1	2	3	4	5	6
80							0			1		2	4	5	6	7
90						0			1		2	3	5	6	7	9
100						0		1		2	3	4	6	7	9	10
120					0		1		2	3	4	6	8	9	11	13
140				0			1	2	3	4	5	7	10	12	14	16
160				0		1	2	3	5	6	7	9	12	14	17	20
180				0	1	2	3	4	6	7	8	11	14	17	20	23
200				0	1	3	4	5	7	8	10	13	16	19	23	26
220				0	2	3	5	6	8	10	11	15	18	22	26	30
240			0	1	2	4	6	7	9	11	13	17	21	25	29	23
260			0	1	3	5	6	8	10	12	14	19	23	27	32	36
280			0	2	3	4	7	9	12	14	16	21	25	30	35	40
300			0	2	4	6	8	10	13	15	18	23	28	33	38	43
320			0	2	4	7	9	11	14	17	19	24	30	35	41	47
340			1	3	5	7	10	13	15	18	21	26	32	38	44	50
360			1	3	6	8	11	14	16	19	22	28	35	41	47	54
380			1	3	6	9	12	15	18	21	24	30	37	44	50	57
400			1	4	7	10	13	16	19	22	26	32	39	46	54	61
420			2	4	7	10	14	17	20	24	27	35	42	49	57	64

样本规模	精确度上限/%														
	0.5	1	2	3	4	5	6	7	8	9	10	12	14	16	18	20
460		0	2	5	8	12	15	19	23	27	31	39	47	55	63	72
500		0	3	6	10	13	17	21	26	30	34	43	52	60	70	79
550		0	3	7	11	15	20	24	29	34	38	48	58	68	78	88
600		0	4	8	13	17	22	27	32	37	43	53	64	78	86	97
650		0	4	9	14	19	25	30	36	41	47	58	70	82	94	106
700		1	5	10	16	21	27	33	39	45	51	64	76	89	102	115
800		1	7	13	19	25	32	39	46	53	60	74	98	103	118	133
900		2	8	15	22	29	37	45	53	61	69	85	101	118	135	152
1 000	0	2	9	17	25	34	42	51	60	69	78	96	114	133	151	170

四、控制测试中抽样技术的运用

实施控制测试时，审计人员可以使用统计抽样方法，也可以使用非统计抽样方法。审计人员在控制测试中运用的统计抽样方法主要是属性抽样方法，通常有三种：固定样本量抽样、停-走抽样和发现抽样。固定样本量抽样是在控制测试中使用最为广泛的统计抽样方法。由于停-走抽样和发现抽样都是固定样本量抽样方法的特殊或者发展形式，因此，本节只介绍固定样本量抽样方法。

在固定样本量抽样中，审计人员对一个确定规模的样本实施检查，且等到某一确定规模的样本全部选取、审查完以后，才得出审计结论。

（一）属性抽样的基本概念

1. 偏差

一般来说，在属性抽样中，偏差是指注册会计师认为使控制程序失去效能的所有的控制无效事件。注册会计师应根据实际情况，恰当地定义偏差。例如，可将"偏差"定义为会计记录中的虚假账户、经济业务的记录未进行复核、审批手续不全等各类差错。

2. 审计对象总体

运用属性抽样时，注册会计师应保证总体中所有的项目被选取的概率是相同的，也就是说，总体中所有项目的特征应是相同的。例如，某公司有国内和国外两个分公司，其国内、国外的销售业务是用两种不同的方式进行的。注册会计师在评价该两个分公司的会计控制时，必须把它们分为两个不同的总体，即国内、国外两个总体。

3. 风险与可信赖程度

可信赖程度是指样本特征能够代表总体特征的可靠性程度。风险或称风险度，其与可信赖程度是互补的。换句话说，1减去可信赖程度就是风险。例如，注册会计师选择一个95%的可信赖程度，那么，他就有5%的风险去接受抽样结果表示的内部控制是有效的结论，而实际上的内部控制制度是无效的。属性抽样风险矩阵如表5-8所示。

表 5-8　属性抽样风险矩阵

抽样结果	内部控制实际状况	
	实际运行状况达到预期信赖程度	实际运行状况未达到预期信赖程度
肯定	正确的决定	信赖过度风险
否定	信赖不足风险	正确的决定

在控制测试中，一般将最小可信赖程度定为90%，如果其属性对于其他项目是重要的，则采用95%的可信赖程度。

4. 可容忍偏差率

在进行控制测试时，可容忍偏差率（Tolerable Deviation Rate，TDR）的建立应能确保当总体偏差率超过可容忍偏差率时，注册会计师将降低对内部控制的可信赖程度。可容忍偏差率的确定如表5-9所示。

表 5-9　可容忍偏差率的确定

可容忍偏差率	内部控制的可信赖程度
20%（或小于）考虑忽略抽样测试，进行详细测试	可信赖程度差，在信赖内部控制方面的细节测试工作不可有太大幅度或中等的减少
10%（或小于）	中等信赖程度，基于审计结论，在信赖内部控制方面的细节测试工作将减少
5%（或小于）	内部控制工作实际可靠，基于审计结论，在信赖内部控制方面的细节测试工作将减少一半至2/3

（二）确定样本规模

在控制测试中，影响样本规模的因素主要是可接受的信赖过度风险、可容忍偏差率和预计总体偏差率。

可接受的信赖过度风险。控制测试中选取的样本旨在提供关于控制运行有效性的证据。由于控制测试是控制是否有效运行的主要证据来源，因此，可接受的信赖过度风险应确定在相对较低的水平。通常，相对较低的水平在数量上是指5%～10%的可接受的信赖过度风险。在实务中，一般的测试将可接受的信赖过度风险确定为10%。

可容忍偏差率。在确定可容忍偏差率时，审计人员应考虑计划评估的控制有效性。计划评估的控制有效性越高，意味着审计人员在风险评估时越依赖控制运行的有效性，确定的可容忍偏差率越低，进行控制测试的范围也就越大，因而样本规模增加。反之，计划评估的控制有效性越低，确定的可容忍偏差率越高，所需的样本规模也就越小。在这种情况下，由于审计人员预期控制运行的有效性很低，特定的控制测试可能无须进行。

预计总体偏差率。注册会计师通常根据对相关控制的设计和执行情况的了解，或者根据从总体中抽取少量项目进行检查的结果，对拟测试总体的预计误差率进行评估。注册会计师可以根据上一年测试结果和控制环境等因素对预计总体偏差率进行估计。

1. 使用统计公式计算样本规模

在基于泊松分布的统计模型中，样本量的计算公式为

$$样本量(n) = \frac{可接受的信赖过度风险系数(R)}{可容忍偏差率(TDR)}$$

其中的分子"可接受的信赖过度风险系数"取决于特定的信赖过度风险和预期将出现的偏差的个数，它可在泊松分布表中查得。表5-10列示了在控制测试中常用的风险系数。

例如，审计人员确定的可接受的信赖过度风险为10%，可容忍偏差率为7%，并预期最多发现1例偏差。由表查得可接受的信赖过度风险系数为3.9，应用公式可计算出所需的样本量为

$$样本量 = \frac{可接受的信赖过度风险系数}{可容忍偏差率} = \frac{3.9}{0.07} = 56$$

表5-10　控制测试中常用的风险系数表

预期发生偏差的数量	可接受的信赖过度风险		预期发生偏差的数量	可接受的信赖过度风险	
	5%	10%		5%	10%
0	3.0	2.3	6	11.9	10.6
1	4.8	3.9	7	13.2	11.8
2	6.3	5.3	8	14.5	13.0
3	7.8	6.7	9	15.7	14.2
4	9.2	8.0	10	17.0	15.4
5	10.5	9.3			

2. 使用样本量表确定样本规模

表5-11提供了在控制测试中确定的可接受的信赖过度风险为10%时所使用的样本量表。如前所述，假定审计人员确定的可接受的信赖过度风险为10%，可容忍偏差率为7%，预计总体偏差率为1.75%。查表5-11，7%可容忍偏差率与1.75%预计总体偏差率的交叉处为55，即所需的样本规模为55，约等于前面利用公式所计算的56。

表5-11　控制测试中统计抽样样本规模（可接受的信赖过度风险：10%）

预计总体偏差率/%	可容忍偏差率										
	2%	3%	4%	5%	6%	7%	8%	9%	10%	15%	20%
0.00	114(0)	76(0)	57(0)	45(0)	38(0)	32(0)	28(0)	25(0)	22(0)	15(0)	11(0)
0.25	194(1)	129(1)	96(1)	77(1)	64(1)	55(1)	48(1)	42(1)	38(1)	25(1)	18(1)
0.50	194(1)	129(1)	96(1)	77(1)	64(1)	55(1)	48(1)	42(1)	38(1)	25(1)	18(1)
0.75	265(2)	129(1)	96(1)	77(1)	64(1)	55(1)	48(1)	42(1)	38(1)	25(1)	18(1)
1.00	*	176(2)	96(1)	77(1)	64(1)	55(1)	48(1)	42(1)	38(1)	25(1)	18(1)
1.25	*	221(3)	132(2)	77(1)	64(1)	55(1)	48(1)	42(1)	38(1)	25(1)	18(1)
1.50	*	*	132(2)	105(2)	64(1)	55(1)	48(1)	42(1)	38(1)	25(1)	18(1)
1.75	*	*	166(3)	105(2)	88(2)	55(1)	48(1)	42(1)	38(1)	25(1)	18(1)
2.00	*	*	198(4)	132(3)	88(2)	75(2)	48(1)	42(1)	38(1)	25(1)	18(1)
2.25	*	*	*	132(3)	88(2)	75(2)	65(2)	42(2)	38(2)	25(1)	18(1)
2.50	*	*	*	158(4)	110(3)	75(2)	65(2)	58(2)	38(2)	25(1)	18(1)

续表

预计总体偏差率/%	可容忍偏差率										
	2%	3%	4%	5%	6%	7%	8%	9%	10%	15%	20%
2.75	*	*	*	209(6)	132(4)	94(3)	65(2)	58(2)	52(2)	25(1)	18(1)
3.00	*	*	*	*	132(4)	94(3)	65(2)	58(2)	52(2)	25(1)	18(1)
3.25	*	*	*	*	153(5)	113(4)	82(3)	73(3)	52(2)	25(1)	18(1)
3.50	*	*	*	*	194(7)	113(4)	82(3)	73(3)	52(2)	25(1)	18(1)
3.75	*	*	*	*	131(5)	98(4)	73(3)	52(2)	25(1)	18(1)
4.00	*	*	*	*	*	149(6)	98(4)	73(3)	65(3)	25(1)	18(1)
5.00	*	*	*	*	*	*	160(8)	115(6)	78(4)	34(2)	18(1)
6.00	*	*	*	*	*	*	*	182(11)	116(7)	43(3)	25(2)
7.00	*	*	*	*	*	*	*	*	199(14)	52(4)	25(2)

注：括号内是可接受的偏差数。＊表示该范围不计算。

（三）推断总体误差

将样本中发现的偏差数量除以样本规模，就可以计算出样本偏差率。样本偏差率就是审计人员对总体偏差率的最佳估计，因而在控制测试中无须另外推断总体偏差率。但审计人员还必须考虑抽样风险。在审计实务中，审计人员使用统计抽样方法时通常使用公式、表格或计算机程序直接计算在确定的可接受的信赖过度风险下可能发生的偏差率上限，即估计的总体偏差率与抽样风险允许限度之和。

1. 使用统计公式评价样本结果

假定审计人员对56个项目实施了既定的审计程序，且未发现偏差，则在既定的可接受的信赖过度风险下，根据样本结果计算的总体最大偏差率，即总体偏差年上限（Maximum Deviation Rate，MDR）为

$$总体偏差率上限(MDR) = \frac{可接受的信赖过度风险系数}{样本量} = \frac{R}{n} = \frac{2.3}{56} = 4.1\%$$

其中的风险系数根据可接受的信赖过度风险为10%，且偏差数量为0，在表5-10中查得为2.3。这说明，如果样本量为56且无一例偏差，则总体实际偏差率超过4.1%的风险为10%，即有90%的把握保证总体实际偏差率不超过4.1%。由于审计人员确定的可容忍偏差率为7%，因此可以得出结论，总体实际偏差率超过可容忍偏差率的风险很小，总体可以接受。也就是说，样本结果证实审计人员对控制运行有效性的估计和评估的重大错报风险水平是适当的。

如果在56个样本中有两个偏差，则在既定的可接受的信赖过度风险下，按照公式计算的总体偏差率上限为

$$总体偏差率上限(MDR) = \frac{可接受的信赖过度风险系数}{样本量} = \frac{R}{n} = \frac{5.3}{56} = 9.5\%$$

这说明，如果样本量为56且有两个偏差，则总体实际偏差率超过9.5%的风险为10%。在可容忍偏差率为7%的情况下，审计人员可以得出结论，总体实际偏差率超过可

容忍偏差率的风险很大，因而不能接受总体。也就是说，样本结果不支持审计人员对控制运行有效性的估计和评估的重大错报风险水平。审计人员应当扩大控制测试范围，以证实初步评估结果，或提高重大错报风险评估水平，并增加实质性程序的数量，或对影响重大错报风险评估水平的其他控制进行测试，以支持计划的重大错报风险评估水平。

2. 使用样本结果评价表评价样本结果

审计人员也可以使用样本结果评价表评价统计抽样的结果。表5-12列示了可接受的信赖过度风险为10%时的总体偏差率上限。

表5-12　控制测试中统计抽样结果评价——信赖过度风险为10%时的总体偏差率上限

样本规模	实际发现的偏差数										
	0	1	2	3	4	5	6	7	8	9	10
20	10.9	18.1	*	*	*	*	*	*	*	*	*
25	8.8	14.7	19.9	*	*	*	*	*	*	*	*
30	7.4	12.4	16.8	*	*	*	*	*	*	*	*
35	6.4	10.7	14.5	18.1	*	*	*	*	*	*	*
40	5.6	9.4	12.8	16.0	19.0	*	*	*	*	*	*
45	5.0	8.4	11.4	14.3	17.0	19.7	*	*	*	*	*
50	4.6	7.6	10.3	12.9	15.4	17.8	*	*	*	*	*
55	4.1	6.9	9.4	11.8	14.1	16.3	18.4	*	*	*	*
60	3.8	6.4	8.7	10.8	12.9	15.0	16.9	18.9	*	*	*
70	3.3	5.5	7.5	9.3	11.1	12.9	14.6	16.3	17.9	19.6	*
80	2.9	4.8	6.6	8.2	9.8	11.3	12.8	14.3	15.8	17.2	18.6
90	2.6	4.3	5.9	7.3	8.7	10.1	11.5	12.8	14.1	15.4	16.6
100	2.3	3.9	5.3	6.6	7.9	9.1	10.3	11.5	12.7	13.9	15.0
120	2.0	3.3	4.4	5.5	6.6	7.6	8.7	9.7	10.7	11.6	12.6
160	1.5	2.5	3.3	4.2	5.0	5.8	6.5	7.3	8.0	8.8	9.5
200	1.2	2.0	2.7	3.4	4.0	4.6	5.3	5.9	6.5	7.1	7.6

注：本表以百分比表示总体偏差率上限。本表假设总体足够大。*表示超过20%。

例如，样本规模为56，审计人员可以选择表5-12中样本规模为55的那一行。当样本中未发现偏差时，应选择偏差数为0的那一列，两者交叉处的4.1%即为总体偏差率上限，与前面利用公式计算的结果4.1%相等。当样本中发现两个偏差时，应选择偏差数为2的那一列，两者交叉处的9.4%即为总体偏差率上限，与前面利用公式计算的结果9.5%相近。审计人员得出的结论同上。

除了评价偏差发生的频率之外，审计人员还要对偏差进行定性分析，包括分析偏差的性质和原因。

五、实质性程序中抽样技术的运用

在实质性程序中，审计抽样只能在实施细节测试中运用。在细节测试中，影响样本规模的因素主要是可接受的误受风险及误拒风险、可容忍错报和预计总体错报额。审计人员在确定可接受的误受风险水平时，应当考虑其愿意接受的审计风险水平、评估的重大错报风险水平以及针对同一审计目标的其他实质性程序的检查风险。可容忍错报的确定是以审计人员对财务报表层次重要性水平的初步评估为基础的，它是各账户的错报汇总起来不会引起财务报表整体重大错报的最大金额。对特定的账户而言，当抽样风险一定时，如果审计人员确定的可容忍错报降低，则所需的样本规模就增加了。

在实施细节测试时，审计人员可以使用统计抽样方法，也可以使用非统计抽样方法。在细节测试中运用的统计抽样方法，主要是变量抽样和概率比例规模抽样法（Probability Proportionate to Size Sampling，PPS 抽样）。变量抽样是用来估计总体金额的一种统计抽样方法，PPS 抽样是一种运用属性抽样原理对货币金额而不是对发生率得出结论的统计抽样方法，本节只介绍变量抽样。变量抽样主要有均值估计抽样、差额估计抽样和比率估计抽样三种具体方法。

（一）均值估计抽样

均值估计抽样（mean-per-unit estimation sampling）是指通过抽样审查确定样本的平均值，再根据样本平均值推断总体的平均值和总值的一种变量抽样方法。使用这种方法时，审计人员先计算样本中所有项目审定金额的平均值，然后用这个样本平均值乘以总体规模，得出总体金额的估计值。总体金额的估计值和总体账面金额之间的差额就是推断的总体错报。

例如，审计人员从总体规模为 1 000、账面金额为 1 000 000 元的存货项目中选择了200 个项目作为样本。在确定了正确的采购价格并重新计算了价格与数量的乘积之后，审计人员将 200 个样本项目的审定金额加总后除以 200，确定样本项目的平均审定金额为 980元。然后计算出估计的存货余额为 980 000 （980×1 000）元，推断的总体错报为 20 000（1 000 000-980 000）元。

（二）差额估计抽样

差额估计抽样（difference estimate sampling）是指以样本的实际金额与账面金额的平均差额来估计总体实际金额与账面金额的平均差额，然后再以这个平均差额乘以总体规模，从而求出总体的实际金额与账面金额的差额（即总体错报）的一种变量抽样方法。差额估计抽样的计算公式为

$$平均错报 = \frac{样本实际金额与账面金额的差额}{样本规模}$$

$$推断的总体错报 = 平均错报 \times 总体规模$$

例如，审计人员从总体规模为 1 000 的存货项目中选择了 200 个项目作为样本进行检查。总体的账面金额总额为 1 040 000 元。审计人员逐一比较 200 个样本项目的审定金额和账面金额，确定样本项目的账面金额为 208 000 元，审定金额为 196 000 元。则有关的计算如下：

样本项目的账面金额与实际金额的差额=208 000-196 000=12 000 （元）

样本项目的平均错报=12 000÷200=60 （元）

推断的总体错报=60×1 000=60 000 （元）

当错报与账面价值不成比例关系时，通常运用差额估计抽样。

（三）比率估计抽样

比率估计抽样（ratio estimate sampling）是指以样本的实际金额与账面金额之间的比率关系来估计总体实际金额与账面金额之间的比率关系，然后再以这个比率乘以总体的账面金额，从而求出估计的总体实际金额的一种变量抽样方法。比率估计抽样法的计算公式为

$$比率 = \frac{样本审定金额}{样本账面金额}$$

$$估计的总体实际金额 = 总体的账面金额 \times 比率$$

$$推断的总体错报 = 总体的账面金额 - 估计的总体实际金额$$

推断的总体错报取绝对值。如上例中，审计人员使用比率估计抽样，有关计算如下：

比率 = 196 000/208 000 = 0.94

估计的总体实际金额 = 1 040 000×0.94 = 977 600（元）

推断的总体错报 = 1 040 000−977 600 = 62 400（元）

当错报与账面价值成比例关系时，通常运用比率估计抽样。

设计变量抽样所需要的数学计算，包括样本规模的计算，对于手工应用来说显得复杂且非常困难。由于审计人员在使用变量抽样时通常运用计算机程序来确定样本规模，所以，本章不再介绍这些方法所用的数学公式。

本章小结

审计方法是指审计人员检查和分析审计对象，收集审计证据，并依据审计证据形成审计结论和意见的各种专门手段的总称。审计取证方法一般由基本方法和技术方法组成。审计取证的基本方法是指与取证的顺序和范围有关的方法，包括顺查法和逆查法、详查法和抽查法。审计取证的技术方法是指直接获取审计证据的方法，主要包括审查书面资料方法、分析方法和证实方法。

审计抽样是指审计人员对某类交易或账户余额中低于百分之百的项目实施审计程序，使所有抽样单元都有被选取的机会。审计抽样通常分为统计抽样和非统计抽样。抽样风险是指审计人员根据样本得出的结论，核对总体全部项目实施与样本同样的审计程序得出的结论存在差异的可能性。审计人员在实施控制测试时，应当关注信赖不足风险和信赖过度风险；在实施细节测试时，应当关注误受风险和误拒风险。

审计人员在设计样本时，应当确定测试目标，并定义总体和抽样单元以及误差构成条件。如果总体项目存在重大的变异性，应当考虑分层。在确定样本规模时，应当考虑可接受的抽样风险、可容忍误差、预计总体误差及总体变异性等因素。通常的随机抽样方法有随机数表法、系统抽样法和分层抽样法。审计人员应当评价样本结果，以确定对总体相关特征的评估是否得到证实或需要修正。控制测试中运用的统计抽样主要是属性抽样，其中使用最为广泛的是固定样本量抽样。细节测试中运用的统计抽样主要是变量抽样，包括均值估计抽样、差额估计抽样和比率估计抽样。

思考与练习

一、单项选择题

1. 按照与会计账务处理相反的顺序，依次对财务报表、会计账簿和会计凭证各个环节进行审查的方法称为（　　）。

　　A. 分析法　　　　　　B. 顺查法　　　　　　C. 逆查法　　　　　　D. 详查法

2. 审查书面资料的具体方法主要包括（　　）。

　　A. 审阅法、核对法和查询法　　　　　B. 审阅法、核对法和验算法

　　C. 核对法、验算法和查询法　　　　　D. 审阅法、验算法和观察法

3. 函证是通过向第三方发函来了解有关信息和现存状况，以取得和评价审计证据的方法，这种方法一般用于（　　）。

　　A. 固定资产查证　　　　　　　　　　B. 无形资产查证

　　C. 存货查证　　　　　　　　　　　　D. 往来款项查证

4. 由审计人员到现场直接对实物进行盘点，并要求被审计单位有关人员协同执行的方法是（　　）。

　　A. 监督盘存　　　　B. 观察法　　　　C. 调节法　　　　D. 直接盘存

二、多项选择题

1. 运用观察法时，审计人员应亲临被审计单位有关现场，对其（　　）等生产经营管理情况进行实地观察。

　　A. 内部控制的执行情况　　　　　　　B. 财产物资的存放、保管和使用状况

　　C. 工人的劳动态度和劳动效率　　　　D. 工人的出勤情况

2. 采用审阅法时，往往与（　　）结合使用。

　　A. 核对法　　　　B. 观察法　　　　C. 验算法　　　　D. 查阅法

3. 不宜使用审计抽样的审计程序有（　　）。

　　A. 风险评估程序　　　　　　　　　　B. 实质性程序中的细节测试

　　C. 对控制实施的询问、观察程序　　　D. 实质性分析程序

4. 影响审计效率的抽样风险类型有（　　）。

　　A. 信赖不足风险　　B. 信赖过度风险　　C. 误拒风险　　　D. 误受风险

5. 审计人员在确定样本规模时，应当考虑的因素包括（　　）。

　　A. 可容忍误差　　　　　　　　　　　B. 总体变异性

　　C. 预计总体误差　　　　　　　　　　D. 可接受的抽样风险

三、简答题

1. 简述顺查法、逆查法、详查法和抽查法的特点和优缺点。

2. 简述查询法中的面询和函证这两种查询方法。

3. 简述统计抽样的意义。

4. 简述抽样风险和非抽样风险。

5. 简述影响样本规模的因素。

第六章 风险评估程序与内部控制

🔔**本章学习目标**

1. 掌握风险评估程序；
2. 理解被审计单位及其环境的主要内容；
3. 掌握内部控制的定义，理解内部控制的分类和内部控制要素的主要内容；
4. 掌握内部控制的风险评估程序；
5. 能够识别和评估重大错报风险。

案例导入

浅析新形势下如何加强国有企业内部控制

《人民日报》在解读十九届中央纪委三次全会精神《坚决惩腐　巩固发展压倒性胜利》一文时提到，"善治病者，必医其受病之处；善救弊者，必塞其起弊之源。巩固发展反腐败斗争压倒性胜利，需深化标本兼治，用好治标利器，夯实治本基础"。纵观十八大以来被列为反面典型的腐败案件，一些国有企业领导干部的落马往往都涉及中大型工程、重点领域和关键岗位，企业内部控制的缺失给这些腐败行为提供了机会，只有加强内部控制，提高风险防范意识，构建"不能腐"的机制，才能促进企业健康发展。

反腐败工作的关键是对权力的使用进行制约和监督，是确保权力的使用遵循制度的要求。因此，国有企业在实际工作中必须因地制宜地构建标本兼治的综合体系，而内部控制恰恰是保障该体系顺利运行的有效手段。

内部控制是一种全过程的控制机制。它对企业决策、执行和监督的每一个环节都提出了具体要求。首先，在宏观层面，以"三重一大"决策制度为主要手段，强化对企业重点岗位与关键环节权力使用情况的监督，防止某些领导干部滥用权力和以权谋私。其次，在操作流程上，强调对流程进行梳理并制定出相应制度、程序和方法，对风险进行全过程的跟踪管控，覆盖预防、控制、监督的每一个环节，使整个流程形成闭环，做到"有章可循、有章必循"，做到"注重治本、注重预防"。最后，充分发挥

"不能腐"的预防机制，不仅从源头上预防和治理腐败，有效预防腐败行为的发生，也让广大干部职工在思想上能够切实重视起来，时刻绷紧"反腐之弦"，筑牢思想防线，真正做到"不能腐""不敢腐"。

资料来源：陈茵. 以加强内部控制为契机构建"不能腐"机制——浅析新形势下如何加强国有企业内部控制 [J]. 就业与保障，2019，06（下）.

第一节　风险评估程序

一、风险评估程序的概述

《中国注册会计师审计准则第1211号——了解被审计单位及其环境并评估重大错报风险》要求，注册会计师应当了解被审计单位及其环境，以足够识别和评估财务报表重大错报风险，从而设计和实施进一步审计程序。这项规定切实贯彻了现代风险导向审计理念，在现代风险导向的审计模型下，注册会计师以重大错报风险的识别、评估和应对作为审计工作的主线，最终将审计风险控制在可接受的低水平，即注册会计师应当首先了解被审计单位及其环境，再以此为基础进行风险识别和风险评估，进而设计和实施针对识别和评估的财务报表层次和认定层次的重大错报风险的应对措施，最终将审计风险降至可接受的低水平。

风险评估程序是指注册会计师了解被审计单位及其环境（包括内部控制），以识别和评估财务报表层次和认定层次的重大错报风险（无论该错报是由舞弊还是错误导致）而实施的审计程序。

二、风险评估程序的目的和作用

注册会计师了解被审计单位及其环境（包括内部控制），目的是充分识别和评估财务报表层次和认定层次的重大错报风险。

注册会计师了解被审计单位及其环境（包括内部控制）是一个连续和动态收集、更新与分析信息的过程，贯穿于整个审计过程。了解被审计单位及其环境（包括内部控制）是必要程序，特别是为注册会计师在下列关键环节作出职业判断提供了重要基础：

（1）评估重大错报风险；

（2）确定重要性水平，并在审计过程中判断重要性水平是否仍然适用；

（3）考虑会计政策的选择和运用是否恰当，以及财务报表披露和列报的充分性；

（4）识别需要特别考虑的领域，如关联方交易，管理层对持续经营假设的评估和运用是否合理、恰当；

（5）确定在实施分析程序时使用的预期值；

（6）应对评估的重大错报风险，设计和实施进一步审计程序，以将审计风险降至可接受的低水平；

（7）评价审计证据的充分性和适当性。

三、风险评估程序常用的审计程序

了解被审计单位及其环境以进行风险评估的程序主要包括：询问被审计单位管理层及内部相关人员、实施分析程序、观察和检查。

（一）询问被审计单位管理层及内部相关人员

通过询问被审计单位管理层、内部审计人员和其他相关人员，注册会计师可以了解被审计单位及其环境。一般情况下，注册会计师主要通过询问被审计单位管理层和负责财务报告的人员获取大部分有关审计的重要信息。这些信息主要包括：

（1）经营目标或经营战略；

（2）市场竞争情况；

（3）被审计单位所处的政治环境、税收政策；

（4）被审计单位最近的财务状况、经营成果、现金流量；

（5）被审计单位的内部制度变化；

（6）被审计单位的组织结构变化等。

此外，注册会计师也可以通过询问内部审计人员（如有）或被审计单位的其他人员，以获取有助于识别重大错报风险的信息。例如：

（1）询问治理层，有助于注册会计师了解财务报表的编制环境；

（2）询问参与生成、处理或记录复杂或异常交易的员工，有助于注册会计师评估被审计单位某项会计政策的选择和运用是否恰当；

（3）询问内部审计人员，有助于注册会计师了解被审计单位内部控制设计和运行的有效性；

（4）询问内部法律顾问，有助于注册会计师了解被审计单位的法律、法规相关情况，如诉讼、遵守法律法规的情况、产品保证和售后责任、与业务合作伙伴的安排（如合营企业）和合同条款的含义等；

（5）询问营销人员，有助于注册会计师了解被审计单位营销策略的变化、销售趋势或与客户的合同安排等；

（6）询问风险管理职能部门，有助于注册会计师了解可能影响财务报告的运营和监管风险；

（7）询问信息系统人员，有助于注册会计师了解系统变更、系统或控制失效情况，或与系统相关的其他风险。

（二）实施分析程序

分析程序是指注册会计师通过研究不同财务数据之间以及财务数据与非财务数据之间的内在关系，对财务信息作出评价。分析程序还包括调查识别出的、与其他相关信息不一致或与预期数据严重偏离的波动和关系。注册会计师实施分析程序可能有助于识别异常的交易或事项，以及对审计产生影响的金额、比率和趋势。识别出的异常或未预期到的关系可以帮助注册会计师识别重大错报风险，特别是由舞弊导致的重大错报风险。

分析程序可以用于风险评估程序和实质性程序。但是，实施分析程序的前提是所分析的数据与其他数据（财务或非财务数据）之间存在一定的关系，并且有理由预计此种关系将继续存在。

在实施分析程序时，注册会计师应当预期可能存在的合理关系，并与被审计单位记录的金额、依据记录金额计算的比率或趋势相比较。如果发现异常或未预期到的关系，注册会计师应当在识别重大错报风险时考虑这些比较结果。

例如，注册会计师通过实施分析程序发现，两个会计期间的毛利率相当。但是，注册会计师通过对被审计单位的了解，获知在生产成本中占较大比例的原材料成本在相关期间内上升，而销售单价并未变化。注册会计师预期销售成本也应相应上升，而毛利率应相应下降。上述分析可能使注册会计师得出结论：营业收入和销售成本可能存在重大错报风险，应对其给予足够的重视。

案例分析

甲公司主要从事小型电子消费品的生产和销售。A 注册会计师负责审计甲公司 2020 年度财务报表。

资料一：A 注册会计师在审计工作底稿中记录了所了解的甲公司情况及其环境，部分内容摘录如下：甲公司于 2020 年年初完成了部分主要产品的更新换代。由于利用现有主要产品（T 产品）生产线生产的换代产品（S 产品）的市场销售情况良好，甲公司自 2020 年 2 月起大幅减少了 T 产品的产量，并于 2020 年 3 月终止了 T 产品的生产和销售。S 产品和 T 产品的生产所需原材料基本相同，原材料平均价格相比上涨了约 2%。由于 S 产品的功能更加齐全且设计新颖，故其平均售价比 T 产品高约 10%。

资料二：A 注册会计师在审计工作底稿中记录了所获取的甲公司财务数据，部分内容摘录如表 6-1 所示。

表 6-1　甲公司财务数据　　　　　　　　　　　单位：万元

年份	2020 年未审数			2019 年已审数		
产品	S 产品	T 产品	其他产品	S 产品	T 产品	其他产品
营业收入	32 340	3 000	20 440	0	28 500	18 000
营业成本	27 500	2 920	19 800	0	27 200	15 300
存货	S 产品	T 产品	其他存货	S 产品	T 产品	其他存货
账面余额	2 340	180	4 440	0	2 030	4 130
减：存货跌价准备	0	0	0	0	0	0
账面价值	2 340	180	4 440	0	2 030	4 130

要求：针对资料一，结合资料二，假定不考虑其他条件，指出资料一所述事项是否可能表明存在重大错报风险。如果认为存在，简要说明理由，并分别说明该风险主要与哪些财务报表项目（仅限于营业收入、营业成本、存货）的哪些认定相关。

【解析】

资料一所述事项存在重大错报风险，资料中显示，S产品为T产品的替代产品，且销量良好，但在资料二中T产品的存货跌价准备为0，不符合实际，应当计提T产品的存货跌价准备。该风险主要与财务报表的存货项目有关，主要影响认定为存在、计价和分摊。

（三）观察和检查

在了解被审计单位及其环境的过程中，注册会计师运用观察和检查程序的作用，一方面，可以获取被审计单位及其环境的信息；另一方面，可以印证询问的结果，询问通常不单独使用。一般情况下，注册会计师实施的观察和检查程序包括：

（1）观察被审计单位的生产经营活动；

（2）检查文件、记录和内部控制手册；

（3）阅读由管理层和治理层编制的报告；

（4）实地察看被审计单位的生产经营场所和设备；

（5）追踪交易在财务报告信息系统中的处理过程（穿行测试）。

第二节　了解被审计单位及其环境

注册会计师应当从下列几个方面了解被审计单位及其环境：

（1）行业状况、法律环境与监管环境以及其他外部因素；

（2）被审计单位的性质；

（3）被审计单位对会计政策的选择和运用；

（4）被审计单位的目标、战略以及相关经营风险；

（5）被审计单位财务业绩的衡量和评价。

一、了解行业状况、法律环境与监管环境以及其他外部因素

（一）行业状况

注册会计师了解行业状况有助于识别与被审计单位所处行业有关的重大错报风险，被审计单位的行业状况可以间接反映其经营情况。注册会计师应当了解被审计单位的行业状况，主要包括：

（1）所处行业的市场供求与竞争关系，包括市场需求、生产能力和价格竞争；

（2）生产经营的季节性和周期性；

（3）产品生产技术；

（4）能源供应与成本；

（5）行业关键指标和统计数据。

案例分析

A公司竞争对手是B公司，注册会计师在了解过程中，发现B公司已经有了技术革新，生产的产品对A公司的产品产生重大冲击。A公司有一项无形资产，这项无形资产是生产旧产品的专利权。请分析将会存在什么重大错报风险。

【解析】一方面，有可能导致A公司产品跌价（存货的准确性、计价与分摊）；另一方面，这项无形资产是生产旧产品的专利权，那么应考虑该无形资产是否发生减值，注册会计师可以关注被审计单位是否对其计提减值准备（无形资产的准确性、计价与分摊）。

（二）法律环境与监管环境

由于某些法律法规或政策监管要求关系被审计单位生产经营活动的范围与开展、责任和义务、行业惯例和核算要求等，因此，注册会计师应当了解被审计单位所处的法律环境与监管环境，以识别重大错报风险。这部分内容主要包括：

（1）适用的会计原则、会计制度和行业特定惯例；

（2）对经营活动产生重大影响的法律、法规和监管要求；

（3）对被审计单位开展业务产生重大影响的政策，如税收政策；

（4）影响行业和被审计单位经营活动的环保要求。

（三）其他外部因素

注册会计师应当了解影响被审计单位的其他外部因素，主要包括宏观经济情况及趋势、利率和资金的可获得性、通货膨胀水平或币值变动、国际经济环境和汇率等。

案例分析

A注册会计师审计甲公司，该公司所在的国家失业率很高，需要大量辞退员工，请分析：被审计单位会存在什么重大错报风险？

【解析】甲公司需要大量辞退员工，那么该公司需要面临辞退福利和补偿金的问题，A注册会计师需要考虑应付职工薪酬中辞退福利是否足额计提、计提的辞退福利是否计入管理费用，应付职工薪酬、管理费用可能存在低估风险（应付职工薪酬的完整性，管理费用的完整性）。

二、了解被审计单位的性质

了解被审计单位的性质有助于注册会计师理解被审计单位财务报表反映的各项交易、账户余额和列报情况。注册会计师应当从以下六个方面了解被审计单位的性质，以识别重大错报风险。

（一）所有权结构

所有权结构是被审计单位产权安排的基础，决定其产权的具体分配。对被审计单位所有权结构的了解有助于注册会计师识别关联方关系并了解被审计单位的决策过程。同时，注册会计师可能需要对其控股母公司（股东）的情况进行进一步的了解，包括控股母公司的所有权性质、管理风格及其对被审计单位经营活动及财务报表可能产生的影响；控股母公司与被审计单位在资产、业务、人员、机构、财务等方面是否分开，是否存在占用资金等情况；控股母公司是否施加压力，要求被审计单位达到其设定的财务业绩目标。

（二）治理结构

治理结构是协调所有者（或股东）与其他利益相关者关系的一种机制。良好的治理结构可以对被审计单位的经营和财务运作实施有效的监督，从而降低财务报表发生重大错报的风险。注册会计师应当了解被审计单位的治理结构，以识别影响财务报表层次的重大错报风险。例如，董事会的构成情况、董事会内部是否有独立董事；治理结构中是否设有审计委员会或监事会及其运作情况；治理层能否独立于管理层对被审计单位事务（包括财务报告）作出客观判断。

（三）组织结构

组织结构是被审计单位开展活动的框架。复杂的组织结构可能导致某些特定的重大错报风险。注册会计师应当了解被审计单位的组织结构，考虑复杂组织结构可能导致的重大错报风险，包括财务报表合并、商誉摊销和减值、长期股权投资核算以及特殊目的实体核算等问题，以及财务报表是否已对这些问题作了充分披露。

（四）经营活动

了解被审计单位经营活动有助于注册会计师识别预期在财务报表中反映的主要交易类别、重要账户余额和列报。注册会计师应当了解被审计单位经营活动，主要了解：

（1）收入来源、产品或服务以及市场的性质；

（2）业务的开展情况（如生产阶段与生产方法，以及易受环境风险影响的活动）；

（3）联营、合营与外包情况；

（4）地区分布与行业细分；

（5）生产设施、仓库和办公室的地理位置，以及存货的存放地点和数量；

（6）关键客户及货物和服务的重要供应商，劳动用工安排（包括是否存在工会合同、退休金和其他退休福利、股票期权或激励性奖金安排，以及与劳动用工事项相关的政府法规）；

（7）研究与开发活动及其支出；

（8）关联方交易。

（五）投资活动

了解被审计单位投资活动有助于注册会计师关注被审计单位在经营策略和方向上的重大变化。注册会计师应当了解被审计单位的投资活动，主要了解：

（1）计划实施或近期已实施的并购或资产处置；

（2）证券与贷款的投资和处置；

（3）资本性投资活动；

（4）对未纳入合并范围的实体，包括合伙企业、合营企业和特殊目的实体的投资。

（六）筹资活动

了解被审计单位筹资活动有助于注册会计师评估被审计单位在融资方面的压力，并进一步考虑被审计单位在可预见未来的持续经营能力。注册会计师应当了解被审计单位的筹资活动，主要了解：

（1）主要子公司和联营企业；

（2）债务结构和相关条款，包括资产负债表外融资和租赁安排；

（3）实际受益方（无论实际受益方是国内的还是国外的，其商业声誉和经验可能对被审计单位产生影响）及关联方；

（4）衍生金融工具的使用。

三、了解被审计单位对会计政策的选择和运用

被审计单位应在国家规定的政策范围内合理地选择和运用会计政策。会计政策的选择和运用直接影响财务报表信息质量。重要的会计政策包括存货的计价方法、存货跌价准备的确定、收入的确认方法、投资的核算方法、合并报表的编制方法等。

除上述会计政策外，注册会计师还应当对被审计单位的下列与会计政策运用相关的情况予以关注。

1. 在新领域和缺乏权威性标准或共识的领域采用重要会计政策产生的影响

在新领域和缺乏权威性标准或共识的领域，注册会计师应当关注被审计单位选用了哪些会计政策，为什么选用这些会计政策，以及选用这些会计政策产生的影响。

2. 会计政策的变更

如果被审计单位变更了重要的会计政策，注册会计师应当考虑变更的原因及其适当性，即考虑：会计政策的变更是否是法律、行政法规或者适用的会计准则和相关会计制度要求的变更；会计政策变更是否能够提供更可靠、更相关的会计信息。除此之外，注册会计师还应当关注会计政策的变更是否得到充分披露。

3. 新颁布的财务报告准则、法律法规

注册会计师还应对被审计单位的下列与会计政策运用相关的情况予以关注：是否采用激进的会计政策、方法、估计和判断；财会人员是否拥有足够的运用会计准则的知识、经验和能力；是否拥有足够的资源支持会计政策的运用，如人力资源及培训、信息技术的采用、数据和信息的采集等。

四、了解被审计单位的目标、战略以及相关经营风险

被审计单位的目标是企业经营活动的指针。企业管理层或治理层一般会根据企业经营面临的外部环境和内部各种因素，制定合理可行的经营目标。战略是企业管理层为实现经营目标采用的总体层面的策略和方法。为了实现某一既定的经营目标，企业可能有多个可行战略。经营风险源于对被审计单位实现目标和战略产生不利影响的重大情况、事项、环境和行动，或源于不恰当的目标和战略。管理层有责任识别和应对这些风险。

注册会计师在了解可能导致财务报表出现重大错报风险的目标、战略及相关经营风险时，可以考虑以下事项。

（1）行业发展。例如，潜在的相关经营风险可能是被审计单位不具备足以应对行业变

化的人力资源和业务专长。

（2）开发新产品或提供新服务。例如，潜在的相关经营风险可能是被审计单位产品责任增加。

（3）业务扩张。例如，潜在的相关经营风险可能是被审计单位对市场需求的估计不准确。

（4）新的会计要求。例如，潜在的相关经营风险可能是被审计单位执行不当或不完整，或者会计处理成本增加。

（5）监管要求。例如，潜在的相关经营风险可能是被审计单位法律责任增加。

（6）本期及未来的融资条件。例如，潜在的相关经营风险可能是被审计单位由于无法满足融资条件而失去融资机会。

（7）信息技术的运用。例如，潜在的相关经营风险可能是被审计单位信息系统与业务流程难以融合。

（8）实施战略的影响，特别是由此产生的需要运用新的会计要求的影响。例如，潜在的相关经营风险可能是被审计单位执行新要求不当或不完整。

注册会计师了解被审计单位的经营风险有助于其识别财务报表重大错报风险，但并非所有的经营风险都与财务报表相关。注册会计师没有责任识别或评估对财务报表没有重大影响的经营风险。

五、了解被审计单位财务业绩的衡量和评价

被审计单位内部或外部对财务业绩的衡量和评价可能对管理层产生压力，促使其采取行动改善财务业绩或歪曲财务报表。因此，注册会计师应当了解被审计单位财务业绩的衡量和评价情况，考虑这种压力是否可能导致管理层采取行动，以致增加财务报表发生重大错报的风险。

在了解被审计单位财务业绩的衡量和评价情况时，注册会计师可以考虑的信息主要有：

（1）关键业绩指标（财务或非财务的）、关键比率、趋势和经营统计数据；

（2）同期财务业绩比较分析；

（3）预算、预测、差异分析，分部信息与分部、部门或其他不同层次的业绩报告；

（4）员工业绩考核与激励性报酬政策；

（5）被审计单位与竞争对手的业绩比较。

第三节　了解被审计单位的内部控制

一、内部控制

内部控制是被审计单位为了合理保证财务报告的可靠性、经营的效率和效果以及对法律法规的遵守，由治理层、管理层和其他人员设计和执行的政策和程序。设计和实施内部控制的责任主体是治理层、管理层和其他人员，组织中的每一个人都对内部控制负有

责任。

根据全美反舞弊性财务报告委员会发起组织（Committee of Sponsoring Organizations of the Treadway Commission，COSO）委员会发布的《内部控制——整体框架》，内部控制包括下列五个要素。

1. 控制环境

控制环境是指对建立、加强或削弱特定政策、程序及其效率产生影响的各种因素，包括治理职能和管理职能，以及治理层和管理层对内部控制及其重要性的态度、认识和措施。

2. 风险评估过程

一般情况下，被审计单位的风险评估过程应包括四个环节：识别与财务报告相关的经营风险、估计风险的重要性、评估风险发生的可能性、确定应对这些风险的措施。

3. 与财务报表相关的信息系统与沟通

与财务报告相关的信息系统由一系列用以生成、记录、处理和报告交易、事项和情况，以及为相关资产、负债和所有者权益明确受托经营管理责任的程序和记录组成。

4. 控制活动

控制活动是指有助于确保管理层的指令得到执行的政策和程序，包括授权、业绩评价、信息处理、实物控制和职责分离等相关活动。

5. 对控制的监督

对控制的监督是指被审计单位评价内部控制在一段时间内运行有效性的过程，涉及及时评估控制的有效性并采取必要的补救措施。

二、了解内部控制

注册会计师了解内部控制时，应考虑：①评价控制的设计是否合理；②确定内部控制是否得到执行。注册会计师在了解内部控制时只是了解与财务报表审计相关的内部控制，并非被审计单位所有的内部控制。

注册会计师应当了解与审计相关的内部控制以识别潜在错报的类型，考虑导致重大错报风险的因素，以及设计和实施进一步审计程序的性质、时间和范围。与审计相关的内部控制，包括被审计单位为实现财务报告可靠性目标设计和实施的控制。

1. 了解控制环境

在了解控制环境时，与控制环境相关的要素可能包括以下七个。

（1）对诚信和道德价值观的沟通与落实，这是影响控制的设计、执行和监督有效性的重要因素。

（2）对胜任能力的重视，包括管理层对特定工作胜任能力的考虑以及这些能力如何转化为必要的技能和知识。

（3）治理层的参与，与这方面相关的因素有：

1）治理层相对于管理层的独立性；

2）治理层的经验与品德；

3）治理层参与被审计单位经营的程度和收到的信息及其对经营活动的详细检查；

4）治理层采取措施的适当性，包括提出问题的难度和对问题的跟进程度，以及治理层与内部审计人员、注册会计师的互动。

（4）管理层的理念和经营风格，与这方面相关的因素有：

1）承担和管理经营风险的方法；

2）对财务报告的态度和措施；

3）对信息处理、会计职能及人员的态度。

（5）组织结构，即被审计单位为实现目标而计划、执行、控制及评价其活动的框架。

（6）职权与责任的分配，包括如何分配经营活动的职权与责任，如何建立报告关系和职权等级。

（7）人力资源政策与实务，包括与招聘、培训、考核、咨询、晋升、薪酬和补救措施等相关的政策与实务。

控制环境的某些要素对重大错报风险评估具有广泛影响。例如，被审计单位的控制意识在很大程度上受治理层影响，因为治理层的职责之一就是平衡管理层面临的与财务报告相关、源于市场需求或薪酬方案的压力。与治理层参与相关的控制环境的设计有效性受到下列事项的影响：①治理层相对于管理层的独立性及评价管理层措施的能力；②治理层是否了解被审计单位从事的交易；③治理层对财务报表是否按照适用的财务报告编制基础编制（包括财务报表的披露是否充分）进行评价的程度。

控制环境本身并不能防止或发现并纠正重大错报，然而，其可能影响注册会计师对其他控制（如对控制的监督和特定控制活动的运行）有效性的评价，进而影响注册会计师对重大错报风险的评估。

2. 了解被审计单位的风险评估过程

风险评估过程的作用是识别、评估和管理影响其经营目标实现能力的各种风险。被审计单位的风险评估过程包括识别与财务报告相关的经营风险，以及针对这些风险采取的措施。注册会计师应当了解被审计单位的风险评估过程。如果管理层有效地评估和应对了风险，那么，注册会计师就可以因为控制风险较低而少收集一些审计证据。

注册会计师应当询问管理层识别出的经营风险，并考虑这些风险是否可能导致重大错报。在审计过程中，如果识别出管理层未能识别的重大错报风险，注册会计师应当考虑被审计单位的风险评估过程为何没有识别出这些风险，以及评估过程是否适合具体环境。

3. 了解信息系统与沟通

信息系统与沟通是收集与交换被审计单位执行、管理和控制业务活动所需信息的过程，包括收集和提供信息（特别是为履行内部控制岗位职责所需的信息）给适当的人员，使之能够履行职责。信息系统与沟通的质量直接影响管理层对经营活动作出正确决策和编制可靠的财务报告的能力。注册会计师应当了解信息系统与沟通。

在了解与财务报告相关的信息系统时，注册会计师应当特别关注由于管理层凌驾于账户记录控制之上，或规避控制行为而产生的重大错报风险，并考虑被审计单位如何纠正不正确的交易处理。自动化程序和控制可能降低了发生无意错误的风险，但是并没有消除个人凌驾于控制之上的风险。

与财务报告相关的沟通包括使员工了解各自在与财务报告有关的内部控制方面的角色和职责、员工之间的工作联系，以及向适当级别的管理层报告例外事项的方式。

4. 了解控制活动

注册会计师应当了解控制活动，以适当评估认定层次的重大错报风险和针对评估的风险设计进一步的审计程序。

注册会计师应当了解与授权有关的控制活动，包括一般授权和特别授权。一般授权是指管理层制定的要求组织内部遵守的普遍适用于某类交易或活动的政策。特别授权是指管理层针对特定类别的交易或活动逐一设置的授权。

注册会计师应当了解与业绩评价有关的控制活动，主要包括被审计单位分析评价实际业绩与预算（或预测、业绩）的差异，综合分析财务数据与经营数据的内在关系，将内部数据与外部信息来源相比较，评价职能部门、分支机构或项目活动的业绩，以及对发现的异常差异或关系采取必要的调查与纠正措施。

注册会计师应当了解与信息处理有关的控制活动，包括信息技术一般控制和信息技术应用控制。信息技术一般控制是指与多个应用系统有关的政策和程序，有助于保证信息系统持续、恰当地运行（包括信息的完整性和数据的安全性），支持应用控制作用的有效发挥，通常包括数据中心和网络运行控制，系统软件的购置、修改及维护控制，接触或访问权限控制，应用系统的购置、开发及维护控制。信息技术应用控制是指主要在业务流程层次运行的人工或自动化程序，与用于生成、记录、处理、报告交易或其他财务数据的程序相关，通常包括检查数据计算的准确性，审核账户、试算平衡表，设置对输入数据和数字序号的自动检查，以及对例外报告进行人工干预。

注册会计师应当了解实物控制，主要包括了解对资产和记录采取的适当的安全保护措施、对访问计算机程序和数据文件设置的授权，以及定期盘点并将盘点记录与会计记录相核对。实物控制的效果影响资产的安全，从而对财务报表的可靠性及审计产生影响。

注册会计师应当了解职责分离，主要包括了解被审计单位如何将交易授权、交易记录以及资产保管等职责分配给不同员工，以防同一员工在履行多项职责时可能发生的舞弊或错误。

在了解控制活动时，注册会计师应当重点考虑一项控制活动单独或连同其他控制活动，是否能够防止、发现并纠正各类交易、账户余额、列报中存在的重大错报。注册会计师的工作主要是识别和了解针对重大错报可能发生领域的控制活动，注册会计师了解与每类重大交易、账户余额和披露及其认定相关的所有控制活动。所以，如果多项控制活动能够实现同一目标，那么注册会计师不必了解与该目标相关的每项控制活动。

在了解其他内部控制要素时，如果获取了控制活动是否存在的信息，注册会计师应当确定是否有必要进一步了解这些控制活动。

5. 了解对控制的监督

对控制的监督是指被审计单位评价内部控制在一段时间内运行有效性的过程，该过程包括及时评价控制的设计和运行，以及根据情况的变化采取必要的纠正措施。注册会计师应当了解被审计单位对与财务报告相关的内部控制的监督活动，并了解如何采取纠正措施。

注册会计师应当了解被审计单位对控制的持续监督活动和专门的评价活动。通常情况下，被审计单位会通过持续的监督活动和专门的评价活动或两者相结合，来实现对控制的监督。

如果在设计和实施进一步审计程序时拟利用被审计单位内部生成的信息，注册会计师应当考虑用以保证该信息完整性和准确性的控制可能与审计相关。如果用以保证经营效率、效果的控制以及对法律法规遵守的控制与实施审计程序时评价或使用的数据相关，注册会计师应当考虑这些控制可能与审计相关。例如，对于某些非财务数据（如生产统计数据）的控制，如果注册会计师在实施分析程序时使用这些数据，这些控制就可能与审计相关。

被审计单位通常有一些与审计无关的控制，注册会计师无须对其加以考虑。例如，被审计单位可能依靠某一复杂的自动控制系统提高经营活动的效率和效果（如航空公司用于维护航班时间表的自动控制系统），但这些控制通常与审计无关。

用以保护资产的内部控制可能包括与实现财务报告可靠性和经营效率、效果目标相关的控制。注册会计师在了解保护资产的内部控制各项要素时，可仅考虑其中与财务报告可靠性目标相关的控制。例如，保护存货安全的控制可能与审计相关，但在生产中防止材料浪费的控制通常就与审计不相关，只有所用材料的成本没有在财务报表中如实反映，才会影响财务报表的可靠性。

三、内部控制的人工和自动化

随着信息技术的广泛应用，大多数被审计单位在编制财务报告和经营过程中使用了信息技术。内部控制采用人工系统还是自动化系统，将影响交易的生成、记录、处理和报告的方式。人工系统和自动化系统使被审计单位内部控制的效率和效果有所差异。因此，在风险评估和风险应对中，注册会计师应当考虑内部控制的人工和自动化特征及其影响。

信息技术通常在下列方面提高被审计单位内部控制的效率和效果：①在处理大量的交易或数据时，一贯运用事先确定的业务规则，并进行复杂运算；②提高信息的及时性、可获得性及准确性；③有助于对信息的深入分析；④加强对被审计单位政策和程序执行情况的监督；⑤降低控制被规避的风险；⑥通过对操作系统、应用程序系统和数据库系统实施安全控制，提高不相容职务分离的有效性。

但是，自动化控制对内部控制产生特定风险有：①系统或程序未能正确处理数据，或处理了不正确的数据，或两种情况同时并存；②在未得到授权的情况下访问数据，可能导致数据的毁损或对数据不恰当的修改，包括记录未经授权或不存在的交易，或不正确地记录了交易；③信息技术人员可能获得超越其履行职责以外的数据访问权限，破坏了系统应有的职责分工；④未经授权改变主文档的数据；⑤未经授权改变系统或程序；⑥未能对系统或程序作出必要的修改；⑦不恰当的人为干预；⑧数据丢失的风险或不能访问所需要的数据。

内部控制的人工成分在处理下列需要主观判断或酌情处理的情形时可能更为适当：①存在大额、异常或偶发的交易；②存在难以定义、防范或预见的错误；③为应对情况的变化，需要对现有的自动化控制进行调整；④监督自动化控制的有效性。

但是，人工控制由于主观影响强，也会对内部控制产生特定风险，包括：①人工控制可能更容易被规避、忽视或凌驾；②人工控制可能不具有一贯性；③人工控制可能更容易产生简单错误或失误。

第四节　评估重大错报风险

在了解被审计单位及其环境的基础上，注册会计师在设计和实施审计测试前必须适当评估重大错报风险，而不能不评估重大错报风险就直接进行审计测试，也不能简单地直接将重大错报风险设定为最高水平，进而实施更广泛的实质性测试。

一、识别和评估重大错报风险的审计程序

（一）在识别和评估重大错报风险时，注册会计师应当实施的审计程序

1. 在了解被审计单位及其环境的整个过程中识别风险

注册会计师应当将识别的风险与各类交易、账户余额和列报相联系。例如，被审计单位因相关环境法规的实施需要更新设备，可能面临原有设备闲置或贬值的风险。

2. 将识别出的风险与认定层次可能发生错报的领域相联系

注册会计师应当将识别出的风险与认定层次可能发生错报的领域相联系。例如，销售困难使产品的市场价格下降，可能导致年末存货成本高于其可变现净值而需要计提存货跌价准备，这表示存货的计价认定可能发生错报。

3. 考虑识别的风险是否重大

风险是否重大是指风险导致后果的严重程度。注册会计师应当根据识别出的风险发生的可能性以及影响的严重性，评估其是否属于重大错报风险。例如，假如产品的市场价格大幅下降，导致产品销售收入不能抵偿成本，毛利率为负，那么年末存货跌价问题严重，存货计价认定发生错报的风险重大；假如市场价格下降的产品在被审计单位销售收入中所占比例很小，被审计单位其他产品销售毛利率很高，尽管该产品的毛利率为负，但可能不会使年末存货发生重大跌价问题。

4. 评估识别出的风险是否会导致财务报表发生重大错报

注册会计师需要考虑识别出的风险是否会导致财务报表发生重大错报。例如，考虑存货的账面余额是否重大、是否已适当计提存货跌价准备等。在某些情况下，尽管识别的风险重大，但仍不至于导致财务报表发生重大错报。

（二）可能表明被审计单位存在重大错报风险的事项和情况

注册会计师应当关注下列可能表明被审计单位存在重大错报险的事项和情况：

（1）在经济不稳定的国家或地区开展业务，如经济发生严重通货膨胀的国家或地区；

（2）在高度波动的市场开展业务；

（3）在严格、复杂的监管环境中开展业务；

（4）持续经营和资产流动性出现问题，如重要客户流失；

（5）融资能力受到限制；

（6）被审计单位所处的行业环境发生变化；

（7）供应链发生变化；

（8）开发新产品或提供新服务，或进入新的业务领域；

（9）开辟新的经营场所；

（10）被审计单位发生非经常性变化，如发生重大收购、重组或其他异常的事项；

（11）拟出售分支机构或业务分部；

（12）存在复杂的联营或合资企业；

（13）运用表外融资、特殊目的实体以及其他复杂的融资协议；

（14）从事重大的关联方交易；

（15）缺乏具备专业技能的财务人员；

（16）关键人员变动，如核心执行人员离职；

（17）内部控制薄弱，如管理层未处理的内部控制缺陷；

（18）管理层和员工编制虚假财务报告的动机；

（19）信息技术战略与经营战略不协调；

（20）信息技术环境发生变化；

（21）安装新的与财务报告有关的重大信息技术系统；

（22）经营活动或财务业绩受到监管机构或有关部门的调查；

（23）以往发生的错报或错误，或者在本期期末出现重大会计调整；

（24）发生重大非常规或非系统性交易，如公司间的交易和在期末发生大量收入的交易；

（25）按照管理层特定意图记录的交易；

（26）采用新的会计准则或会计制度；

（27）涉及复杂的会计计量；

（28）存在未决诉讼和或有负债，如售后质量保证、财务担保。

（三）关注两个层次的重大错报风险

在对重大错报风险进行识别和评估后，注册会计师应当确定识别的重大错报风险是与财务报表整体广泛相关，进而影响多项认定，还是与特定的某类交易、账户余额、列报的认定相关。

1. 财务报表层次重大错报风险

财务报表层次重大错报风险是指与财务报表整体广泛相关，进而影响多项认定的风险。例如，在经济不稳定的国家和地区开展业务、资产的流动性出现问题、重要客户流失、融资能力受到限制等，都可能导致注册会计师对被审计单位的持续经营能力产生重大疑虑。又如，管理层缺乏诚信或承受异常的压力可能引发舞弊风险，这些风险与财务报表整体相关。

2. 认定层次重大错报风险

认定层次重大错报风险是指与特定的某类交易、账户余额、列报的认定相关的风险。例如，被审计单位存在复杂的联营或合资，这一事项表明长期股权投资账户的认定可能存在重大错报风险。又如，被审计单位存在重大的关联方交易，该事项表明关联方及关联方交易的披露认定可能存在重大错报风险。

在评估重大错报风险时，注册会计师应当将所了解的控制与特定认定相联系。这是由于控制有助于防止或发现并纠正认定层次的重大错报。在评估重大错报发生的可能性时，除了考虑可能的风险外，还要考虑控制对风险的抵消和遏制作用。有效的控制会降低错报发生的可能性，而控制不当或缺乏控制，错报就会有可能变成现实。控制可能与某一认定直接相关，也可能与某一认定间接相关。关系越间接，控制对防止或发现并纠正认定错报的效果越薄弱。

（四）对内部控制的了解对财务报表可审计性的影响

财务报表层次的重大错报风险很可能源于薄弱的控制环境。薄弱的控制环境带来的风险可能对财务报表产生广泛影响，难以限于某类交易、账户余额和列报，注册会计师应当采取总体应对措施。

如果通过对内部控制的了解发现下列情况，并对财务报表局部或整体的可审计性产生疑问，注册会计师应当考虑出具保留意见或无法表示意见的审计报告：

（1）被审计单位会计记录的状况和可靠性存在重大问题，不能获取充分、适当的审计证据以发表无保留意见；

（2）对管理层的诚信存在严重疑虑，必要时，注册会计师应当考虑解除业务约定。

（五）对风险评估的修正

注册会计师对认定层次重大错报风险的评估应以获取的审计证据为基础，并可能随着不断获取的审计证据而进行相应的改变。因此，评估重大错报风险与了解被审计单位及其环境一样，也是一个连续和动态收集、更新与分析信息的过程，并贯穿于整个审计过程的始终。

例如，注册会计师对重大错报风险的评估可能基于预期控制运行有效这一判断，即相关控制可以防止或发现并纠正认定层次的重大错报。但在测试控制运行的有效性时，注册会计师获取的证据可能表明相关控制在被审计期间并未有效运行。同样，在实施实质性程序后，注册会计师可能发现错报的金额和频率比在风险评估时预计的金额和频率要高。因此，如果通过实施进一步审计程序获取的审计证据与初始评估重大错报风险时获取的审计证据相矛盾，注册会计师应当修正风险评估结果，并相应修改原计划实施的进一步审计程序。

二、需要特别考虑的重大错报风险

作为风险评估的一部分，注册会计师应当运用职业判断，确定识别的风险哪些是需要特别考虑的重大错报风险（以下简称特别风险）。

（一）特别风险的判定

在判断特别风险时，注册会计师不应考虑识别出的内部控制对相关风险的抵消效果。在确定风险的性质时，注册会计师应当至少考虑下列事项：

（1）风险是否属于舞弊风险；

（2）风险是否与近期经济环境、会计处理方法和其他方面的重大变化有关；

（3）交易的复杂程度；

（4）风险是否涉及重大的关联方交易；

（5）财务信息计量的主观程度，特别是计量结果是否具有高度不确定性；

（6）风险是否涉及异常或超出正常经营过程的重大交易。

一般来说，日常的、不复杂的、常规处理的交易不太可能产生特别风险，特别风险通常与重大的非常规交易和判断事项有关。非常规交易是指由于金额或性质异常而不经常发生的交易。判断事项通常包括作出的会计估计。

由于在非常规交易中，管理层更多地介入会计处理、数据收集和处理涉及更多的人工成分、复杂的计算或会计处理方法以及非常规交易的性质可能使被审计单位难以对由此产生的特别风险实施有效控制。所以，与重大的非常规交易相关的特别风险可能导致更高的重大错报风险。

同样，对于重大判断事项来说，一方面，对涉及会计估计、收入确认等方面的会计原则存在不同的理解；另一方面，所要求的判断可能是主观和复杂的，或需要对未来事项作出假设。所以，与重大判断事项相关的特别风险可能导致更高的重大错报风险。

（二）特别风险的处理

了解与特别风险相关的控制，有助于注册会计师制定有效的审计方案予以应对。对于特别风险，注册会计师应当评价相关控制的设计情况，并确定其是否已经得到执行。由于与重大的非常规交易或判断事项相关的风险很少受到日常控制的约束，所以，注册会计师应当了解被审计单位是否针对该特别风险设计和实施了有效控制。

如果管理层未能实施有效控制以恰当应对特别风险，注册会计师应当认为内部控制存在重大缺陷，并考虑其对风险评估的影响。在此情况下，注册会计师应当考虑就此类事项与管理层沟通。

本章小结

本章主要包括了四个方面的内容：第一，风险评估程序；第二，了解被审计单位及其环境；第三，了解被审计单位的内部控制；第四，评估重大错报风险。风险评估程序主要包括询问被审计单位管理层及内部相关人员、实施分析程序及观察和检查。了解被审计单位及其环境主要是应用风险评估程序了解被审计单位所在行业状况、法律环境与监管环境以及其他外部因素，被审计单位的性质，被审计单位对会计政策的选择和运用，被审计单位的目标、战略以及相关经营风险，被审计单位财务业绩的衡量和评价五个方面的内容。了解被审计单位的内部控制是从控制环境、风险评估过程、信息系统与沟通、控制活动、对控制的监督五个方面进行的。评估重大错报风险主要是在了解被审计单位及其环境的基础上，识别和评估财务报表层次和认定层次的重大错报风险。

思考与练习

一、单项选择题

1. 在实施风险评估时，注册会计师可以通过向相关人员询问来获得对被审计单位及其环境的了解。询问的人员不同，得到的帮助不同。下列说法中，不正确的是（　　）。

A. 询问治理层，有助于注册会计师理解财务报表编制的环境

B. 询问内部审计人员，有助于注册会计师了解其针对被审计单位内部控制设计和运

行有效性而实施的工作

C. 询问内部法律顾问，有助于注册会计师评估被审计单位选择和运用某项会计政策的适当性

D. 询问仓库人员，有助于注册会计师了解原材料、产成品等存货的进出、保管和盘点等情况

2. 注册会计师对被审计单位及其环境的了解，包括了解被审计单位所处的法律与监管环境。下列属于注册会计师应当了解的法律与监管环境内容的是（　　　）。

A. 与生产产品或提供劳务相关的市场信息

B. 适用的会计准则、会计制度和行业特定惯例

C. 生产设施、仓库的地理位置及办公地点

D. 从事电子商务的情况、研究与开发支出

3. 在了解被审计单位及其环境时，注册会计师应当了解被审计单位的性质。其中，有助于注册会计师发现被审计单位在经营策略和经营方向上的重大变化的，是对被审计单位（　　）方面的了解。

A. 所有权结构　　　　B. 筹资活动　　　　C. 经营活动　　　　D. 投资活动

4. 注册会计师在了解被审计单位及其环境时，应当了解被审计单位的目标、战略及相关经营风险。以下关于经营风险的说法中，不正确的是（　　　）。

A. 被审计单位识别和评估经营风险的过程是其内部控制的组成部分

B. 不恰当的经营目标或战略都可能导致经营风险

C. 如果经营目标和战略适当，一般不产生经营风险

D. 注册会计师没有责任识别或评估对财务报表没有影响的经营风险

5. 在实施风险评估程序时，注册会计师需要了解和评价的内部控制只是（　　　），并非被审计单位所有的内部控制。

A. 与财务报表审计相关的内部控制

B. 与重大错报相关的内部控制

C. 可以信赖的内部控制

D. 设计合理且执行有效的内部控制

二、多项选择题

1. 注册会计师在了解被审计单位及其环境时，应当了解被审计单位的性质，包括对其经营活动的了解。在了解被审计单位的经营活动时，应当了解的内容有（　　　）。

A. 主营业务的性质　　　　　　　　　　B. 从事电子商务的情况

C. 关键客户　　　　　　　　　　　　　D. 控股母公司的情况

2. 以下有关了解被审计单位经营风险的表述中，正确的有（　　　）。

A. 任何经营风险均与财务报表相关，注册会计师均应识别与评估

B. 注册会计师没有责任识别或评估对财务报表没有影响的经营风险

C. 一般而言，多数经营风险都会产生财务后果，从而影响财务报表

D. 注册会计师了解经营风险有助于识别财务报表的重大错报风险

3. 内部控制是被审计单位为了合理保证（　　　），由治理层、管理层和其他人员设计和执行的政策与程序。

A. 财务报告的可靠性　　　　　　　　　B. 不发生任何舞弊行为

C. 经营的效率和效果　　　　　　　　D. 对法律、法规的遵守

4. 在了解被审计单位内部控制时，注册会计师通常采用的风险评估程序有（　　　）。

A. 查阅内部控制手册

B. 追踪交易在财务报告信息系统中的处理过程

C. 重新执行某项控制

D. 现场观察某项控制的运行

5. 在了解被审计单位的控制环境时，注册会计师应当关注的内容有（　　　）。

A. 治理层相对于管理层的独立性　　　B. 管理层的理念和经营风格

C. 对诚信和道德价值观念的沟通与落实　D. 组织结构及职权与责任的分配

三、简答题

1. 简述风险评估程序的含义和风险评估程序。

2. 简述注册会计师了解被审计单位及其环境的五个方面。

3. 简述内部控制的定义、目标和构成要素。

4. 简述获取有关控制设计和执行的审计证据所实施的风险评估程序。

5. 简述在评估重大错报风险时注册会计师应当实施的审计程序。

第七章 风险应对

本章学习目标

1. 了解针对财务报表层次的重大错报风险实施的总体应对措施;
2. 理解针对认定层次的重大错报风险设计和实施的进一步审计程序;
3. 掌握控制测试的含义、性质、时间和范围;
4. 掌握实质性程序的内涵、性质、时间和范围。

案例导入

银广夏事件

银广夏集团全称是"广夏(银川)实业股份有限公司"。1994 年 6 月 17 日,广夏(银川)实业股份公司以"银广夏 A"的名字在深圳证券交易所上市。开始时公司的主要业务为软磁盘生产,然后便进入了全面多元投资的阶段。但银广夏集团业绩的奇迹性转折是从 1998 年开始的,这主要是天津广夏的"功劳"。

天津广夏是银广夏集团于 1994 年在天津成立的控股子公司,原名天津保洁制品有限公司。该公司在 1996 年从德国进口了一套由德国伍德公司生产的二氧化碳超临界萃取设备,从此以后三年间,银广夏连创超常业绩。1998 年,天津广夏接受的第一张来自德国诚信贸易公司购买萃取产品的销货订单,创造了 7 000 多万元的收入。对外公布 1999 年利润总额 1.58 亿元,其中天津广夏占 76%,每股盈利 0.51 元。2000 年,在股本扩大一倍的情况下,每股收益增长超过 60%。银广夏曾在证券行业业绩突出,在宁夏种草治沙,声誉很好,也产生了良好的效益,并且承担国家科技部重点科教攻关项目 800 多项。

2001 年 8 月,《财经》记者通过一年多的对"中国第一蓝筹股"的追踪调查,揭开了一个由高深的"萃取技术"和陌生的"德国客户"组成的造假故事:天津广夏 1999 年、2000 年获得"暴利"的萃取产品出口,纯属子虚乌有。整个事件纯属一场骗局。

遗憾的是,面对这样一家超级假公司,中天勤会计师事务所对其审计过程也存在重大瑕疵，例如：

（1）未能有效执行应收账款函证程序，将所有询证函交由公司发出，而并未要求公司债务人将回函直接寄至注册会计师处；

（2）对于无法执行函证程序的应收账款，审计人员在运用替代程序时，未取得海关报关单、运单、提单等外部证据，仅根据公司内部证据便确认公司应收账款；

（3）涉案注册会计师存在重大过失，未能发现或对外披露银广夏集团会计报表中的重大虚假问题；

（4）注册会计师未能保持职业谨慎，对审计证据的真伪未能给予应有关注等。

诸如注册会计师过度信赖被审计单位管理当局、未能很好保持职业谨慎、未能适当设计及执行审计程序、未能收集充分适当的审计证据、专业胜任能力不够、职业道德水平不高等，也会成为导致审计风险发生的直接原因。

（资料来源：张清阳. 从审计案例谈审计风险应对策略 [J]. 财会研究，2008（24）：65-66. ）

注册会计师在审计过程中贯彻风险导向审计的理念，围绕重大错报风险的识别、评估和应对，计划和实施审计工作。针对已评估的重大错报风险，注册会计师应确定总体应对措施，设计和实施进一步审计程序，以将审计风险降至可接受的水平。

第一节　针对财务报表层次的重大错报风险实施的总体应对措施

一、财务报表层次的重大错报风险的总体应对措施

针对评估的财务报表层次的重大错报风险，注册会计师应当确定下列总体应对措施。

（1）向项目组强调在收集和评价审计证据过程中保持职业怀疑态度的必要性。在整个审计过程中保持职业怀疑，对识别、评估和应对因舞弊导致的财务报表重大错报风险、保障审计质量至关重要。职业怀疑作为在执行审计业务时的一种态度，要求项目组采取质疑的思维方式，对可能表明由错误或舞弊导致的错报保持警觉，对审计证据进行审慎评价。

（2）分派更有经验或具有特殊技能的审计人员，或利用专家的工作。项目组成员中应有一定比例的人员参加过被审计单位以前年度的审计或具有相关审计经验。必要时，要考虑利用信息技术、税务、评估等方面的专家的工作。

（3）提供更多的督导。对于财务报表层次的重大错报风险较高的审计项目，项目组的高级别成员要对其他成员提供更详细、更频繁、更及时的指导和监督并加强项目质量复核。

（4）在选择拟实施的进一步审计程序时，应当注意使某些程序不被管理层预见或事先了解。

（5）对拟实施审计程序的性质、时间和范围进行总体修改。如果控制环境存在缺陷，那其带来的风险可能对财务报表产生广泛影响，难以限于某类交易账户余额列报。例如，在期末而非期中实施实质性程序，或修改审计程序的性质以获取更具说服力的审计

证据。

二、控制环境对财务报表层次的重大错报风险评估的影响

财务报表层次的重大错报风险很可能源于薄弱的控制环境。薄弱的控制环境带来的风险可能对财务报表产生广泛影响，难以限于某类交易、账户余额、列报。注册会计师对控制环境的了解影响其对财务报表层次的重大错报风险的评估。有效的控制环境可以使注册会计师增强对内部控制和被审计单位内部产生的审计证据的信赖程度。如果控制环境存在缺陷，注册会计师应当对拟实施审计程序的性质、时间和范围进行总体修改，并考虑以下事项。

（1）在期末而非期中实施更多的审计程序。控制环境的缺陷通常会削弱期中获得的审计证据的可信赖程度。

（2）主要依赖实质性程序获取审计证据。良好的控制环境是其他控制要素发挥作用的基础。控制环境存在缺陷通常会削弱其他控制要素的作用，导致注册会计师可能无法信赖内部控制，而主要依赖实施实质性程序获取审计证据。

（3）增加拟纳入审计范围的经营地点的数量，或扩大审计程序的范围，例如，扩大样本规模，或采用更详细的数据实施分析程序。

第二节　针对认定层次的重大错报风险设计和实施的进一步审计程序

注册会计师应当针对评估的认定层次的重大错报风险设计和实施进一步审计程序。

一、进一步审计程序的含义与要求

进一步审计程序是指注册会计师针对评估的各类交易、账户余额和披露认定层次的重大错报风险实施的审计程序，包括控制测试和实质性程序。

在设计进一步审计程序时，注册会计师应当考虑下列因素。

（1）风险的重要性。风险的重要性是指风险可能造成的后果的严重程度。风险的后果越严重，就越需要注册会计师关注和重视，越需要精心设计有针对性的进一步审计程序。

（2）重大错报发生的可能性。重大错报发生的可能性越大，同样越需要注册会计师精心设计进一步审计程序。

（3）涉及的各类交易、账户余额、列报的具体特征。不同的交易、账户余额、列报，产生的认定层次的重大错报风险也会存在差异，适用的审计程序也有差别，需要注册会计师区别对待，并设计有针对性的进一步审计程序予以应对。

（4）被审计单位采用的特定控制的性质。不同性质的控制（无论是人工控制还是自动化控制）对注册会计师设计进一步审计程序具有重要影响。

（5）注册会计师是否拟获取审计证据，以确定内部控制在防止或发现并纠正重大错报方面的有效性。如果注册会计师拟在风险评估中预期内部控制运行有效，则随后拟实施的进一步审计程序必须包括控制测试，且实质性程序自然会受到之前控制测试结果的影响。

注册会计师应当根据对认定层次的重大错报风险的评估结果，恰当选用实质性方案或

综合性方案。通常情况下，注册会计师出于成本效益的考虑可以采用综合性方案设计进一步审计程序，即将测试控制运行的有效性与实质性程序结合使用。但在某些情况下（如仅通过实质性程序无法应对的重大错报风险），注册会计师必须通过实施控制测试，才可能有效应对评估出的某一认定的重大错报风险；而在另一些情况下，如果注册会计师的风险评估程序未能识别出与认定相关的任何控制，或注册会计师认为控制测试很可能不符合成本效益原则，注册会计师可能认为仅实施实质性程序就是适当的。无论是哪一种方案，注册会计师都必须设计和实施实质性程序。

二、进一步审计程序的性质

进一步审计程序的性质是指进一步审计程序的目的和类型。进一步审计程序的目的包括通过实施控制测试以确定内部控制运行的有效性，通过实施实质性程序以发现认定层次的重大错报。进一步审计程序的类型包括检查、观察、询问、函证、重新计算、重新执行和分析程序。

注册会计师应当根据认定层次的重大错报风险的评估结果选择审计程序。评估的认定层次的重大错报风险越高，越需要高质量的审计证据来证明注册会计师的判断，对通过实质性程序获取的审计证据的相关性和可靠性的要求也就越高，从而可能影响进一步审计程序的类型及其综合运用。例如，当注册会计师判断某类交易协议的完整性存在更高的重大错报风险时，除了检查文件以外，注册会计师还可能决定向第三方询问或函证协议条款的完整性。

在确定拟实施的审计程序时，注册会计师应当考虑评估的认定层次的重大错报风险产生的原因，包括考虑各类交易、账户余额、列报的具体特征以及内部控制。例如，注册会计师可能判断某特定类别的交易固定风险较低，即在不存在相关控制的情况下发生重大错报的风险仍较低，此时，注册会计师可能认为仅实施实质性程序就可以获取充分、适当的审计证据，不需要再进行控制测试。但如果注册会计师认为某项交易只有存在特定的控制措施且控制措施有效的情况下重大错报风险才会降低，便应该实施综合性方案。

三、进一步审计程序的时间

进一步审计程序的时间，在某些情况下指的是审计程序的实施时间，在另一些情况下指的是获取的审计证据适用的期间或时点。

注册会计师可以选择在期中或期末实施控制测试或实质性程序。当重大错报风险较高时，注册会计师应当考虑在期末或接近期末实施实质性程序，或采用不通知的方式，或在管理层不能预见的时间实施审计程序。

在期中实施进一步审计程序的意义：可能有助于注册会计师在审计工作初期识别重大事项，并在管理层的协助下及时解决这些事项，或针对这些事项制定有效的实质性方案或综合性方案。如果注册会计师认为期中实施审计程序有助于其在审计工作初期识别并及时解决重大事项，以及针对这些事项制定有效的审计方案，那么，注册会计师也可以考虑将实施进一步审计程序的时间安排在期中。

在期中实施进一步审计程序可能产生的问题：首先，注册会计师在期中实施进一步审计程序往往难以仅凭此获取有关期中以前的充分、适当的审计证据。其次，即使注册会计师在期中实施的进一步审计程序能够获取有关期中以前的充分、适当的审计证据，但从期中到期末这段剩余时间也还往往会发生对所审计期间的财务报表认定产生重大影响的交易或事项；此外，被审计单位管理层也完全有可能在注册会计师于期中实施进一步审计程序之后对期中以前的相关会计记录做出调整甚至篡改，这些都会导致注册会计师在期中实施进一步审计程序所获取的审计证据已经发生了变化。因此，如果在期中实施了进一步审计程序，注册会计师还应当针对剩余期间获取审计证据。

影响注册会计师考虑在何时实施审计程序的其他相关因素包括控制环境、何时能得到相关信息、错报风险的性质、审计证据适用的期间或时点、编制财务报表的时间。例如，被审计单位在期末或接近期末发生了重大交易，或重大交易在期末尚未完成，那么只能在期末或期末以后实施审计程序。

四、进一步审计程序的范围

进一步审计程序的范围是指实施进一步审计程序的数量，包括抽取的样本量、对某项控制活动的观察次数等。

在确定进一步审计程序的范围时，注册会计师应当考虑下列因素。

（1）确定的重要性水平。确定的重要性水平越低，注册会计师实施进一步审计程序的范围也就越广。

（2）评估的重大错报风险。评估的重大错报风险越高，对拟获取审计证据的相关性、可靠性的要求越高，注册会计师实施的进一步审计程序的范围也就越广。

（3）计划获取的保证程度。计划获取的保证程度越高，对测试结果可靠性的要求越高，注册会计师实施的进一步审计程序的范围也就越广。

（4）计算机技术辅助对于审计效率的提升。在考虑确定进一步审计程序的范围时，为了提高进一步审计程序的效率，注册会计师可以使用计算机辅助审计技术对电子化的交易和账户文档进行更广泛的测试，包括从主要电子文档中选取交易样本，或按照某一特征对交易进行分类，或对总体而非样本进行测试。

一般来说，注册会计师使用恰当的抽样方法得出的结论是有效的。但如果存在下列情形，样本有可能不能代表总体的特征，而出现不可接受的风险：①从总体中选择的样本量过小；②选择的抽样方法对实现特定目标不适当；③未对发现的例外事项进行恰当的追查。因此，注册会计师需要慎重考虑抽样过程对审计范围是否能够有效实现审计目标的影响。

第三节　控制测试

一、控制测试的含义和要求

（一）控制测试的含义

控制测试指的是测试控制运行的有效性。控制测试与了解内部控制的目的是不同的。了解内部控制的目的有两个，即评价控制的设计与确定控制是否得到执行。而在控制测试中，注册会计师应从下列三个方面获取关于控制是否有效运行的审计证据：①控制在所审计期间的不同时点是如何运行的；②控制是否得到一贯执行；③控制由谁执行或以何种方式运行。

虽然控制测试与了解内部控制的目的不同，但是所采用的审计程序的类型是相同的。为评价控制设计和确定控制是否得到执行而实施某些风险评估程序并非专为控制测试而设计，但可能提供有关控制运行有效性的审计证据。注册会计师可以考虑在评价控制设计和获取其是否得到执行的审计证据的同时测试控制运行有效性，以提高审计效率；同时，注册会计师应当考虑这些审计证据是否足以实现控制测试的目的。

（二）控制测试的要求

控制测试并非在任何情况下都需要实施。当存在下列情形之一时，注册会计师应当实施控制测试：①在评估认定层次的重大错报风险时，预期控制的运行是有效的；②仅实施实质性程序不足以提供认定层次充分、适当的审计证据。

通过实施风险评估程序，注册会计师可能发现某项控制的设计是存在的，也是合理的，同时得到了有效执行。在这种情况下，出于成本效益的考虑，注册会计师可能预期，如果相关控制在不同时点都得到了一贯执行，那么与该项控制有关的财务报表认定发生重大错报的可能性就不会很大，也就不需要实施很多的实质性程序。为此，注册会计师可能会认为值得对相关控制在不同时点是否得到了一贯执行进行测试，即实施控制测试。

有时，对有些重大错报风险，注册会计师仅通过实质性程序无法予以应对，无法将认定层次的重大错报风险降至可接受的低水平。例如，在被审计单位对日常交易或与财务报表相关的其他数据（包括信息的生成、记录、处理、报告）采用高度自动化处理的情况下，审计证据可能仅以电子形式存在。此时，审计证据是否充分和适当通常取决于自动化信息系统相关控制的有效性。如果信息的生成、记录、处理和报告均通过电子格式进行而没有适当有效的控制，则生成不正确信息或信息被不恰当修改的可能性就会大大增加。例如，某企业通过高度自动化的系统确定采购品种和数量，生成采购订单，并通过系统中设定的收货确认和付款条件进行付款。除了系统中的相关信息以外，该企业没有其他有关订单和收货的记录。在这种情况下，如果认为仅通过实施实质性程序不能获取充分、适当的审计证据，则注册会计师必须实施控制测试，且这种测试已经不再是单纯出于成本效益的考虑，而是必须获取的一类审计证据。

二、控制测试的性质

（一）控制测试的性质的含义

控制测试的性质是指控制测试所使用的审计程序的类型及组合，通常包括询问、观察、检查、重新执行及穿行测试。

1. 询问

注册会计师可以向被审计单位适当员工询问，以获取与内部控制运行情况相关的信息。例如，询问信息系统管理人员有无未经授权接触计算机硬件和软件，向负责复核银行存款余额调节表的人员询问如何进行复核，包括复核的要点是什么、发现不符事项如何处理等。然而，仅通过询问不能为控制运行的有效性提供充分的证据，注册会计师通常需要印证被询问者的答复，如向其他人员询问和检查执行控制时所使用的报告、手册或其他文件等。因此，虽然询问是一种有效的手段，但必须和其他测试手段结合使用才能发挥其作用。在询问过程中，注册会计师应当保持职业怀疑态度。

2. 观察

观察是测试不留下书面记录的控制（如职责分离）的运行情况的有效方法，如观察存货盘点控制的执行情况。观察也可用于实物控制，如查看仓库门是否锁好、空白支票是否妥善保管。通常情况下，注册会计师通过观察直接获取的证据比间接获取的证据更可靠。但是，注册会计师还要考虑其所观察到的控制在他不在场时可能未被执行的情况。

3. 检查

对运行情况留有书面证据的控制，检查非常适用。书面说明、复核时留下的记号，或其他记录在偏差报告中的标志都可以被当作控制运行情况的证据，如检查销售发票是否有复核人员签字、检查销售发票是否附有客户订购单和出库单等。

4. 重新执行

通常只有当询问、观察和检查程序结合在一起仍无法获得充分的证据时，注册会计师才考虑通过重新执行来证实控制是否有效运行。例如，为了合理保证计价认定的准确性，被审计单位的一项控制是由复核人员核对销售发票上的价格与统一价格单上的价格是否一致。但是，要检查复核人员有没有认真执行核对，仅检查复核人员是在相关文件上签字是不够的，注册会计师还要自己选取一部分销售发票进行核对，这就是重新执行程序。如果需要进行大量的重新执行，注册会计师就要考虑通过实施控制测试以缩小实质性程序的范围。

5. 穿行测试

除了上述四类控制测试常用的审计程序以外，实施穿行测试也是一种重要的审计程序。

询问本身并不足以测试控制运行的有效性，注册会计师应当将询问与其他审计程序结合使用，以获取有关控制运行有效性的审计证据。观察提供的证据仅限于观察发生的时点，其本身也不足以测试控制运行的有效性。注册会计师将询问与检查或重新执行结合使用，通常能够比仅实施询问和观察获取更高的保证。

（二）确定控制测试的性质时的要求

1. 考虑特定控制的性质

注册会计师应当根据特定控制的性质选择所需要实施审计程序的类型。例如，某些控制可能存在反映控制运行有效性的文件记录。在这种情况下，注册会计师可以检查这些文件记录，以获取控制运行有效性的审计证据。某些控制可能不存在文件记录（如一项自动化的控制活动），或文件记录与能否证实控制运行有效性不相关，则注册会计师应当考虑实施询问和观察等其他审计程序或借助计算机辅助审计技术，以获取相关控制运行有效性的审计证据。

2. 注册会计师应考虑测试与认定直接相关和间接相关的控制

考虑测试与认定直接相关和间接相关的控制，以获取支持控制运行有效性的审计证据。例如，被审计单位可能针对超出信用额度的例外赊销交易设置报告和审核制度（与认定直接相关的控制）；在测试该项制度的运行有效性时，注册会计师不仅应当考虑审核的有效性，而且应当考虑与例外赊销交易设置报告中信息准确性有关的控制（与认定间接相关的控制）是否有效运行。

3. 如何对一项自动化的应用控制实施控制测试

对一项自动化的应用控制，由于信息技术处理过程的内在一贯性，注册会计师可以利用该项控制得以执行的审计证据和信息技术一般控制（特别是对系统变动的控制）运行有效性的审计证据，作为支持该项控制在相关期间运行有效性的重要审计证据。

三、控制测试的时间

（一）控制测试的时间的含义

控制测试的时间有两个含义：一是何时实施控制测试；二是针对的控制所适用的时间。注册会计师应当根据其实施控制测试的目的来确定控制测试的时间，并进一步确定拟信赖的时点或期间。如果其目的是测试某一时点控制运行的有效性，则应当获取关于特定时点运行有效性的证据；如果其目的是测试某一期间控制运行的有效性，其获取控制运行有效性的证据则应当是关于拟信赖的期间。

（二）考虑期中审计证据

注册会计师通常在期中（审计结束前的某段时间）实施控制测试，如果已获取有关控制在期中运行有效性的审计证据，并拟利用该证据，注册会计师应当实施下列审计程序。

1. 获取这些控制在剩余期间变化情况的审计证据

针对期中已获取过审计证据的控制，考察这些控制在剩余期间的变化情况。如果这些控制在剩余期间没有发生变化，注册会计师可能决定信赖期中获取的审计证据；如果这些控制在剩余期间发生了变化，注册会计师需要了解并测试控制的变化对期中审计证据的影响。

2. 确定针对剩余期间还需获取的补充审计证据

针对期中审计证据以外的、剩余期间的补充证据，注册会计师应当考虑下列因素。

（1）评估的认定层次的重大错报风险的重大程度。评估的重大错报风险对财务报表的影响越大，注册会计师需要获取的剩余期间的补充证据就越多。

（2）在期中测试的特定控制。例如，对自动化运行的控制，注册会计师更可能测试信息系统一般控制的运行有效性，以获取控制在剩余期间运行有效性的审计证据。

（3）在期中对有关控制运行有效性获取的审计证据的程度。如果注册会计师在期中对有关控制运行有效性获取的审计证据比较充分，可以考虑适当减少需要获取的剩余期间的补充证据。

（4）剩余期间的长度。剩余期间越长，注册会计师需要获取的剩余期间的补充证据就越多。

（5）在信赖控制的基础上拟缩小进一步实质性程序的范围。注册会计师对相关控制的信赖程度越高，通常在信赖控制的基础上拟缩小进一步实质性程序的范围就越大，在这种情况下，注册会计师需要获取的剩余期间的补充证据就越多。

（6）控制环境。在注册会计师总体上拟信赖控制的前提下，控制环境越薄弱，注册会计师要获取的剩余期间的补充证据就越多。

3. 考虑以前审计获取的审计证据

注册会计师在考虑以前审计获取的有关控制运行有效性的审计证据时，主要考虑拟信赖的以前审计中测试的控制在本期是否发生变化。如果控制在本期发生变化，注册会计师应当考虑以前审计获取的有关控制运行有效性的审计证据是否与本期审计相关。如果拟信赖的控制自上次测试后已发生变化，注册会计师应当在本期审计中测试这些控制的运行有效性。如果拟信赖的控制自上次测试后未发生变化，且不属于旨在减轻特别风险的控制，注册会计师应当运用职业判断确定是否在本期审计中测试其运行有效性，以及本次测试与上次测试的时间间隔，但每三年至少对控制测试一次，即两次测试的时间间隔不得超过两年。值得注意的是，如果确定评估的认定层次的重大错报风险是特别风险，并拟信赖旨在减轻特别风险的控制，注册会计师不应依赖以前审计获取的审计证据，而应在本期审计中测试这些控制的运行有效性。

四、控制测试的范围

控制测试的范围主要是指某项控制活动的测试次数。注册会计师应当设计控制测试，以获取控制在整个拟信赖期间有效运行的充分、适当的审计证据。

在确定某项控制的测试范围时，注册会计师通常考虑下列因素。

（1）在整个拟信赖的期间，被审计单位执行控制的频率。控制测试的频率越高，控制测试的范围越大。

（2）在所审计期间，注册会计师拟信赖控制运行有效性的时间长度。拟信赖控制运行有效性的时间长度不同，在该时间长度内发生的控制活动也就不同。注册会计师需要根据拟信赖控制运行有效性的时间长度确定控制测试的范围。拟信赖的期间越长，控制测试的范围越大。

（3）为证实控制能够防止或发现并纠正认定层次的重大错报，所需获取的相关性和可靠性要求越高，控制测试的范围也就越大。

（4）通过测试与认定相关的其他控制获取的审计证据的范围。针对同一认定，可能存在不同的控制。当针对其他控制获取审计证据的充分性和适当性较高时，测试该控制的范围可适当缩小。

（5）在风险评估时拟信赖控制运行有效性的程度。注册会计师在风险评估时对拟信赖控制运行有效性的程度越高，需要实施控制测试的范围越大。

（6）控制的预期偏差。预期偏差可以用控制未得到执行的预期次数占控制应当得到执行次数的比率加以衡量。考虑该因素是因为，在考虑测试结果是否可以得出控制运行有效性的结论时，不可能只要出现任何控制执行偏差就认定控制运行无效，所以需要确定一个合理水平的预期偏差率。控制的预期偏差率越高，需要实施控制测试的范围越大。如果控制的预期偏差率过高，注册会计师应当考虑控制可能不足以将认定层次的重大错报风险降至可接受的低水平，从而针对某一认定实施的控制测试是无效的。

案例分析

R 会计师事务所负责审计 H 公司 2019 年度财务报表，A 注册会计师担任项目合伙人，审计工作底稿中与内部控制相关部分的内容摘录如下。

（1）A 注册会计师在了解与费用完整性认定相关的内部控制后，将控制风险评估为高，拟不测试其运行有效性，直接实施细节测试。

（2）H 公司 2019 年起涉足互联网金融业务。A 注册会计师了解了相关内部控制，认为其设计有效并得到执行，故这类交易不存在特别风险，拟实施控制测试和实质性分析程序。

（3）H 公司与原材料采购批准相关的控制每日运行数次，审计项目组确定样本规模为 25 个，考虑到该控制自 2019 年 7 月 1 日起发生重大变化，审计项目组从上半年和下半年的交易中分别选取 12 个和 13 个样本实施控制测试。

（4）审计项目组拟信赖与固定资产折旧集体相关的自动化应用控制，因该控制在2018 年度审计中测试结果为满意，且在 2019 年度未发生变化，审计项目组仅对信息技术一般控制实施测试。

（5）H 公司下属 X 分厂 2019 年度处于新厂建设期，无经营活动，A 注册会计师拟仅了解生产和销售以外的其他内部控制。

要求：针对上述第（1）至（5）项，逐项指出 A 注册会计师的做法是否存在不当之处。如果存在，简要说明理由。

【解析】（1）恰当。

（2）不恰当。在考虑是否存在特别风险时，不应考虑识别出的控制对相关风险的抵消效果。

（3）不恰当。因为控制发生重大变化，应当针对变化前后分别测试。

（4）恰当。

（5）恰当。

第四节　实质性程序

一、实质性程序的内涵

实质性程序是指用于发现认定层次的重大错报的审计程序，包括对各类交易、账户余额、列报的具体细节测试以及实质性分析程序。注册会计师应当针对评估的重大错报风险设计和实施实质性程序，以发现认定层次的重大错报。例如，如果认为管理面临实现盈利指标的压力而可能提前确认收入，那么注册会计师在设计询证函时不仅应当考虑函证应收账款的账户余额，还应当考虑函证销售协议的具体条款（如交货、结算和退款条款），还可考虑在实施函证的基础上询问被审计单位的非财务人员有关销售协议及其变动情况。

注册会计师对重大错报风险的评估是一种判断，可能无法充分识别所有的重大错报风险，并且内部控制存在固有的局限性。因此，无论评估的重大错报风险结果如何，注册会计师都应当针对所有重大的各类交易、账户余额、列报实施实质性程序。

二、实质性程序的性质

实质性程序的性质是指实质性程序的类型及其组合。实质性程序的两种基本类型包括细节测试和实质性分析程序。

1. 细节测试

细节测试是对各类交易、账户余额、列报的具体细节进行测试，目的在于直接识别财务报表认定是否存在错报。细节测试适用于对各类交易、账户余额、披露认定的测试，尤其是对存在或发生、计价认定的测试。在设计细节测试时，注册会计师需要考虑风险和认定的性质。例如，针对存在或发生认定，细节测试应选择已经包含在财务报表金额中的项目，并获取相关审计证据；而针对完整性认定，细节测试则需要选择应该包含在财务报表金额中的项目，并调查这些项目是否确实包含在内。

2. 实质性分析程序

实质性分析程序从技术特征上看仍然属于分析程序，主要是通过研究数据间的关系来评价信息，即用以识别各类交易、账户余额、列报及相关认定是否存在错报。实质性分析程序适用于在一段时期内存在可预期关系的大量交易。注册会计师在设计实质性分析程序时，应当考虑的因素包括：

（1）对特定认定使用实质性分析程序的适当性；

（2）对已记录的金额或比率作出预期时，所依据的内部或外部数据的可靠性；

（3）作出预期的准确程度是否足以在计划的保证水平上识别重大错报；

（4）已记录金额与预期值之间可接受的差异额。

注册会计师应当根据各类交易、账户余额、列报的性质选择实质性的类型。细节测试和实质性分析程序的目的和技术手段存在一定差异。细节测试适用于对各类交易、账户余额、列报认定的测试，尤其是对存在或发生、计价认定的测试；对在一段时期内存在可预期关系的大量交易，注册会计师可以考虑实施实质性分析程序。

三、实质性程序的时间

实质性程序的时间选择同样面临对期中实施实质性程序的考虑和对以前审计获取的审计证据的考虑。对以前审计中通过实质性程序获取的审计证据，则采取了更加审慎的态度和更严格的限制。

（一）期中实施实质性程序的考虑

在期中实施实质性程序，一方面消耗了审计资源，另一方面获取的审计证据不能直接作为期末财务报表认定的审计证据，注册会计师仍需要消耗进一步的审计资源使期中审计证据能够合理延伸至期末。因此，注册会计师需要权衡这两部分审计资源总和是否能够显著小于完全在期末实施实质性程序所需消耗的审计资源。

确定是否在期中实施实质性程序，注册会计师应当考虑下列因素。

（1）控制环境。控制环境越薄弱，注册会计师越不宜依赖期中实施的实质性程序。

（2）实施审计程序所需信息在期中之后的可获得性。如果实施实质性程序所需信息在期中之后可能难以获取，注册会计师应考虑在期中实施实质性程序；但如果实施实质性程序所需信息在期中之后的可获得性并不存在明显困难，该因素不应成为注册会计师在期中实施实质性程序的重要影响因素。

（3）实质性程序的目标。如果针对某项认定实施实质性程序的目标包括获取该认定的期中审计证据，注册会计师应在期中实施实质性程序。

（4）评估的重大错报风险。注册会计师评估的某项认定的重大错报风险越高，针对该认定所需获取的审计证据的相关性和可靠性要求也就越高，注册会计师越应当考虑将实质性程序集中于期末（或接近期末）实施。

（5）各类交易或账户余额以及相关认定的性质。例如，某些交易或账户余额以及相关认定的特殊性质（如收入截止认定、未决诉讼）决定了注册会计师必须在期末（或接近期末）实施实质性程序。

（6）针对剩余期间，能否通过实施实质性程序或将实质性程序与控制测试相结合，以降低期末存在错报而未被发现的风险。如果针对剩余期间，注册会计师可以通过实施实质性程序或将实质性程序与控制测试相结合，较有把握地降低期末存在错报而未被发现的风险，注册会计师可以考虑在期中实施实质性程序；但如果针对剩余期间，注册会计师认为还需要消耗大量审计资源才有可能降低期末存在错报而未被发现的风险，甚至没有把握通过适当的进一步审计程序降低期末存在错报而未被发现的风险，注册会计师就不宜在期中实施实质性程序。

如果已在期中实施了实质性程序，或将控制测试与实质性程序相结合，并拟信赖期中测试得出的结论，注册会计师应当将期末信息和期中的可比信息进行比较、调节，识别和调查出现的异常金额，并针对剩余期间实施实质性分析程序或细节测试。如果在期中检查出某类交易或账户余额存在错报，注册会计师应当考虑修改与该类交易或账户余额相关的风险评估以及针对剩余期间拟实施实质性程序的性质、时间和范围，或考虑在期末扩大实质性程序的范围或重新实施实质性程序。

（二）以前审计获取的审计证据的考虑

在以前审计中实施实质性程序获取的审计证据，通常对本期只有很弱的证据效力或没有证据效力，不足以应对本期的重大错报风险。只有当以前获取的审计证据及其相关事项未发生重大变动时（例如，以前审计通过实质性程序测试的某项诉讼在本期没有任何实质性进展），以前获取的审计证据才可能用作本期的有效审计证据。但是，如果拟利用以前审计中实施实质性程序获取的审计证据，注册会计师应当在本期实施审计程序，以确定这些审计证据是否具有持续相关性。

四、实质性程序的范围

在确定实质性程序的范围时，注册会计师应当考虑评估的认定层次的重大错报风险和实施控制测试的结果。注册会计师评估的认定层次的重大错报风险越高，需要实施实质性程序的范围越广。如果对控制测试结果不满意，注册会计师应当考虑扩大实质性程序的范围。

在设计细节测试时，注册会计师除了从样本量的角度考虑测试范围外，还要考虑选样方法的有效性等因素。例如，从总体中选取大额或异常项目，而不是进行代表性抽样或分层抽样。

实质性程序的范围有两层含义。第一层含义是对什么层次上的数据进行分析。注册会计师可以选择在高度汇总的财务数据层次进行分析，也可以根据重大错报风险的性质和水平调整分析层次。例如，按照不同产品线、不同季节或月份、不同经营地点或存货存放地点等实施实质性程序。第二层含义是需要对什么幅度或性质的偏差展开进一步调查。实施实质性程序可能发现偏差，但并非所有的偏差都值得展开进一步调查。可容忍或可接受的偏差（即预期偏差）越大，作为实质性程序一部分的进一步调查的范围就越小。于是，确定适当的预期偏差幅度同样属于实质性程序的范畴。因此，在设计实质性程序时，注册会计师应当确定已记录金额与预期值之间可接受的差异额。在确定该差异额时，注册会计师主要应当考虑各类交易、账户余额、列报及相关认定的重要性和计划的保证水平。

本章小结

本章主要对风险评估的后续应对措施进行了介绍。风险评估程序的目的为充分识别和评估财务报表的重大错报风险；识别重大错报风险有两个层次——财务报表层次与认定层次；注册会计师针对财务报表层次的重大错报风险的应对为总体应对措施，针对认定层次的重大错报风险的应对为进一步审计程序。进一步审计程序包括控制测试和实质性程序。在风险应对中，注册会计师应该做的工作包括：确定进一步审计程序的总体方案，设计控制测试和实质性程序；评价列报的适当性，评价审计证据的充分性和适当性。

思考与练习

一、单项选择题

1. 注册会计师应当针对评估的财务报表层次的重大错报风险确定总体应对措施，这类措施不包括（　　）。

A. 向项目组强调在收集和评价审计证据中保持职业怀疑态度的必要性

B. 分派更有经验或具有特殊技能的审计人员，或利用专家的工作

C. 项目组的高级别人员向其他成员提供更多的督导并加强项目质量复核

D. 在选择进一步审计程序时，应加强与被审计单位管理层的沟通

2. 若评估的重大错报风险较高，则在确定进一步审计程序的时间时，注册会计师应当考虑（　　）。

A. 在期末或接近期末实施实质性程序

B. 在期末或接近期末实施控制测试

C. 在管理层不能预见的时间实施审计程序

D. A 或 C

3. 注册会计师实施控制测试以确定控制运行的有效性与确定控制是否得到执行所需获取的审计证据是不同的。在实施风险评估程序以确定某项控制是否得到执行时，注册会计师主要应当获取（　　）方面的证据。

A. 控制在所审计期间的不同时点如何运行

B. 控制是否得到一贯执行以及由谁执行

C. 控制是否存在，是否正在使用

D. 控制以何种方式运行

4. 在测试控制运行的有效性时，注册会计师需要（　　）。

A. 抽取足够数量的交易进行检查或观察某几个时点

B. 抽取少量的交易进行检查或观察某几个时点

C. 抽取足够数量的交易进行检查或对多个不同时点进行观察

D. 抽取少量的交易进行检查或对多个不同时点进行观察

5. 下列审计程序中，专供注册会计师实施控制测试的审计程序是（　　）。

A. 重新计算　　　　B. 检查有形资产　　　C. 函证　　　　D. 重新执行

二、多项选择题

1. 财务报表层次的重大错报风险很可能源于薄弱的控制环境。如果控制环境存在缺陷，注册会计师对拟实施审计程序的性质、时间和范围做出总体修改时，应当考虑（　　）。

A. 在期末而非期中实施更多的审计程序

B. 主要依赖实质性程序获取审计证据

C. 修改审计程序的性质，获取更具说服力的审计证据

D. 扩大审计程序的范围

2. 进一步审计程序的性质是指进一步审计程序的目的和类型。其中，进一步审计程序的类型包括（　　）。

A. 用以确定内部控制运行有效性的控制测试

B. 用以发现认定层次的重大错报的实质性程序

C. 检查、观察、询问、函证、分析程序

D. 重新计算、重新执行

3. 在确定进一步审计程序的范围时，注册会计师应当考虑的主要因素有（　　）。

A. 审计程序与特定风险的相关性　　　　B. 评估的重大错报风险

C. 计划获取的保证程度　　　　　　　　D. 确定的重要性水平

4. 下列与控制测试有关的表述中，正确的有（　　）。

A. 如果控制设计不合理、不能防止或发现和纠正认定层次的重大错报，则不必实施控制测试

B. 如果评估认定层次的重大错报风险时预期控制的运行是有效的，则应当实施控制测试

C. 如果仅实施实质性程序不足以提供认定层次充分适当的证据，则应当实施控制测试

D. 对拟信赖针对特别风险的控制，所有关于该控制运行有效性的审计证据必须来自当年的控制测试

5. 在确定控制测试的范围时，注册会计师通常考虑的因素有（　　）。

A. 在所审计期间，拟信赖控制运行有效性的时间长度

B. 在风险评估时拟信赖控制运行有效性的程度

C. 控制的预期偏差

D. 在整个拟信赖的期间，被审计单位执行控制的频率

三、简答题

1. 简述注册会计师针对评估的财务报表层次的重大错报风险确定的总体应对措施。

2. 简述在设计进一步审计程序时注册会计师应当考虑的因素。

3. 简述实施控制测试所采用的审计程序。

4. 简述注册会计师在确定某项控制的测试范围时应当考虑的因素。

5. 简述细节测试和实质性分析程序的适用性。

第八章 审计证据和审计工作底稿

🔔 **本章学习目标**

1. 了解审计证据的含义和种类；
2. 掌握获取审计证据的收集程序；
3. 了解审计工作底稿的编制及复核与归档。

案例导入

ZTY 会计师事务所对山东 ST 集团股份有限公司的审计失败案例

经中国证券监督管理委员会调查，2013 年度至 2017 年度，山东 ST 集团股份有限公司（以下简称 ST 集团）以山东 ST 钢帘线有限公司（以下简称 ST 钢帘线）、山东 ST 化工有限公司（以下简称 ST 化工）、山东 ST 光学材料科技有限公司（以下简称 ST 光科）三家子公司为造假实体，通过复制真实账套后增加虚假记账凭证生成虚假账套、虚构购销业务等方式实施财务造假，虚增主营业务收入金额共计 615.40 亿元；由虚增主营业务收入扣除虚增主营业务成本、税金及附加，ST 集团虚增利润总额 113.00 亿元。ST 集团将虚假账套数据提供给审计机构。

此外，ST 集团在审计机构 ZTY 出具 2016 年度、2017 年度的审计报告后，直接修改经审计后的 ST 集团合并会计报表，在修改后的财务报表上加盖虚假的 ZTY 印章后将报表对外披露。通过该方式，ST 集团 2016 年度虚增利润总额 4.41 亿元，2017 年度虚增利润总额 1.70 亿元。

在审计过程中，ZTY 对 ST 集团 2013 年度至 2017 年度财务报表审计时未勤勉尽责。ST 化工为 ST 集团重要组成部分，ZTY 未按照审计程序实地察看被审计单位主要生产经营场所，未发现 ST 化工实际已处于停产状态。ST 化工构成 ST 集团合并报表重要组成部分。在 2013 年度至 2017 年度审计期间，ZTY 未执行"实地察看被审计单位主要生产经营场所"的审计程序，未能发现 ST 化工处于停产状态，进而未发现 ST 化工虚构销售和采购的事实。ZTY 上述行为无法实现风险评估的审计目的，不符合《中国注册会计师审计准则第 1211 号——通过了解被审计单位及其环境识别和评估重大错报风险》第九条、《中国注册会计师审计准则第 1301 号——审计证据》第十条的规定。ST 钢帘线 2013 年度至 2017 年度前五大供应商集中且与 ST 化工前五大供应商存在重合，均有东营市 HT 国际贸易有限公司（以下简称 HT 贸易）、上海 YF 商贸有限公司（以下简称上海 YF）、青岛 BRQ 商贸有限公司（以下简称青岛 BRQ）。并且供应商中 HT 贸易、上海 YF 在 2015 年度至 2017 年度同时为 ST 钢帘线的客户且发生额较大，三个年度以 HT 贸易为客户共发生主营业务收入 20.46 亿元、以上海 YF 为客户共发生主营业务收入 21.96 亿元。依据上述三家公司与 ST 钢帘线、ST 化工的业务往来规模，审计过程中 ZTY 应当获取上述三家公司的工商信息却未获取，并将有关函证交由被审计对象发送，其实施的审计程序不足以对三家公司与 ST 集团之间的交易不存在重大错报风险予以合理保证。ZTY 上述行为不符合《中国注册会计师审计准则第 1101 号——注册会计师的总体目标和审计工作的基本要求》第二十八条、《中国注册会计师审计准则第 1141 号——财务报表审计中与舞弊相关的责任》第二十三条的规定。

（资料来源：中国证监会网站）

审计的整个工作过程，就是收集审计证据，并根据审计证据形成审计结论和审计意见的过程。因此，收集、鉴定和综合审计证据，是审计工作的核心。审计工作底稿则是审计过程和结果的书面证明，也是汇集审计证据和编写审计报告的依据。

第一节　审计证据

一、审计证据的含义和特征

（一）审计证据的含义

审计证据是审计人员为了得出审计结论、形成审计意见而使用的所有信息，包括财务报表依据的审计记录中含有的信息和其他信息。

审计证据是审计理论的一个重要组成部分，它是指审计人员在审计过程中，取得的可为自己对被审计单位的评价和审计结论提供证明的一系列事实凭据和资料。审计人员对被审计单位的财务报表及其反映的经济活动所做的分析、判断和评价，不仅要依靠各种审计依据，而且必须依靠一定的事实凭据，这种证据来源于公司经济行为本身，反映公司经济活动的客观事实。

审计人员实施审计工作的最终目的是根据充分、适当的审计证据对被审计单位所负的受托经济责任发表意见。而审计人员发表的意见要令人信服，必须有充分、适当的证据作为根据。从一定意义上讲，审计证据是审计成败的关键。因为没有证据就没有发言权，审计意见也就无从谈起，所以，实施审计的过程实质上就是收集和评价审计证据的过程。审计人员运用适当的审计程序，采用各种审计方法，无非都是围绕着收集审计证据这一目的进行的。通过审计证据的收集和评价以证明被审计单位财务报表的合法性和公允性，证明经济活动的合理性和效益性，并证明审计人员所作结论和所提意见的正确性。总之，审计证据是做好审计工作，合理提出审计报告，达到审计目标的重要条件。

（二）审计证据的特性

审计人员对被审计单位所作出的评价和所提出的审计结论是否客观、公正，取决于是否取得具有说服力的充分的审计证据。可见，为了正确评价被审计单位的受托经济责任，审计人员必须注重审计证据，这是审计人员的重要职责。能够作为审计证据的，必须具有以下特性。

1. 审计证据的充分性

审计证据的充分性是对审计证据数量的衡量，主要与注册会计师确定的样本量有关。影响审计证据充分性的因素有以下几点。

（1）错报风险。一般而言，错报风险越大，需要的审计证据可能越多。具体来说，在可接受的审计风险水平一定的情况下，重大错报风险越大，注册会计师就应实施越多的测试工作，将检查风险降至可接受水平，以将审计风险控制在可接受的低水平范围内。

（2）审计证据质量。审计证据质量越高，需要的审计证据可能越少。但是，如果审计证据的质量存在缺陷，注册会计师仅靠获取更多的审计证据可能无法弥补其质量上的缺陷。

（3）具体审计项目的重要程度。对于重要的审计项目，注册会计师应获取足够的审计证据以支持其审计结论或审计意见。对于不太重要的审计项目，注册会计师可适当减少审计证据的数量。

（4）审计经验。丰富的审计经验，可使注册会计师及其助理从较少的审计证据中判断出被审计单位是否存在错弊行为，相对来说，就可减少对审计证据数量的依赖程度；相反，缺乏审计经验，注册会计师只能通过大量审计证据方能作出判断，因而需增加审计证据的数量。

（5）成本—效益原则。审计工作应遵循成本—效益原则。注册会计师的目标在于以尽可能低的总成本，收集到适当充分的证据，以支持审计意见。如果注册会计师增加时间和成本之后，却未带来相应的效益，就应考虑采取其他的替代程序来收集审计证据。当然，替代程序的执行应足以使注册会计师作出合理判断。但是，注册会计师不应将获取审计证据的成本高低和难易程度作为减少不可替代的审计程序的理由。

2. 审计证据的适当性

审计证据的适当性是对审计证据质量的衡量，即审计证据在支持各类交易、账户余额、列报（包括披露）的相关认定，或发现存在错报等方面具有相关性和可靠性。

（1）审计证据的相关性。审计证据的相关性是指审计证据要符合审计目标的客观要求，即与审计目标相关。审计证据与审计目标是否相关必须结合具体审计目标来考虑。在确定审计证据的相关性时，注册会计师应当考虑以下几点：①特定的审计程序可能只为某些认定提供相关的审计证据，而与其他认定无关；②针对同一项认定可以从不同来源获取审计证据或获取不同性质的审计证据；③只与特定认定相关的审计证据并不能替代与其他认定相关的审计证据，例如，存货监盘结果只能证明存货是否存在、是否有毁损或短缺，而不能证明存货的计价和所有权的情况。

（2）审计证据的可靠性。审计证据的可靠性是指证据的可信赖程度。审计证据的可靠性受其来源和性质的影响，并取决于获取审计证据的具体环境。注册会计师在判断审计证据的可靠性时，通常会考虑下列原则：①从外部独立来源获取的审计证据比从其他来源获取的审计证据更可靠；②内部控制有效时内部生成的审计证据，比内部控制薄弱时内部生成的审计证据更可靠；③直接获取的审计证据比间接获取或推论得出的审计证据更可靠；④以文件、记录形式（无论是纸质、电子文档或其他介质）存在的审计证据比口头形式的审计证据更可靠；⑤从原件获取的审计证据比从传真件或复印件获取的审计证据更可靠。

审计工作通常不涉及鉴定文件记录的真伪，注册会计师也不是鉴定文件记录真伪的专家，但应当考虑用作审计证据的信息的可靠性，并考虑与这些信息生成和维护有关的控制的相关性。

如果在审计过程中识别出的情况使其认为文件记录可能是伪造的或文件记录中的某些条款已发生变动，注册会计师应当做进一步调查，包括直接向第三方询证，或考虑利用专家的工作以评价文件记录的真伪。

如果在实施审计程序时使用被审计单位生成的信息，注册会计师应当就这些信息的准确性和完整性获取审计证据。

如果针对某项认定的从不同来源获取的审计证据或获取的不同性质的审计证据能够相互印证，与该项认定相关的审计证据则具有更强的说服力。如果从不同来源获取的审计证据或获取的不同性质的审计证据不一致，可能表明某项审计证据不可靠，注册会计师应当追加必要的审计程序。

二、审计证据的分类

审计证据分类的目的，在于找出更合理、更有效、更具有证明力的证据，以达到较好的证明效果，从而有利于审计工作的顺利完成。审计证据按照不同的标准，可以进行多种分类。

（一）按审计证据的表现形态分类

按审计证据的表现形态，可以分为实物证据、书面证据、口头证据和环境证据。

1. 实物证据

实物证据是指以实物的外部特征和内含性能来证明事物真相的各种财产物资。实物证据主要用以查明实物存在的实在性、数量和计价的正确性，如现金、存货、固定资产、在建工程等。实物证据的存在本身就具有很大的可靠性，所以实物证据具有较强的证明力。但应防止伪造和混淆实物证据，如核实物资的所有权是否转移，有无外单位寄存的材料、产品等物资，以及有无经营租入的固定资产等情况。

2. 书面证据

书面证据是以文字记载的内容来证明被审计事项的各种书面资料，如有关被审计事项的会计凭证、会计账簿和财务报表以及各种会议记录和合同等。审计工作过程中，收集到的最多的就是书面证据。书面证据的来源比较广泛，有审计单位以外的单位所提供，且直接送交审计人员的书面证据，如询证函等；有被审计单位以外的单位提供，但为被审计单位所持有的书面证据，如银行对账单、各种发票等；有被审计单位自行编制并持有的书面证据，如工资发放表、会计记录、被审计单位声明书等。对这些书面证据，需要进行整理归类，其效用也需要进一步证实。

3. 口头证据

口头证据是指以视听资料，证人证词，有关人员的陈述、意见、说明和答复等形式存在的审计证据。它是以知情人陈述的事实来证明审计事项的真相。一般情况下，口头证据本身并不足以证明事物的真相，但审计人员往往通过口头证据发掘出一些重要线索，从而有利于对某些情况和事实进行进一步调查，以收集到其他更为可靠的审计证据。

4. 环境证据

环境证据是指对审计事项产生影响的各种环境事实。例如，当审计人员获知被审计单位有良好的内部控制系统，并且日常经营管理又一贯严格遵守各项规定时，就可认为被审计单位现行的内部控制系统为财务报表项目的合法性、公允性提供了强有力的环境证据。环境证据一般不属于主要的审计证据，但它有助于审计人员了解被审计单位、被审计事项所处的环境，是进行判断所必须掌握的资料。

（二）按审计证据的相关程度分类

按审计证据的相关程度，可以分为直接证据和间接证据。

1. 直接证据

直接证据是指对审计事项具有直接证明力，能单独、直接地证明审计事项真相的资料和事实。例如，在审计人员亲自监督实物和现金盘点情况下的盘点实物和现金的记录，就是证明实物和现金实存数的直接证据，审计人员有了直接证据，无须再收集其他证据，就能根据直接证据得出审计事项的结论。

2. 间接证据

间接证据又称旁证，是指对审计事项只起间接证明作用，需要与其他证据结合起来，经过分析、判断、核实才能证明审计事项真相的资料和事实。例如，应证事项是销售收入的公允性，就应收账款而言，虽然应收账款是与销售收入相关的资料，但仅凭应收账款还不能证明销售收入的合法性和公允性，还须结合销售合同、产成品出库单和运输单据等证据，所以应收账款是对销售收入合法性和公允性进行证明的间接证据。

在审计工作中，单凭直接证据就能直接影响审计人员的意见和结论的情况并不多见。一般情况下，在直接证据以外，往往需要一系列的间接证据才能针对审计事项得出完整的结论。当然，直接和间接是相对的，仍以凭证为例，凭证对于财务报表是间接证据，而对于会计账簿则是直接证据。

（三）按获取审计证据的来源分类

按获取审计证据的来源，可以分为自然证据和加工证据。

1. 自然证据

自然证据是指审计人员在其审计过程中获得的不需要加工的资料和事实。自然证据既可以从被审计单位内部获得，如被审计单位的会计凭证、会计账簿、财务报表和记录等，又可以从被审计单位以外的单位或个人获得，如向外询证的大幅资料和购货发票等。

2. 加工证据

加工证据是指审计人员在审计过程中亲自对书面证据、实物证据等进行分析、整理、归类和制作所形成的较系统和明晰的资料，如应收账款函证回函表、审计差异调整表等。加工证据的可靠性和证明力比较强，也无须再进行过多的检查和验证。但是，加工证据也不可避免地存在人为的不确定性，审计证据的质量主要取决于审计人员的业务水平和判断能力。

审计人员在审计过程中可以得到许多自然证据，但往往不足以使其对一些审计事项作出判断并提出意见。在这种情况下，审计人员应设法形成更多的加工证据，以对审计事项作出判断，避免使审计意见由于缺乏足够的证据而失去公允性。

三、审计证据的收集程序

审计的主要工作是通过实质性测试来收集和整理审计证据，以此作为审计人员对被审计单位财务报表发表审计意见的基础。因此，收集审计证据是审计工作的核心，也是考核审计工作质量的重要环节，关系到审计工作的成败。

收集审计证据的途径有很多，常见的有以下几种。

1. 观察

观察是指审计人员亲赴现场，对被审计单位的环境状况和实施状况进行实地观察，从而取得审计证据。常用于对生产经营管理、财产物资保管、内部控制系统的遵守执行、资源的利用、劳动效率和工作纪律等情况的观察。审计人员通过亲眼看见的事实，可以获得较为可信的审计证据。

2. 询问

询问是指审计人员以书面或口头方式，向被审计单位内部或外部的知情人员获取财务信息和非财务信息，并对答复进行评价的过程。口头询问时，审计人员应进行书面记录，并要求被询问人员签字作证。

3. 函证

函证是指审计人员为获取审计证据而向被审计单位以外的第三方发函，要求对方回函确认被审计单位的某一账户金额或某一笔业务是否正确真实的一种取证途径。

采用函证收集审计证据时，审计人员应事先考虑一个详尽的函证提纲，做好充分准备。对于函证，应要求对方将书面答复签章后直接寄给审计人员。

4. 检查

检查是指审计人员通过对被审计单位的书面资料和有形资产的审阅和复核，而获得审计证据的途径。在实际工作中，检查包括检查记录或文件和检查有形资产。

检查记录或文件是指审计人员对被审计单位内部或外部生成的，以纸质、电子或其他介质形式存在的记录或文件进行检查。检查记录或文件可提供可靠程度不同的审计证据，审计证据的可靠性取决于记录或文件的来源或性质。

检查有形资产是指审计人员对资产实物进行检查。检查有形资产可为其存在性提供可靠的审计证据，但不一定能够为权利和义务或计价认定提供可靠的审计证据。

5. 重新计算

重新计算是指审计人员对被审计单位的原始凭证及会计记录中的数据进行的演算或另行计算。一般而言，重新计算不仅包括对被审计的会计凭证、会计账簿和财务报表中有关数字的验算，而且包括对会计资料中有关项目的加总或其他运算。

6. 重新执行

重新执行是指审计人员以人工方式或使用计算机辅助审计技术，重新独立执行作为被审计单位内部控制组成部分的控制程序或控制流程。

7. 分析程序

分析程序是指审计人员对财务报表和其他会计资料中的重要比率或金额及其变动趋势进行分析、研究，并对发现的异常项目及异常变动进行调查，以获取审计证据。分析的内容主要包括：将本期与上期或前期的会计数据进行比较，将实际数与计划数或同行业平均数进行比较，对财务报表各重要项目间的关系进行分析等。分析程序贯穿审计人员收集审计证据的整个过程。

审计证据是用来对审计事项得出审计结论的事实和资料。这些事实和资料必须在得出审计结论之前收集齐全。此外，收集审计证据时，必须注意审计证据的目的性。

第二节　审计工作底稿

一、审计工作底稿的含义和编制目的

审计工作底稿是指注册会计师对制订的审计计划、实施的审计程序、获取的相关审计证据，以及得出的审计结论做出的记录。审计工作底稿是审计证据的载体，是注册会计师在审计过程中形成的审计工作记录和获取的资料。审计工作底稿形成于注册会计师执行财务报表审计的全过程，也反映整个审计过程。

注册会计师应当及时编制审计工作底稿，以实现下列目的：①提供充分、适当的记录，作为审计报告的基础；②提供证据，证明自己按照中国注册会计师审计准则的规定执行了审计工作。

审计工作底稿是注册会计师形成审计结论、发表审计意见的直接依据。在会计师事务所因执业质量而涉及诉讼或有关监管机构进行执业质量检查时，审计工作底稿能够提供证据，证明会计师事务所是否按照审计准则的规定执行了审计工作。

及时编制审计工作底稿有助于提高审计工作的质量，便于在出具审计报告之前，对取得的审计证据和得出的审计结论进行有效复核和评价。如果时间拖延过久，注册会计师可能会遗忘某些事项，使审计工作底稿的记录不能全面地反映注册会计师所执行的审计工作。一般情况下，在审计工作执行过程中编制的审计工作底稿比事后编制的审计工作底稿更准确。

会计师事务所应当按照业务质量控制准则的规定，对审计工作底稿实施适当的控制程序，以满足下列要求：①安全保管审计工作底稿并对审计工作底稿保密；②保证审计工作底稿的完整性；③便于对审计工作底稿的使用和检索；④按照规定的期限保存审计工作底稿。

二、审计工作底稿的性质

审计工作底稿具有存在形式多样、种类丰富等性质，对审计工作底稿性质的理解有助于注册会计师更系统地把握整个审计工作。

（一）审计工作底稿的存在形式

审计工作底稿可以以纸质、电子或其他介质形式存在。随着信息技术的广泛运用，审计工作底稿的形式从传统的纸质形式扩展到电子或其他介质形式。但无论审计工作底稿以哪种形式存在，会计师事务所都应当针对审计工作底稿设计实施适当的控制，以实现下列目的：①使审计工作底稿清晰地显示其生成、修改及复核的时间和人员；②在审计业务的所有阶段，尤其是在项目组成员共享信息或通过互联网将信息传递给其他人员时，保护信息的完整性；③防止未经授权改动审计工作底稿；④允许项目组和其他经授权的人员为适当履行职责而接触审计工作底稿。

在实务中，为便于复核，注册会计师可以将以电子或其他介质形式存在的审计工作底稿通过打印等方式，转换成传统的纸质形式的审计工作底稿，并与其他纸质形式的审计工作底稿一并归档。同时，单独保存这些以电子或其他介质形式存在的审计工作底稿。

（二）审计工作底稿通常包括的内容

审计工作底稿通常包括总体审计策略、具体审计计划、分析表、问题备忘录、重大事项概要、询证函回函、管理层声明书、核对表、有关重大事项的往来信件（包括电子邮件），以及对被审计单位文件记录的摘要或复印件等。此外，审计工作底稿通常还包括业务约定书、管理建议书、项目组内部或项目组与被审计单位举行的会议记录、与其他人士（如其他注册会计师、律师、专家等）的沟通文件及错报汇总表等。

一般情况下，分析表主要是指对被审计单位财务信息执行分析程序的记录。例如，记录被审计单位本年度各月份收入与上一年度的同期数据的比较情况，记录对差异的分析等。

问题备忘录一般是指对某一事项或问题的概要的汇总记录。在问题备忘录中，注册会计师通常记录该事项或问题的基本情况、执行的审计程序或具体审计步骤，以及得出的审计结论。

核对表一般是指会计师事务所内部使用的、为便于核对某些特定审计工作或程序的完成情况的表格，如特定项目（如财务报表列报）审计程序核对表、审计工作完成情况核对表等。它通常以列举的方式列出审计过程中注册会计师应当进行的审计工作或程序以及特别需要提醒注意的问题，并在适当情况下索引至其他审计工作底稿，便于注册会计师核对是否已按照审计准则的规定进行审计。

在实务中，会计师事务所通常采取以下方法从整体上提高工作（包括复核工作）效率及工作质量，并进行统一质量管理：会计师事务所基于审计准则及实务经验等，统一制定某些格式、索引及涵盖内容等方面相对固定的审计工作底稿模板和范例，如核对表、审计计划及业务约定书范例等，某些重要的或不可删减的工作会在这些模板或范例中予以特别标示，在此基础上，注册会计师再根据各具体业务的特点加以必要的修改，制定适用于具体项目的审计工作底稿。

（三）审计工作底稿通常不包括的内容

审计工作底稿通常不包括已被取代的审计工作底稿的草稿或财务报表的草稿、对不全面或初步思考的记录、存在印刷错误或其他错误而作废的文本，以及重复的文件记录等。由于这些草稿、错误的文本或重复的文件记录不直接构成审计结论和审计意见的支持性证据，因此，注册会计师通常无须保留这些记录。

三、审计工作底稿的格式、要素和范围

（一）总体要求

注册会计师应当编制全面详细的审计工作底稿，并能使未曾接触该项审计工作的有经验的专业人士清楚了解：按照审计准则的规定实施的审计程序的性质、时间和范围；实施审计程序的结果和获取的审计证据；就重大事项得出的结论。

在确定审计工作底稿的格式、要素和范围时，注册会计师应当考虑下列因素。

（1）实施审计程序的性质。通常，不同的审计程序会使注册会计师获取不同性质的审计证据，由此注册会计师可能会编制不同的审计工作底稿。例如，注册会计师编制的有关函证程序的审计工作底稿和存货监盘程序的审计工作底稿在要素、格式及范围方面是不同的。

（2）已识别的重大错报风险。识别和评估的重大错报风险水平的不同可能导致注册会计师实施的审计程序和获取的审计证据不尽相同。例如，如果识别出应收账款存在较高的重大错报风险，而其他应收款的重大错报风险较低，则注册会计师可能对应收账款实施较多的审计程序并获取较多的审计证据，因而对测试应收账款的记录会比针对测试其他应收款记录的内容多且范围广。

（3）在执行审计工作和评价审计结果时需要进行判断的范围。审计程序的选择和实施及审计结果的评价通常需要不同程度的职业判断。因此，在进行职业判断时所考虑的因素及范围可能使注册会计师形成内容和范围不同的记录。

（4）已获取审计证据的重要程度。注册会计师通过执行多项审计程序可能会获取不同的审计证据，有些审计证据的相关性和可靠性较高，有些则质量较差。注册会计师可能区分不同的审计证据，进行有选择性的记录。因此，审计证据的重要程度也会影响审计工作底稿的格式、要素和范围。

（5）已识别的例外事项的性质和范围。有时注册会计师在执行审计程序时会发现例外事项，由此可能导致审计工作底稿在格式、要素和范围方面的不同。例如，某个函证的回函表明存在不符事项，如果在实施恰当的追查后发现该例外事项并未构成错报，注册会计师可能只在审计工作底稿中解释发生该例外事项的原因及影响；反之，如果该例外事项构成错报，注册会计师可能需要执行额外的审计程序并获取更多的审计证据，由此编制的审计工作底稿在要素和范围方面可能有很大不同。

（6）当从已执行审计工作或获取审计证据的记录中不易确定结论或结论的基础时，记录结论或结论基础的必要性。在某些情况下，特别是在涉及复杂的事项时，注册会计师仅将已执行的审计工作或获取的审计证据记录下来，并不容易使其他有经验的注册会计师通过合理的分析，得出审计结论或结论的基础。此时注册会计师应当考虑是否需要进一步说

明并记录得出结论的基础（即得出结论的过程）及该事项的结论。

（7）使用的审计方法和工具。使用的审计方法和工具可能影响审计工作底稿的格式、要素和范围。例如，如果使用计算机辅助审计技术对应收账款的账龄进行重新计算，通常可以针对总体进行测试；而采用人工方式重新计算时，可能会针对样本进行测试，由此形成的审计工作底稿会在格式、要素和范围方面有所不同。

考虑以上因素有助于注册会计师确定审计工作底稿的格式、要素和范围是否恰当。注册会计师在考虑以上因素时需注意，根据不同情况确定审计工作底稿的格式、要素和范围，均是为了达到执业准则中所述的编制审计工作底稿的目的，特别是提供证据的目的。例如，细节测试和实质性分析程序的审计工作底稿所记录的审计程序有所不同，但两类审计工作都应当充分、适当地反映注册会计师执行的审计程序。

（二）审计工作底稿的要素

通常，审计工作底稿应包括下列全部或部分要素。

1. 审计工作底稿的标题

每张审计工作底稿上都应当包括被审计单位的名称、审计项目的名称以及资产负债表日或底稿覆盖的会计期间。

2. 审计过程记录

在审计工作底稿中应详细记录实施审计程序的性质、时间和范围，并应当特别注意以下几个重点方面。

（1）特定项目或事项的识别特征。在记录实施审计程序的性质、时间和范围时，注册会计师应当记录测试的特定项目或事项的识别特征。记录特定项目或事项的识别特征可以实现多种目的。例如，便于对例外事项或不符事项进行检查，以及对测试的项目或事项进行复核。识别特征是指被测试的项目或事项表现出的征象或标志。对某一个具体项目或事项而言，其识别特征通常具有唯一性，这种特性可以使其他人员根据识别特征在总体中识别该项目或事项并重新执行该测试。例如，在对被审计单位生成的订购单进行细节测试时，注册会计师可能将订购单的日期或编号作为测试订购单的识别特征；对于需要系统化抽样的审计程序，注册会计师可能会通过记录样本的来源、抽样的起点及抽样间隔来识别已选取的样本等。

（2）重大事项。注册会计师应当根据具体情况判断某一事项是否属于重大事项。重大事项通常包括：引起特别风险的事项，实施审计程序的结果，该结果表明财务信息可能存在重大错报，或需要修正以前对重大错报风险的评估和针对这些风险拟采取的应对措施；导致注册会计师难以实施必要审计程序的情形，以及导致出具非标准审计报告的事项等。注册会计师应当及时记录与管理层、治理层和其他人员的对重大事项的讨论。有关重大事项的记录可能分散在审计工作底稿的不同部分。注册会计师应当考虑将这些分散在审计工作底稿中的有关重大事项的记录汇总编制成重大事项概要，这样不仅可以帮助注册会计师集中考虑重大事项对审计工作的影响，还便于审计工作的复核人员有效地复核和检查审计工作底稿，并评价重大事项的影响。重大事项概要包括审计过程中识别的重大事项及其如何得到解决，或对其他支持性审计工作底稿的交叉索引。

（3）针对重大事项如何处理矛盾或不一致的情况。如果识别出的信息与针对某重大事项得出的最终结论相矛盾或不一致，注册会计师应当记录在形成最终结论时如何处理该矛盾或不一致的情况，从而有助于关注这些矛盾或不一致，并对此执行必要的审计程序以恰当解决。

3. 审计结论

注册会计师恰当地记录审计结论非常重要。注册会计师需要根据所实施的审计程序及获取的审计证据得出结论，并以此作为对财务报表发表审计意见的基础。在记录审计结论时需注意，审计工作底稿中记录的审计程序和审计证据是否足以支持所得出的审计结论。

4. 审计标识及其说明

审计工作底稿记录的内容一般会使用一些符号进行标识，以表达各种审计含义。对审计工作底稿中使用的各种审计标识，应说明其含义，并保持前后一致。

5. 索引号及编号

通常，审计工作底稿需要注明索引号及顺序编号，相关审计工作底稿之间需要保持清晰的钩稽关系，以便于查阅审计工作底稿。在实务中，注册会计师可以按照所记录的审计工作的内容层次进行编号。当审计工作底稿的某一部分引用其他一些工作底稿的内容时，应在相互引用的工作底稿上交叉注明索引号。在引用其他工作底稿内容的工作底稿上注明对方工作底稿的索引号以表示证据的来源，在被引用的工作底稿上注明对方工作底稿的索引号以表示证据去向，这样便于工作底稿的复核检查。

6. 编制者姓名及编制日期

通常，应当在每一张审计工作底稿上注明审计工作的执行人员及完成该项审计工作的日期。

7. 复核者姓名及复核日期和范围

通常，应当在每一张审计工作底稿上注明审计工作的复核人员及复核的日期和范围。在需要项目质量控制复核的情况下，还需要注明项目质量控制复核人员及复核的日期。在实务中，如果若干页的审计工作底稿记录同一性质的具体审计程序或事项，并且编制在同一个索引号中，此时可以仅在审计工作底稿的第一页记录审计工作的执行人员和复核人员，并注明日期。

8. 其他应说明事项

这部分是描述审计工作中其他需要记录说明的事项。

四、审计工作底稿的归整和归档

（一）审计工作底稿的归整

对于每项具体审计业务，注册会计师应当将审计工作底稿归整为审计档案。审计档案是会计师事务所审计工作的重要历史资料，是会计师事务所的宝贵财富，应当妥善保管。在实务中，根据对审计档案使用的时间，可将审计档案分为永久性档案和当期档案。

1. 永久性档案

永久性档案是指那些记录内容相对稳定、具有长期使用价值，并对以后审计工作具有重要影响和直接作用的审计档案，例如，被审计单位的组织结构、批准证书、营业执照、章程、重要资产的所有权或使用权的证明文件复印件等。若永久性档案中的某些内容已发生变化，注册会计师应当及时予以更新。为保持资料的完整性以便满足日后查阅历史资料的需要，永久性档案中被替换的资料一般也需保留。例如，被审计单位因增加注册资本而变更了营业执照等法律文件，被替换的旧营业执照等文件可以汇总在一起，与其他有效的资料分开，作为单独部分归整在永久性档案中。

2. 当期档案

当期档案是指那些记录内容经常变化，主要供当期审计使用的审计档案，如总体审计策略和具体审计计划等。这些工作底稿所记录的内容，在各年度是不同的，因此，主要供当期审计使用。

（二）审计工作底稿的归档

1. 审计工作底稿归档的期限

注册会计师应当按照会计师事务所质量控制政策和程序的规定，及时将审计工作底稿归整为最终审计档案。审计工作底稿的归档期限为审计报告日后60天内。如果注册会计师未能完成审计业务，审计工作底稿的归档期限为审计业务中止后的60天内。如果针对客户的同一财务信息执行不同的委托业务，出具两个或多个不同的报告，会计师事务所应当将其视为不同的业务，根据会计师事务所内部制定的政策和程序，在规定的归档期限内分别将审计工作底稿归整为最终审计档案。

2. 审计工作底稿归档的性质

在出具审计报告前，注册会计师应完成所有必要的审计程序，取得充分、适当的审计证据并得出适当的审计结论。由此，在审计报告日后将审计工作底稿归整为最终审计档案是一项事务性的工作，不涉及实施新的审计程序或得出新的结论。

如果在归档期间对审计工作底稿做出的变动属于事务性的，注册会计师可做出变动，主要包括：①删除或废弃被取代的审计工作底稿；②对审计工作底稿进行分类、整理和交叉索引；③对审计档案归整工作的完成核对表签字认可；④记录在审计报告日前获取的、与审计项目组相关成员进行讨论并取得一致意见的审计证据。

3. 审计工作底稿归档后的变动

在完成最终审计档案的归整工作后，如果发现有必要修改现有审计工作底稿或增加新的审计工作底稿，无论修改或增加的性质如何，注册会计师均应当记录下列事项：①修改或增加审计工作底稿的时间和人员，以及复核的时间和人员；②修改或增加审计工作底稿的具体理由；③修改或增加审计工作底稿对审计结论产生的影响。

这里的修改现有审计工作底稿主要是指在保持原审计工作底稿中所记录的信息，即在对原记录信息不予删除的前提下，采用增加新信息的方式予以修改。一般情况下，在审计报告归档之后不需要对审计工作底稿进行修改或增加。注册会计师发现有必要修改现有审计工作底稿或增加新的审计工作底稿的情形主要有以下两种。

（1）注册会计师已实施了必要的审计程序，取得了充分、适当的审计证据并得出了恰当的审计结论，但审计工作底稿的记录不够充分。

（2）审计报告日后，发现例外情况要求注册会计师实施新的或追加审计程序，或导致注册会计师得出新的结论。例外情况主要是指审计报告日后发现与已审计财务信息相关，且在审计报告日已经存在的事实。该事实如果被注册会计师在审计报告日前获知，可能影响审计报告。例如，注册会计师在审计报告日后才获知法院在审计报告日前已对被审计单位的诉讼、索赔事项作出最终判决。例外情况可能在审计报告日后发现，也可能在财务报表报出日后发现，注册会计师应当对例外事项实施新的或追加的审计程序。

案例分析

如何判断注册会计师是否可以添加、删除或废弃部分审计工作底稿？

案例1：A注册会计师负责审计甲公司2020年度财务报表，2021年3月15日为审计报告日。3月20日，注册会计师收到甲公司的客户乙公司寄回的应收账款回函，结果显示相符，与A注册会计师在报告日前实施函证替代程序所获取的审计证据结论一致。A注册会计师将回函纳入审计工作底稿，同时将原替代程序的相关工作底稿删除。

案例2：A注册会计师负责审计甲公司2020年度财务报表，2021年3月15日为审计报告日，4月15日为完成归档日。4月20日，注册会计师收到甲公司的客户乙公司寄回的应收账款回函，结果显示相符，与A注册会计师在报告日前实施函证替代程序所获取的审计证据结论一致。A注册会计师将回函纳入审计工作底稿，同时将原替代程序的相关工作底稿删除。

案例3：A注册会计师负责审计甲公司2020年度财务报表，2021年3月15日为审计报告日，4月15日为完成归档日。4月20日，注册会计师收到甲公司的客户乙公司寄回的应收账款回函，结果显示不相符，与A注册会计师在报告日前实施函证替代程序所获取的审计证据结论存在重大不一致。经调查，A注册会计师发现替代程序中获取的审计证据可能是管理层精心伪造的。A注册会计师决定实施追加的审计程序，并重新评估原审计报告意见类型的恰当性。

【解析】案例1中，A注册会计师的做法不妥。询证函回函是审计报告日之后获取的，不应用其替换原替代测试的审计工作底稿。本案例中，同学们可能会误认为原替代测试的审计工作底稿属于被取代的或被废弃的审计工作底稿，可以在归档期间内删除，事实上，原替代测试的审计工作底稿属于注册会计师恰当取证、结果满意的审计证据，不应删除。

案例2中，A注册会计师的做法不妥。审计工作底稿归档后，不应在规定的保存期限届满前删除或废弃任何性质的审计工作底稿。

案例3中，A注册会计师的做法妥当。审计报告日后，注册会计师发现例外情况（此前未发现的重大舞弊行为），可能导致注册会计师得出新的结论，因此需要实施追加审计程序。

（三）审计工作底稿的保存期限

会计师事务所应当自审计报告日起，对审计工作底稿至少保存 10 年；如果注册会计师未能完成审计业务，会计师事务所应当自业务中止日起，对审计工作底稿至少保存10 年。

本章小结

审计证据是指注册会计师为了得出审计结论、形成审计意见而使用的所有信息，包括财务报表依据的会计记录中含有的信息和其他信息。审计证据按其来源可分为自然证据和加工证据；按其表现形态可分为实物证据、书面证据、口头证据和环境证据；按其相关程度可分为直接证据和间接证据。

充分性和适当性是审计证据的两大特征。充分性是对审计证据数量的衡量；适当性是对审计证据质量的衡量。相关性和可靠性是审计证据适当性的核心内容。相关性是指审计证据要有证明力，必须与注册会计师的审计目标相关；可靠性是指证据的可信程度。在实施风险评估程序、控制测试或实质性程序时，注册会计师可根据需要单独或综合运用观察、询问、函证、检查、重新计算、重新执行和分析程序等具体审计程序，以获取充分、适当的审计证据。

审计工作底稿是指注册会计师对制订的审计计划、实施的审计程序、获取的相关审计证据，以及得出的审计结论做出的记录。审计工作底稿可以以纸质、电子或其他介质形式存在。审计工作底稿通常包括下列全部或部分要素：审计工作底稿的标题；审计过程记录；审计结论；审计标识及其说明；索引号及编号；编制者姓名及编制日期；复核者姓名及复核日期和范围；其他应说明事项。审计档案分为永久性档案和当期档案。审计工作底稿的归档管理包括归档的期限、归档的性质和归档后的变动等。

思考与练习 ▶▶ ▶

一、单项选择题

1. 下列审计证据中，既属于书面证据，又属于内部证据的是（　　）。

A. 应收账款的函证回函　　　　　　B. 存货盘点表

C. 注册会计师编制的折旧计算表　　D. 材料入库单

2. 审计证据的数量足以支持注册会计师形成审计意见，这就是审计证据的（　　）。

A. 可靠性　　　　B. 相关性　　　　C. 充分性　　　　D. 适当性

3. 下列与审计证据相关的表述中，正确的是（　　）。

A. 如果审计证据数量足够多，就可以弥补审计证据的质量缺陷

B. 审计工作通常不涉及鉴定文件的真伪，对用作审计证据的文件记录，只需考虑相关内部控制的有效性

C. 不应考虑获取审计证据的成本与获取信息的有用性之间的关系

D. 会计记录中含有的信息本身不足以提供充分的审计证据作为对财务报表发表审计意见的基础

4. 在验证应付账款余额不存在漏报时，注册会计师获取的以下审计证据中，证明力最强的是（　　）。

A. 供应商开具的销售发票

B. 供应商提供的余额对账单

C. 被审计单位编制的连续编号的验收报告

D. 被审计单位编制的连续编号的订货单

5. 为了保证得出的审计结论、形成的审计意见是恰当的，注册会计师不应将获取审计证据的（　　）作为减少不可替代的审计程序的理由。

A. 成本高低　　　　B. 风险大小　　　　C. 难易程度　　　　D. A 和 C

二、多项选择题

1. 注册会计师通常认为从外部独立来源获取的证据比从其他来源获取的证据更可靠。除此之外，还可以运用下列（　　）原则考虑证据的可靠性。

A. 直接获取的证据比间接获取或推论得出的证据更可靠

B. 内部控制有效时内部生成的证据比内部控制薄弱时内部生成的证据更可靠

C. 从原件获取的证据比从传真或复印件获取的证据更可靠

D. 以文件记录形式存在的证据比口头形式的证据更可靠

2. 注册会计师所需获取的审计证据数量受各种因素的影响。以下关于审计证据数量的说法中，正确的有（　　）。

A. 错报风险越大，需要的审计证据可能越多

B. 审计证据质量越高，需要的审计证据可能越少

C. 证据的质量存在的缺陷越多，所需的证据越多

D. 获取的证据不可靠，所需的证据越多

3. 按照审计准则对审计工作底稿概念的描述，审计工作底稿是指注册会计师对（　　）做出的记录。

A. 制订的审计计划及实施的审计程序　　　B. 获取的相关审计证据

C. 得出的审计结论　　　　　　　　　　　D. 确定的审计意见

4. 在审计工作底稿中应详细记录实施审计程序的性质、时间和范围，并应当特别注意（　　）。

A. 特定项目或事项的识别特征

B. 重大事项

C. 审计结论

D. 针对重大事项如何处理矛盾或不一致的情况

5. 注册会计师在审计工作底稿中记录审计过程时，如果实施一项审计程序的结果表明（　　），则应将该结果归入重大事项。

A. 以前对重大风险的评估正确　　　　B. 需要修正以前对重大错报风险的评估

C. 无须修正应对重大风险拟采取的措施　　D. 财务信息可能存在重大错报

三、简答题

1. 简述审计证据的分类。
2. 简述审计证据的可靠性及判断可靠性的原则。
3. 试述获取审计证据的收集程序。
4. 试述确定审计工作底稿的格式、要素和范围时，应当考虑的因素。
5. 简述审计工作底稿应包括的基本要素。

第九章　销售与收款循环审计

本章学习目标

1. 了解销售与收款循环的主要业务活动及主要凭证和会计记录；
2. 理解销售交易的内部控制和控制测试；
3. 掌握销售交易的实质性程序；
4. 掌握主营业收入的审计目标和主营业务收入的实质性程序；
5. 掌握应收账款及其坏账准备的审计目标和实质性程序。

案例导入

浙江证监局对会计师事务所函证程序的专项检查结果

浙江证监局的专项检查覆盖银行存款、应收账款等往来账户，发出商品、销售收入等多个资产负债表与利润表科目的函证程序执行情况。检查结果显示，会计师事务所银行函证程序执行情况好于往来款函证，部分事务所还采用了函证中心、电子函证等创新方式来提高函证效果。但是，函证程序执行中普遍存在不规范问题，其中，以下几方面的问题较为突出：

（1）函证控制不到位的问题（61%的抽查项目）；

（2）未对部分账户实施函证也未记录不予函证的理由（39%的抽查项目）；

（3）在未回函、回函不符、回函异常或不可靠时未采取措施获取进一步审计证据（34%的抽查项目）。

具体表现在：

（1）未对部分执业项目的银行和往来款函证过程保持必要控制，如未留存必要的询证函收发记录、未充分核对收发函地址等，个别询证函甚至由被审计单位代为寄出与收回。

（2）一些执业项目的审计人员未勤勉尽责，函证程序遗漏个别银行账户和重要往来款账户，且未记录不予函证的理由、缺乏替代审计程序，包括零余额账户、第三方支付（支付宝、微信）账户、金额重大的往来款项及应收账款抵押、保理情况。

（3）一些执业项目由于审计人员未保持谨慎性原则和必要的执业怀疑，在未收到回函、回函信息不相符或回函存在异常情形时，未采取措施获取进一步审计证据，或执行的审计程序不恰当、不充分，如回函缺少签章或签章不符、回函账户余额及其权属状况存在差异、替代程序未涵盖全部发函金额等。极个别的，一些询证函回函日期甚至在审计报告出具日之后，但会计师事务所也未考虑其对审计意见的影响。

另外，一些执业项目由于会计师事务所质量控制工作流于形式，还存在其他若干函证程序执行不到位问题，如函证内容填写有误或关键信息缺失、未明确函证抽样标准或按照标准严格执行、相关审计工作底稿不完善等。

（资料来源：浙江证监局网站）

第一节　销售与收款循环的概述

销售是工商企业的主要经营活动之一，而销售又与收取货款过程密切相关。一个企业的销售与收款循环是由同客户交换商品或劳务，以及收到现金收入等有关业务活动组成的。销售与收款循环的审计，通常可以相对独立于其他业务循环而单独进行。根据财务报表项目与业务循环的相关程度，销售与收款循环涉及的资产负债表项目主要包括应收票据、应收账款、长期应收款、预收款项、应交税费等；所涉及的利润表项目主要包括营业收入、营业税金及附加、销售费用等。

销售与收款循环的特征主要体现在两方面：一是该循环中的主要业务活动；二是该循环所涉及的主要凭证和会计记录。

一、主要业务活动

典型的销售与收款循环所涉及的主要业务活动，应包括以下十个方面的内容。

（一）接受客户订货单

客户提出订货要求是整个销售与收款循环的起点。客户的订货单只有在符合管理层的授权标准时，才能被接受。订单管理部门收到订货单后，应首先进行登记，再审核其内容和数量，以确定是否能够如期供货。订货单批准后，需编制一式多联的销售单。销售单是证明管理层对有关销售交易的"发生"认定的凭据之一，也是此笔销售交易轨迹的起点。

（二）批准赊销信用

批准赊销是由信用管理部门根据管理层的赊销政策和对每个客户已授权的信用额度来进行的。信用管理部门收到销售单后，应将销售单与该客户已被授权的赊销信用额度以及至今尚欠的账款余额加以比较。对每个新客户，信用管理部门都应进行信用调查，包括获取信用评审机构对客户信用等级的评定报告，从而决定能否批准赊销。批准赊销控制的目的是降低坏账风险。因此，这些控制与应收账款账面余额的"计价和分摊"认定有关。

（三）按销售单供货

经过信用管理部门批准的销售单将传递到仓库，作为仓库按销售单供货和发货给装运部门的授权依据。该项控制程序的目的是防止仓库在未经授权的情况下擅自发货。

（四）按销售单装运货物

将按经批准的销售单发货与按销售单装运货物职责相分离，有助于避免装运部门人员在未经授权的情况下装运产品。装运部门人员在装运之前，必须独立验证从仓库提取的货物是否都附有经批准的销售单，且所装运的货物是否与销售单一致。若符合要求，应填制一式多联的装运凭证。装运凭证提供了商品确实已装运的证据。因此，它是证实销售交易"发生"认定的另一种形式的凭据。

（五）向客户开具账单

开具账单包括编制和向客户寄送事先连续编号的销售发票。开具账单过程通常设立以下控制程序：开具账单部门职员在编制每张销售发票之前，独立检查是否存在经批准的销售单和装运凭证；根据已授权批准的商品价目表编制销售发票；独立检查销售发票计价和计算的正确性；将装运凭证上的货物总数与相应销售发票上的货物总数进行核对。这些控制程序有助于确保用于记录销售交易的销售发票的正确性。因此，这些控制与销售交易的"发生""完整性""准确性"认定有关。

（六）记录销售

记账人员根据销售发票等原始凭证编制转账凭证，登记应收账款明细账和销售明细账。记录销售的控制程序包括：只根据附有有效装运凭证和销售单的销售发票记录销售；控制所有事先连续编号的销售发票；独立检查已处理销售发票上的销售金额同会计记录金额的一致性；记录销售与处理销售交易相分离；定期独立检查应收账款明细账与总账的一致性；定期向客户寄送应收账款对账单。这些控制与"发生""完整性""准确性""计价和分摊"认定有关。

（七）办理和记录现金、银行存款收入

这项功能涉及货款的收回，现金、银行存款增加的记录以及应收账款减少等活动。处理这项业务最重要的是要保证全部货款如数、及时地记入现金日记账、银行存款日记账以及应收账款明细账，并如数、及时地将现金存入银行。

（八）办理和记录销售退回、销售折扣与折让

发生此类事项时，必须经授权批准，并应确保与办理此事有关的部门和职员各司其职，分别控制实物流和会计记录。在这方面，应严格控制贷项通知单的使用。

（九）注销坏账

对于确实无法收回的应收账款，应该获取货款无法收回的确凿证据，并经适当审批后方可作为坏账，进行相应的账务处理。

（十）计提坏账准备

坏账准备提取的数额必须能够抵补企业以后无法收回的销货款。

二、主要凭证和会计记录

根据销售与收款循环中的主要业务活动，涉及的主要凭证和会计记录主要有客户订购单、销售单、发运凭证、销售发票、商品价目表、客户对账单、主营业务收入明细账、转账凭证、贷项通知单、折扣与折让明细账、应收账款账龄分析表、应收账款明细账、汇款通知书、现金日记账和银行存款日记账、客户对账单、收款凭证、坏账核销审批表、转账凭证等，如表9-1所示。

表9-1 销售与收款循环涉及的主要凭证和会计记录

交易类别	设计的财务报表项目	主要业务活动	主要凭证和会计记录
销售	营业收入 应收账款	接受客户订购单 批准赊销信用 根据销售单编制发运凭证并发货 按销售单装运货物 向客户开具发票 记录销售 办理和记录销售退回、销售折扣与折让	客户订购单 销售单 发运凭证 销售发票 商品价目表 客户对账单 主营业务收入明细账 转账凭证 贷项通知单 折扣与折让明细账
收款	货币资金 应收账款 资产减值损失	办理和记录现金、银行存款收入 提取坏账准备 坏账核销	应收账款账龄分析表 应收账款明细账 汇款通知书 现金日记账和银行存款日记账 客户对账单 收款凭证 坏账核销审批表 转账凭证

1. 客户订货单

客户订货单是客户要求订购商品的书面凭证，可以直接从客户那里或者通过销售人员及其他途径取得。

2. 销售单

销售单是列示客户所订商品的名称、规格、数量以及其他与客户订货单有关的资料的表格，作为销售方内部处理客户订货单的依据。

3. 发运凭证

发运凭证即发运货物时编制的，用以反映发出商品的规格、数量和其他有关内容的凭据。这种凭证可用作向客户开具账单的依据。

4. 销售发票

销售发票是一种用来表明已销售商品的规格、数量、销售金额、运费和保险费、开票日期、付款条件等内容的凭证。销售发票的一联开给客户，其余联由企业保留，并作为在会计账簿中登记销售交易的基本凭证。

5. 商品价目表

商品价目表是列示已经授权批准的、可供销售的各种商品的价格清单。

6. 客户对账单

客户对账单是定期寄给客户的用于购销双方核对账目的文件，可以是月度、季度或年度。

7. 主营业务收入明细账

主营业务收入明细账是一种用来记录销售交易的明细账，通常记载和反映不同类别商品或服务的营业收入的明细发生情况和总额。

8. 转账凭证

转账凭证是根据有关转账业务原始凭证编制的记录赊销交易的会计凭证。

9. 贷项通知单

贷项通知单是一种用来表示由于销售退回或经批准的折让而引起的应收销货款减少的凭证。其格式通常与销售发票相同，只不过是用来证明应收账款的减少。

10. 折扣与折让明细账

折扣与折让明细账是一种用来核算企业销售商品时给予客户的销售折扣和销售折让情况的明细账。企业可以不设置折扣与折让明细账，而将该类业务直接记入主营业务收入明细账。

11. 应收账款账龄分析表

应收账款账龄分析表是以账龄为序对应收账款分类列示的表格，其可以较全面地显示应收账款账龄的分布情况。该表用以判断企业应收账款的总体质量以及不同客户的信用状况，为企业制定赊销政策提供依据。通常在某一年内，该表会随着付款模式的变化而变化。

12. 应收账款明细账

应收账款明细账是用来记录每个客户各项赊销、还款、销售退回及折让交易的明细账。

13. 汇款通知书

汇款通知书是一种与销售发票一起寄给客户，由客户在付款时再寄回销售单位的凭证，其上注明了客户名称、销售发票号码、销售单位开户银行账号及金额等。采用汇款通知书能使现金立即存入银行，也可以改善资产保管的控制。

14. 现金日记账和银行存款日记账

现金日记账和银行存款日记账是用来记录应收账款的收回和现销收入以及其他各种现金、银行存款收入和支出的日记账。

15. 收款凭证

收款凭证是指用来记录现金和银行存款收入业务的记账凭证。

16. 坏账核销审批表

坏账核销审批表是用来批准将无法收回的应收款项作为坏账予以核销的单据。

第二节　销售与收款循环的内部控制及控制测试

一、销售与收款循环内部控制主要内容

销售与收款循环的主要业务活动均存在相应的内部控制，如表9-2所示。

表9-2　销售与收款循环内部控制

主要业务活动	内部控制
接受客户订购单	销售业务员接受客户订购单；销售经理对客户订购单授权审批；销售单管理部门根据审批后的客户订购单编制连续编号的销售单
批准赊销信用	信用部门经理按照本单位赊销政策进行信用批准，复核客户订购单，并在销售单上签字；对于超过既定信用政策规定范围的特殊销售交易，应当进行集体决策；信用批准的目的是降低坏账风险，由信用管理部门负责，不能由销售经理负责；信用管理部门与销售部门不能是同一个部门，实行不相容岗位相互分离控制的制度
根据销售单编制发运凭证并发货	仓库部门根据已批准的销售单供货；仓库部门编制连续编号的出库单
按销售单装运货物	装运部门按经批准的销售单装运商品；装运部门与仓库部门的职责应当分离
向客户开具发票	负责开发票的员工在开具每张销售发票之前，检查是否存在发运凭证和相应的经批准的销售单；依据已授权批准的商品价目表开具销售发票；独立检查销售发票计价和计算的正确性；将装运凭证上的商品总数与相对应的销售发票上的商品总数进行比较
记录销售	依据有效的发运凭证和销售单记录销售；使用事先连续编号的销售发票并对发票使用情况进行监控；独立检查已销售发票上的销售金额与会计记录金额的一致性；记录销售的职责应与处理销售交易的其他功能相分离；对记录过程中所涉及的有关记录的接触予以限制，以减少未经授权批准的记录发生；定期独立检查应收账款的明细账与总账的一致性；由不负责现金出纳和销售及应收账款记账的人员定期向客户寄送对账单，对不符事项进行调整，必要时调整会计记录，编制对账情况汇总报告并交管理层审核
办理和记录现金、银行存款收入	出纳与现金记账的职责分离；现金盘点；编制银行余额调节表；定期向客户发送对账单
办理和记录销售退回、销售折扣与折让	需经过授权批准，并确保与办理此事有关的部门和员工各司其职，分别控制实物流和会计处理
提取坏账准备	定期对应收账款的信用风险进行评估，并根据预期信用损失计提坏账准备
核销坏账	如有证据表明某项货款已无法收回，企业即通过适当的审批程序注销该笔货款

案例分析

甲公司相关内部控制摘录如表 9-3 所示。假定不考虑其他条件，逐项指出所列控制的涉及是否存在缺陷；如果认为存在缺陷，请说明理由。

表 9-3　甲公司相关内部控制摘录

序号	风险	内部控制
(1)	向客户提供过长的信用期而增加坏账损失风险	客户的信用期由信用管理部审核批准，如果长期客户临时申请信用期，由销售部经理批准
(2)	已记账的收入未发生或不准确	财务人员将经批准的销售订单、客户签字确认的发运凭单及发票所载信息相互核对无误后，编制记账凭证，经财务部经理审核后入账
(3)	应收账款记录不准确	每季度末，财务部向客户寄送对账单，如果客户未及时回复，销售人员需要跟进；如果客户回复表明差异超过该客户欠款余额的 5%，则进行调查

【解析】（1）存在缺陷，未实现职责分离，长期客户临时申请延长信用期，应经由信用管理部批准。

（2）无缺陷。

（3）存在缺陷。应调查所有对账差异，即使差异未超过该客户应收账款余额的 5%，也应予以调查。

二、销售与收款循环的重大错报风险的评估

（一）销售与收款循环存在的重大错报风险

与销售与收款循环相关的财务报表项目主要为营业收入、应收账款和合同资产，此外还有应收票据、应收款项融资、合同负债、长期应收款、应交税费等。以一般制造业的赊销销售为例，相关重大错报风险通常包括：

（1）收入确认存在的舞弊风险；

（2）收入的复杂性可能导致的错误，如可变对价安排、特殊的退货约定、特殊的服务期限安排等；

（3）发生的收入交易未能得到准确记录；

（4）期末收入交易和收款交易可能未记入正确的期间；

（5）应收账款坏账准备的计提不完整或不准确。

（二）销售与收款循环的控制测试

销售与收款循环中可能存在的风险及内部控制测试举例，如表 9-4 所示。

表9-4　销售与收款循环中可能存在的风险及内部控制测试

风险	主要相关认定	自动化控制	人工控制	内部控制测试程序
可能向没有获得赊销授权或者超出信用额度的客户赊销	营业收入：发生 应收账款：存在	订购单上的客户代码与应收账款主文档记录的代码一致；目前未偿付余额加上本次销售额在信用限额范围内	以下情形需要经过适当授权批准，才可生成销售单：不在主文档中的客户；超过信用额度的客户订购单	询问员工销售单的生成过程；检查是否所有生成的销售单均有对应的客户订购单为依据；检查系统生成销售单的逻辑；对于系统外授权审批的销售单，是否经过适当批准
已销售商品可能未实际发运给客户	营业收入：发生 应收账款：存在		要求客户在发运凭证上签字，以作为收到商品且商品与订购单一致的证据	检查发运凭证上客户的签名，作为收货的证据
商品发运可能未开具销售发票，或已开出发票但没有发运凭证的支持	营业收入：发生、完整性 应收账款：存在、完整性、权利和义务	发货后系统根据发运凭证等信息自动生成连续编号的销售发票；系统自动复核连续编号的发票和发运凭证的对应关系，并定期生成例外报告	复核例外报告并调查原因	检查系统生成发票的逻辑；检查例外报告及跟进情况
销售价格不正确或发票金额出现计算错误	营业收入：准确性 应收账款：准确性、计价和分摊	通过逻辑登录限制控制定价主文档的更改；每张发票的单价、计算、商品代码、商品摘要和客户账户代码均由计算机程序控制	核对经授权的有效的价格更改清单与计算机获得的价格更改清单是否一致；独立复核发票上计算金额的准确性	检查文件以确定价格更改是否经授权；检查发票中价格复核人员的签名；重新执行发票的核对过程
坏账准备的计提可能不充分	应收账款：准确性、计价和分摊	系统自动生成应收账款账龄分析表（假定企业以账龄组合为基础计算预期信用损失）	管理层复核财务人员依据预期信用损失模型计算和编制的坏账准备计提表，复核无误后需在坏账准备计提表上签字（假定企业以账龄组合为基础计算预期信用损失）	检查财务系统计算账龄分析表的规则是否正确；询问管理层如何复核坏账准备计提表的计算；检查是否有复核人员的签字

第三节 销售与收款循环的实质性程序

一、主营业务收入的实质性程序

（一）主营业务收入的审计目标

主营业收入项目反映企业在销售商品、提供劳务等主营业务活动中所实现的主营业务收入，以及除主营业务活动以外的其他经营活动实现的其他业务收入。

主营业收入的审计目标一般包括：确定利润表中列示的主营业收入是否已发生，且与被审计单位有关；确定列示的主营业收入是否完整；确定与主营业收入有关的金额及其他数据是否已恰当记录，包括对销售退回、销售折扣与折让的处理是否适当；确定主营业收入是否已记录于正确的会计期间；确定主营业收入在财务报表中的列报是否恰当。

（二）主营业务收入的实质性程序

主营业务收入的实质性程序具体如下。

（1）取得或编制主营业务收入明细表，复核加计正确，并与总账数和明细账合计数核对相符；同时结合其他业务收入账户数额，与报表数核对相符。

（2）查明主营业务收入的确认条件、方法，注意是否符合企业会计准则规定的收入实现条件，前后期是否一致。特别关注周期性、偶然性的收入是否符合既定的收入确认原则和方法。

（3）必要时，实施以下实质性分析程序：①将本年度主营业务收入与上年度进行比较，分析产品销售结构和价格的变动是否正常，并分析异常变动的原因；②比较本年度各月份各类主营业务收入的波动情况，分析其变动趋势是否正常，是否符合被审计单位季节性、周期性的经营规律，并查明出现异常现象和重大波动的原因；③计算本年度重要产品的毛利率，与上年度比较，检查是否存在异常和重大波动，并查明原因；④将本年度重要产品的毛利率与同行业企业进行对比分析，检查是否存在异常；⑤根据增值税发票申报表或普通发票，估算全年收入，与实际入账收入金额比较。

（4）获取产品价格目录，抽查售价是否符合定价政策，并注意销售给关联方或关系密切的重要客户的产品价格是否合理，有无低价或高价结算以转移收入和利润的现象。

（5）抽取本期一定数量的销售发票，检查开票、记账、发货日期是否相符，品名、数量、单价、金额等是否与发运凭证、销售合同或协议、记账凭证等一致。

（6）抽取本期一定数量的记账凭证，检查入账日期、品名、数量、单价、金额等是否与销售发票、发运凭证、销售合同或协议等一致。

（7）实施销售的截止测试。对主营业务收入实施销售截止测试，其目的是确定被审计单位主营业务收入的会计记录归属期是否正确，是否有将主营业务收入提前至本期或推迟至下期记账的情况。注册会计师在审计中，应该关注三个与主营业务收入确认有着密切关系的日期，一是开具发票日期或者收款日期，二是记账日期，三是发货日期。主营业务收入截止测试的关键就是检查三者是否归属于同一会计期间。针对上述三个重要日期，注册会计师可以考虑选择以下三种审查路线实施主营业务收入的截止测试。

1）以账簿记录为起点，从资产负债表日前后若干天的账簿记录追查至记账凭证，检查发票副联与发运凭证，以证实已入账收入是否在同一期间已开具发票并发货。但此法只能发现多记的收入，而不能发现漏记的收入。

2）以销售发票为起点，从资产负债表日前后若干天的发票副联中抽取若干张样本，追查至发运凭证和账簿记录，以证实已开具发票的货物是否已发货并于同一会计期间确认收入。但此法只能发现漏记的收入，而不能发现多记的收入。

3）以发运凭证为起点，从资产负债表日前后若干天的发运凭证追查至发票开具情况和账簿记录，确定主营业务收入是否已计入恰当的会计期间。这种方法也只能发现漏记的收入。

（8）结合对应收账款实施的函证程序，选择主要客户函证本期销售额。

（9）检查销售折扣、销售退回与折让业务是否真实、合法，相关手续是否符合规定，是否经授权批准，相关的会计处理是否正确。

（10）检查外币收入折算汇率是否正确，折算方法是否前后各期一致。

（11）检查有无特殊的销售行为，如附有销售退回条件的商品销售、委托代销、售后回购、以旧换新、商品需要安装和检验的销售、分期收款销售、出口销售、售后租回等，注册会计师应确定恰当的审计程序进行审核。

（12）调查集团内部销售的情况，记录其交易价格、数量和金额，并追查在编制合并财务报表时是否已予以抵销。

（13）调查向关联方销售的情况，记录其交易品种、数量、价格、金额以及占主营业务收入总额的比例。

（14）确定主营业务收入的列报是否恰当。

二、应收账款和坏账准备的实质性程序

（一）审计目标

1. 应收账款审计目标

应收账款是指企业因销售商品、提供劳务而应向购货单位或接受劳务单位收取的款项或代垫的运杂费，是企业在信用活动中所形成的各种债权性资产。企业的应收账款是在销售交易或提供劳务过程中产生的，因此，应收账款的审计应结合销售交易来进行。

应收账款的审计目标一般包括：确定资产负债表中记录的应收账款是否存在；确定应收账款的记录是否完整；确定记录的应收账款是否归被审计单位所有；确定应收账款是否可收回；确定坏账准备的计提方法和比例是否恰当，计提是否充分；确定应收账款及其坏账准备期末余额是否正确；确定应收账款及其坏账准备在财务报表中的列报是否恰当。

2. 坏账准备审计目标

坏账是指企业无法收回或收回的可能性极低的应收款项。由于发生坏账而产生的损失称为坏账损失。

企业对单项金额不重大的应收账款，通常应按账龄分析法将应收账款分为多种组别，采用备抵法按期估计坏账损失，形成坏账准备。与直接转销法相比，备抵法将预计不能收回的应收账款作为坏账损失及时计入费用，能够避免企业虚增利润。在财务报表中列示应收款项

的净额，有助于财务报表使用者了解企业真实的财务状况。并且使应收款项实际占用资金更接近实际，消除了虚列的应收款项，有利于加快企业资金周转，提高企业经济效益。

坏账准备的审计目标包括：计提方法和比例是否恰当；坏账准备的计提是否充分；期末余额是否正确；是否已按照企业会计准则的规定在财务报表中作出恰当列报。

（二）实质性程序

1. 应收账款实质性程序

（1）获取或编制应收账款明细表，复核加计是否正确，并与总账数和明细账合计数核对是否相符。

（2）分析应收账款账龄。复核应收账款借方累计发生额与主营业务收入是否配比，并将当期应收账款借方发生额占销售收入净额的百分比与管理层考核指标进行比较。计算应收账款周转率、应收账款周转天数等指标，并与被审计单位以前年度指标、同行业同期相关指标进行对比分析，检查是否存在重大异常。

（3）向债务人函证。除非有充分证据表明应收账款对财务报表不重要或函证很可能无效，都应对应收账款进行函证。如果不对应收账款进行函证，应在工作底稿中说明理由。如果认为函证很可能无效，应当实施替代审计程序获取充分、适当的审计证据。

（4）检查未函证应收账款。抽查有关原始凭证，如销售合同、销售订购单、销售发票副本、发运凭证及回款单据等，验证与其相关的应收账款的真实性。

（5）抽查有无不属于结算业务的债权。抽查应收账款明细账，并追查至有关原始凭证，查证被审计单位有无不属于结算业务的债权。

（6）检查应收账款中是否存在债务人破产或者死亡，以及其破产财产清偿后仍无法收回，或者债务人长期未履行偿债义务的情况。

（7）检查银行存款和银行贷款等询证函的回函、会议纪要、借款协议和其他文件，确定应收账款是否已被质押或出售。

（8）对应收关联方（包括持股5%以上）的款项，执行关联方及其交易审计程序，并注明合并报表时应予抵销的金额；对关联企业、有密切关系的主要客户的交易事项作专门核查。

（9）检查应收账款在资产负债表中是否已恰当列报。

2. 坏账准备实质性程序

坏账准备实质性程序包括获取或变质坏账准备明细表，复核加计是否正确，并与总账数和明细账合计数核对是否相符等。

坏账准备实质性程序具体如下。

（1）应收账款计提坏账准备的类别。注册会计师应查明被审计单位对单项金额重大的应收账款，是否单独测试以计提坏账准备。对于单项金额不重大的应收账款是否确定为不同的应收账款组合，以计提坏账准备。

（2）坏账准备的计提。注册会计师主要应查明坏账准备的计提方法和比例是否符合企业会计准则规定，计提的数额是否恰当，会计处理是否正确，前后期是否一致。

（3）审查坏账损失。对于被审计期间发生的坏账损失，注册会计师应审查其原因是否清楚，是否符合有关规定，有无授权批准，有无已作坏账损失处理后又重新收回的应收款项，相应的会计处理是否正确。

（4）审查长期挂账应收账款。注册会计师应审查应收账款明细账及相关原始凭证，查找有无财务报表日后仍未收回的长期挂账应收账款。

（5）检查函证结果。对债务人回函中反映的事项及存在争执的余额，注册会计师应查明原因并进行记录。

（6）执行分析程序。通过计算坏账准备余额占应收款项余额的比例，并和以前期间的相关比例核对，检查分析其重大差异，以发现有重要问题的审计领域。

（7）确定坏账准备的列报是否恰当。企业应当在财务报表附注中说明坏账的确定标准、坏账准备的计提方法和计提比例，并应区分应收账款和其他应收款项目，按账龄披露坏账准备的期末余额。

（三）应收账款函证

应收账款函证，是指直接发函给被审计单位的债务人，要求核实被审计单位应收账款的记录是否正确的一种审计方法。

函证的目的是证实应收账款账户余额的真实性、正确性，防止或发现被审计单位及有关人员在销售业务中发生的差错或弄虚作假、营私舞弊等行为。询证函应由注册会计师利用被审计单位提供的应收账款明细账名称及地址编制，亲自寄发。应收账款函证的具体要求如表9-5所示。

表9-5　应收账款函证的具体要求

项目	具体要求
函证决策	（1）注册会计师应当对应收账款实施函证程序，除非有充分证据表明应收账款对财务报表不重要，或函证很可能无效 （2）如果认为函证很可能无效，注册会计师应当实施替代审计程序，获取相关、可靠的审计证据 （3）如果不对应收账款函证，注册会计师应在审计工作底稿中说明
函证目的	函证应收账款的目的在于证实应收账款账户余额是否真实、准确
函证的范围和对象	（1）应收账款在全部资产中的重要程度。如果应收账款在全部资产中所占的比重较大，则函证的范围应更大 （2）被审计单位内部控制的有效性。如果内部控制系统较健全，则可以减少函证数量；反之应扩大函证范围 （3）以前期间的函证结果。若以前期间函证中发现过重大差异，或欠款纠纷较多，则函证范围应相应扩大
函证的方式	（1）积极函证方式 （2）消极函证方式
函证时间的选择	（1）通常以资产负债表日为截止日，在资产负债表日后适当时间内实施函证 （2）如果重大错报风险评估为低水平，注册会计师可选择资产负债表日前适当日期为截止日实施函证，并对所函证项目自该截止日起至资产负债表日止发生的变动实施其他实质性程序

项目		具体要求
函证的过程	（1）函证发出前的控制	①考虑被询证者的回函人员是否适当 ②函证中填列的需要被询证者确认的会计信息是否与被审计单位明细账中的记录一致 ③对于同一个被询证方，询证函中是否包含了与该被询证者相关的所有需要确认的信息 ④被询证者的名称、地址是否已与被审计单位有关记录核对，确保询证函中的名称、地址等内容是真实、准确的
	（2）对以不同方式发出询证函的控制	①邮寄方式发出询证函的控制措施 ②跟函方式发出询证函的控制措施
	（3）对不实施函证的控制	审计业务经验表明回函率很低

1. 积极函证

积极函证是向债务人发出询证函，要求其证实所函证的欠款是否正确，无论对错都要求复函，参考格式如下：

企业询证函

××公司：

本公司聘请的××会计师事务所正在对本公司的财务报表进行审计，按照中国注册会计师审计准则的要求，应当询证本公司与贵公司的往来账项等事项。下列数据出自本公司账簿记录，如与贵公司记录相符，请在本函下端"信息无误"处签章证明；如有不符，请在"信息不符，请列明不符项目及具体内容"处列明不符金额。回函请直接寄至××会计师事务所。

通信地址：

邮编：　　　　　　电话：　　　　　　　　传真

1. 本公司与贵公司的往来账下如下：

截止日期　　　　　贵公司欠　　　　　欠贵公司　　　　备注

2. 其他事项

本函仅为复核账目之用，并非催款结算。若款项在上述日期之后已经付清，仍请及时函复为盼。

本审计单位签章
年　月　日

结论

（1）信息无误。　　　　　　　　　　（2）信息不符，请列明不符项目及具体内容。

（公司签章）　　　　　　　　　　　　（公司签章）

年　月　日　　　　　　　　　　　　　年　月　日

经办人　　　　　　　　　　　　　　　经办人

2. 消极函证

消极函证是向债务人发出询证函，所函证的款项相符时不必复函，只有在所函证的款项不符时才要求债务人向注册会计师复函。

注册会计师具体采用哪一种函证方式，可以根据下述情形做出选择：债务人欠款金额较大，有理由相信欠款可能存在争议、差错等问题时采用积极函证。当债务人符合以下所有条件时，可以采用消极函证：

（1）相关的内部控制是有效的，风险评估为低水平；

（2）预计差错率较低；

（3）欠款金额小的债务人数量很多；

（4）注册会计师有理由确信大多数被函证者能认真对待询证函，并对不正确的情况予以反馈。

有时候两种函证方式结合起来使用可能更适宜。若采用积极函证，则可以相应减少函证量；若采用消极函证，则要相应增加函证量。

注册会计师应直接控制函证的发送和回收。采用积极函证方式未回函的，可再次发询，由注册会计师发出第二封甚至第三封询证函。如果仍然得不到答复，注册会计师应考虑采用必要的替代程序。例如，检查与销售有关的文件，包括销售合同、销售订购单、销售发票副本及发运凭证等，以验证应收账款的真实性。

收回的询证函中如有差异，注册会计师应查明原因、作出记录或适当调整。产生差异的原因主要表现在以下两个方面。

（1）购销双方入账的时间存在差异。具体包括：债务人已经付款，而被审计单位尚未收到款项；被审计单位已经发出货物，并登记了应收账款，债务人尚未收到货物，因此也为确认应付项款；债务人由于种种原因已将货物退回，并冲减了应付款项，而被审计单位尚未收到货物，也未对应收账款作出调整；债务人对收到的货物数量、规格等不满意而全部或部分拒付。

（2）销售方或双方存在记账差错或舞弊行为。

在无法采用函证程序获得应收账款状况的信息时，可采用以下三种替代测试程序。

（1）检查期后收款。检查资产负债表日后收回的货款，注册会计师不能仅查看应收账款的贷方发生额，而是要查看相关的收款单据，以证实付款方确为该客户，且确与资产负债表日的应收账款相关。

（2）检查原始凭证。检查相关的销售合同、销售单、发运凭证等文件。注册会计师需要根据被审计单位的收入确认条件和时点，确定能够证明收入发生的凭证。

（3）检查往来邮件。检查被审计单位与客户之间的往来邮件，如有关发货、对账、催款等事宜的邮件。

本章小结

销售与收款循环的主要业务活动包括接受客户订货单、批准赊销信用、按销售单供货、按销售单装运货物、向客户开具账单、记录销售、办理和记录现金及银行存款收入、办理和记录销售退回及销售折扣与折让、注销坏账和计提坏账准备等。

注册会计师基于销售与收款循环的重大错报风险评估结果，制定实施进一步审计程序的总体方案，包括实施控制测试和实质性程序，以应对识别出的认定层次的重大错报风险。

销售与收款交易的实质性程序是以控制风险评估为基础进行的。本章主要阐述了主营业务收入、应收账款及其坏账准备项目审计的实质性程序。

思考与练习 ▶▶ ▶

一、单项选择题

1. 注册会计师在运用销售与收款循环中的各种凭证时应注意，商品价目表只能证明（   ）认定，而不能证明其他认定。

A. 发生　　　　　B. 完整性　　　　　C. 权利和义务　　　　　D. 计价和分摊

2. 为了证实被审计单位销售交易的记录是否及时，将（   ）上的日期相核对，看两者是否相近，是最有效的测试程序。

A. 发运凭证与销售发票副联

B. 销售发票副联与主营业务收入明细账

C. 发运凭证与销售发票副联、主营业务收入明细账和应收账款明细账

D. 客户订货单与主营业务收入明细账

3. 检查开具发票或收款的日期、记账的日期、发货的日期（   ），是主营业务收入截止测试的关键所在。

A. 是否在同一会计期间　　　　　　　B. 是否临近

C. 是否在同一天　　　　　　　　　　D. 相距是否不超过 30 天

4. 注册会计师计划测试某公司 2019 年度主营业务收入的完整性。以下各项审计程序中，通常难以实现上述审计目标的是（   ）。

A. 抽取 2019 年 12 月 31 日开具的销售发票，检查相应的发运单和账簿记录

B. 抽取 2019 年 12 月 31 日的发运单，检查相应的销售发票和账簿记录

C. 从主营业务收入明细账中抽取 2019 年 12 月 31 日的明细记录，检查相应的记账凭证、发运单和销售发票

D. 从主营业务收入明细账中抽取 2020 年 1 月 1 日的明细记录，检查相应的记账凭证、发运单和销售发票

5. 对于年末有大额欠款的客户，如果第二次乃至第三次询证函仍得不到回复，此时最佳的替代审计程序为（   ）。

A. 按客户提供的地址到该客户处直接查询

B. 重新研究评价客户应收账款的内部控制

C. 复核所审计年度内的账款收入

D. 检查与销售有关的合同或协议、订货单、销售发票副联及发运凭证等资料

二、多项选择题

1. 为保证所有的产品销售均已入账，某公司下列控制活动中与这一控制目标直接相

关的有（　　　）。

A. 对销售发票进行顺序编号并复核当月开具的销售发票是否均已登记入账

B. 检查销售发票是否经适当的授权批准

C. 将每月产品发运数量与销售入账数量相核对

D. 定期与客户核对应收账款余额

2. 在销售与收款循环审计中，注册会计师为了证实被审计单位是否做到适当的职责分离而进行的控制测试一般是通过（　　　）程序进行的。

A. 检查 　　　　　B. 观察 　　　　　C. 询问 　　　　　D. 重新执行

3. 注册会计师为验证被审计单位登记入账的销售是否已发货给真实的客户，可采用（　　　）程序进行测试。

A. 复核主营业务收入总账、明细账以及应收账款明细账中的大额项目或异常项目

B. 将主营业务收入明细账中的分录与销售单中的赊销审批和发运审批进行核对

C. 将应收账款明细账中的贷方分录与真实的证据进行核对

D. 将发运凭证与存货永续记录中的发运分录进行核对

4. 在审计主营业务收入时，运用实质性分析程序进行比较的内容包括（　　　）。

A. 计算本年度重要产品的毛利率并与上年度比较

B. 将本年度主营业务收入与上年度进行比较

C. 将本年度重要产品的毛利率与同行业企业进行比较

D. 比较本年度各月份各类主营业务收入的波动情况

5. 注册会计师在确定应收账款函证样本数量的大小、范围时，应考虑的因素有（　　　）。

A. 应收账款在全部资产中所占的比重 　　　B. 被审计单位内部控制的强弱

C. 以前年度的函证结果 　　　D. 函证方式的选择

三、简答题

1. 简述销售交易的内部控制。

2. 简述销售交易的控制测试。

3. 简述销售交易的实质性程序。

4. 简述主营业务收入的实质性程序。

5. 简述应收账款的实质性程序。

第十章 采购与付款循环审计

🔔 **本章学习目标**

1. 了解采购与付款循环涉及的主要业务活动；
2. 了解采购与付款循环涉及的主要凭证与会计记录；
3. 熟悉采购与付款循环的内部控制；
4. 掌握采购与付款循环的控制测试；
5. 掌握应付账款的实质性程序；
6. 掌握固定资产的实质性程序；
7. 熟悉固定资产的内部控制与控制测试。

案例导入

HT公司：诡异的应付账款

2012年6月19日，上海HT智能系统股份有限公司（以下简称HT公司）在深圳创业板上市，发行股票2 000万股，每股发行价为人民币15元，共募集资金3亿元人民币。虽然主营轨道交通自动售检票系统（AFC）、城市交通卡自动收费系统等产品的HT公司依靠城市轨道交通大发展所带来的"红利"成功上市，但上市前其财务业绩表现平平，营业收入和净利润两项数据与诸多其他创业板拟上市企业相比并不出众。

依据HT公司2008年至2011年发布的现金流量表和利润表数据，HT公司2008年至2011年上半年各期经营性现金净流入金额均远高于实现的净利润（HT公司2008年至2011年上半年的经营性现金净流量发生额分别为2 955.24万元、3 921.23万元、4 243.95万元和5 534.54万元，同期合并净利润金额则分别为1 678.1万元、2 006.48万元、3 019.1万元和2 081.72万元），这也导致该公司在没有银行借款的情况下，2011年上半年货币资金的保有量高达16 051.2万元。与此同时，HT公司应付账款余额也大幅度增高（应付账款余额从2008年年末的4 259.93万元增加到2011年上半年的11 384.82万元），这不禁让人生疑，为何HT公司在坐拥巨额货币资金的同时，却仍然欠着大笔货款而不向供应商结款？

根据招股说明书财务报表附注披露，上海 PT 科技股份有限公司（以下简称 PT 公司）是 HT 公司的主要供应商之一，截至 2011 年上半年末，HT 公司应付 PT 公司货款 3 146.74 万元，这应当对应着 PT 公司的应收账款。但是根据 PT 公司 2011 年上半年年报披露，HT 公司是 PT 公司的第一大应收账款客户，共涉及三笔金额，合计高达 5 933.95 万元，相比 HT 公司招股说明书披露金额多出了 2 787.21 万元。

根据资产负债表数据的基本逻辑，在资产总额确定的前提下，负债金额越高势必对应着净资产金额越低。就 HT 公司来说，如果假定资产总额的数据披露是正确的，低估应付账款 2 787.21 万元的行为，就对应着虚增净资产金额 2 787.21 万元。这一金额占该公司 2011 年上半年净资产总额 12 011.79 万元的 23.2%。这意味着 HT 公司有可能未将全部对外借款计入财务数据，涉嫌隐瞒负债、虚增净资产，且涉及金额影响巨大。

（资料来源：证券市场红周刊）

第一节　采购与付款循环审计概述

一、采购与付款循环的定义和特点

采购与付款循环是企业处理有关商品、材料等存货的购进以及固定资产购进业务工作程序的总称。采购与付款是企业生产经营活动中的主要业务之一，也是生产经营的主要环节。采购与付款循环同销售与收款循环、生产与存货、人力资源与工薪循环密切关联。由于采购与付款循环涉及业务复杂，采购种类、数量繁多，计价方法也多样化，采购成本、固定资产计价、固定资产折旧计提等直接影响当期损益，审计风险较高，对审计人员的职业能力要求较高。

二、采购与付款循环的主要业务活动

采购包括商品、材料等存货的购进活动，也包括固定资产购进业务。采购与付款循环是企业资金周转的关键环节，每一业务均需经过若干程序才能完成，只有及时组织好资产的采购、验收业务，才能保证生产、销售业务的正常运行。

采购与付款循环是企业经过请购、订货、验收、处理退货折让并支付价款等有关活动组成的业务循环。在实务中，为识别、防范采购与付款循环的控制风险，企业应当以风险为导向设计采购与付款循环的审计措施。

采购与付款循环中的主要业务活动流程如图 10-1 所示。

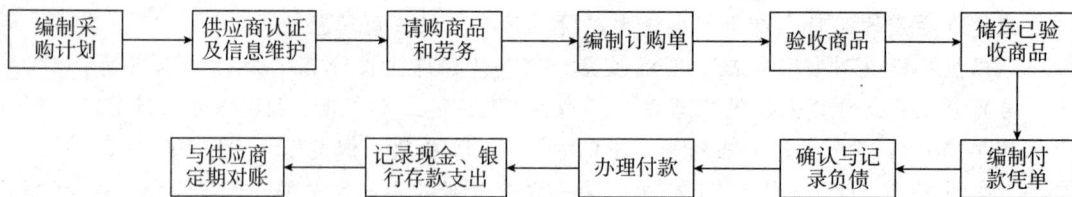

图 10-1　采购与付款循环中的主要业务活动流程

1. 编制采购计划

基于企业的生产经营计划，生产、仓库等部门定期编制采购计划，经部门负责人等管理人员审批后提交采购部门，安排商品及服务采购。

2. 供应商认证及信息维护

企业通常对合作的供应商事先进行资质的审核，将通过审核的供应商信息录入系统，形成完整的供应商清单，并及时对其信息变更进行更新。

3. 请购商品和劳务

生产部门根据采购计划，对需要购买的已列入存货清单的原材料等项目填写请购单，其他部门也可以对所需要购买的商品或劳务编制请购单。

4. 编制订购单

采购部门在收到请购单后，对经过恰当批准的请购单发出订购单。

5. 验收商品

验收部门首先应比较所收商品与订购单上的要求是否相符，如商品的品名、摘要、数量、到货时间等，然后再盘点商品并检查商品有无损坏。

6. 储存已验收商品

将已验收商品的保管与采购的其他职责相分离，可减少未经授权的采购和盗用商品的风险。存放商品的仓储区应相对独立，限制无关人员接近。

7. 编制付款凭单

记录采购交易之前，应付凭单部门应核对订购单、验收单和卖方发票的一致性并编制付款凭单。

8. 确认与记录负债

与应付账款确认和记录相关的部门一般有责任核查购置的财产，并在应付凭单登记簿或应付账款明细账中加以记录。对于每月末尚未收到供应商发票的情况，则需根据验收单和订购单暂估相关的负债。

9. 办理付款

通常是由应付凭单部门负责确定未付凭单到期日付款。付款部门进行支付的同时应登记支票簿。已签发的支票连同有关发票合同凭证应送交有关负责人审核签字，并将支票送交供应商。

10. 记录现金、银行存款支出

会计部门应根据已签发的支票编制付款记账凭证，并据以登记银行存款日记账及其他相关账簿。会计主管应独立检查记入银行存款日记账和应付账款明细账的金额的一致性，以及与支票汇总记录的一致性，定期比较银行存款日记账记录的日期与支票副本的日期，独立检查入账的及时性，独立编制银行存款余额调节表。

11. 与供应商定期对账

会计部门相关工作人员应当定期与供应商对账。在对账前，应对供应商提供的对账资料进行初步审核，不满足条件的对账资料应要求供应商补充完善。

三、采购与付款循环涉及的主要凭证和会计记录

采购与付款循环通常要经过请购订货、验收、付款等程序，采购与付款循环通常需要使用很多单据与会计记录，涉及的凭证和会计记录主要有请购单、订购单、验收单、卖方发票、付款凭单、转账凭证、付款凭证、应付账款明细账、现金日记账和银行存款日记账、供应商对账单等。采购与付款循环涉及的主要凭证和会计记录如表 10-1 所示。

表 10-1 采购与付款循环涉及的主要凭证和会计记录

交易类别	涉及的财务报表项目	主要业务活动	主要凭证和会计记录
采购	存货、其他流动资产、销售费用、管理费用、应付账款、其他应付款、预付账款等	编制采购计划 维护供应商清单 请购商品和劳务 编制订购单 验收商品 储存已验收的商品 编制付款凭单 确认与记录负债	采购计划 供应商清单 请购单 订购单 验收单 入库单 卖方发票 付款凭单
付款	应付账款、其他应付款、应付票据、货币资金等	办理付款 记录现金、银行存款支出 与供应商定期对账	转账凭证/付款凭证 应付账款明细账 现金日记账和银行存款日记账 供应商对账单

1. 采购计划

企业以销售和生产计划为基础，制订采购计划，并经适当的管理层审批后执行。

2. 供应商清单

企业通过对合作的供应商进行认证，将通过认证的供应商信息进行手工或系统维护，并及时进行更新。

3. 请购单

请购单由生产、仓库等相关部门的有关人员填写，送交采购部门，是申请购买商品、劳务或其他资产的书面凭据。

4. 订购单

订购单由采购部门填写，经适当的管理层审核后发送给供应商，是向供应商购买订购

单上所指定的商品和劳务的书面凭据。

5. 验收及入库单

验收单是收到商品时所编制的凭据，列示收到的商品的种类和数量等内容。入库单是由仓库管理人员填写的验收合格品入库的凭证。

6. 卖方发票

卖方发票是供应商开具的、交给买方以载明发运的货物或提供的劳务、应付款金额和付款条件等事项的凭证。

7. 付款凭单

付款凭单是由采购方企业的应付凭单部门编制的，载明已收到的商品、资产或接受的劳务、应付款金额和付款日期的凭证。付款凭单是采购方企业内部记录和支付负债的授权证明文件。

8. 转账凭证

转账凭证是指记录转账交易的记账凭证，根据有关转账交易原始凭证编制。

9. 付款凭证

付款凭证包括现金付款凭证和银行存款付款凭证，是指用来记录库存现金和银行存款支出交易的记账凭证。

10. 应付账款明细账

应付账款通常是指因购买材料、商品或接受劳务供应等而发生的债务。应付账款明细账是列示单个贷方（供应商）账户的明细分类账。

11. 现金日记账和银行存款日记账

现金日记账是用来核算和监督库存现金日常收、付和结存情况的序时账簿。银行存款日记账是用来核算和监督银行存款每日的收入、支出和结余情况的账簿。

12. 供应商对账单

供应商对账单是由供应商编制的、用于核对与采购企业往来款项的凭据，通常标明期初余额、本期购买、本期支付给供应商的款项和期末余额等信息。供应商对账单是供应商对有关交易的陈述，如果不考虑买卖双方在收发货物上可能存在的时间差等因素，其期末余额通常应与采购方相应的应付账款期末余额一致。

第二节　采购与付款循环的控制及控制测试

一、采购与付款循环内部控制主要内容

针对采购与付款循环的各项主要业务活动，可能存在相应的内部控制活动，具体如表10-2所示。

表 10-2　采购与付款循环内部控制

主要业务活动	内部控制	目标与相关认定
编制采购计划	生产、仓库等部门定期编制采购计划，经部门负责人等适当的管理人员审批后提交采购部门，具体安排商品及服务采购	采购交易：发生 应付账款：存在
供应商认证及信息维护	采购部门只能向通过审核的供应商进行采购	采购交易：发生 应付账款：存在
请购商品和劳务	请购单是证明有关采购交易的"发生"认定的凭据之一，也是采购交易轨迹的起点。请购单可由手工或计算机编制。可以分部门设置请购单的连续编号，每张请购单必须经过对这类支出预算负责的主管人员签字批准	采购交易：发生 应付账款：存在
编制订购单	采购部门只能对经过恰当批准的请购单发出订购单，对每张订购单，采购部门应确定最佳供应来源。订购单应正确填写所需要的商品品名、数量、价格、厂商名称和地址等，预先予以顺序编号并经过被授权的采购人员签名。其正联应送交供应商，副联则送至企业内部的验收部门、应付凭单部门和编制请购单的部门。随后，应独立检查订购单的处理，以确定是否确实收到商品并正确入账	采购交易：完整性、发生 应付账款：完整性、存在
验收商品	验收部门应比较所收商品与订购单上的要求是否相符，然后再盘点商品并检查商品有无损坏。验收后，验收部门应已收货的每张订单编制一式多联、预先按顺序编号的验收单，作为验收和检验商品的依据。验收人员将商品送交仓库或其他请购部门时，应取得经过签字的收据，或要求其在验收单的副联上签收，以确立他们对所采购资产应负的保管责任	存货：存在、完整性 应付账款：存在、完整性
储存已验收的商品	将已验收商品的保管与采购的其他职责分离；存放商品的仓储区应相对独立，限制无关人员接近	存货：认定
确认和记录采购交易与负债	财务部门检查订购单、验收单和供应商发票的一致性，确定供应商发票的内容是否与相关的验收单、订购单一致，以及供应商发票的计算是否正确，检查无误后，会计人员编制转账凭证或付款凭证，经会计主管审核后据以登记相关账簿；如果月末尚未收到供应商发票，财务部门需要根据验收单和订购单暂估相关的负债	采购交易：完整性、发生 应付账款：完整性、存在 存货：完整性
确认与记录负债	正确确认已验收货物和已接受劳务的负债，准确、及时地记录负债；应付账款确认与记录的一项重要控制是要求记录现金支出的人员不得经手现金、有价证券和其他资产	应付账款：存在、完整性 存款：存在、准确性、计价和分摊、完整性

续表

主要业务活动	内部控制	目标与相关认定
办理付款	独立检查已签发支票的总额与所处理的付款凭单总额的一致性；应由被授权的财务部门的人员负责签署支票；被授权签署支票的人员应确定每张支票都附有一张已经适当批准的付款凭单，并确定支票收款人姓名和金额与凭单内容一致；支票一经签署就应在其凭单和支持性凭证上用加盖印戳或打洞等方式将其注销，以免重复付款；支票签署人不应签发无记名甚至空白的支票；支票应预先按顺序编号，保证支出支票存根的完整性和作废支票处理的恰当性；应当确保只有被授权的人员才能接近未经适用的空白支票	应付账款：完整性、准确性、计价和分摊 存款/成本：完整性、准确性、计价和分摊
记录现金、银行存款支出	会计主管应独立检察记入银行存款日记账和应付账款明细账金额的一致性，以及与支票汇总记录的一致性；通过定期比较银行存款日记账记录的日期与支票副本的日期，独立检察入账的及时性；独立编制银行存款余额调节表	应付账款：准确性、计价和分摊、存在 存货：准确性、计价和分摊

二、评估采购与付款循环重大错报风险

（一）采购与付款循环存在的重大错报风险

注册会计师在内部控制了解与测试的基础上，应对被审计单位采购与付款循环中的重大错报风险进行评估，以确定进一步审计程序的性质、时间和范围，并对被审计单位中可能发生的采购与付款循环的重大错报风险保持应有的职业谨慎。

1. 低估负债或资产相关准备

在承受反映较高盈利水平和营运资本的压力下，被审计单位管理层可能试图低估应付账款等负债或资产相关准备，包括低估对存货应计提的跌价准备。重大错报风险常常集中体现在以下三个方面。

（1）遗漏交易。例如，为记录已收取货物或尚未收到发票的采购相关的负债或为记录尚未付款的已经购买的服务支出等。

（2）采用不正确的费用支出截止期，如将本期的支出延迟到下期确认。

（3）将应当及时确认损益的费用性支出资本化，然后通过资产的逐步摊销予以消化等。

2. 操纵负债和费用的确认控制损益

被审计单位管理层可能出于完成预算，满足业绩考核要求，保证从银行获得资金，吸引潜在投资者，误导股东，影响公司股价等动机，通过操纵负债和费用的确认控制损益。例如：

（1）平滑利润，通过多记准备或少记负债和准备，把损益控制在被审计单位管理层希望的程度；

（2）利用特别目的把负债从资产负债表中剥离，或利用关联方间的费用定价优势制造虚假的收益增长趋势；

（3）被审计单位管理层把私人费用计入企业费用，把企业资金当作私人资金运作。

3. 费用支出分配或计提的错误

例如，被审计单位以复杂的交易安排购买一定期间的多种服务，管理层对于涉及的服务受益与付款安排所涉及的复杂性缺乏足够的了解，导致费用支出分配或计提的错误。

4. 不正确地记录外币交易

当被审计单位进口用于出售的商品时，可能由于采用不恰当的外币汇率而导致该项采购的记录出现差错。此外，还存在未能将诸如运费、保险费和关税等与存货相关的进口费用进行正确分摊的风险。

5. 舞弊和盗窃的固有风险

如果被审计单位经营大型零售业务，由于所采购商品和固定资产的数量及支付的款项大，交易复杂，容易造成商品发运错误，员工和客户发生舞弊和盗窃的风险较高。如果那些负责付款的会计人群有权接触应付账款主文档，并能够通过在应付账款主文档中擅自添加新的账户来虚构采购交易，风险也会增加。

6. 存在未记录的权利和义务

这可能导致资产负债表分类错误以及财务报表附注不正确或披露不充分。

（二）根据重大错报风险评估结果实施控制测试

注册会计师通常以识别的重大错报风险为起点，选取拟测试的控制并实施控制测试，如表10-3所示。

表10-3　采购与付款循环的重大错报风险及控制测试

风险	相关财务报表项目及认定	自动化控制	人工控制	内部控制测试程序
新增供应商或供应商信息变更未经恰当的验证	存货：存在 销售费用/管理费用：发生 应付账款：存在	采购订单上的供应商必须与系统供应商清单匹配后，才能生效	复核人员对供应商数据的变更请求进行审核批准，包括供应商地址、银行账户的变更，以及新增供应商等	询问复核人员复核供应商信息变更的过程；检查变更需求是否由相应文件支持及有复核人的确认；检查系统中采购订单的生成逻辑
订购单与有效的请购单不符	存货：存在、准确性、计价和分摊 销售费用/管理费用：发生、准确性 应付账款/其他应付款：存在、准确性、计价和分摊		复核人员复核采购订单是否有经适当权限人员签署的请购单支持；复核人员确认采购价格与供应商协商一致，且该供应商已通过审批	询问复核人员复核订购单的过程，包括复核人员提出的问题及其跟进记录；检查采购订单是否有对应的请购单及复核人员签署确认

风险	相关财务报表项目及认定	自动化控制	人工控制	内部控制测试程序
接受了缺乏有效订购单支持的商品	存货：存在 销售费用/管理费用：发生 应付账款：存在	确认商品入库后，系统生成连续编号的入库单，并与订购单匹配	仓储人员只有完成以下程序后才能在系统中确认商品入库：检查是否存在有效的订购单；检查是否存在有效的验收单；检查收到的商品的数量是否与发货单一致	检查系统入库单的生成逻辑；询问仓储人员的收货过程，抽样检查入库单是否有对应一致的订购单及验收单
临近会计期末的采购未被记录在正确的会计期间	存货：存在、完整性 销售费用/管理费用：发生、完整性 应付账款：存在、完整性	系统每月末生成包含所有已收货但相关发票未录入系统的例外报告	复核人员复核该例外报告中的项目，确定采购是否被记录在正确的期间以及是否应确认负债	检查系统例外报告的生成逻辑；询问复核人员对报告的复核过程，检查报告中的采购是否确认了相应负债，检查复核人员的签署确认
确认的负债存在价格、数量错误或劳务尚未提供的情形	存货/营业成本：完整性、准确性、计价和分摊 应付账款：完整性、准确性、计价和分摊	当发票录入系统后，系统将其详细信息与订购单及入库单进行核对。对不符事项生成例外报告	负责应付账款且无职责冲突的人员负责跟进例外报告	检查系统报告的生成逻辑，与复核人员讨论其复核过程，抽样选取例外报告。检查是否存在复核的证据、复核人员提出问题的跟进是否恰当等；抽样选取采购发票，检查是否与入库单和采购订单所记载的价格、供应商、日期、描述及数量一致

在实际工作中，注册会计师并不需要对采购与付款循环的所有控制点进行测试，应该针对识别的可能发生错报的环节，选择足以应对评估的重大错报风险的关键控制进行控制测试。

通过测试，对采购与付款循环内部控制进行评价，确定采购与付款循环内部控制可依赖程度。注册会计师在评价时，应注意分析采购与付款循环业务认定中可能发生哪些潜在的错报，哪些控制可以防止或者发现并更正这些错报。通过比较必要的控制和现有控制，评价计划以来的采购与付款循环业务内部控制的有效性。

案例分析

A 会计师事务所承接了甲公司 2019 年度财务报表审计业务，资料如下。

（1）甲公司 2019 年下半年，受经济不景气的影响，收入减少，销售价格下降了 10%。

（2）从 2019 年 11 月开始存储的原材料价格大幅度下降，产品市场萎缩，积压情况严重。

注册会计师所获取的甲公司部分财务数据如表 10-4 所示。

表 10-4　甲公司部分财务数据　　　　　　　　单位：万元

项目	2019 年（未审数）	2018 年（已审数）
营业收入	6 000	5 000
营业成本	5 000	4 500
存货账面余额	1 500	600
减：存货跌价准备	375	180
存货账面价值	1 125	420

要求：根据资料分析是否可能存在重大错报风险，并说明理由；列出可能影响的主要报表项目。

【解析】分析结果可用表 10-5 呈现。

表 10-5　分析结果

事项序号	是否表明存在重大错报风险	理由	报表项目
（1）	是	在销售价格下降的情况下，毛利率不降反升，可能存在多计营业收入和少计营业成本的错报风险	营业收入、营业成本、存货
（2）	是	库存原材料大幅降价，产品积压严重，但是存货跌价准备的计提比例从去年的30%降低为今年的25%，可能存在少计提存货跌价准备的错报风险	存货、资产减值损失、资产减值准备

第三节　应付账款审计

应付账款是企业在正常经营过程中，因购买材料、商品或接受劳务供应等应付给供应单位的款项。可以看出，应付账款业务是随着企业赊购交易的发生而发生的，注册会计师应结合购货业务进行应付账款的审计。

一、应付账款的审计目标

应付账款的审计目标一般包括：确定期末应付账款是否存在；确定期末应付账款是否为被审计单位应履行的偿还义务；确定应付账款的发生和偿还记录是否完整；确定应付账款期末余额是否正确；确定应付账款在财务报表上的披露是否恰当。

二、应付账款的实质性程序

（1）获取或编制应付账款明细表，复核加计正确，并与报表数、总账数和明细账合计数核对是否相符。

（2）根据被审计单位实际情况，选择以下方法对应付账款进行分析程序：

1）对本期期末应付账款余额与上期期末余额进行比较，分析其波动原因。

2）分析长期挂账的应付账款，要求被审计单位作出解释，判断被审计单位是否缺乏偿债能力或利用应付账款隐瞒利润。

3）计算应付账款对存货的比率、应付账款对流动负债的比率，并与以前期间对比分析，评价应付账款整体的合理性。

4）根据存货、营业成本的增减变动幅度，判断应付账款增减变动的合理性。

（3）函证应付账款。一般情况下，应付账款不需要函证，因为函证不能保证查出未记录的应付账款，况且注册会计师能够取得购货发票等外部凭证来证实应付账款的余额。但如果控制风险较高，某些应付账款明细账户金额较大或被审计单位处于财务困难阶段，则应进行应付账款的函证。

（4）查找未入账的应付账款。为了防止企业低估负债，注册会计师应检查被审计单位有无故意漏记应付账款的行为。注册会计师应检查被审计单位在资产负债表日未处理的不相符的购货发票（如抬头不符，与合同某项规定不符等）及有材料入库凭证但未收到购货发票的经济业务；检查资产负债表日后应付账款明细账贷方发生额的相应凭证，确认其入账时间是否正确。检查时，注册会计师还可以通过询问被审计单位的会计和采购人员，查阅资本预算、工作通知单和基建合同来进行。

如果注册会计师通过这些升级程序发现某些未入账的应付账款，应将有关情况详细记入审计工作底稿，然后根据其重要性确定是否需要建议被审计单位进行相应的调整。

（5）检查应付账款是否存在借方余额。如有，查明原因，必要时建议被审计单位进行重分类调整。

（6）结合预付账款的明细余额，查明是否有应付账款和预付账款同时挂账的项目。

（7）检查应付账款长期挂账的原因，并加以记录，注意其是否可能发生呆账收益。

（8）查明应付账款在资产负债表中的披露是否恰当。一般来说，"应付账款"项目应根据"应付账款"和"预付账款"科目所属明细科目的期末贷方余额的合计数填列。

案例分析

RZ会计师事务所的A注册会计师负责审计YH公司2021年度财务报表。审计工作底稿中与负债审计相关的部分内容摘录如下。

（1）YH公司各部门使用的请购单未连续编号，请购单由部门经理批准，超过一定金额还需总经理批准。A注册会计师认为该项控制设计有效，实施了控制测试，结果满意。

（2）为查找未入账的应付账款，A注册会计师检查了资产负债表日后应付账款明细账贷方发生额的相关凭证，并结合存货监盘程序，检查了YH公司资产负债表日前后的存货入库资料，结果满意。

（3）由于 2021 年人员工资和维修材料价格持续上涨，YH 公司实际发生的产品质量保证支出与以前年度的预计数相差较大，A 注册会计师要求管理层就该差异进行追溯调整。

（4）YH 公司有一笔账龄三年以上、金额重大的其他应付款。因 2021 年度未发生变动，A 注册会计师未实施进一步审计程序。

（5）YH 公司年末与固定资产弃置义务相关的预计负债余额为 200 万元。A 注册会计师作出了 300 万元到 360 万元之间的区间估计，与管理层沟通后同意其按 100 万元的错报进行调整。

要求：针对上述（1）至（5）项，逐项指出 A 注册会计师的做法是否恰当。如不恰当，简要说明理由。

【解析】（1）恰当。

（2）不恰当。还应检查资产负债表日后货币资金的付款项目，获取 YH 公司与供应商之间的对账单并与财务记录进行核对调节，检查采购业务形成的相关原始凭证。

（3）不恰当。资产负债表日后价格的变化并不表明前期会计估计存在差错。

（4）不恰当。注册会计师应当对重大账户余额实施实质性程序。

（5）恰当。

第四节　固定资产和累计折旧审计

对于固定资产的审计，一方面，由于固定资产使用期长、价值大、更新慢，增减变化发生的频率较之流动资产来说要低得多，相对来说，发生数量上的差错或弊端比较少。因此，审计人员在制订整个审计计划时，通常安排用于固定资产审计的时间较少，审计程序和方法也比较简单。另一方面，由于固定资产单位价值高，其价值总额在资产总额中一般占有较大比重，固定资产的安全与完整对企业的生产经营影响极大。所以，对固定资产的审计又必须予以高度重视。另外，固定资产审计通常会涉及累计折旧的审计。

一、固定资产审计

固定资产审计的范围很广。固定资产项目反映企业所有固定资产的原价，累计折旧项目反映企业固定资产的累计折旧数额，这两项无疑属于固定资产的审计范围。除此之外，由于固定资产的增加包括购置、自行建造、投资者投入、融资租入、更新改造、以非现金资产抵偿债务方式取得或以应收债权换入、以非货币性交易换入、经批准无偿调入、接受捐赠和盘盈等多种途径，相应涉及银行存款、应付账款、预付账款、在建工程、股本、资本公积、长期应付款、递延税款等项目；企业的固定资产又因出售、报废、投资转出、捐赠转出、抵债转出、以非货币性交易换出、无偿调出、毁损和盘亏等原因而减少，与固定资产清理、其他应收款、资产处置损益、营业外收入和营业外支出等项目有关；另外，企业按月计提固定资产折旧，又与制造费用、营业费用、管理费用等项目联系在一起。因此，在进行固定资产审计时，应当关注这些相关项目。

（一）固定资产的审计目标

固定资产的审计目标一般包括：确定固定资产是否存在；确定固定资产是否归被审计单位所有；确定固定资产及累计折旧增减变动的记录是否完整；确定固定资产的计价和折旧政策是否恰当；确定固定资产的期末余额是否正确；确定固定资产在财务报表上的披露是否恰当。

（二）固定资产的实质性程序

1. 获取或编制固定资产及累计折旧分类汇总表

获取或编制固定资产及累计折旧分类汇总表，检查固定资产的分类是否正确，并与总账数和明细账合计数核对相符，结合累计折旧、减值准备账户与报表核对相符。固定资产及累计折旧分类汇总表是分析固定资产账户余额变动情况的重要依据，是固定资产审计的重要工作底稿，其格式如表 10-6 所示。注册会计师应注意验证固定资产明细账与总账的金额是否相符，如果不符，则应将明细分类账与有关的原始凭证进行核对，查出差异原因并予以更正。对各项固定资产的累计折旧，注册会计师也要加计汇总并与总账核对，揭示并查明差异原因，予以更正。核对无误后，索取或编制固定资产及累计折旧分类汇总表。

表 10-6　固定资产及累计折旧分类汇总表格式

2020 年 12 月 31 日

被审计单位：HD 股份有限公司　　　　　　编制：张三　　日期：2021 年 1 月 15 日
　　　　　　　　　　　　　　　　　　　　复核：李四　　日期：2021 年 1 月 23 日　　　单位：元

账户编号	固定资产类别	固定资产				累计折旧					
		期初余额	增加	减少	期末余额	折旧方法	折旧率	期初余额	增加	减少	期末余额
143	房屋建筑物	850 000			850 000	直线法	5%	85 000	42 500		127 500
144	机器设备	146 000	34 000		180 000	直线法	10%	29 200	1 700		30 900
145	运输工具	86 000	12 000	8 000	90 000	直线法	20%	34 400	1 200	4 000	31 600
146	办公设备	12 000	3 000		15 000	直线法	20%	4 800	300		5 100
	合计	1 094 000	49 000	8 000	1 135 000			153 400	45 700	4 000	195 100

2. 实施分析程序

根据被审计单位业务的性质，选择以下方法对固定资产实施分析程序。

（1）计算固定资产原值与本期产品产量的比率，并与以前期间进行比较，以发现闲置固定资产或已减少固定资产未在账户上注销的问题。

（2）计算本期计提折旧额与固定资产总成本的比率，将此比率与上期比较，旨在发现本期折旧额计算上的错误。

（3）计算累计折旧与固定资产总成本的比率，将此比率与上期比较，旨在发现累计折旧核算上的错误。

（4）比较本期各月之间、本期与以前各期之间的修理及维护费用，旨在发现资本性支出和收益性支出区分上可能存在的错误。

（5）比较本期与以前各期固定资产的增加和减少。由于被审计单位的生产经营情况在不断变化，各期之间固定资产增加和减少的数额可能有很大相关性。注册会计师应当深入分析其差异，并根据被审计单位以往和今后的生产经营趋势，判断差异产生的原因是否合理。

（6）分析固定资产的构成及增减变动情况，与在建工程、现金流量表、生产能力等相关信息交叉复核，检查固定资产相关金额的合理性和准确性。

3. 固定资产增加的审计

被审计单位如果不能正确核算固定资产的增加，将对资产负债表和利润表产生长期的影响。因此，审计固定资产的增加，是固定资产实质性测试中的重要内容。固定资产的增加有购置、自制自建、投资者投入、更新改造增加、债务人抵债增加等多种途径。注册会计师的审计要点如下。

（1）审查固定资产增加是否列入计划、是否合法。

1）审查固定资产购建计划是否合理、合法。其主要应查明所确定的购建项目是否符合生产经营需要，资金来源是否合法。

2）审查固定资产购建合同是否严格执行。其主要应查明购建合同是否符合《中华人民共和国民法典》（合同编），其中所列的项目数量和质量是否符合计划要求，价格是否合理，合同的条款是否严格执行，有无违反的情况。

3）审查固定资产购建支出是否符合规定。其主要应查明固定资产购建的各项支出是否真实、合法，有无非法行为。

4）审查固定资产利用程度是否符合预定的要求。其主要应审查有无闲置、未使用、不需要或不按用途使用的新增固定资产，对于存在的问题，应查明原因、追求责任。

另外，对于以投资形式转入的固定资产，应重点查明固定资产的投入是否有相应的审批手续和合同，是否经过了资产评估；投入的固定资产产品名称、型号、规格、数量是否与合同规定一致；投入的固定资产是否为企业所需要，有无以次充好的现象。

（2）审查固定资产的计价是否符合规定。固定资产计价的正确与否，影响折旧的计提、成本的计算，所以要认真审查。固定资产计价一般以历史成本为标准。历史成本即企业为取得某项固定资产，按其全新状态所应支付的全部货币金额。但固定资产增加的途径不同，其原始价值的计算方法也不同。例如，投资转入的固定资产可按评估或合同、协议约定的价格入账，捐赠固定资产可按市价入账，盘盈固定资产可按重置完全价值入账等。注册会计师在审核固定资产的计价时，应区别不同情况，逐项仔细审查。

（3）审查固定资产的所有权是否归属企业。注册会计师对于房地产类的固定资产，应查明所有权或使用权的证明文件；对融资租入的固定资产，应验证有关合同，证实其非经营租赁；对汽车等运输设备，应验证有关准购证和执照等，证实其非租入。

4. 固定资产减少的审查

企业固定资产的减少大致有出售、报废、毁损、向其他单位投资转出、盘亏等方式。为了保护固定资产的安全和完整，必须对固定资产的减少进行严格的审查，从而确定固定资产减少的合理性、合法性。由于固定资产减少的原因不同，注册会计师在审查时应分别参照不同情况，抓住审计重点。对各种固定资产减少的审计，注册会计师的审计重点如下：

（1）审查减少固定资产的批准文件；

（2）审查减少固定资产是否进行技术检验或评估；

（3）审查减少固定资产的会计账务处理是否正确，累计折旧是否冲销；

（4）审查减少固定资产的净损益，验证其正确性与合法性，并与"银行存款""营业外收支""资产处置损益""投资收益"等有关账户进行核对。

5. 对固定资产进行实地观察

实施实地观察审计程序时，注册会计师可以以固定资产明细分类账为起点，进行实地追查，以证明会计记录中所列固定资产确实存在，并了解其目前的使用状况；也可以以实地为起点，追查至固定资产明细分类账，以获取实际存在的固定资产均已入账的证据。

当然，注册会计师实地观察的重点是本期新增加的重要固定资产，有时观察范围也会扩展到以前期间增加的固定资产。观察范围的确定需要依据被审计单位内部控制的强弱、固定资产的重要性以及注册会计师的经验来判断。如果为初次审计，则应适当扩大观察范围。

6. 调查未使用和不需用的固定资产

注册会计师应调查被审计单位有无已完工或已购建但尚未交付使用的新增固定资产、因改建扩建等原因暂停使用的固定资产，以及多余或不适用的需要进行处理的固定资产，若有则应作彻底调查，以确定其是否真实。同时，还应调查未使用、不需用固定资产的购建、启用及停用时点，并进行记录。

7. 检查固定资产的抵押、担保情况

结合对银行借款等的检查，了解固定资产是否存在抵押、担保情况。如果存在，应取证、记录，并提请被审计单位进行必要披露。

8. 检查固定资产是否已在资产负债表中恰当披露

财务报表附注通常应说明固定资产的标准、分类、计价方法和折旧方法，各类固定资产的预计使用年限、预计净残值和折旧率，分类别披露固定资产在本期的增减变动情况，并应披露用作抵押、担保和本期从在建工程转入数、本期出售固定资产数、本期置换固定资产数等情况。

二、累计折旧审计

企业计提固定资产折旧，是为了把固定资产的成本分配于各个受益期，实现期间收入与费用的正确配比。折旧核算是一个成本分配过程，因而折旧计提和核算的正确性、合规性就成了固定资产审计中一项重要的内容。对固定资产折旧的审查，就是为了确定固定资产折旧的计算、提取和分配是否合法与公允。

（一）累计折旧的审计目标

固定资产折旧的特性决定了累计折旧审计的主要目标，具体是：确定折旧政策和方法是否符合企业会计准则的规定；确定累计折旧增减变动的记录是否正确、完整；确定折旧费用的计算、分摊是否正确、合理；确定累计折旧的期末余额是否正确；确定累计折旧在财务报表上的披露是否恰当。

（二）累计折旧的实质性程序

1. 编制或索取固定资产及累计折旧分类汇总表

注册会计师应通过编制或索取固定资产及累计折旧分类汇总表，概括了解被审计单位固定资产的折旧计提情况，在此基础上对表内有关数字进行加计复核，并与报表数、总账数和明细账合计数进行核对。

2. 对固定资产累计折旧实施分析程序

注册会计师首先应对本期增加和减少固定资产、使用年限长短不一和折旧方法不同的固定资产进行适当调整，然后用应计提折旧的固定资产乘以本期的折旧率。如果总的计算结果与被审计单位的折旧总额相近，且固定资产及累计折旧内部控制较健全，则可以适当减少累计折旧和折旧费用的其他实质性测试工作量。

注册会计师还应计算本期计提折旧额占固定资产原值的比率并与上期进行比较，分析本期折旧计提额的合理性和准确性；计算累计折旧额占固定资产原值的比率，评估固定资产的老化率，并估计因闲置、报废等原因可能发生的固定资产损失。

3. 审查被审计单位固定资产折旧政策的执行情况

审查被审计单位固定资产折旧政策的执行情况主要应检查折旧范围、折旧方法是否符合企业会计准则规定，如有无扩大或缩小固定资产折旧范围、随意变更固定资产折旧方法的问题。

4. 审查固定资产折旧计算和分配

注册会计师应审阅、复校固定资产折旧计算表，并对照记账凭证、固定资产卡片和固定资产分类表，通过按月初固定资产原值、分类或个别折旧率，复算折旧额的计算是否正确，折旧费用的分配是否合理，分配方法与上期是否一致。

5. 审查折旧计入成本的合理性

将"累计折旧"账户贷方的本期计提折旧额与相应成本费用中的折旧费用明细账户的借方进行比较，以查明所计提折旧金额是否全部摊入本期产品成本费用。一旦发现差异，应及时追查原因，并考虑是否应建议被审计单位进行适当调整。

6. 检查累计折旧的披露是否恰当

被审计单位应在其财务报表附注中按固定资产类别列示累计折旧期初金额、本期计提额、本期减少额及期末余额。

三、固定资产减值准备审计

固定资产的可收回金额低于其账面价值称为固定资产减值。可收回金额应当根据固定资产的公允价值减去处置费用后的净额与资产预计未来现金流量的现值两者之间的较高者确定。

（一）表明固定资产可能发生减值的迹象

企业存在下列迹象的，表明固定资产可能发生了减值：

（1）固定资产的市价当期大幅度下跌，跌幅明显高于因时间的推移或正常使用而预计的下跌；

（2）企业经营所处的经济、技术或者法律等环境以及固定资产所处的市场在当期或者将在近期发生重大变化，从而对企业产生不利影响；

（3）市场利率或者其他市场投资回报率在当期已经提高，从而影响企业计算固定资产预计未来现金流量现值的折现率，导致固定资产可收回金额大幅度降低；

（4）有证据表明固定资产陈旧过时或者其实体已经损坏；

（5）固定资产已经或者将被闲置、终止使用或者计划提前处置；

（6）企业内部报告的证据表明固定资产的经济绩效已经低于或者将低于预期，如固定资产所创造的净现金流量或者实现的营业利润（或者损失）远远低于（或者高于）预计金额等；

（7）其他表明固定资产可能已经发生减值的迹象。

如果由于该固定资产存在上述迹象，其可收回金额低于其账面价值的，应当将固定资产的账面金额减记至可收回金额，将减记的金额确认为固定资产减值损失，计入当期损益，同时计提相应的固定资产减值准备。

（二）注册会计师对固定资产减值准备的实质性测试程序

注册会计师对固定资产减值准备的实质性测试程序具体如下。

（1）获取或编制固定资产减值准备明细表，复核加计正确，并与总账数和明细账合计数核对相符。

（2）检查固定资产减值准备计提和核销的批准程序，取得书面报告等证明文件。

（3）检查被审计单位计提固定资产减值准备的依据是否充分及会计处理是否正确。

（4）检查资产组的认定是否恰当，计提固定资产减值准备的依据是否充分，会计处理是否正确。

（5）实施分析程序，计算本期末固定资产减值准备占期末固定资产原值的比率，并与期初数比较，分析固定资产的质量状况。

（6）检查被审计单位处置固定资产时原计提的减值准备是否同时结转，会计处理是否正确。

（7）检查是否存在转回固定资产减值准备的情况。按照企业会计准则规定，固定资产减值损失一经确认，在以后会计期间不得转回。

（8）确定固定资产减值准备的披露是否恰当。如果企业计提了固定资产减值准备，应当在财务报表附注中披露：①当期确认的固定资产减值损失金额；②企业提取的固定资产减值准备累计金额。

第五节　投资性房地产审计

投资性房地产，是指为赚取租金或资本增值，或者两者兼有而持有的房地产。

一、投资性房地产的审计目标

投资性房地产的审计目标一般包括：确定投资性房地产是否存在；确定投资性房地产是否归属被审计单位所有；确定投资性房地产增减变动的记录是否完整；确定投资性房地产的计价方法是否恰当；确定投资性房地产、投资性房地产累计折旧或投资性房地产减值准备期末余额是否正确；确定投资性房地产、投资性房地产累计折旧和投资性房地产减值准备的披露是否恰当。

188

二、投资性房地产的实质性程序

注册会计师对投资性房地产的实质性测试程序具体如下。

（1）获取或编制投资性房地产明细表，复核加计正确，并与总账数和明细账合计数核对相符；结合累计折旧、投资性房地产减值准备科目，与报表数核对相符。

（2）检查纳入投资性房地产范围的建筑物和土地使用权是否符合企业会计准则的规定。

（3）检查投资性房地产后续计量模式选用的依据是否充分；与上年会计政策进行比较，确定后续计量模式的一致性。

（4）确定投资性房地产后续计量选用公允价值模式的政策是否恰当，计算复核期末计价是否正确。

（5）如果投资性房地产后续计量选用成本计量模式，则确定投资性房地产累计摊销折旧政策是否恰当，计算复核本年度折旧的计提是否正确。

（6）期末对公允价值计量的投资性房地产进行如下逐项检查，以确定投资性房地产是否已经发生减值。

1）核对投资性房地产减值准备本期与以前年度计提方法是否一致，如果有差异，查明政策调整的原因，并确定政策改变对本期损益的影响，提请被审计单位作适当披露。

2）确有出现导致其可收回金额低于账面价值的情况，将可收回金额低于账面价值的差额作为投资性房地产减值准备予以计提，并与投资性房地产中的减值准备本期增加数相核对，如果有差异，查明原因。

3）将本期减值准备计提金额与利润表资产减值损失中的相应数字进行核对。

4）检查投资性房地产减值准备是否按单项资产（或资产组）计提，计提依据是否充分，是否得到适当批准，减值损失是否转回。

（7）确定投资性房地产后续计量模式的转换是否恰当。

1）检查董事会等决议文件，确定后续计量模式改变的适当性、会计处理的正确性，并提请被审计单位进行充分披露。

2）审查投资性房地产成本计量模式转为公允价值计量模式是否作为会计政策变更进行追溯调整期初留存收益处理；采用公允价值计量模式的投资性房地产不得从公允价值计量模式转为成本计量模式。

（8）如果被审计单位投资性房地产与其他资产发生相互转换，应审查转换依据是否充分，是否经过有效批准，转换基准日投资性房地产成本计量是否正确，会计处理是否正确。

（9）确定投资性房地产已恰当列报。结合银行借款等项目的审计，了解建筑物、土地使用权是否存在抵押、担保情况。若有，则应详细记录，并提请被审计单位进行充分披露。检查投资性房地产的保险情况。

第六节　其他相关账户审计

在采购与付款循环中，除以上介绍的财务报表项目外，还有预付账款、工程物资、在建工程、固定资产清理和应付票据等项目。对这些项目审计的阐述，一般直接列示其相应的实质性测试程序。

一、预付账款审计

预付账款是企业按购货合同的规定，预先支付给供货单位的货款，会计上通过"预付账款"或"应付账款"科目（借方）进行核算。预付账款是企业的一种流动资产，但它是企业在购货环节中产生的。因此，预付账款的审计应结合购货与付款循环的审计进行。

注册会计师对预付账款的实质性测试程序具体如下。

（1）获取或编制预付账款明细表，复核加计正确，并与报表数、总账数和明细账合计数核对相符；同时请被审计单位协助，在预付账款明细表上标出截至审计日已收到货物并冲销预付账款的项目。

（2）选择大额或异常的预付账款重要项目（包括零账户），函证其余额是否正确，并根据回函情况编制函证结果汇总表；对回函金额不相符的，要查明原因，作出记录或建议并进行适当调整；对未回函的，可再次复函，也可采用替代方法进行检查，如检查该笔债权的相关凭证资料，或抽查报表日后预付账款明细账及存货明细账，核实是否已收到货物并转销，并根据替代程序检查结果判断其债权的真实性或出现坏账的可能性。对未发询证函的预付账款，应抽查有关原始凭证。

（3）抽查入库记录，审核有无重复付款或将同一笔已付清的账款在预付账款和应付账款这两个账户同时挂账的情况。

（4）分析预付账款明细账余额，对于出现贷方余额的项目，应查明原因，必要时建议进行重分类调整。

（5）确定预付账款是否已在资产负债表中恰当披露。

二、工程物资审计

工程物资是企业为核算基建工程、更新改造工程和大修理工程准备的各种物资。注册会计师对工程物资应实施以下实质性测试程序。

（1）获取或编制工程物资明细表，对有关数字进行复核，并将其与报表数、总账数和明细账合计数进行核对，若不相符，应查明原因并进行调整。

（2）对工程物资实施监盘，确定其是否存在，账实是否相符，并观察有无呆滞、积压的工程物资。

（3）抽查工程物资采购合同、发票、货物验收单等原始凭证，检查其内容是否齐全、有无得到授权批准，会计处理是否正确。

（4）检查工程物资领用手续是否齐全、使用是否合理、会计处理是否正确。

（5）检查被审计单位对工程物资有无定期盘点制度，对盘盈、盘亏、报废、毁损的，是否将减去保险公司和过失人的赔偿部分后的净额，正确地冲减了在建工程成本或计入营业外支出。

（6）检查工程完工后剩余工程物资的处理。例如，将剩余工程物资转入存货的，是否将其所含增值税进项税额进行了正确的分离；对外销售的，是否先结转其进项税额，待出售时再结转相应成本。

三、在建工程审计

在建工程是企业进行基建工程、安装工程、技术改造工程、大修理工程等发生的实际支出。注册会计师对在建工程应实施以下实质性测试程序。

（1）获取或编制在建工程明细表，对有关数字进行复核，并将其与报表数、总账数和明细账合计数进行核对，若不相符，应查明原因并进行适当处理。由于在建工程报表数是根据"在建工程"科目的期末余额减去"在建工程减值准备"科目的期末余额后的金额填列的，因此，其报表数应同在建工程总账数与各明细账合计数减去相应的在建工程减值准备总账数与各明细账合计数后的余额核对相符。

（2）检查在建工程的增减数额是否正确。例如，对于借款费用、工程管理费用资本化问题，应检查资本化起止日的界定、计算方法、计算过程、会计处理等是否合理与正确；对于完工转销的在建工程，应检查转销额的计算是否正确，是否存在将已交付使用的固定资产仍挂在在建工程账上的问题等。

（3）检查在建工程项目期末余额的构成内容，并实地观察工程现场，确定在建工程是否存在，了解工程项目的实际完工进度，对在建工程累计发生额进行技术测定，并将其与账簿记录数进行核对，检查其是否差距较大，判断其有无多计、虚计或少计、漏计工程费用的问题。

（4）检查在建工程减值准备的计提。注册会计师主要应查明在建工程减值准备的计提方法是否符合企业会计准则的规定，计提的数额是否正确，相关会计处理是否正确，如对长期停建并预计在未来三年内不会重新开工的在建工程，所建项目无论在性能上还是在技术上已经落后并且给企业带来的经济利益具有很大不确定性的在建工程，其他足以证明已经发生减值的在建工程等，是否计提了减值准备。已计提减值准备的在建工程价值得以恢复时，是否又进行了相应转回处理。

（5）确定在建工程在资产负债表中的披露是否恰当。

四、固定资产清理审计

注册会计师对固定资产清理的实质性测试程序具体如下。

（1）获取或编制固定资产清理明细表，复核加计正确，并与报表数、总账数和明细账合计数核对相符。

（2）检查固定资产清理的发生是否有正当理由，是否经有关技术部门鉴定，固定资产清理的发生和转销是否经授权批准，相应的会计处理是否正确。

1）结合固定资产等账项的审计，检查固定资产、累计折旧等的账面转入额是否正确。

2）检查固定资产清理收入和清理费用的发生是否真实、准确，清理结果（净损益）的计算是否正确。与施工有关的成本是否计入工程成本；属于筹建期间的，是否计入长期待摊费用；属于生产经营期间的，是否计入营业外收支；属于清算期间的，是否计入清算损益。

（3）检查固定资产清理是否长期挂账，如有，应进行记录，必要时建议进行适当调整。

（4）检查固定资产清理是否已在资产负债表中恰当披露。

五、应付票据审计

应付票据是企业为购买材料、商品和接受劳务供应等而开出、承兑的商业汇票，包括银行承兑汇票和商业承兑汇票。注册会计师对应付票据的实质性测试程序具体如下。

（1）获取或编制应付票据明细表。随着商业活动的票据化，企业票据业务越来越多。为了确定被审计单位应付票据账户、金额是否正确无误，本期应付利息是否正确，注册会计师在对应付票据账户进行审计时，应首先取得或编制应付票据明细表，并同有关明细账及总分类账进行核对。一般来说，应付票据明细表应列示票据类别及编号、出票日、面额、到期日、收款人名称、利息率、付息条件以及抵押品名称、数量、金额等。在进行核对时，注册会计师应注意被审计单位有无漏报或错报票据，有无漏列作为抵押的资产，有无属于应付账款的票据，有无漏计、多计或少计应付利息费用等情况。

（2）函证应付票据。进行函证时，注册会计师可分票据种类进行。对于应付银行的重要票据，应结合银行存款余额一起函证。凡是当年度与客户单位有往来的银行均应成为函证的对象，因为可能某一银行的存款虽已结清，但开给客户的应付票据仍未销案。询证函也要求银行列示借款抵押券，如果用有价证券、应收账款及其他资产做担保时，应在询证函中详细列明这些项目。应付其他债权人的重要票据，应以客户单位名义，由注册会计师直接向债权人发函。函证时，询证函应包括出票日、到期日、票面金额、未付金额、已付息期间、利息率以及票据的抵押担保品等项目内容。

（3）检查预期未付票据。注册会计师应审查有关会计记录和原始凭证，检查被审计单位有关到期仍未偿付的应付票据。若有逾期未付票据，应查明原因；若有抵押的票据，应加以记录，并提请被审计单位进行必要的披露。

本章小结

采购与付款循环的主要业务活动包括编制采购计划、供应商认证及信息维护、请购商品和劳务、编制订购单、验收商品、储存已验收商品、编制付款凭单、确认与记录负债、办理付款、记录现金及银行存款支出、与供应商定期对账等。

针对采购与付款循环的各项主要业务活动，可能存在相应的内部控制活动，具体包括编制采购计划控制、供应商认证及信息维护控制、请购商品和劳务控制、编制订购单控制、验收商品控制、储存已验收商品控制、编制付款凭单控制、确认与记录负债控制、办理付款控制、记录现金及银行存款支出控制、与供应商定期对账控制等。注册会计师基于采购与付款循环的重大错报风险评估结果，制定实施进一步审计程序的总体方案，继而实施控制测试和实质性程序，以应对识别出的认定层次的重大错报风险。

采购与付款循环的实质性程序是以控制风险评估为基础进行的。本章阐述了采购交易的控制测试、固定资产的控制测试以及应付账款和固定资产的实质性程序。

思考与练习

一、单项选择题

1. 为了正确确认已验收货物的债务，应付账款部门应将每个卖方发票上的信息与（　　）上的有关资料进行核对。

A. 验收单和订货单　　　　　　　　B. 验收单和付款凭证

C. 卖方的装箱清单和付款凭证　　　D. 卖方的装箱清单和订货单

2. 对发现货未收到便编制付款凭证付款这类问题，最有效的控制程序是（　　）。

A. 根据收据清点仓库商品

B. 在仓储部门，将实收商品同请购的商品核对比较

C. 在会计部门，将每张付款凭证同相关的付款凭单所附的订货单、验收单和卖方发票核对

D. 在内部审计部门，验证付款凭证的准确性和批准情况

3. 对应付账款进行函证时，注册会计师最好应（　　）。

A. 采用消极函证方式，不具体说明应付金额

B. 采用积极函证方式，具体说明应付金额

C. 采用消极函证方式，具体说明应付金额

D. 采用积极函证方式，不具体说明应付金额

4. 固定资产审计目标中一般不包括（　　）。

A. 确定记录的固定资产是否存在且是否由被审计单位拥有或控制

B. 确定固定资产、累计折旧和固定资产减值准备的记录是否完整

C. 确定固定资产的预算编制是否合理

D. 确定固定资产原价、累计折旧和固定资产减值准备在财务报表中的列报是否恰当

5. 在查找已提前报废但尚未作出会计处理的固定资产时，下列审计程序中注册会计师最有可能实施的是（　　）。

A. 以检查固定资产实物为起点，检查固定资产的明细账和投保情况

B. 以检查固定资产明细账为起点，检查固定资产实物和投保情况

C. 以分析折旧费用为起点，检查固定资产实物

D. 以检查固定资产实物为起点，分析固定资产维修和保养费用

二、多项选择题

1. 下列各项内部控制中，能够防止或发现采购与付款环节发生错误或舞弊的有（　　）。

A. 所有订货单应以经批准的请购单为依据发出，其副本应及时提交应付凭单部门

B. 商品送到仓库后，需要由存储部门进行点验和检查，并在验收单的副联上签收

C. 收到卖方发票后，应立即送应付凭单部门与订货单、验收单核对相符

D. 由独立检察人员检查已签发支票总额与所处理的付款凭单总额的一致性

2. 下列各项实质性程序中，可以找出未入账的应付账款的程序有（　　）。

A. 针对资产负债表日后的付款事项，检查银行对账单及有关付款凭证

B. 结合存货监盘，检查被审计单位在资产负债表日前后的验收单和入库凭证，确定是否有大额料到单未到的情况

C. 获取被审计单位与其供应商之间的对账单，并将对账单和被审计单位财务记录之间的差异进行调节

D. 检查资产负债表日后应付账款明细账贷方发生额的相应凭证，关注其购货发票的日期

3. 为判断被审计单位财务报表中固定资产项目的总体合理性，通常可以采用的实质性程序有（　　）。

A. 比较和分析本期与以前各期固定资产增减变动的差异，并根据被审计单位各期生产经营的变化情况，判断差异产生的原因是否合理

B. 计算固定资产原值与本期产品产量的比率，并与以前期间比较，以判断是否存在闲置的固定资产或已减少而未注销的固定资产

C. 比较本期各月之间、本期与以前各期之间的修理和维护费用，以判断资本性支出和收益性支出的区分是否存在错报

D. 分类计算本期计提折旧额与固定资产原值的比率，并与上期比较，可能发现本期折旧额计算上存在的错误

4. 注册会计师应获取、汇集不同的证据以确定固定资产是否确实归被审计单位所有。对于房地产类固定资产，需要查阅的有关书面文件有（　　）。

A. 合同、产权证明　　　　　　　　　　B. 财产税单

C. 抵押借款的还款凭证　　　　　　　　D. 财产保险单

5. 复核本期折旧费用的计提和分配的实质性程序有（　　）。

A. 检查折旧政策是否符合规定，前后期是否一致，计提折旧范围是否正确

B. 复核本期折旧费用的计算是否正确

C. 检查折旧费用的分配方法是否合理，是否与上期一致

D. 将"累计折旧"账户贷方的本期计提额与相应的成本费用中的折旧费用明细账户的借方相比较

三、简答题

1. 简述采购与付款循环的内部控制和控制测试。

2. 简述固定资产的内部控制和控制测试。

3. 简述应付账款的实质性程序。

4. 简述固定资产账面余额的实质性程序。

5. 简述累计折旧和固定资产减值准备的实质性程序。

第十一章　生产与存货循环审计

本章学习目标

1. 了解生产与存货循环涉及的主要业务活动；
2. 了解生产与存货循环涉及的主要凭证与会计记录；
3. 掌握生产与存货循环相关的内部控制及控制测试；
4. 掌握生产活动的实质性程序；
5. 掌握存货的审计和实质性程序；
6. 掌握应付职工薪酬的审计目标和实质性程序。

案例导入

獐子岛"绝收事件"

獐子岛集团股份有限公司（以下简称獐子岛），1958 年成立，2006 年在深圳证券交易所上市，公司已成长为国内最大的以水产增养殖为主，集海珍品育苗、增养殖、加工、贸易、海上运输为一体的综合性海洋食品企业，曾先后被誉为"海上大寨""黄海明珠"等。但在 2014 年，该公司突发遭遇"绝收事件"，该事件又称"獐子岛扇贝劫""獐子岛事件"。2014 年 10 月 20 日晚间，獐子岛发布公告称，因北黄海遭到几十年一遇异常的冷水团，公司在 2011 年和部分 2012 年播撒的 100 多万亩①即将进入收获期的虾夷扇贝绝收。受此影响，獐子岛前三季度业绩"大变脸"，由预报盈利变为亏损约 8 亿元，全年预计大幅亏损。2018 年 1 月，獐子岛又称其扇贝因饵料短缺"饿死"一批，2017 年业绩也由原本预测近 1 亿元的盈利，变成 7.23 亿元的巨亏。2019 年，獐子岛财报显示，一季度亏损 4 314 万元，公司称主要受 2018 年海洋牧场灾害影响，2016 年及 2017 年年底播撒的虾夷扇贝可收获资源总量减少。

2018 年 2 月，獐子岛因涉嫌信息披露违法违规在 2018 年 2 月被证监会立案调查。经过 17 个月的调查，结果认定獐子岛及董事长吴厚刚等人涉嫌财务造假、虚假记载

---

① 1 亩≈666.67 平方米。

以及未及时披露其他信息等问题。其中,《关于底播虾夷扇贝 2017 年终盘点情况的公告》和《关于核销资产及集体存货跌价准备的公告》涉嫌虚假记载;《关于 2017 年秋季底播虾夷扇贝抽测结果的公告》涉嫌虚假记载;对 2017 年全年业绩与预期存在较大差距的情况未及时进行披露。

獐子岛事件是否存在审计失败也是业界广泛讨论的问题。调查发现,獐子岛审计风险来源主要有:消耗性生物性资产比例高、数量难以准确估算、质量难以检测、易受到自然环境的严重影响;生产流程很难监控,生产作业同样也很难观察到。大华会计师事务所在 2011 年与獐子岛合作开始,在经历 2014 年"冷水团"和 2018 年年初"扇贝跑了"事件后,大华会计师事务所对獐子岛 2017 年和 2018 年连续两个年度的财务报告也出具了保留意见的审计报告,对獐子岛的持续经营能力表达疑惑。大华会计师事务所表示,在审计中,审计人员进行监盘的时间受限,先后用了 3 天的时间对不到千分之三的养殖海域进行抽样调查;进行监盘的地点选择也受到限制,整个过程中,獐子岛管理层未参与组织盘点工作及盘点程序,使存货的监盘审计风险加大。

（资料来源:钱燕. 生物性资产审计问题的研究——以獐子岛扇贝为例［J］. 财会学习,2018 (15):143-144. 有改动)

第一节　生产与存货循环概述

一、生产与存货循环的定义和特点

生产与存货循环是企业处理有关生产成本计算和存货管理等业务的工作程序的总称。生产与存货业务既是企业生产经营活动中的主要业务之一,也是生产经营的主要环节。本业务循环同采购与付款循环、销售与收款循环、薪酬业务循环密切关联。由于本循环涉及业务复杂,存货种类、数量繁多,计价方法各异,且生产成本、存货计价直接影响当期损益,因而审计风险较高,审计人员应给予高度重视。

根据财务报表项目与业务循环的相关程度,本循环所涉及的资产负债表项目主要是存货。存货的性质由于被审计单位业务的不同而有很大的差别,表 11-1 列示了不同行业类型的经营主体的存货性质。

表 11-1　不同行业类型的经营主体的存货性质

行业类型	存货性质
一般制造业	采购的原材料、低值易耗品和配件等,委托加工材料,生产的半成品和产成品
贸易业	从厂商、批发商或其他零售商处采购的商品
餐饮业	用于加工食品的食材、饮料等
建筑业	建筑材料、周转材料、在建项目成本(一般包括建造活动发生的直接材料、直接人工成本和间接费用,以及支付给分包商的建造成本等)

二、生产与存货循环的主要业务活动

生产与存货循环是工业企业最重要的业务循环之一，也是工业企业财务报告重大错报风险较高的业务循环，其涉及的主要业务活动及流程如图 11-1 所示。

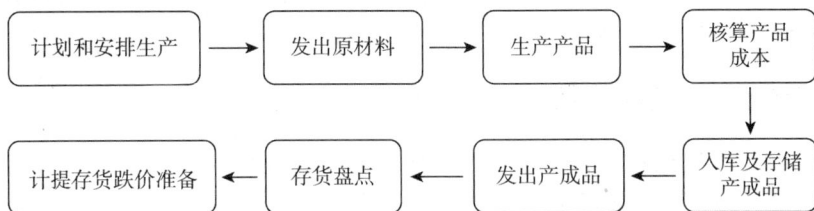

图 11-1 生产与存货循环的主要活动流程

1. 计划和安排生产

生产计划部门根据顾客订购单或者对销售预测和存货需求的分析来决定生产授权，签发预先编号的生产通知单，该部门通常应将发出的所有生产通知单编号并加以记录。

2. 发出原材料

仓库部门根据从生产部门收到的领料单发出原材料。领料单上必须列示所需的材料数量和种类，以及领料部门的名称。

3. 生产产品

生产部门在收到生产通知单及领取原材料后，便将生产任务分解到每一个生产工人，并将所领取的原材料交给生产工人，据以执行生产任务。

4. 核算产品成本

生产过程中的各种记录，如生产通知单、领料单、计工单、入库单等文件资料都要汇集到会计部门，由会计部门对其进行审计和核对，了解和控制生产过程中存货的实物流转；会计部门要设置相应的会计账户，会同有关部门对生产过程中的成本进行核算和控制。

5. 入库及储存产成品

产成品入库，必须由仓储部门先行点验、检查和签收。签收后，将实际入库数量通知会计部门。据此，仓储部门确立了本身应承担的责任，并对验收部门的工作进行验证。除此之外，仓储部门还应根据产成品的品质特征分类存放，并填制标签。

6. 发出产成品

产成品的发出须由独立的发运部门进行。装运产成品时必须持有经有关部门核准的发运通知，并据此编制出库单。出库单为一式四联，一联交仓储部门；一联由发运部门留存；一联送交客户；一联作为开具发票的依据。

7. 存货盘点

管理人员编制盘点指令，安排适当人员对存货实物（包括原材料、在产品和产成品等所有存货类别）进行定期盘点，将盘点结果与存货账面数量进行核对，调查差异并进行适当调整。

8. 计提存货跌价准备

财务部门根据存货货龄分析表信息及相关部门提供的有关存货状况的信息，结合存货盘点过程中对存货状况的检查结果，对出现损毁、滞销、跌价等降低存货价值的情况进行分析计算，计提存货跌价准备。

三、生产与存货循环涉及的主要凭证和会计记录

在内部控制比较健全的企业，处理生产和存货业务通常需要使用很多凭证与会计记录。生产与存货循环所涉及的主要凭证与会计记录如表 11-2 所示（不同被审计单位的凭证名称可能不同）。

表 11-2　生产与存货循环涉及的主要凭证和会计记录

交易类别	涉及的财务报表项目	主要业务活动	主要凭证和会计记录
生产	存货	计划和生产安排 发出原材料 生产产品 核算产品成本	生产通知单 领料单 产量通知单 产量明细表 材料费用分配表 制造费用分配汇总表 成本计算单
存货管理	存货 营业成本	入库及储存产成品 发出产成品 存货盘点 计提存货跌价准备	产成品入库单 产成品出库单 存货明细账 盘点计划 盘点表 盘点明细表 营业成本明细账 存货货龄分析表 可变现净值计算表

1. 生产指令

生产指令又称"生产任务通知单"或"生产通知单"，是企业下达制造产品等生产任务的书面文件，用以通知供应部门组织材料发放、生产车间组织产品制造、会计部门组织成本计算。

2. 领发料凭证

领发料凭证是企业为控制材料发出所采用的各种凭证，如材料发出汇总表、领料单、限额领料单、领料登记簿、退料单等。

3. 产量和工时记录

产量和工时记录是登记工人或生产班组在出勤时间内完成产品数量、质量和生产这些产品所耗费工时数量的原始记录。常见的产量和工时记录主要有工作通知单、工序进程

单、工作班产量报告、产量通知单、产量明细表、废品通知单等。

4. 工薪汇总表及工薪费用分配表

工薪汇总表是为了反映企业全部工薪的结算情况，并据以进行工薪总分类核算和汇总整个企业工薪费用而编制的，它是企业进行工薪费用分配的依据。工薪费用分配表反映了各生产车间的各产品应负担的生产工人工薪及福利费。

5. 材料费用分配表

材料费用分配表是用来汇总反映各生产车间的各产品所耗费的材料费用的原始记录。

6. 制造费用分配汇总表

制造费用分配汇总表是用来汇总反映各生产车间的各产品所应负担的制造费用的原始记录。

7. 成本计算单

成本计算单是用来归集某一成本计算对象所应承担的生产费用，计算该成本计算对象的总成本和单位成本的记录。

8. 产成品入库单和出库单

产成品入库单是产品生产完成并经检验合格后从生产部门转入仓库的凭证。产成品出库单是根据经批准的销售单发出产成品的凭证。

9. 存货明细账

存货明细账是用来反映各种存货增减变动情况和期末库存数量及相关成本信息的会计记录。

10. 存货盘点指令、盘点表及盘点标签

在实施存货盘点之前，管理人员通常编制存货盘点指令，对存货盘点的时间、人员、流程及后续处理等方面做出安排。在盘点过程中，通常会使用盘点表记录盘点结果，使用盘点标签对已盘点存货及数量做出标识。

11. 存货货龄分析表

大多数制造型企业通过编制存货货龄分析表，识别流动较慢或滞销的存货，并根据市场情况和经营预测，确定是否需要计提存货跌价准备。

第二节　生产与存货循环的控制测试

一、生产与存货循环内部控制的主要内容

针对生产与存货循环的各项主要业务活动，可能存在相应的内部控制活动，具体如表11-3所示。

表 11-3 生产与存货循环内部控制

主要业务活动	内部控制
计划和安排生产	根据经审批的月度生产计划书，由生产计划经理签发预先按顺序编号的生产通知单
发出原材料	（1）领料单应当经生产主管批准，仓库管理员凭经批准的领料单发料；领料单一式三联，分别作为生产部门存根联、仓库联和财务联 （2）仓库管理员应将领料单编号，并将领用数量、规格等信息输入计算机系统，经仓储经理复核并以电子签名方式确认后，系统自动更新材料明细账
生产产品和核算产品成本	（1）生产成本记账员应根据原材料领料单财务联，编制原材料领用日报表，与计算机系统自动生成的生产记录日报表核对材料耗用和流转信息；由会计主管审核无误后，生成记账凭证并过账至生产成本及原材料明细账和总分类账 （2）生产部门记录生产各环节所耗用工时数，包括人工工时数和机器工时数，并将工时信息输入生产记录日报表 （3）每月末，由生产车间与仓库核对原材料和产成品的转出和转入记录，若有差异，仓库管理员应编制差异分析报告，经仓储经理和生产经理签字确认后交会计部门进行调整 （4）每月末，由计算机系统对生产成本中各项组成部分进行归集，按照预设的分摊公式和方法，自动将当月发生的生产成本在完工产品和在产品之间按比例分配；同时，将完工产品成本在各不同产品类别之间分配。由此生成产品成本计算表和生产成本分配表；由生产成本记账员编制成生产成本结转凭证，经会计主管审核批准后进行账务处理
入库及存储产成品	（1）产成品入库时，质量检验员应检查并签发预先按顺序编号的产成品验收单，由生产小组将产成品送交仓储，仓库管理员应检查产成品验收单，并清点产成品数量，填写预先顺序编号的产成品入库单，并经质检经理、生产经理和仓储经理签字确认后，由仓库管理员将产成品入库单信息输入计算机系统，计算机系统自动更新产成品明细账并与采购订购单编号核对 （2）存货存放在安全的环境（如上锁、使用监控设备）中，只有经过授权的工作人员才可以接触及处理存货
发出产成品	（1）产成品出库时，由仓库管理员填写预先顺序编号的出库单，并将产成品出库单信息输入计算机系统，经仓储经理复核并以电子签名方式确认后，计算机系统自动更新产品明细账并与发运通知单编号核对 （2）产成品装运发出前，由运输经理独立检查出库单、销售订购单和发运通知单，确定从仓库提取的商品附有经批准的销售订购单，并且所提取商品的内容与销售订购单一致 （3）每月末，生产成本记账员根据计算机系统内状态为"已处理"的订购单数量，编制销售成本结转凭证，结转相应的销售成本，经会计主管审核批准后进行账务处理

续表

主要业务活动	内部控制
存货盘点	(1) 生产部门和仓储部门对所有存货进行清理和归整，便于盘点顺利进行 (2) 每一组盘点人员中应包括仓储部门以外的其他部门人员，即不能由负责保管存货的人员单独负责盘点存货；安排不同的工作人员分别负责初盘和复盘 (3) 盘点表和盘点标签应事先连续编号，发放给盘点人员时登记领用人员；盘点结束后回收并清点所有已使用和未使用的盘点表和盘点标签 (4) 为防止存货被遗漏或重复盘点，所有盘点过的存货贴盘点标签，注明存货品名、数量和盘点人员，完成盘点前检查，现场确认所有存货均已贴上盘点标签 (5) 将不属于本单位的代其他方保管的存货单独堆放并做标识；将盘点期间需要领用的原材料或出库的产成品分开堆放并做标识 (6) 汇总盘点结果，与存货账面数址进行比较，调查分析差异原因，并对认定的盘盈和盘亏提出账务调整，经仓储经理、生产经理、财务经理和总经理复核批准后入账
计提存货跌价准备	(1) 定期编制存货货龄分析表，管理人员复核该分析表，确定是否有必要对滞销存货计提存货跌价准备，并计算存货可变现净值，据此计提存货跌价准备 (2) 生产部门和仓储部门每月上报残损冷背次存货明细，采购部门和销售部门每月上报原材料和产成品最新价格信息，财务部门据此分析存货跌价风险并计提跌价准备，由财务经理和总经理复核批准并入账

二、评估生产与存货循环重大错报风险

（一）生产与存货循环存在的重大错报风险

以一般制造型企业为例，生产与存货循环交易和余额的风险影响因素如表11-4 所示。

表11-4　生产与存货循环交易和余额的风险影响因素

影响因素	具体内容
交易的数量和复杂性	制造型企业交易的数量庞大，业务复杂，从而增加了错误和舞弊的风险
成本核算的复杂性	制造型企业的成本核算比较复杂。虽然原材料和直接人工等直接费用的归集和分配比较简单，但间接费用的分配可能较为复杂，并且同一行业中的不同企业也可能采用不同的认定和计量基础
产品的多元化	可能要求聘请专家来验证其质量、状况或价值。另外，计算库存存货数量的方法也可能不同。例如，计量煤堆、筒仓里的谷物或糖、黄金或贵重宝石、化工和药剂产品的储存量的方法可能不一样。这并不要求注册会计师每次清点存货时都需要专家配合，如果存货容易辨认、存货数量容易清点，则无须专家帮助
某些存货项目的可变现净值难以确定	例如，价格受全球经济供求关系影响的存货，由于其可变现净值难以确定，会影响存货采购价格和销售价格的确定，并将影响注册会计师对与存货准确性、计价和分摊认定有关的风险进行的评估

影响因素	具体内容
将存货存放在很多地点	大型企业可能将存货存放在很多地点，并且可以在不同的地点之间配送存货，这将增加商品运输途中毁损或遗失的风险，或者导致存货在两个地点被重复列示，也可能产生转移定价的错误或舞弊
寄存的存货	有时候存货虽然还存放在企业，但可能已经不归企业所有；反之，企业的存货也可能被寄存在其他企业

由于存货与企业各项经营活动的紧密联系，存货的重大错报风险往往与财务报表其他项目的重大错报风险紧密相关。例如，收入确认的错报风险往往与存货的错报风险共存，采购交易的错报风险与存货的错报风险共存，存货成本核算的错报风险与营业成本的错报风险共存等。

综上所述，一般制造型企业存货的重大错报风险通常包括：

（1）存货实物可能不存在（存在认定）；

（2）属于被审计单位的存货可能未在账面反映（完整性认定）；

（3）存货的所有权可能不属于被审计单位（权利和义务认定）；

（4）存货的单位成本可能存在计算错误（准确性、计价和分摊认定）；

（5）存货的账面价值可能无法实现，即存货跌价准备的计提可能不充分（准确性、计价和分摊认定）。

（二）根据重大错报风险评估结果设计进一步审计程序

注册会计师应基于生产与存货循环的重大错报风险评估结果，制定实施进一步审计程序的总体方案（包括综合性方案和实质性方案），继而实施控制测试和实质性程序，以应对识别出的认定层次的重大错报风险，如表11-5所示。注册会计师通过控制测试和实质性程序获取的审计证据足以应对识别出的认定层次的重大错报风险。

表11-5　生产与存货循环的重大错报风险和进一步审计程序总体方案

重大错报风险描述	相关财务报表项目及认定	风险程度	是否信赖控制	进一步审计程序的总体方案	拟从控制测试中获取的保证程度	拟从实质性程序中获取的保证程度
货物实物可能不存在	存货：存在	特别	是	综合性	中	高
存货的单位成本可能存在计算错误	存货：准确性、计价和分摊 营业成本：准确性	一般	是	综合性	中	低
已销售产品的成本可能没有准确结转至营业成本	存货：准确性、计价和分摊 营业成本：准确性	一般	是	综合性	中	低
存货的账面价值可能无法实现	存货：准确性、计价和分摊	特别	否	实质性	无	高

三、生产与存货循环关键控制环节的主要测试内容

风险评估和风险应对是整个审计过程的核心，因此，注册会计师通常以识别的重大错报风险为起点，选取拟测试的控制并实施控制测试。表11-6列示了通常情况下注册会计师对生产与存货循环实施的内部控制测试。

表11-6 生产与存货循环存在的风险及内部控制测试

主要业务活动	可能发生错报的环节	相关财务报表项目及认定	对应的内部控制测试（自动）	对应的内部控制（人工）	内部控制测试程序
发出原材料	原材料的发出可能未经授权	生产成本：存在		所有领料单由生产主管签字批准，仓库管理员凭经批准的领料单发出原材料	选取领料单，检查是否有生产主管的签字授权
	发出的原材料可能未正确计入相应产品的生产成本中	生产成本：准确性、计价和分摊	领料单信息输入计算机系统时须输入对应的生产任务单编号和所生产的产品代码，每月末系统自动归集生成材料成本明细表	生产主管每月末将其生产任务单及相关领料单存根联与材料成本明细表进行核对，调查差异并处理	检查生产主管核对材料成本明细表的记录，并询问其核对过程及结果
记录人工成本	生产工人的人工成本可能未得到准确反映	生产成本：准确性	所有员工有专属员工代码和部门代码，员工的考勤记录记入相应员工代码	人事部每月编制工薪费用分配表，按员工所属部门将工薪费用分配至生产成本、制造费用、管理费用，经财务经理复核后入账	检查系统中员工的部门代码设置是否与其实际职责相符
记录制造费用	发生的制造费用可能没有得到完整归集	制造费用：完整性	系统根据输入的成本和费用代码自动识别制造费用并进行归集	成本会计每月复核系统生成的制造费用明细表并调查异常波动。必要时由财务经理批准进行调整	检查系统的自动归集设置是否符合有关成本和费用的性质，是否合理；询问并检查成本会计复核制造费用明细表的过程和记录，检查财务经理对调整制造费用分录的批准记录

主要业务活动	可能发生错报的环节	相关财务报表项目及认定	对应的内部控制测试（自动）	对应的内部控制（人工）	内部控制测试程序
核算产品成本	生产成本和制造费用在不同产品之间、产品和产成品之间的分配可能不正确	存货：准确性、计价和分摊 营业成本：准确性		成本会计执行产品成本核算及日常成本核算。财务经理每月末审核产品成本计算表及相关资料（原材料成本核算表、工薪费用分配表等），并调查异常项目	询问财务经理如何执行复核及调查。选取产品成本计算表及相关资料，检查财务经理的复核记录
产成品入库	已完工产品的生产成本可能没有转移到产成品中	存货：准确性、计价和分摊	系统根据当月输入的产成品入库单和出库单信息自动生成产成品收（入库）发（出库）存（余额）报表	成本会计将产成品收发存报表中的产品入库数量与当月成本计算表中结转的产成品成本对应的数量进行核对	询问和检查成本会计将产成品收发存报表与成本计算表进行核对的过程和记录
发出产成品	销售发出的产成品的成本可能没有准确转入营业成本	存货：准确性、计价和分摊 营业成本：准确性	系统根据确认的营业收入所对应的售出产品自动结转营业成本	财务经理和总经理每月对毛利率进行比较分析，对异常波动进行调查和处理	检查系统设置的自动结转功能是否正常运行，成本结转方式是否符合公司成本核算政策；询问和检查财务经理和总经理进行毛利率分析的过程和记录，并对异常波动的调查和处理结果进行核实
存货盘点	存货可能被盗或因材料领用/产品销售未入账而出现账实不符	存货：存在		仓库保管员每月盘点存货并与仓库台账核对并调节一致；成本会计监督其盘点与核对，并抽查部分存货进行复盘；每年末盘点所有存货，并根据盘点结果分析盘盈、盘亏并进行账面调整	

主要业务活动	可能发生错报的环节	相关财务报表项目及认定	对应的内部控制测试（自动）	对应的内部控制（人工）	内部控制测试程序
计提存货跌价准备	可能存在残冷背次的存货，影响存货的价值	存货：准确性、计价和分摊资产减值损失：完整性	系统根据存货入库日期自动统计货龄，每月末生成存货货龄分析表	财务部根据系统生成的存货货龄分析表，结合生产和仓储部门上报的存货损毁情况及存货盘点中对存货状况的检查结果，计提存货减值准备，报总经理审核批准后入账	询问财务经理识别减值风险并确定减值准备的过程，检查总经理的复核批准记录

在上述控制测试中，如果人工控制在执行时依赖于信息系统生成的报告，则注册会计师还应当针对系统生成报告的准确性执行测试。例如，与计提存货跌价准备相关的管理层控制中使用了系统生成的存货货龄分析表，其准确性影响管理层控制的有效性。因此，注册会计师需要同时测试存货货龄分析表的准确性。

案例分析

甲公司仓库报关员负责登记存货明细账，以便对仓库中所有存货项目的收、发、存进行永续记录。当收到验收部门送交的存货和验收单后，根据验收单登记存货明细账。平时，各车间或其他部门如果需要领取原材料，都可以填写领料单，仓库保管员根据领料单发出原材料。公司辅助材料的用量很少，因此，在领取辅助材料时，没有要求使用领料单。各车间经常有辅助材料剩余（根据每天特定工作购买而未消耗掉，但其实还可再为其他工作所用的），这些材料由车间自行保管，无须通知仓库。如果仓库保管员有时间，偶尔也会对存货进行实地盘点。

要求：（1）上述内部控制有什么缺陷？简要说明该缺陷可能导致的舞弊。

（2）针对该企业存货循环上的缺陷，提出改进建议。

【解析】（1）存在的缺陷和可能导致的舞弊如下。

①存货的保管和记账职责未分离，可能导致存货保管人员监守自盗，并通过篡改存货明细账来掩饰舞弊行为，存货可能被高估。

②仓库保管员收到存货时不填制入库通知单，而是将验收单作为记账依据。可能导致一旦存货数量或质量上发生问题，无法明确是验收部门还是仓库保管人员的责任。

③领取原材料时未进行审批控制，可能导致原材料的领用失控，造成原材料的浪费或被贪污以及生产成本的虚增。

④领取辅助材料时未使用领料单和进行审批控制，对剩余的辅助材料缺乏控制，可能导致辅助材料的领用失控，造成辅助材料的浪费或被贪污以及生产成本的虚增。

⑤未实行定期盘点制度，可能导致存货出现账实不符现象，且不能及时发现计价不准确。

（2）存货循环内部控制的改进建议如下。

①建立永续盘存制，仓库保管人员设置存货台账，按存货的名称分别登记存货收、发、存的数量；财务部门设置存货明细账，按存货的名称分别登记存货收、发、存的数量、单价和金额。

②仓库保管员在收到验收部门送交的存货和验收单后，根据入库情况填制入库通知单，并据以登记存货实物收、发、存台账。入库通知单应实现连续编号，并由交接各方签字后留存。

③对原材料和辅助材料等各种存货的领用实行审批控制，即各车间根据生产计划编制领料单，经授权人员批准签字。仓库保管员经检查手续齐备后，办理领用。

④对剩余的辅助材料实施假退库控制。

⑤实行存货的定期盘点制度。

第三节　生产与存货循环的实质性程序

一、生产活动的实质性程序

（一）审计目标

生产活动的审计目标主要包括证实产品成本的真实性、成本形成的合规性、截止期的正确性、计价的准确性和成本会计处理的正确性，具体内容如表11-7所示。

表11-7　生产活动的审计目标

审计目标	具体内容
证实产品成本的真实性	产品成本的真实性，不仅关系能否客观、正确地反映企业的生产经营成果，还关系到企业经营决策的成败和各个利益主体之间的经济利益关系。审计人员通过对构成产品成本各要素进行检查，确保产品成本记录的金额是实际发生的，从而证实产品成本的真实性
证实成本形成的合规性	正确地划分成本的界限是保证产品成本和利润核算真实、正确的重要前提。企业必须遵照有关规定执行，使其记录符合法律法规规定。审计可以揭露企业为调节当期成本和利润而人为混淆成本界限、调整开支标准等行为
证实截止期的正确性	为了正确地反映企业一定会计期间的损益，必须遵循权责发生制原则、配比原则等会计准则，确认成本的归属期。通过对有关成本账户的审计，核实各项成本的性质和发生的日期，以确定其归属期是否正确，查明有无借助任意调整产品成本支出的归属期而导致产品成本、利润计算错误或失真的问题存在

续表

审计目标	具体内容
证实计价的准确性	企业应根据自身生产的特点和管理的要求选择适当的成本计算方法，计算产品总成本和单位成本，确保已经记录的金额是正确的。审计人员在了解企业生产特点和组织管理特点的基础上，分析评价成本计算的准确性和合理性
证实成本会计处理的正确性	企业所发生的各项成本支出，应及时、完整、正确地进行会计处理。审计人员应注意账户的使用是否恰当，有无错记、漏记、重记的情况；本期发生的各项成本是否全部转入当期生产成本；本期发生的成本支出是否按规定进行了归集和分配，选用方法是否适当。采用核对法，验证各种分配表、记账凭证及账簿的一致性，从而证实账务处理的正确性

（二）实质性程序

1. 运用分析方法检查产品成本的总体合理性

通过分析被审计单位重要的比率和成本变动趋势，查明有无异常变动，实际数与预算或计划数的差异有无异常情况等。分析方法在生产与存货循环审计中具有重要意义。分析比较的主要内容如表 11-8 所示。

表 11-8　运用分析方法检查产品成本总体合理性的主要内容

分析内容	作用
分析比较近期各年度和本年各月份主要产品生产成本和存货余额及其构成的变动情况	评价生产成本和期末存货余额及其构成的总体合理性
分析比较各月份材料和产品成本差异率	判断是否存在人为调节生产成本和存货余额的可能
分析比较近期各年度和本年度各月份产品生产成本总额及单位生产成本	判断本期生产成本的总体合理性
分析比较近期各年度待处理财产损溢	判断总体合理性
分析比较近期各年度和本年度各月份制造费用总额及其构成	判断制造费用及其构成的总体合理性
分析比较近期各年度和本年度各月份直接材料费	判断直接材料费的总体合理性
分析比较近期各年度和本年度各月份直接人工费用	判断本期直接人工费用的总体合理性
分析比较近期各年度和本年度各月份营业成本总额及单位成本	判断营业成本的总体合理性
计算分析毛利率：毛利率 =（销售收入 - 销售成本）/ 销售收入	分析变动的合理性（毛利率变动可能存在的原因：售价变动、产品单位成本变动、产品总体结构变动、产品销售结构变动等）
对关联企业与非关联企业的产品成本、价格、交易量、结算方式比较分析	判断有无虚构业务情况

2. 标准成本系统审计

许多制造业企业采用标准成本系统来控制成本、进行会计处理和计算存货成本。企业标准成本系统直接影响期末存货的计价，审计人员应该通过询问了解制定标准成本的方法，包括是否对产品使用和人工投入进行工艺研究；识别制造费用的构成和将制造费用分配到产品的方法，具体如表 11-9 所示。

表 11-9　标准成本系统审计的方法

序号	具体方法
1	审核以前年度工作底稿对标准成本系统的描述，询问该系统在本年度发生的主要变化
2	检查上期工作底稿与本年度的差异账户，以此为基础确定由标准成本会计系统确认的差异额，考虑该差异是否意味着应对标准成本系统进行修改
3	询问更新标准成本的程序，以确定其在本年度的修正程度
4	查看厂房设备，记录成本中心、工厂的大致布局以及存货的储存；询问本年度生产流程是否进行了重大变动，是否有生产创新、增加了新产品
5	随机抽取几个产品的标准成本构成，审计产品的成本构成、工薪记录、制造费用分配方法的合理性，确定所有分录是否已经恰当记录
6	审核差异报告，确定被审计单位对差异及差异产生原因的分析情况。确定差异产生的原因是否表明了有必要对标准成本系统进行修正；询问被审计单位年末将差异在存货和销货成本之间进行分配的方法，确定该方法的合理性以及是否与以前年度保持一致
7	对被审计单位标准成本系统进行评价并形成书面记录，说明是否可以依赖该标准成本系统将成本分配到年末存货中

3. 成本项目的审计

存货的加工成本，包括直接材料、直接人工以及按照一定方法分配的制造费用等。首先审计产品成本开支范围的合法性。审计时，应抽取并检查"生产成本（基本生产和辅助生产）明细账""制造费用明细账"和其他有关明细账，证实企业严格地区分了应计入产品成本的费用与不应计入产品成本的费用的界限，查明有无乱挤、乱摊成本或转移成本的问题。审计中对下列混淆成本支出的问题应予以特别注意：将购置固定资产、无形资产和其他资产的资本性支出列入成本支出；将对外投资支出列入成本支出；将由职工福利费开支的费用列入成本支出；将由税后利润开支的各项税收滞纳金、罚款及被没收财物损失列入成本支出；将企业对外赞助、捐赠及各种非常损失、赔偿金、违约金等营业外支出列入成本支出；将国家有关法律、法规规定以外的各种付费及不属于成本开支范围的开支列入成本支出。成本项目的审计内容如表 11-10 所示。

表 11-10 成本项目的审计内容

审计对象	审计重点	内容
直接材料费的审计	直接材料耗用量的审计	对直接材料耗用量的审计，通常是以审计材料用途的方式进行的
	直接材料计价的审计	对按实际成本计价的，可采用先进先出法、加权平均法或个别计价法；对按计划成本计价的，还应审计材料成本差异的计算与分配的真实性和正确性
	直接材料费分配的审计	(1) 直接材料费分配正确性的审计，是通过检查、重新计算等方法，对"材料费用分配表"、有关记账凭证、"生产成本明细账"等进行审计，证实其分配依据、分配方法和分配结果的正确性 (2) 直接材料费分配结果的正确性审计应涉及两个方面的内容：一是在上述审计的基础上对"材料费用分配表"进行复算，证实计算结果的正确性；二是将"材料费用分配表"与有关记账凭证、"生产成本明细账"等进行核对，证实其账务处理的正确性
	直接材料费业务中常见的弊端	(1) 领料单中"用途"一项不填或填写不明确，从而造成生产用料与非生产用料、各种产品生产用料界限不清 (2) 不按材料消耗定额或实际需要领料，缺乏严格的审批手续，从而造成材料的浪费，甚至公料私用 (3) 在采用实际成本计价时，任意调整发出材料的计价方法，人为调节产品成本 (4) 对不能直接计入某种产品成本的材料费未按规定的原则选用合理的分配方法进行分配，而是根据需要任意分配 (5) 任意改变材料费的分配方法，造成前后期产品成本不可比、不真实等
直接人工费的审计	抽查产品成本计算单，审计直接人工费计算的正确性	查明人工费分配标准与计算方法的适当性，核对是否与工薪费用分配表中该产品分配的直接人工费相一致
	比较各期人工费的变动	分析比较各期人工费的变动有无异常，若发现有异常波动须查明原因
	抽查直接人工费会计记录及处理的正确性	结合对薪酬业务循环的审计，抽查直接人工费会计记录及处理的正确性
	抽查直接人工费差异的计算、分配及账务处理的正确性	对于采用定额成本或标准成本的企业，抽查直接人工费差异的计算、分配及账务处理的正确性，同时审计直接人工标准成本在年度内有无变更

审计对象	审计重点	内容
制造费用的审计	制造费用真实性的审计	重点审计其是否为实际发生，支出或提取标准是否符合有关规定
	制造费用项目合规性的审计	审计时应以企业会计准则中关于制造费用的项目组成的规定为依据，通过检查"制造费用明细账"和有关记账凭证，查明有无非本部门、单位的制造费用混入，有无属于管理费用等期间费用、福利性支出、其他业务支出、营业外支出的费用混入
	制造费用会计处理正确性及合理性的审计	取得或编制制造费用明细表，与明细账、总账核对相符。 审计一般从以下几方面进行： （1）审计是否根据本企业所属生产类型、生产组织特点和工艺流程，选用科学、合理的分配方法，有无因选择方法不当而导致制造费用分配不合理的现象 （2）审计分配方法在一定会计期间有无变动，是否存在以变动分配方法人为调节产品成本的问题 （3）审计选作分配标准（如定额工时、实际工时等）的资料是否真实、正确，有无以计划数或估计数代替实际数进行分配的情况
	制造费用分配账务处理正确性的审计	通过将"制造费用分配表"与有关记账凭证、相关明细账进行核对，确认其分配方法、分配金额正确无误
辅助生产费用的审计	辅助生产费用归集的审计	检查各辅助车间的"生产成本——辅助生产成本"并与有关费用分配表、记账凭证核对，确认"辅助生产成本"中所列直接材料费、直接人工费及其他各项费用是否属于本车间为基本生产车间和企业管理部门提供产品或劳务而发生。复核各个成本项目及费用总额，证实其正确无误
	辅助生产费用分配的审计	（1）审计所选择的辅助生产费用分配方法是否符合企业及各辅助生产车间的生产特点，在一定会计期间内有无人为调节产品成本而任意改变分配方法 （2）审计辅助生产费用分配依据是否可靠，分配结果是否正确；审计辅助生产费用分配账务处理的正确性 （3）注意是否存在将辅助生产车间为福利部门、基建部门提供的产品和劳务混入基本生产车间和管理部门，或者不参加分配而直接冲减辅助生产费用的问题

4. 在产品和产成品成本的审计

生产周期较长，且期初、期末在产品数量不均衡或在产品成本变动较大的企业，在产品成本的真实性和正确性对产品成本有着直接影响。决定在产品成本的主要因素是在产品数量及其评价，故对在产品成本的审计应从以下两个方面进行，产成品成本审计同理，如

表 11-11 所示。

表 11-11 在产品和产成品成本的审计内容

审计对象	审计重点	内容
在产品成本的审计	在产品结存量的审计	一般采用抽查法进行审计。审计时，应深入生产车间，了解在产品盘存情况，检查盘存记录是否完整、正确，核实盘存数量，查明有无多盘、漏盘，以估计代替盘点，以及其他弄虚作假的情况
	在产品计价方法的审计	(1) 对采用按年初在产品成本固定计算在产品成本的，应着重审计企业在产品数量是否较多，期初、期末在产品数量是否较均衡；年终是否对在产品数量进行实地盘点和重新计算成本，并调整本年完工产品的成本；有无长期不调整从而影响成本计算正确性的情况 (2) 对采用按耗用材料费用计算在产品成本的，应审计其产品成本中直接材料费比重是否较大，材料是否一次投入 (3) 对采用约当产量法计算在产品成本的，应审计是否符合使用这种方法的条件，是否根据在产品的数量按其完工程度计算约当产量，完工程度的确定是否合理； 对采用按定额成本法计算在产品成本的，应审计每个工序的在产品是否有定额成本，定额成本是否合理，实际成本与定额成本的差异是否进行了调整，有无不调整而任意多计或少计在产品成本的情况；还应当审计计价方法在一定期间有无变化
产成品成本的审计	产成品数量的审计	检查生产部门提供的"产量统计表"和财会部门提供的"产品成本计算单"并进行核对，确认产品数量的一致性，检查"产成品明细账"并与"产品成本计算单"核对，验证其中产品数量是否相符。将成品库的"产品入库单"与生产车间的完工产品记录进行核对，查明产品完工数与入库数是否一致。检查"产品收发结存汇总表"，证实本期产品数量的正确性。监督库存产成品的盘点
	产品成本计算的审计	(1) 审计时应以企业生产特点和管理要求为依据，判明企业产品成本计算方法的合理性对采用品种法的，应了解和确认该种产品是否为大量大批单步骤生产，或虽是多步骤生产，但因生产规模较小，不要求按生产步骤计算成本 (2) 对采用分步法的，应了解并确认该种产品是否为大量多步骤生产 (3) 对采用分批法的，应了解并确认该种产品是否为按订购单组织生产 审计中还应注意查明有无任意改变成本计算方法的情况：对采用定额法的，应审计产品成本是否按合理的料、工、费定额计算，有无任意估算成本的情况；应审计实际成本与定额成本的差额是否进行了调整，有无以定额成本代替实际成本，导致多计或少计完工产品成本的情况；对采用分类法的，应审计产品分类是否合理，是否根据产品的特点分别采用不同的标准制定分配系数，系数的确定是否正确、合理

二、存货的实质性程序

（一）审计目标

存货的审计目标一般包括实施审计程序以证实：

（1）账面存货余额对应的实物是否真实存在（存在认定）；

（2）属于被审计单位的存货是否均已入账（完整性认定）；

（3）存货是否属于被审计单位（权利和义务）；

（4）存货单位成本的计量是否准确（准确性、计价和分摊认定）；

（5）存货的账面价值是否可以实现（准确性、计价和分摊认定）。

（二）实质性程序

1. 准备工作

获取年末存货余额明细表，并执行以下工作：

（1）复核单项存货金额的计算（单位成本×数量）和明细表的加总计算是否准确；

（2）将本年年末存货余额与上年年末存货余额进行比较，总体分析变动原因。

2. 实施实质性程序

存货的实质性程序中较常见的是对存货周转天数的实质性程序，过程如下：

（1）根据对被审计单位的经营活动、供应商、贸易条件、行业惯例和行业现状的了解，确定存货周转天数的预期值；

（2）根据对本期存货余额组成、实际经营情况、市场情况、存货采购情况等的了解，确定可接受的差异额；

（3）计算实际存货周转天数和预期周转天数之间的差异；

（4）通过询问管理层和相关员工，调查存在重大差异的原因，并评估差异是否表明存在重大错报风险，是否需要设计恰当的细节测试程序以识别和应对重大错报风险。

表 11-12 是 A 会计师事务所对甲股份有限公司 2021 年年报进行审计时编制的存货审计程序底稿，包括审计目标、项目、计划实施的实质性程序以及实质性程序与财务报表认定的对应关系等内容。

表 11-12　存货审计程序底稿

被审计单位：甲股份有限公司	日期：2022 年 1 月 23 日	索引号：
报表截止日：2021 年 12 月 31 日	日期：2022 年 2 月 2 日	项目：应收账款——审计程序

审计目标		
1	资产负债表上记录的存货是存在的	存在
2	所有应当记录的存货均已记录	完整性
3	资产负债表中记录的存货由被审计单位拥有或控制	权利和义务
4	存货已以恰当的金额包括在财务报表中，与之相关的计价调整已恰当记录	准确性、计价和分摊
5	存货已记录于恰当的账户	分类

审计目标								
6	存货已按照企业会计制度或企业会计准则的规定在财务报表中作出恰当列报		列报					

项目			财务报表的认定					
			存在／发生	完整性	权利和义务	准确性、计价和分摊	分类	列报
1	评估的重大错报风险水平		低	低	低	低	低	低
2	控制测试结果是否支持风险评估结论		是	是	是	是	是	是
3	需从实质性程序获取的保证程度		低	低	低	低	低	低

	计划实施的实质性程序	索引号	执行人	存在／发生	完整性	权利和义务	准确性、计价和分摊	分类	列报
1	获取或编制存货分类明细表及各存货项目明细表，复核加计是否正确，并与总账数、明细账合计数核对是否相符，同时检查相关项目的仓库总账、卡片等是否相符				√		√		
2	实施实质性程序：（1）考虑可获取信息的来源、可比性、性质和相关性以及与信息编制相关的控制，评价在对记录的金额或比率做出预期时使用数据的可靠性；（2）对已记录的金额做出预期，评价预期值是否足够精确，以识别重大错报；（3）确定已记录金额与预期值之间可接受的、无须做进一步调查的可接受的差异额；（4）将已记录金额与期望值进行比较，识别需要进一步调查的差异；（5）调查差异；询问管理层，针对管理层的答复获取适当的审计证据以及根据具体情况在必要时实施其他审计程序			√	√		√		

计划实施的实质性程序		索引号	执行人	存在／发生	完整性	权利和义务	准确性、计价和分摊	分类	列报
3	实施存货监盘程序，编制存货监盘报告。如果由于不可预见的情况，无法于财务报表日在存货盘点现场实施监盘，则应另择日期实施存货监盘程序，并实施其他审计程序，以获取审计证据，确定存货盘点日与财务报表日之间的存货变动是否已得到恰当的记录。如果在存货盘点现场实施存货监盘不可行，则实施替代审计程序，以获取有关存货的存在和状况的充分、适当的审计证据：（1）检查进货交易凭证或生产记录以及其他相关资料；（2）检查资产负债表日后发生的销货交易凭证；（3）向顾客或供应商函证。如果不能实施替代审计程序，考虑对审计意见的影响			√	√		√		
4	如果由第三方保管或控制的存货对财务报表是重要的，则应实施下列一项或两项审计程序，以获取有关该存货存在和状况的充分、适当的审计证据：（1）向持有被审计单位存货的第三方函证存货的数量和状况；（2）实施检查或其他适合具体情况的审计程序			√	√	√	√		
5	对存货明细表实施审计程序，确定其是否准确反映实际的存货盘点结果：（1）从存货明细表中选取具有代表性的样本，与盘点记录的数量核对；（2）从盘点记录中抽取具有代表性的样本，与存货明细表的数量核对；（3）若在上述（1）、（2）中发现不符，则检查相关的支持性文件，复核调账分录的正确性，并考虑扩大样本量			√	√				

计划实施的实质性程序	索引号	执行人	存在／发生	完整性	权利和义务	准确性、计价和分摊	分类	列报
6 测试期末存货计价（以被审计单位采用先进先出法并以实际成本计价为例）：（1）自存货明细表中选取样本，包括对原材料等外购存货，检查与期末存货数量相同的最近期的采购发票，核实单位成本，并重新计算存货成本；对产成品和在产品，获取资产负债表日前最近的成本计算单，检查成本计算单的正确性，将直接材料与材料耗用汇总表、直接工资总额与工资分配表、制造费用总额与制造费用明细表及相关账项核对一致，做交叉索引，执行下列测试程序：对原材料和其他直接费用，检查至支持性文件和相关账项，确定是否与生产成本计算表中的数量、金额一致；对人工和间接费用，获取被审计单位人工和间接费用的分配方法，评估分配方法和假设的合理性；检查成本计算表中各项间接费用的总额与相关的支持性文件和账项记录是否一致；重新计算人工和间接费用分配，确认生产成本计算表中人工与间接费用的正确性。（2）检查生产成本的分配，包括获取完工产品与在产品的生产成本分配标准和计算方法，检查生产成本在完工产品与在产品之间以及完工产品之间的分配是否正确，分配标准和方法是否适当；重新计算生产成本在产成品与在产品之间的分配，确认成本计算表的正确性						√		

计划实施的实质性程序		索引号	执行人	存在／发生	完整性	权利和义务	准确性、计价和分摊	分类	列报
7	测试期末存货计价（以被审计单位采用标准成本计价为例）：（1）评价标准成本的合理性，检查标准成本在本期有无重大变动。（2）自存货明细表中选取样本，检查其单位成本是否与标准成本相符。（3）对原材料等外购存货，结合采购测试，检查采购价格与标准成本的差异是否已经得到正确的归集。（4）对产成品和在产品，检查成本差异计算表，确定实际成本与标准成本的差异是否已正确归集到成本差异账户。（5）测试成本差异的分摊是否正确：①对原材料和其他直接费用，检查至支持性文件和相关账项，确定是否与生产成本计算表中的数量、金额一致；②对人工和间接费用，获取被审计单位人工和间接费用的分配方法，评估分配方法和假设的合理性；③检查成本计算表中各项间接费用的总额与相关的支持性文件和账项记录是否一致；④重新计算人工和间接费用分配，确认生产成本计算表中人工与间接费用的正确性。（6）检查生产成本的分配：①获取完工产品与在产品的生产成本分配标准和计算方法，检查生产成本在完工产品与在产品之间以及完工产品之间的分配是否正确，分配标准和方法是否适当；②重新计算生产成本在产成品与在产品之间的分配，确认成本计算表的正确性						√		
8	对应计入相关存货项目的借款费用，结合对长短期借款、应付债券或长期应付款的审计，检查借款费用（借款利息、折溢价摊销、汇兑差额、辅助费用）资本化的计算方法和资本化金额以及会计处理是否正确						√	√	
9	对材料采购或在途物资的入账，原材料、库存商品、委托加工物资及周转材料的出入库以及生产成本、制造费用和劳务成本的列支等相关事项进行截止性测试。结合财务账面记录、原始凭证及业务部门的相关原始单据，检查是否存在跨期现象。若有，则应加以记录，必要时予以调整			√	√			√	

计划实施的实质性程序		索引号	执行人	存在／发生	完整性	权利和义务	准确性、计价和分摊	分类	列报
10	对本期发生的存货增减变动，检查至支持性文件，确定会计处理是否正确			√	√	√	√	√	
11	结合相关存货项目的盘点，检查期末是否存在货到单未到的情况。若有，则应查明存货是否暂估入账，其暂估价值是否合理，会计处理是否正确						√	√	
12	检查周转材料（低值易耗品、包装物）与固定资产的划分是否符合规定；周转材料的转销或摊销方法是否符合企业会计准则的规定，前后期是否一致；检查被审计单位周转材料是否存在出租、出借的情况，出租、出借周转材料的会计处理是否正确；询问被审计单位是否存在周转材料押金，若有，则结合相关科目的审计查明周转材料押金的收取情况是否合理，有无合同，是否存在逾期周转材料押金，相应税金处理是否正确，必要时进行调整					√	√	√	
13	检查废品损失和停工损失（包括季节性停工损失）的核算是否符合有关规定；检查已计入存货成本的生产成本、制造费用是否已扣除非正常消耗的成本费用（如非正常的低生产量、闲置设备等产生的费用）						√		
14	检查与关联方的购销业务是否正常，关注交易价格、交易金额的真实性及合理性，检查对合并范围内购货记录及期末存货已提跌价准备应予合并抵销的数据是否正确						√		
15	检查相关存货项目是否存在长期挂账事项，若有，则应查明原因，必要时提出建议调整						√		
16	结合银行借款等科目，了解是否有用于债务担保的存货，若有，则应取证并进行相应的记录，同时提请被审计单位进行恰当披露					√			

计划实施的实质性程序	索引号	执行人	存在／发生	完整性	权利和义务	准确性、计价和分摊	分类	列报
17	评价计提的存货跌价准备。如果识别出与存货跌价准备相关的重大错报风险，则执行"审计会计估计（包括公允价值会计估计）和相关披露"中"应对评估的重大错报风险"所述的程序，并在本账项工作底稿中记录测试过程						√	√
18	根据评估的舞弊风险等因素增加的审计程序			√			√	
19	检查存货是否已按照企业会计准则的规定在财务报表中做出恰当列报							√

三、存货监盘

（一）存货监盘的定义

存货监盘是指注册会计师现场观察被审计单位存货的盘点，并对已盘点的存货进行适当检查。如果存货对财务报表是重要的，注册会计师应当实施下列审计程序，对存货的存在和状况获取充分、适当的审计证据。

（1）在存货盘点现场实施监盘（除非不可行）。

（2）对期末存货记录实施审计程序，以确定其是否准确反映实际的存货盘点结果。

在存货盘点现场实施监盘时，注册会计师应当实施下列审计程序：

（1）评价管理层用以记录和控制存货盘点结果的指令和程序；

（2）观察管理层制定的盘点程序的执行情况；

（3）检查存货；

（4）执行抽盘。

（二）存货监盘的作用

注册会计师监盘存货的目的在于获取有关存货数量和状况的审计证据。因此，存货监盘针对的主要是存货的存在认定，以及对存货的完整性认定及计价和分摊认定；同时能提供部分审计证据。此外，注册会计师还可能在存货监盘中获取有关存货所有权的部分审计证据。

（三）存货监盘计划

1. 编制存货监盘计划的基本要求

编制存货监盘计划时，注册会计师应结合以下几点因素，在评价被审计单位存货盘点计划的基础上，编制存货监盘计划，对存货监盘做出合理安排：

（1）被审计单位存货的特点；

（2）被审计单位盘存制度；

（3）存货内部控制的有效性。

2. 编制存货监盘计划应考虑的相关事项

在编制存货监盘计划时，注册会计师需要考虑一系列事项，具体内容如表 11-13 所示。

表 11-13　编制存货监盘计划应考虑的事项

考虑事项	具体内容
与存货相关的重大错报风险	存货通常具有较高水平的重大错报风险，影响重大错报风险的因素具体包括：存货的数量和种类、成本归集的难易程度、陈旧过时的速度或易损坏程度、遭受失窃的难易程度。出于制造过程和成本归集制度的差异，制造企业的存货与其他企业（如批发企业）的存货相比往往具有更高的重大错报风险，对于注册会计师的审计工作而言则更具复杂性。外部因素也会对重大错报风险产生影响。例如，技术进步可能导致某些产品过时，从而导致存货价值更容易发生高估
与存货相关的内部控制的性质	在编制存货监盘计划时，注册会计师应当了解被审计单位与存货相关的内部控制，并根据内部控制的完善程度确定进一步审计程序的性质、时间安排和范围。与存货相关的内部控制涉及被审计单位供、产、销各个环节，包括采购、验收、仓储、领用、加工、装运、出库等方面。需要说明的是，与存货内部控制相关的措施有很多，其有效程度也存在差异
对存货盘点是否制定了适当的程序，并下达了正确的指令	注册会计师一般需要复核或与管理层讨论其存货盘点程序。在复核或与管理层讨论其存货盘点程序时，注册会计师应当考虑下列主要因素，以评价其能否合理地确定存货的数量和状况：盘点的时间安排；存货盘点范围和场所的确定；盘点人员的分工及胜任能力；盘点前的会议及任务布置；存货的整理和排列，对毁损、陈旧、过时、残次及所有权不属于被审计单位的存货的区分；存货的计量工具和计量方法；在产品完工程度的确定方法；存放在外单位的存货的盘点安排；存货收发截止的控制；盘点期间存货移动的控制；盘点表单的设计、使用与控制；盘点结果的汇总以及盘盈或盘亏的分析、调查与处理。如果认为被审计单位的存货盘点程序存在缺陷，注册会计师应当提请被审计单位调整
存货盘点的时间安排	如果存货盘点在财务报表日以外的其他日期进行，注册会计师除实施存货监盘相关审计程序外，还应当实施其他审计程序，以获取审计证据，确定存货盘点日与财务报表日之间的存货变动是否已得到恰当的记录
被审计单位是否一贯采用永续盘存制	存货数量的盘存制度一般分为实地盘存制和永续盘存制。存货盘存制度不同，注册会计师需要做出的存货监盘安排也不同。如果被审计单位通过实地盘存制确定存货数量，则注册会计师要参加此种盘点；如果被审计单位采用永续盘存制，注册会计师应在年度中一次或多次参加盘点

考虑事项	具体内容
存货的存放地点（包括不同存放地点的存货的重要性和重大错报风险），已确定适当的监盘地点	如果被审计单位的存货存放在多个地点，注册会计师可以要求被审计单位提供一份完整的存货存放地点清单（包括期末库存量为零的仓库、租赁的仓库，以及第三方代被审计单位保管存货的仓库等），并考虑其完整性。在获取完整的存货存放地点清单的基础上，注册会计师可以根据不同地点所存放存货的重要性以及对各个地点与存货相关的重大错报风险的评估结果（例如，注册会计师在以往审计中可能注意到某些地点存在存货相关的错报，因此，在本期审计时对其予以特别关注），选择适当的地点进行监盘，并记录选择这些地点的原因。如果识别出由于舞弊导致的影响存货数量的重大错报风险，注册会计师在检查被审计单位存货记录的基础上，可能决定在不预先通知的情况下对特定存放地点的存货实施监盘，或在同一天对所有存放地点的存货实施监盘。同时，在连续审计中，注册会计师可以考虑在不同期间的审计中变更所选择实施监盘的地点
是否需要专家协助	注册会计师可能不具备其他专业领域专长与技能。在确定资产数量或资产实物状况（如矿石堆），或在收集特殊类别存货（如艺术品、稀有玉石、房地产、电子器件、工程设计等）的审计证据时，注册会计师可以考虑利用专家的工作。当在产品存货金额较大时，可能面临如何评估在产品完工程度的问题。注册会计师可以了解被审计单位的盘点程序，如果有关在产品的完工程度未被明确列出，注册会计师应当考虑采用其他有助于确定完工程度的措施，如获取零部件明细清单、标准成本表以及作业成本表，与工厂的有关人员进行讨论等，并运用职业判断。注册会计师也可以根据存货生产过程的复杂程度考虑利用专家的工作

3. 存货监盘计划的主要内容

存货监盘计划的主要内容如表 11-14 所示。

表 11-14　存货监盘计划的主要内容

主要内容	具体描述
存货监盘的目标、范围及时间安排	（1）存货监盘的主要目标包括获取被审计单位资产负债表日有关存货数量和状况以及有关管理层存货盘点程序可靠性的审计证据，检查存货的数量是否真实完整，是否归属被审计单位，存货有无毁损、陈旧、过时、残次和短缺等情况 （2）存货监盘范围的大小取决于存货的内容、性质，与存货相关的内部控制的完善程度，以及对重大错报风险的评估结果 （3）存货监盘的时间，包括实地察看盘点现场的时间、观察存货盘点的时间和对已盘点存货实施检查的时间等，应当与被审计单位实施存货盘点的时间相协调
存货监盘的要点及关注事项	存货监盘的要点主要包括注册会计师实施存货监盘程序的方法、步骤，各个环节应注意的问题以及所要解决的问题。注册会计师需要重点关注的事项包括盘点期间的存货移动、存货的状况、存货的截止确认、存货的各个存放地点及金额等
参加存货监盘人员的分工	注册会计师应当根据被审计单位参加存货盘点人员分工、分组情况，存货监盘工作量的大小和人员素质，确定参加存货监盘的人员组成以及各组成人员的职责和具体的分工情况，并加强督导

续表

主要内容	具体描述
检查存货的范围	注册会计师应当根据对被审计单位存货盘点和对被审计单位内部控制的评价结果确定抽盘存货的范围。在实施观察程序后，如果认为被审计单位内部控制设计良好且得到有效实施，则存货盘点组织良好，可以相应缩小实施抽盘的范围

（四）存货监盘程序

在存货盘点现场实施监盘时，注册会计师应当实施下列审计程序。如果存货盘点日不是资产负债表日，注册会计师应当实施适当的审计程序，确定存货盘点日与资产负债表日之间存货的变动是否已得到恰当的记录。

（1）评价管理层用以记录和控制存货盘点结果的指令和程序，具体包括：

①适当控制活动的运用，如收集已使用的存货盘点记录、清点未使用的存货盘点表单、实施盘点和复盘程序；

②准确认定在产品的完工程度，流动缓慢（呆滞）、过时或毁损的存货项目，以及第三方拥有的存货（如寄存货物）；

③考虑在适用的情况下用于估计存货数量的方法，如可能需要估计煤堆的重量；

④考虑对存货在不同存放地点之间的移动以及截止日前后出入库的控制。

特殊情况下，被审计单位可能由于实际原因无法停止生产或收发货物。这种情况下，注册会计师可以根据被审计单位的具体情况考虑其无法停止存货移动的原因及其合理性。同时，注册会计师可以通过询问管理层以及阅读被审计单位的盘点计划等方式，了解被审计单位对存货移动所采取的控制程序和对存货收发截止影响的考虑。在实施存货监盘程序时，注册会计师需要观察被审计单位有关存货移动的控制程序是否得到执行。同时，注册会计师可以向管理层索取盘点期间存货移动相关的书面记录以及出、入库资料作为执行截止测试的资料，为监盘结束的后续工作提供证据。

（2）观察管理层制定的盘点程序（如对盘点时及其前后的存货移动的控制程序）的执行情况，具体包括：

①如果在盘点过程中被审计单位的生产经营仍将持续进行，注册会计师应通过实施必要的检查程序，确定被审计单位是否已经对此设置了相应的控制程序，确保在适当的期间内对存货做出了准确记录；

②注册会计师可以获取有关截止性信息（如存货移动的具体情况）的复印件，有助于日后对存货移动的会计处理实施审计程序；

③注册会计师需要关注，所有在盘点日以前入库的存货项目是否均已包括在盘点范围内，所有已确认为销售但尚未装运出库的商品是否均未包括在盘点范围内；

④注册会计师需要关注，在途存货和被审计单位直接向顾客发运的存货是否均已得到适当的会计处理；

⑤注册会计师通常可观察有货的验收入库地点和装运出库地点，以执行截止测试。

（3）检查存货。注册会计师应当把所有过时、毁损或陈旧存货的详细情况记录下来，这既便于进一步追查这些存货的处置情况，也能为测试被审计单位存货跌价准备计提的准确性提供证据。

（4）执行抽盘。在对存货盘点结果进行测试时，注册会计师可以从存货盘点记录中选取项目追查至存货实物，以及从存货实物中选取项目追查至盘点记录，以获取有关盘点记录准确性和完整性的审计证据。

注册会计师在实施抽盘程序时若发现差异，则很可能表明被审计单位的存货盘点在准确性或完整性方面存在错误。由于检查的内容通常仅是已盘点存货中的一部分，所以在检查中发现的错误很可能意味着被审计单位的存货盘点还存在着其他错误。一方面，注册会计师应当查明原因，并及时提请被审计单位更正；另一方面，注册会计师应当考虑错误的潜在范围和重大程度。在可能的情况下，扩大检查范围以减少错误的发生。注册会计师还可要求被审计单位重新盘点。重新盘点的范围可限于某一特殊领域的存货或特定盘点小组。

（5）在被审计单位存货盘点结束前，注册会计师应当：

①再次观察盘点现场，以确定所有应纳入盘点范围的存货是否均已盘点；

②取得并检查已填用、作废及未使用盘点表单的号码记录，确定其是否连续编号。查明已发放的表单是否均已收回，并与存货盘点的汇总记录进行核对。注册会计师应当根据自己在存货监盘过程中获取的信息对被审计单位最终的存货盘点结果汇总记录进行复核，并评估其是否正确地反映实际盘点结果。

在实务中，注册会计师可以结合盘点日至财务报表日之间间隔期的长短、相关内部控制的有效性等因素进行风险评估，设计和执行适当的审计程序。在实质性程序方面，注册会计师可以实施的程序示例包括：

（1）比较盘点日和财务报表日之间的存货信息以识别异常项目，并对其执行适当的审计程序（如实地查看等）；

（2）对存货周转率或存货销售周转天数等实施实质性程序；

（3）对盘点日至财务报表日之间的存货采购和存货销售分别实施双向检查，例如，对存货采购从入库单查至其相应的永续盘存记录，从永续盘存记录查至其相应的入库单等支持性文件，对存货销售从货运单据查至其相应的永续盘存记录，从永续盘存记录查至其相应的货运单据等支持性文件；

（4）测试存货销售和采购在盘点日和财务报表日的截止是否正确。

此外，存货监盘时还需特别关注以下问题。

（1）存货的盘点范围。在被审计单位盘点存货前，注册会计师应当观察盘点现场，确定应纳入盘点范围的存货是否已经适当整理和排列，并附有盘点标识，防止遗漏或重复盘点。对未纳入盘点范围的存货，注册会计师应当查明未纳入的原因。

对所有权不属于被审计单位的存货，注册会计师应当取得其规格、数量等有关资料，确定是否已单独存放、标明，且未被纳入盘点范围。在存货监盘过程中，注册会计师应当根据取得的所有权不属于被审计单位的存货的有关资料，观察这些存货的实际存放情况，确保其未被纳入盘点范围。即使在被审计单位声明不存在受托代存存货的情形下，注册会计师在存货监盘时也应当关注是否存在某些存货不属于被审计单位的迹象，以避免盘点范围不当。

（2）对特殊类型存货的监盘。对某些特殊类型的存货而言，被审计单位通常使用的盘点方法和控制程序并不完全适用。这些存货通常或者没有标签，或者其数量难以估计，或者其质量难以确定，或者盘点人员无法对其移动实施控制。在这些情况下，注册会计师需要运用职业判断，根据存货的实际情况，设计恰当的审计程序，对存货的数量和状况获取审计证据。

（3）存货监盘特殊情况的处理，如表11-15所示。

表11-15　存货监盘特殊情况的处理

存货监盘特殊情况	处理方式
在存货盘点现场实施存货监盘不可行	如果在存货盘点现场实施存货监盘不可行，注册会计师应当实施替代审计程序（如检查盘点日后出售，盘点日前取得或购买的特定存货的文件记录），以获取有关存货的存在和状况的充分、适当的审计证据；但在其他一些情况下，如果不能实施替代审计程序，或者实施替代审计程序可能无法获取有关存货的存在和状况的充分、适当的审计证据，注册会计师需要按照《中国注册会计师审计准则第1502号——在审计报告中发表非无保留意见》的规定发表非无保留意见
因不可预见的情况导致无法在存货盘点现场实施监盘	有时由于不可预见情况而可能导致无法在预定日期实施存货监盘，两种比较典型的情况包括：注册会计师无法亲临现场，即由于不可抗力导致注册会计师无法到达存货存放地实施存货监盘；气候因素，即由于恶劣的天气导致注册会计师无法实施存货监盘程序，或由于恶劣的天气无法观察存货，如木材被积雪覆盖。如果由于不可预见的情况导致无法在存货盘点现场实施监盘，注册会计师应当另择日期实施监盘，并对间隔期内发生的交易实施审计程序
对第三方保管或控制的存货的处理	如果由第三方保管或控制的存货对财务报表是重要的，注册会计师应当尝试下列一项或两项审计程序，以获取有关存货存在和状况的充分、适当的审计证据：向持有被审计单位存货的第三方函证存货的数量和状况。实施检查或其他适合具体情况的审计程序。根据具体情况（如获取的信息使注册会计师对第三方的诚信和客观性产生疑虑），注册会计师可能认为实施其他审计程序是适当的。其他审计程序可以作为函证的替代程序，也可以作为追加的审计程序

四、存货计价测试

（一）存货计价测试的目的

存货监盘程序主要是对存货的数量进行测试。为验证财务报表上存货余额的真实性，还应当对存货的计价进行审计。存货计价测试的目的包括以下两个方面：

（1）确定被审计单位所使用的存货单位成本是否正确；

（2）确定被审计单位是否恰当计提了存货跌价准备。

在对存货的计价实施细节测试之前，注册会计师通常要先了解被审计单位本年度的存货计价方法与以前年度是否保持一致。若发生变化，则变化的理由是否合理，是否经过适当的审批。

（二）存货单位成本测试

针对原材料的单位成本，注册会计师通常基于企业的原材料计价方法（如先进先出法、加权平均法等），结合原材料的历史购买成本，测试其账面成本是否准确。测试程序包括核对原材料采购的相关凭证（主要是与价格相关的凭证，如合同、采购订购单、发票等），以及验证原材料计价方法的运用是否正确。

针对产成品和在产品的单位成本，注册会计师需要对成本核算过程实施测试，包括直接材料成本测试、直接人工成本测试、制造费用测试和生产成本在当期完工产品与在产品之间分配的测试。

1. 直接材料成本测试

（1）对采用定额单耗的企业，可选择某一成本报告期若干种具有代表性的产品成本计算单，获取样本的生产指令或产量统计记录及其直接材料单位消耗定额，根据材料明细账或采购业务测试工作底稿中各项直接材料的单位实际成本，计算直接材料的总消耗量和总成本，并与该样本成本计算单中的直接材料成本核对。

（2）对未采用定额单耗的企业，可获取材料费用分配汇总表、材料发出汇总表（或领料单）、材料明细账（或采购业务测试工作底稿）中各直接材料的单位成本，进行检查。

（3）对采用标准成本法的企业，获取样本的生产指令或产量统计记录、直接材料单位标准用量、直接材料标准单价及发出材料汇总表或领料单，进行成本测试。

2. 直接人工成本测试

（1）对采用计时工资制的企业，获取样本的实际工时统计记录、员工分类表和员工工薪手册（工资率）及人工费用分配汇总表来进行检查。

（2）对采用计件工资制的企业，获取样本的产量统计报告、个人（小组）产量记录和经批准的单位工薪标准或计件工资制度，进行检查。

（3）对采用标准成本法的企业，获取样本的生产指令或产量统计报告、工时统计报告和经批准的单位标准工时、标准工时工资率、直接人工的工薪汇总表等资料，检查人工成本。

3. 制造费用测试

制造费用测试是指获取样本的制造费用分配汇总表、按项目分列的制造费用明细账、与制造费用分配标准有关的统计报告及其相关原始记录，进行测算。

如果企业采用预计费用分配率分配制造费用，则应针对制造费用分配过多或过少的差额，检查其是否进行了适当的账务处理；如果企业采用标准成本法，则应检查样本中标准制造费用的确定是否合理，计入成本计算单的数额是否正确，制造费用差异的计算与账务处理是否正确，并注意标准制造费用在当年度内有无重大变更。

4. 生产成本在当期完工产品与在产品之间分配的测试

（1）检查成本计算单中在产品数量与生产统计报告或在产品盘存表中的数量是否一致。

（2）检查在产品约当产量计算或其他分配标准是否合理。

（3）计算复核样本的总成本和单位成本。

（三）存货跌价准备测试

如表 11-16 所示，注册会计师在测试存货跌价准备时，需要从两个方面进行测试，一是识别需要计提跌价准备的存货项目，二是检查可变现净值的计量是否合理。

表 11-16 存货跌价损失准备测试

测试对象	内容
识别需要计提跌价准备的存货项目	(1) 注册会计师可以通过询问管理层和相关部门（生产、仓储、财务、销售等）的员工，了解被审计单位如何收集有关滞销、过时、陈旧、毁损、残次存货的信息并为之计提必要的跌价准备 (2) 注册会计师还要结合存货监盘过程中检查存货状况而获取的信息，以判断被审计单位的存货跌价准备计算表是否有遗漏
检查可变现净值的计量是否合理	在存货计价审计中，由于被审计单位对期末存货采用成本与可变现净值孰低的方法计价，所以注册会计师应充分关注被审计单位对存货可变现净值的确定及存货跌价准备的计提

📖 **案例分析**

RZ 会计师事务所的 A 注册会计师负责审计多家被审计单位 2019 年度财务报表，与存货审计有关的部分事项如下。

(1) 甲公司为贸易型企业，A 注册会计师注意到某批次存货未反映在存货盘点表上，管理层解释，由于客户仓库容量不足，甲公司售后代管该批存货。A 注册会计师认为该解释合理，据此认可了管理层的做法。

(2) 乙公司为制造型企业，由组成部分注册会计师实施偏远地点的存货监盘。A 注册会计师拟通过复核组成部分注册会计师的存货监盘工作底稿，消除对组成部分注册会计师专业胜任能力的重大疑虑。

(3) 丙公司采用信息系统进行存货货龄管理，并据此计提存货跌价准备。A 注册会计师将监盘过程中识别的过时和陈旧的存货信息与系统中的信息进行了核对，未发现差异，据此认可了存货跌价准备的金额。

(4) 因天气原因，丁公司的存货被积雪覆盖，无法在预定日期进行盘点。A 注册会计师检查了采购合同、发票、仓储单等支持性文件，结果满意。

(5) 戊公司正在对某仓库门禁系统进行维修和升级，将对存货监盘造成不便。A 注册会计师评估认为该仓库存货期末余额远低于财务报表整体的重要性，未将其纳入存货监盘地点。

要求：针对上述 (1) 至 (5) 项，逐项指出 A 注册会计师的做法是否恰当。若不恰当，简要说明理由。

【解析】 (1) 不恰当。还应评价售后代管商品安排、客户是否取得商品控制权、判断是否纳入存货盘点范围。

(2) 不恰当。应当亲自监盘。对组成部分注册会计师专业胜任能力存在重大疑虑，不应要求组成部分注册会计师执行相关工作。

(3) 不恰当。还应考虑存货货龄信息的准确性，测试存货货龄信息系统的有效性。

(4) 不恰当。应当另择日期监盘，并对间隔期内的交易实施审计程序。

(5) 不恰当。还应考虑与存货相关的重大错报风险的评估结果。

第四节 应付职工薪酬审计

一、应付职工薪酬的审计目标

薪酬是企业支付给员工的劳动报酬，其主要形式有计时和计件两种。薪酬一般采用现金的性质支付，因而相对于其他业务更容易发生错误或舞弊行为，如虚报、冒领、重复支付和贪污等，同时，薪酬也是企业成本费用的重要构成项目，故在审计中显得十分重要。

随着经营管理水平的提高和技术手段的发展，薪酬业务中进行舞弊及其掩饰的可能性已降低，其原因包括：有效的薪酬内部控制，可以及时地揭露错误和舞弊；使用计算机编制薪酬表和使用薪酬卡，提高了薪酬计算的准确性；通过有关机构，如税务部门、社会保障机构的复核，可相应防止薪酬计算的错误。然而在一般的企业中，薪酬费用在成本费用中所占比重较大。如果计算错误，则会影响成本费用和利润的正确性。因此，注册会计师仍应重视对薪酬业务的审计。薪酬业务的审计，涉及应付职工薪酬及相关成本费用账户。应付职工薪酬的审计主要包括：①确定公司的职工薪酬是否发生；②确定应付职工薪酬计提和支出的记录是否完整；③确定应付职工薪酬期末余额是否正确；④确定应付职工薪酬的披露是否恰当。

二、应付职工薪酬的实质性程序

（1）获取或编制应付职工薪酬明细表，复核加计正确，并与报表数、总账数和明细账合计数核对是否相符。

（2）对本期薪酬费用的发生情况执行以下分析程序。

1）一般来说，除非产量、价格、职员数目等因素出现较大变动，一个会计年度内的各期薪酬总额应当是比较稳定的，注册会计师应取得或编制薪酬汇总表，列示各期薪酬总额及其构成，进行比较，对各类薪金的异常波动要进一步追查。薪酬汇总表如表11-17所示。

表11-17 薪酬汇总表

被审计单位名称：　　　　　　　　　　资产负债表日：　　　　　　　　　　单位：元

月份	直接人工费用		间接人工费用	管理费用		销售费用		合计	
1月	56 174		17 246	24 000		13 640		111 060	
2月	58 528		17 930	24 000		13 420		113 878	
3月	58 036		17 082	27 000		13 900		116 018	
4月	54 484	√	17 752	27 000		14 500		113 736	
5月	53 112		15 842	28 000		14 080	√	111 034	
6月	50 956		15 724	29 000		13 840		109 520	

月份	直接人工费用		间接人工费用	管理费用	销售费用		合计	
7 月	52 232		15 682	29 200	11 400		108 514	
8 月	51 638		15 794	29 320	11 300		108 052	
9 月	53 224		14 528	30 258	14 480		112 490	
10 月	57 596	V	16 178	36 400	16 160	V	126 334	A
11 月	60 912	△	18 332	36 400	V	17 660		133 304	
12 月	67 210		22 510	39 000	△	19 420		148 140	
合计	674 102		204 600	359 578	173 800	A	1 412 080	A

注：V＝追查直接人工和间接人工工勤卡。

A＝薪酬总账加总查讫。

△＝已核对增薪通知单。

2）将本期薪酬费用总额与上期进行比较，要求被审计单位解释其增减变动的原因，或取得公司管理层关于员工薪酬水平的决议。

（3）检查薪酬的计提是否正确，分配方法是否与上期一致，并将应付职工薪酬计提数与相关的成本、费用项目核对一致。

（4）如果被审计单位是实行工效挂钩的，应取得有关主管部门确认的效益薪酬发放额的认定证明，并复核有关合同文件和实际完成的指标，检查其计提额是否正确。

（5）验明应付职工薪酬的披露是否恰当。

第五节　与存货相关的其他账户的审计

在生产与薪酬循环中，与存货相关的账户，除了以上介绍的账户外，还有材料采购、原材料、包装物、低值易耗品、材料成本差异、委托加工物资等账户，对这些账户实施的实质性程序如表 11-18 所示。

表 11-18　与存货相关账户的实质性程序

账户名称	实质性程序
材料采购	（1）获取或编制材料采购明细表，复核其加计数是否正确，并核对其期末合计数与报表数、总账数和明细账合计数是否相符 （2）检查期末材料采购，核对有关凭证；对大额材料采购，追查至相关的购货合同及购货发票；复核采购成本的正确性，并抽查期后的入库情况 （3）检查有无跨期现象，若有，应加以记录，必要时进行调整 （4）若采用计划成本核算，注意检查相关的材料成本差异发生额的计算是否正确 （5）审核有无长期挂账事项，若有，应查明原因，必要时进行调整

账户名称	实质性程序
原材料	（1）获取或编制原材料明细表，复核其加计数是否正确，并核对其期末合计数与报表数、总账数与明细账合计数是否相符 （2）抽查核对原材料明细账与仓库台账、卡片记录是否相符 （3）实施分析程序，对期末原材料余额与上期期末余额进行比较，若有，异常波动，查明原因，判断波动的合理性 （4）现场观察和抽查原材料的盘点，获取账实是否相符的证据 （5）检查原材料收发的计价基础和计价方法是否正确，会计处理是否符合规定 （6）检查有无跨期现象，若有，应加以记录，必要时进行调整 （7）审核有无长期挂账事项，若有，应查明原因，必要时进行调整
包装物	（1）获取或编制包装物明细表，复核其加计数是否正确，并核对其期末合计数与报表数、总账数与明细账合计数是否相符 （2）盘点包装物，确定其是否存在 （3）检查包装物收发的计价基础和计价方法是否正确，会计处理是否符合规定 （4）检查有无跨期现象，若有，应加以记录，必要时进行调整 （5）结合包装物的盘点，检查期末有无料到单未到的情况，若有，应查明是否已暂估入账，其暂估价值是否合理 （6）检查出租、出借包装物的会计处理是否正确
低值易耗品	（1）获取或编制低值易耗品明细表，复核其加计数是否正确，并核对其期末合计数与报表数、总账数与明细账合计数是否相符 （2）检查低值易耗品与固定资产的划分是否符合规定 （3）检查低值易耗品的入库和出库手续是否齐全，会计处理是否正确 （4）检查低值易耗品摊销方法是否正确，前后期是否一致 （5）审核有无长期挂账的低值易耗品，若有，应查明原因，必要时进行调整
材料成本差异	（1）获取或编制材料成本差异明细表，复核其加计数是否正确，并核对其期末合计数与报表数、总账数与明细账合计数是否相符 （2）对每月材料成本差异率实施分析程序，注意异常波动情况，检查有无人为调节成本的现象 （3）抽查若干月份发出材料汇总表，检查材料成本差异的分配是否正确，分配方法是否前后期一致
委托加工物资	（1）获取或编制委托加工物资明细表，复核其加计数是否正确，并核对其期末合计数与报表数、总账数与明细账合计数是否相符 （2）检查若干份委托加工业务合同，抽查有关发料凭证、加工费、运费结算凭证，核对其计费、计价是否正确，会计处理是否正确及时 （3）抽查加工完成物资的验收入库手续是否齐全，会计处理是否正确 （4）现场查看或函证，以核实委托加工物资期末余额 （5）审核有无长期挂账的委托加工物资，若有，应查明原因，必要时进行调整

本章小结

生产与存货循环是企业生产经营的重要环节之一。制造企业的生产与存货循环是由将原材料转化为产成品的有关生产活动所组成的，该循环所涉及的内容主要包括存货的管理及生产成本的计算等。生产与存货循环的内部控制一般包括存货的内部控制、成本会计制度和工薪的内部控制三项内容。

存货审计是生产与存货循环审计的主要内容，存货审计的根本目标就是验证资产负债表上存货项目余额的真实性和正确性。因而，存货审计的重点是存货监盘和存货计价测试。存货监盘是指注册会计师现场观察被审计单位存货的盘点，并对已盘点的存货进行适当检查。存货计价测试主要是针对被审计单位所使用的存货单位成本是否正确所做的测试。产品成本的计价测试主要包括直接材料成本、直接人工成本和制造费用和生产成本在当期完工产品与在产品之间分配四个方面的测试。职工薪酬业务的审计，主要涉及应付职工薪酬项目。

思考与练习

一、单项选择题

1. 注册会计师为取得被审计单位存货是否实际存在的证据，应进行（　　）。

A. 实地盘点　　　　　　　　　　B. 存货监盘

C. 面询和函询　　　　　　　　　D. 实质性程序

2. 下列项目中，不属于存货监盘计划内容的是（　　）。

A. 存货监盘的目标、范围及时间安排

B. 评估与存货相关的重大错报风险和重要性

C. 存货监盘的要点及关注事项

D. 参加存货监盘人员的分工及检查存货的范围

3. 在注册会计师对存货实施检查程序时，以下说法中正确的是（　　）。

A. 尽量将难以盘点或隐蔽性较大的存货纳入检查范围

B. 事先就拟抽查检查的存货项目与被审计单位沟通

C. 从存货盘点记录中选取项目追查至存货实物，以测试盘点记录的完整性

D. 如果观察程序能够表明被审计单位组织管理得当，盘点、监督以及复核程序充分有效，注册会计师可以不对存货实施检查程序

4. 注册会计师在对存货进行计价测试时，一般可以不予关注的是（　　）。

A. 存货计价方法的合理性　　　　B. 存货计价方法的一致性

C. 存货计价的正确性　　　　　　D. 是否有抵押、担保的存货

5. 下列审计程序中，不属于应付职工薪酬实质性程序的是（　　）。

A. 检查职工薪酬的计提是否正确，分配方法是否合理

B. 比较本期应付职工薪酬余额与上期应付职工薪酬余额，是否有异常变动

C. 将本期工薪费用总额与上期进行比较

D. 检查各月份工薪费用的发生额是否存在异常波动

二、多项选择题

1. 下列各项审计程序中，属于存货实质性程序的有（   ）。

A. 获取各存货项目明细表，复核加计正确，并与总账数和明细账合计数核对相符

B. 实施存货监盘程序

C. 抽查部分存货入库单，看其是否均有仓库部门的签章

D. 实施存货计价测试

2. 在编制存货监盘计划时，注册会计师应当实施的审计程序包括（   ）。

A. 了解存货的内容、性质、各存货项目的重要程度及存放场所

B. 评估与存货相关的重大错报风险和重要性

C. 考虑实地查看存货的存放场所，特别是金额较大或性质特殊的存货

D. 复核或与管理层讨论其存货盘点计划

3. 如果由于被审计单位存货的性质或位置等原因导致无法实施存货监盘，注册会计师应当实施的替代审计程序主要包括（   ）。

A. 检查上期存货交易记录

B. 检查进货交易凭证或生产记录以及其他相关资料

C. 检查资产负债表日后发生的销货交易凭证

D. 向顾客或供应商函证

4. 审计制造费用的实质性程序包括（   ）。

A. 审阅制造费用明细账，检查其核算内容及范围是否正确

B. 检查制造费用发生数额是否控制在预算之内

C. 必要时对制造费用实施截止测试，确定有无跨期入账的情况

D. 检查制造费用的分配是否合理

5. 应付职工薪酬的审计目标应当包括（   ）。

A. 确定资产负债表中记录的应付职工薪酬是否存在

B. 确定记录的应付职工薪酬是否完整

C. 确定应付职工薪酬是否以恰当的金额包括在财务报表中

D. 确定应付职工薪酬是否已全部支付

三、简答题

1. 简述成本会计制度的内部控制及控制测试。

2. 简述应付职工薪酬的内部控制及控制测试。

3. 简述存货监盘计划的主要内容。

4. 简述存货监盘的观察程序和检查程序。

5. 简述对应付职工薪酬执行实质性程序的内容。

第十二章　投资与筹资循环审计

本章学习目标

1. 了解投资与筹资循环涉及的主要业务活动；
2. 了解投资与筹资循环涉及的主要凭证和会计记录；
3. 熟悉投资活动的内部控制；
4. 熟悉筹资活动的内部控制；
5. 掌握投资活动的控制测试；
6. 掌握筹资活动的控制测试；
7. 掌握借款相关项目的实质性程序；
8. 掌握所有者权益相关项目的实质性程序。

案例导入

中注协提示对外投资产业型基金的上市公司年报审计风险

近年来，上市公司投资产业型基金等对外投资行为日益增加，部分上市公司投资管理水平不高，投资失败案例时有发生，引发市场广泛关注，相关审计风险较高。2018年1月25日，中国注册会计师协会（以下简称中注协）针对对外投资产业型基金的上市公司年报审计风险，提出注册会计师在年报审计过程中应重点关注以下事项。

（1）关注管理层凌驾于控制之上的舞弊风险。注册会计师应当在审计过程中保持高度职业怀疑，识别和评估由于管理层凌驾于控制之上实施舞弊导致的财务报表重大错报风险，尤其应关注管理层与治理层的诚信问题，结合被审计单位战略目标，了解和评价对外投资是否存在合理商业理由，是否存在管理层利用对外投资转移或隐匿上市公司资金，利用虚假财务报告掩盖侵占资产等行为。

（2）关注对外投资内部控制的有效性。注册会计师应充分了解上市公司对外投资相关内部控制的整个流程和关键控制环节，包括投资尽职调查、可行性研究与决策、相关投资审批文件签署与合同管理、投资风险预警处理等方面，评价和测试相关内部控制设计和实施的有效性，执行针对性的审计程序。

（3）关注对外投资会计处理的恰当性。注册会计师应透过表面投资架构和复杂多样的交易形式，关注对外投资规模、期限、风险与收益的匹配性，综合判断对外投资的交易实质和控制权的归属；对于涉及关联交易的事项，应特别关注其交易是否具有商业实质；对于复杂的交易条款的约定，应警惕是否存在调节利润的情况；对于异常的高额收益，应警惕是否存在隐含的利益输送或关联方交易。

（4）关注对外投资相关资产减值风险。注册会计师应根据对外投资的具体类别，审慎评估对外投资相关资产是否存在减值迹象，实施相应的减值测试程序。对于存在减值迹象的对外投资项目，注册会计师应深入分析投资协议或合同的重要条款，关注上市公司应承担的责任和义务，必要时利用专家工作，复核评估工作过程和结果，综合评价资产减值计提的及时性和合理性，同时还应关注是否存在过度计提资产减值准备的情形。

截至2018年3月，参与投资设立各类产业型基金的A股上市公司共737家，投资规模上千亿，其中部分上市公司投资了多只产业型基金。作为风投基金的一种，产业型基金自身运作和所投标的都可能存在风险点。审计机构作为资本市场的"看门人"，正逐渐揭开"部分上市公司投资管理水平不高，投资失败案例时有发生，相关审计风险较高"的冰山一角。

（资料来源：中国注册会计师协会官方网站）

第一节　投资与筹资循环概述

投资与筹资循环由投资活动和筹资活动的交易事项所构成。投资活动是指企业为享有被投资单位分配的利润，或为谋求其他利益，将资产让渡给其他单位而获得另一项资产的活动。筹资活动是指企业为满足生存和发展的需要，通过改变企业资本及债务规模和构成而筹集资金的活动。

一、投资与筹资循环的性质

投资活动主要由权益性投资交易和债权性投资交易组成，筹资活动主要由借款交易和股东权益交易组成。注册会计师应当考虑投资与筹资循环的如下性质。

（1）对一般工商企业而言，与其他循环相比，企业每年投资与筹资循环涉及的交易数量少，而每笔交易的金额通常较大。这就决定了对该循环涉及的财务报表项目审计，更可能采用实质性方案。

（2）筹资活动在遵守国家法律法规和相关契约的规定下进行。注册会计师了解被审计单位的筹资活动，可能对评估财务报表舞弊的风险、从性质角度考虑审计重要性、评估持续经营假设的适用性等有重要影响。

漏记或不恰当地对一笔业务进行会计处理，将会导致重大错误，从而对财务报表的公允反映产生较大影响。

二、投资与筹资循环涉及的主要业务活动

（一）投资涉及的主要业务活动

1. 审批授权

投资业务一般应由企业董事会进行审批。重大的投资业务须经股东会或股东大会批准。

2. 取得证券或其他投资

企业可以通过购买股票或债券进行投资，也可以通过与其他单位联合形成投资。

3. 取得投资收益

企业可以取得股权投资的股利收入、债券投资的利息收入和其他投资收益。

4. 转让证券或收回其他投资

企业可以通过转让证券实现投资的收回，其投资一经投出，除联营合同期满或由于其他特殊原因联营企业解散外，一般不得抽回投资。

（二）筹资涉及的主要业务活动

1. 审批授权

企业通过借款筹集资金必须经管理层的审批，其中债券的发行每次都要由董事会授权。企业发行股票必须依据国家有关法规或企业章程的规定，报经企业最高权力机构（如董事会）及国家有关管理部门批准。

2. 签订合同或协议

向银行或其他金融机构借款必须签订借款合同。发行债券必须签订债券契约和债券承销或包销协议。

3. 取得资金

企业向银行或其他金融机构借入的款项，或通过发行债券、发行股票所得款项应及时如数存入其开户银行。

4. 计算利息或股利

企业应按照有关合同或协议的规定，及时计算利息或股利。

5. 偿还本息或发放股利

银行借款或发行债券，应按有关合同或协议的规定支付利息、偿还本金，融入的股本根据股东大会的决定发放股利。

三、投资与筹资循环涉及的主要凭证和会计记录

（一）投资活动的主要凭证和会计记录

（1）债券投资凭证。债券投资凭证是载明债券持有人与发行企业双方所拥有的权利与义务的法律性文件。

（2）股票投资凭证。股票投资凭证是记载股票投资购买业务或卖出业务的凭证。

（3）股票证书。股票证书是载明股东所有权的证据，记录所有者持有被投资公司的股票数量。

（4）股利收取凭证。股利收取凭证是向所有股东分发股利的文件。

（5）长期股权投资协议。

（6）投资总分类账和明细分类账。

（二）筹资活动的主要凭证和会计记录

（1）股本凭证。股本凭证是公司签发的证明股东所持有股份的凭证。

（2）股东名册。股东名册是记载每一位股东姓名，反映股东所拥有的全部股份及其变动情况的书面凭证。

（3）公司债券。公司债券是公司依据法定程序发行、约定在一定期限内还本付息的有价证券。

（4）债券契约。债券契约是载明债券持有人与发行企业双方所拥有的权利与义务的法律性文件。

（5）公司债券存根簿。公司债券存根簿详细记载已发行债券的持有者、债券交易及其变动情况。

（6）承销或包销协议。公司向社会公开发行股票或债券时，应当由依法设立的证券经营机构承销或包销，公司应与其签订承销或包销协议。

（7）借款合同或协议。借款合同或协议是公司向银行和其他金融机构借入款项时与其签订的合同或协议。

（8）有关筹资业务的总分类账和明细分类账。

第二节 投资与筹资循环的控制测试

一、投资与筹资循环内部控制的主要内容

（一）投资活动的内部控制

针对投资活动中的各项主要业务活动，可能存在相应的内部控制活动，具体如表12-1所示。

表 12-1 投资活动内部控制

主要业务活动	内部控制
审批授权	为确保投资业务的合法，各项投资活动必须经过授权审批，并且在业务的授权、执行和会计记录以及投资资产的保管等方面应建立严格的职责分工。例如，投资证券业务必须经企业最高权力机构核准及高层负责人员授权签批，由财务经理或者不参与会计记录的指定人员办理证券的买卖业务，会计部门则负责投资业务的账务处理，并由专人保管证券。这种明确的分工与相互牵制，有利于减少投资业务中发生错误或舞弊的可能性

主要业务活动	内部控制
有价证券的收取和保存	企业应当健全投资资产的保管制度。企业对投资资产（指证券资产）一般有两种保管方式：一种是委托独立的专门机构，如银行、证券公司、信托投资公司等进行保管；另一种是由企业自行保管，在这种方式下，必须建立严格的联合控制制度，即至少要由两名人员共同控制，不得单独一人接触任何证券。此外，应设立证券登记簿，详细记录各种存入或取出的证券与文件的名称、数量、价值及存取的日期，并由所有在场的经手人员签名
取得投资收益、转让证券或收回其他投资	企业对各项投资业务的增减变动及投资收益都要进行完整的记录与账务处理。对每一种股票或债券要分别设立明细分类账，并详细记录其名称、商值、证券编号数量、取得日期、经纪人名称、购入成本、收取的股利收入或（和）利息收入等资料；对联营投资类的其他投资，也应设置明细分类账，核算其他投资的投出、投资收益和投资收回等业务，并对投资的形式、接受投资单位、投资的计价以及投资收益等进行详细的记录

（二）筹资活动的内部控制

针对筹资活动中的各项主要业务活动，可能存在相应的内部控制活动，具体如表12-2所示。

表12-2　筹资活动内部控制

主要业务活动	内部控制
审批授权	企业通过借款筹集资金必须经管理当局的授权与批准，其中债券的发行每次均要由董事会授权。申请发行债券时，应履行审批手续，向有关机关递交相关文件。凡涉及投入资本的增减业务，都必须依据国家有关法规或企业章程的规定，报经企业最高权力机构和国家有关管理部门批准
签订合同或协议	企业向银行或其他金融机构借款必须签订借款合同或协议。企业发行债券必须签订债券契约。企业向社会公开发行股票或债券时，应当聘请独立的证券经营机构承销或包销，且必须与其签订承销或包销协议。上述合同或协议应由专人负责保管
取得资金	企业向银行或其他金融机构借入的款项，企业通过发行债券、发行股票所得款项应及时如数存入其开户银行。为保证投入资本的真实性，投入资本必须经注册会计师验资并出具验资报告
计算利息或股利	企业应按有关合同、协议或债券契约的规定及时计算借款或债券利息，根据公司章程和董事会决定计算应付股东的股利
偿还本息或发放股利	对于银行借款或债券，应按有关合同、协议或债券契约的规定支付利息，到期偿还本金。债券利息通常委托外部独立机构代理发放，以便加强控制，对债券的偿还和购回业务也要有董事会的正式授权批准。股利发放业务可由企业自己办理，也可委托证券交易所和金融机构代理发放

二、评估投资与筹资循环重大错报风险

（一）投资活动存在的重大错报风险

注册会计师应当考虑重大错报风险对投资活动的影响，并对被审计单位可能发生的特定风险保持警惕。投资活动存在的重大错报风险主要有以下七个方面。

（1）管理层错误表述投资业务或衍生金融工具业务的偏见和动机，包括为了满足预算、提高绩效奖金、提高财务报表上的报告收益、确保从银行获得额外资金、吸引潜在投资购买者或影响股价以误导投资者。

（2）所取得资产的性质和复杂程度可能导致确认和计量的错误。尽管多数被审计单位可能只拥有少量的投资，并且买入和卖出的业务不频繁，但交易的复杂性可能导致在进行会计处理时出现错误。如果会计人员没有意识到不同类型投资计量或计价的复杂性，管理层通常不能轻易发现这些错误。

（3）所持有投资的公允价值可能难以计量。

（4）管理层凌驾于控制之上，可能导致投资交易未经授权。

（5）如果对有价证券的控制不充分，权益性有价证券的舞弊和盗窃风险可能很高，从而影响投资的存在性。

（6）关于资产的所有权以及相关权利与义务的审计证据可能难以获得。获取的权益可能很复杂。例如，在企业集团中包含跨国公司的情形以及公司处理大量衍生金融工具交易的情形。

（7）如果负责记录投资处置业务的人员没有意识到某项投资已经卖出，则对投资的处置业务可能未经记录。这种处置业务只能通过在期末进行实物检查来发现。

（二）筹资活动存在的重大错报风险

注册会计师应当在了解被审计单位的基础上考虑影响筹资交易的重大错报风险，并对被审计单位业务中可能出现的特别风险保持警惕。考虑到严格的监管环境和董事会针对筹资活动设计的严格控制，除非注册会计师对管理层的诚信产生疑虑，否则重大错报风险一般应当评估为低水平。

然而，有一点可能引起注册会计师的疑问，就是企业会计准则以及监管法规对借款和权益的披露要求，可能引起完整性、准确性、计价和分摊、列报认定的潜在重大错报风险。尽管账户余额发生错报的可能性不大，仍然可能存在权利和义务被忽略或发生错报的可能。例如，一个集团公司用资产为另一个集团公司做抵押或担保的情况。

如果被审计单位是国际资本市场上的大型公众公司，其股票在国内和国外同时上市，其他国家法律法规的复杂性可能影响注册会计师对重大错报风险的评估。在这种情况下，企业可能从国外获得借款，从而应当在利润表中确认汇兑损益。这种情况下的筹资交易和余额重大错报风险可能评估为中到高水平，存在完整性和计价认定风险以及未记录负债和（或）有负债的风险。

在实施实质性程序之前，注册会计师应当评估权益、借款、利息、股利交易和余额在报表层次和认定层次上的重大错报风险。注册会计师应当通过询问、检查文件记录、观察控制程序等方法获得确切的信息以支持对重大错报风险的评估，识别特定账户余额的影响，并设计适当的审计程序以发现和纠正剩余重大错报风险。

三、投资与筹资循环关键控制环节的主要测试内容

（一）投资活动关键控制环节的主要测试内容

投资活动的控制测试主要包括如下内容。

1. 检查控制执行留下的轨迹

注册会计师应抽取投资业务的会计记录和原始凭证，确定各项控制程序的运行情况。

2. 审阅内部盘点报告

注册会计师应审阅内部审计人员或其他授权人员对投资资产进行定期盘点的报告。应审阅其盘点方法是否恰当、盘点结果与会计记录相核对情况以及出现差异的处理是否合规。如果各期盘核报告的结果未发现账实之间存在差异（或差异不大），说明投资资产的内部控制得到了有效执行。

3. 分析企业投资业务管理报告

对于企业的长期投资，注册会计师应对照有关投资方面的文件和凭据，分析企业的投资业务管理报告。在作出长期投资决策之前，企业最高权力机构（如董事会）需要对投资进行可行性研究和论证，并形成一定的纪要。投资业务一经执行，又会形成一系列的投资凭据或文件，如证券投资的各类证券，联营投资中的投资协议、合同及章程等。负责投资业务的财务经理须定期向企业最高权力机构报告有关投资业务的开展情况（包括投资业务内容和投资收益实现情况及未来发展预测），即提交投资业务管理报告书，供最高权力机构投资决策和控制。注册会计师应认真分析这些投资管理报告的具体内容，并对照前述有关文件和凭证资料，判断企业长期投资业务的管理情况。

（二）筹资活动关键控制环节的主要测试内容

注册会计师一般将股东权益、长期借款账户和余额的重大错报风险评估为低水平，除非筹资活动形成一种重要的交易类型。如果注册会计师拟信赖内部控制，则应实施控制测试。因此，检查风险的可接受水平较高，注册会计师应主要采用实质性分析程序和有限的细节测试。如果出现不经常出现的特别风险，则应当将业务环境考虑在内。

注册会计师尝试对有限数量的筹资交易实施控制测试程序是明显无效率的，对投资和筹资环境也通常如此。如果注册会计师主要实施了实质性程序，则需要对控制活动进行记录，以识别可能产生的重大错报风险，确保实施的实质性程序能够恰当应对所识别的重大错报风险。

第三节　投资与筹资循环的实质性程序

一、长期股权投资审计

（一）长期股权投资的审计目标

长期股权投资核算企业持有的采用权益法或成本法核算的长期股权投资。长期股权投

资的审计目标一般包括：确定资产负债表中列示的长期股权投资是否存在；确定列示的长期股权投资是否完整；确定列示的长期股权投资是否由被审计单位拥有；确定长期股权投资是否以恰当的金额包括在财务报表中，与之相关的计价调整是否已恰当记录；确定长期股权投资在财务报表中的列报是否恰当。

（二）长期股权投资的实质性程序

长期股权投资的实质性程序具体如下。

（1）获取或编制长期股权投资明细表，复核加计正确，并与总账数和明细账合计数核对相符；结合长期股权投资减值准备账户，与报表数核对相符。

（2）根据有关合同和文件，确认股权投资的股权比例和持有时间，检查股权投资核算方法是否正确。

（3）对于重大的投资，向被投资单位函证被审计单位的投资额、持股比例及被投资单位发放股利等情况。

（4）对于采用权益法核算的长期股权投资，获取被投资单位已经注册会计师审计的年度财务报表。如果未经注册会计师审计，则应考虑对被投资单位的财务报表实施适当的审计或审阅。复核投资收益或投资损失，确定会计处理是否正确。

（5）对于采用成本法核算的长期股权投资，检查股利分配的原始凭证及分配决议等资产，确定会计处理是否正确；对被审计单位实施控制而采用成本法核算的长期股权投资，比照权益法编制变动明细表，以备合并报表时用。

（6）对于成本法和权益法相互转换的，检查其投资成本的确定是否正确。

（7）确定长期股权投资的增减变动的记录是否完整；检查本期增加、减少的长期股权投资，追查至相关的文件或决议及被投资单位验资报告或财务资料等，确认长期股权投资是否符合投资合同、协议的规定并已确实投资，长期股权投资的收回有合理的理由及授权批准手续并已确实收回投资，会计处理是否正确。

（8）对期末长期股权投资进行逐项检查，以确定长期股权投资是否已经发生减值。

（9）结合银行借款等的检查，了解长期股权投资是否存在质押、担保情况。若有，则应详细记录，并提请被审计单位进行充分披露。

（10）确定长期股权投资在资产负债表上已恰当列报。与被审计单位人员讨论确定是否存在被投资单位由于所在国家和地区及其他方面的影响，其向被审计单位转移资金的能力受到限制的情况。

二、投资收益审计

（一）投资收益的审计目标

投资收益的审计目标一般包括：确定利润表中列示的投资收益是否已真实赚取，且与被审计单位有关；确定列示的投资收益是否完整；确定与投资收益有关的金额及其他数据是否已恰当记录；确定投资收益是否已反映于正确的会计期间；确定投资收益是否已记录于恰当的账户；确定投资收益在财务报表中的列报是否恰当。

（二）投资收益的实质性程序

投资收益的实质性程序具体如下。

（1）获取或编制投资收益分类明细表，复核加计正确，并与总账数和明细账合计数核对相符，与报表数核对相符。

（2）与以前年度投资收益进行比较，结合投资本期的变动情况，分析本期投资收益是否存在异常情况。若有，应查明原因，并进行适当的调整。

（3）与长期股权投资、交易性金融资产、可供出售金融资产、持有至到期投资等相关项目的审计结合，验证确定投资收益的记录是否正确，确定投资收益被计入正确的会计期间。

（4）确定投资收益已恰当列报。检查投资协议等文件，确定境外投资收益汇回是否存在重大限制。如果存在，应充分披露。

三、借款审计

（一）借款的审计目标

借款的审计目标一般包括：确定资产负债表中列示的借款是否存在；确定应当列示的借款是否完整；确定列示的借款是否为被审计单位应履行的现时义务；确定借款是否以恰当的金额列示在财务报表中，与之相关的计价调整是否已恰当记录；确定借款在财务报表中的列报是否恰当。

（二）借款的实质性程序

由于短期借款的实质性程序同长期借款的实质性程序较为相似，这里合并介绍。短期借款和长期借款的实质性程序具体如下。

（1）获取或编制短期借款和长期借款明细表，复核其加计数是否正确，并与总账数和明细账合计数核对相符。

（2）了解金融机构对被审计单位的授信情况以及被审计单位的信用等级评估情况，了解被审计单位获得短期借款和长期借款的抵押和担保情况，评估被审计单位的信誉和融资能力。

（3）向银行或其他债权人函证重大的长期借款；对于短期借款，注册会计师应在期末短期借款余额较大或认为必要时，向银行或其他债权人函证短期借款。

（4）对年度内增加的短期借款和长期借款，应检查借款合同和授权批准，了解借款数额、借款条件、借款日期、还款期限、借款利率，并与相关原始凭证和会计记录进行核对。若为抵押借款，应检查抵押资产的所有权是否属于被审计单位，其价值和现实状况是否与抵押契约中的规定一致。

（5）检查长期借款的使用是否符合借款合同的规定，重点检查长期借款使用的合理性。

（6）对年度内减少的短期借款和长期借款，应检查相关会计记录和原始凭证，核实还款数额。

（7）检查年末有无到期未偿还的借款，查明逾期借款是否办理了延期手续，分析计算逾期借款的金额、比率和期限，判断被审计单位的资信程度和偿债能力。

（8）计算短期借款、长期借款在各个月份的平均余额，选取适用的利率匡算利息支出总额，并与财务费用的相关记录核对，判断被审计单位是否高估或低估利息支出，必要时进行适当调整。

（9）检查非记账本位币折合记账本位币时采用的折算汇率，折算差额是否按规定进行会计处理，折算方法是否前后期一致。

（10）检查借款费用的会计处理是否正确。

（11）检查企业重大的资产租赁合同，判断被审计单位是否存在资产负债表外融资的现象。

（12）确定短期借款和长期借款在资产负债表上的列报是否恰当。短期借款在资产负债表上单独列示于流动负债类下；长期借款列示于非流动负债类下，该项目应根据"长期借款"账户的期末余额扣除将于一年内到期的长期借款后的数额填列，该项扣除数应当填列在流动负债类下的"一年内到期的非流动负债"项目单独反映。

（三）应付债券的实质性程序

应付债券的实质性程序具体如下。

（1）取得或编制应付债券明细表，并同有关总账数和明细账合计数核对相符。

（2）检查债券交易的有关原始凭证。检查的内容一般包括：①检查被审计单位发行债券的授权批准文件和债券契约副本，确定其发行是否合法，各项内容是否同相关的会计记录一致；②检查发行债券所收入现金的收据、汇款通知单、送款登记簿及相关的银行对账单；③检查用以偿还债券的支票存根，并检查利息费用的计算；④检查已偿还债券数额同应付债券借方发生额是否相符；⑤如果企业发行债券时已作抵押或担保，还应检查相关契约的履行情况。

（3）检查应计利息、债券折（溢）价摊销及其会计处理是否正确。此项工作一般可通过检查应计利息、利息调整等账户分析表来进行。

（4）函证"应付债券"账户期末余额。为了确定应付债券账户期末余额的真实性，注册会计师如果认为必要，可以直接向债权人及债券的承销人或包销人进行函证。

（5）对到期债券的偿还，注册会计师应检查相关会计处理是否正确。对可转换公司债券持有人行使转换权利，将其持有的债券转换为股票，应检查其转股的会计处理是否正确。

（6）检查借款费用的会计处理是否正确。

（7）确定应付债券在资产负债表上的列报是否恰当。应付债券在资产负债表中列示于非流动负债类下，该项目的填列要求与长期借款是一样的。

四、所有者权益审计

（一）所有者权益的审计目标

所有者权益的审计目标一般包括：确定资产负债表中列示的所有者权益各项目是否存在；确定应当列示的所有者权益是否完整；确定所有者权益各项目是否以恰当的金额列示在财务报表中，与之相关的计价调整是否已恰当记录；确定所有者权益各项目在财务报表中的列报是否恰当。

（二）实收资本（股本）的实质性程序

实收资本（股本）的实质性程序具体如下。

（1）获取或编制实收资本（股本）增减变动情况明细表，复核加计正确，与报表数、总账数和明细账合计数核对相符。

（2）查阅公司章程、股东大会和董事会会议记录中有关实收资本（股本）的规定，收集与实收资本（股本）变动有关的董事会会议纪要、合同、协议、公司章程及营业执照，公司设立批文、验资报告等法律性文件，并更新永久性档案。

（3）检查实收资本（股本）增减变动的原因，查阅其是否与董事会会议纪要、补充合同、协议及其他有关法律性文件的规定一致，逐笔追查至原始凭证，检查其会计处理是否正确。对首次接受委托的客户，除取得验资报告外，还应检查并复印记账凭证及进账单。

（4）对于以资本公积、盈余公积和未分配利润转增资本的，应取得股东（大）会等资料，并审核是否符合国家有关规定。

（5）以权益结算的股份支付，取得相关资料，检查是否符合相关规定。

（6）根据证券登记公司提供的股东名录，检查被审计单位及其子公司、合营企业与联营企业是否有违反规定的持股情况。

（7）以非记账本位币出资的，检查其折算汇率是否符合规定。

（8）检查认股权证及其有关交易，确定委托人及认股人是否遵守认股合约或认股权证中的有关规定。

（9）确定实收资本（股本）在资产负债表上的列报是否恰当。

（三）资本公积的实质性程序

资本公积是因非经营性因素形成的不能计入股本或实收资本的所有者权益，主要包括投资者实际交付的出资额超过其资本份额的差额（如股本溢价、资本溢价）、接受非现金资产捐赠、接受现金捐赠、股权投资准备、拨款转入、外币资本折算差额、其他资本公积等。

注册会计师对资本公积实施实质性程序，其内容如下。

1. 检查资本公积形成的合法性

注册会计师应首先检查资本公积形成的内容及其依据，并查阅相关的会计记录和原始凭证，确认资本公积形成的合法性和正确性。对资本公积形成的审计包括审查股本溢价或资本溢价、审查接受非现金资产捐赠、审查接受现金捐赠、审查外币资本折算差额、审查同一控制下企业合并形成的资本公积等。

（1）审查股本溢价或资本溢价。对资本溢价应检查是否在企业吸收新投资时形成。资本溢价的确定是否按实际出资额扣除其投资比例所占的资本额计算，其投资是否经企业董事会决定，并已报原审批机关批准。对股本溢价应检查发行是否合法，是否经有关部门批准，股票发行价格与其面值的差额是否全部计入资本公积，发行股票支付的手续费或佣金、股票印制成本等减去发行股票冻结期间所产生的利息收入后的余额是否已从溢价中扣除。

（2）审查接受非现金资产捐赠。对于接受非现金资产捐赠，应审查接受捐赠的资产是否按规定办理了移交手续，是否经过验收，资产定价是否取得有关报价单或同类资产的市场价格确认，接受捐赠的固定资产是否应计提折旧，是否存在对捐赠资产不入账等情况，有关账务处理是否符合国家有关规定。

（3）审查接受现金捐赠。对于接受现金捐赠，注册会计师应注意审查其银行对账单、银行存款日记账和"资本公积——接受现金捐赠"明细账是否核对相符，是否确实收到有关捐赠款项。

（4）审查外币资本折算差额。对外币资本折算差额应审查资本账户折算汇率是否按合同约定确定，并由投资各方认可，且符合国家有关法规、制度的规定，资本账户折算所采用的汇率是不是收到出资日的市场汇率或当月1日的市场汇率。

（5）审查同一控制下企业合并形成的资本公积。注册会计师应结合金融资产审计，对这些形成资本公积的项目核对相符。

2. 审查运用资本公积的合法性

注册会计师应审查是否将资本公积挪作他用；对于资本公积转增股本，注册会计师应审查转增股本是否经股东会或股东大会决定并报经工商行政管理机关批准，并依法办理增资手续；获得批准后，运用资本公积的账务处理是否及时正确。

3. 确定资本公积是否在资产负债表和所有者权益变动表中恰当反映

注册会计师应审查资本公积是否在资产负债表中单独列示，同时还应将资本公积明细账合计数与所有者权益变动表中列示的资本公积的期末余额及期初余额对比相符。

案例分析

注册会计师在审查 RC 股份有限公司 2020 年 12 月营业外收入明细账时，发现其中一笔业务摘要为"接受捐赠 50 000 元"，记账凭证为 205#。调阅了 205# 记账凭证，其会计分录为：

借：银行存款   50 000

    贷：营业外收入   50 000

所附原始凭证，一为捐赠协议，一为银行存款回执，证明确为捐赠。

【解析】该公司会计人员把应作为资本公积的捐赠未列入"资本公积"账户，使利润虚增。对此，注册会计师应建议被审计单位冲销原会计记录，并作账务处理如下：

借：银行存款   50 000

    贷：资本公积   50 000

（四）盈余公积的实质性程序

盈余公积的实质性程序具体如下。

（1）取得或编制盈余公积明细表，复核加计正确，并与报表数、总账数和明细账合计数核对相符。

（2）收集与盈余公积变动有关的董事会会议纪要、股东（大）会决议以及政府主管部门、财政部门批复等文件资料，进行审阅，并更新永久性档案。

（3）对法定盈余公积和任意盈余公积的发生额逐项审查至原始凭证：①检查法定盈余公积和任意盈余公积的计提顺序、计提基数、计提比例是否符合有关规定，会计处理是否正确；②检查盈余公积的减少是否符合有关规定，取得董事会会议纪要、股东（大）会决议，予以核实，检查有关会计处理是否正确。

（4）如果是外商投资企业，应对储备基金、企业发展基金的发生额逐项审查至原始凭证。

（5）确定盈余公积在资产负债表上的列报是否恰当。

（五）未分配利润的实质性程序

未分配利润的实质性程序具体如下。

（1）获取或编制利润分配明细表，复核加计正确，与报表数、总账数及明细账合计数核对相符。

（2）检查未分配利润年初数与上期审定数是否相符，涉及损益的上期审计调整是否正确入账。

（3）收集和检查与利润分配有关的董事会会议纪要、股东（大）会决议，政府部门批文及有关合同、协议、公司章程等文件资料，更新永久性档案。对照有关规定确认利润分配的合法性。

（4）检查本期未分配利润变动除净利润转入以外的全部相关凭证，结合所获取的文件资料，确定其会计处理是否正确。

（5）了解本年度利润弥补以前年度亏损的情况，如果已超过弥补期限，且已因为抵扣亏损而确认递延所得税资产的，应当进行调整。

（6）结合以前年度损益调整账户的审计，检查以前年度损益调整的内容是否真实、合理，注意对以前年度所得税的影响。对重大调整事项应逐项核实其发生原因、依据和有关资料，复核数据的正确性。

（7）确定未分配利润在资产负债表上的列报是否恰当。

本章小结

投资与筹资循环包括投资活动和筹资活动。投资活动涉及的主要业务包括审批授权、取得证券或其他投资、取得投资收益和转让证券或收回其他投资。筹资活动涉及的主要业务包括审批授权、签订合同或协议、取得资金、计算利息或股利、偿还本息或发放股利等。

本章阐述了投资循环的内部控制及控制测试，以及筹资循环的内部控制及控制测试。投资活动的主要审计目标是确定投资业务的真实性。筹资活动的主要审计目标是确定筹资业务的完整性，防止企业低估或漏列债务。

思考与练习

一、单项选择题

1. 下列审计程序中，不属于投资活动控制测试程序的是（　　）。

A. 根据有关合同和文件，确认股权投资的股权比例和持有时间，检查股权投资核算

方法是否正确

    B. 审阅内部投资资产盘点报告

    C. 分析企业投资业务管理报告

    D. 抽查部分投资业务的会计记录和原始凭证，确定各项控制程序运行情况

    2. 对于重大的投资，向被投资单位函证被审计单位的投资额、持股比例及被投资单位发放股利等情况。这项实质性程序应达到的审计目标是（   ）。

    A. 计价和分摊   B. 存在或发生   C. 完整性   D. 权利和义务

    3. 下列审计程序中，不属于应付债券控制测试程序的是（   ）。

    A. 检查债券发行是否经董事会授权

    B. 检查债券发行是否履行了适当的审批手续并符合法律规定

    C. 如有必要，函证应付债券账户期末余额的真实性

    D. 检查是否根据债券契约的规定支付利息

    4. 下列审计程序中，不属于借款的实质性程序的是（   ）。

    A. 向银行或其他债权人函证重大的长期借款

    B. 索取借款的授权批准文件，检查授权是否恰当、是否履行了适当的审批手续、是否符合法律规定

    C. 对年度内增加的借款，检查借款合同和授权批准，并与相关原始凭证和会计记录进行核对

    D. 对年度内减少的借款，检查原始凭证和相关会计记录，核实还款数额

    5. 注册会计师检查被审计单位与股票发行有关的原始凭证，确认其真实性，并与会计记录核对应达到的审计目标是（   ）。

    A. 存在或发生   B. 完整性   C. 计价和分摊   D. 权利和义务

二、多项选择题

    1. 下列各项中，属于长期股权投资的审计目标的是（   ）。

    A. 确定资产负债表中列示的长期股权投资是否存在

    B. 确定列示的长期股权投资是否归被审计单位所有

    C. 确定列示的长期股权投资是否完整

    D. 确定长期股权投资是否以恰当的金额包括在财务报表中

    2. 以下审计程序中，属于长期股权投资实质性程序的有（   ）。

    A. 对于重大的投资，向被投资单位函证投资额、持股比例及发放股利等情况

    B. 对于采用权益法核算的长期股权投资，获取被投资单位已经注册会计师审计的年度财务报表

    C. 对于采用成本法核算的长期股权投资，检查股利分配的原始凭证及分配决议等资料，确定会计处理是否正确

    D. 对期末长期股权投资进行逐项检查，以确定长期股权投资是否已经发生减值

    3. 注册会计师对长期借款实施实质性程序时，一般应获取的审计证据包括（   ）。

    A. 长期借款明细表

    B. 长期借款的合同和授权批准文件

    C. 相关抵押资产的所有权证明文件

    D. 重大长期借款的函证回函和逾期长期借款的延期协议

4. 检查债券交易的有关原始凭证，是确定应付债券金额及其合法性的重要程序，检查的内容应该包括（　　）。

A. 检查被审计单位发行债券的授权批准文件和债券契约副本

B. 检查发行债券所收入现金的收据、汇款通知单、送款登记簿及相关的银行对账单

C. 检查用以偿还债券的支票存根，并检查利息费用的计算

D. 如果企业发行债券时已作抵押或担保，检查相关契约的履行情况

5. 注册会计师通常可以运用（　　）等方法，检查实收资本（股本）的真实存在。

A. 核对有关原始凭证，检查会计处理是否正确

B. 查阅公司章程、股东大会和董事会会议记录中有关实收资本（股本）的规定

C. 首次接受委托应取得验资报告

D. 首次接受委托应检查并复印记账凭证及进账单

三、简答题

1. 简述投资活动的内部控制与控制测试。

2. 简述筹资活动的内部控制与控制测试。

3. 简述长期股权投资的实质性程序。

4. 简述借款的实质性程序。

第十三章　货币资金审计

本章学习目标

1. 了解货币资金的特点；
2. 掌握货币资金的内部控制及控制测试；
3. 掌握货币资金的实质性程序；
4. 掌握库存现金的实质性程序；
5. 掌握银行存款的实质性程序。

案例导入

辅仁药业17亿元货币资金突然消失

辅仁药业集团制药股份有限公司（以下简称辅仁药业）于2019年7月26日收到中国证券监督管理委员会（以下简称证监会）调查通知书，因公司涉嫌违法违规，证监会决定对其立案调查。

辅仁药业公开披露的财务报告数据显示，2018年，公司实现营收63.17亿元，同比增长8.92%；净利8.89亿元，同比增长126.67%；扣非净利达8.29亿元，同比增长3 655.55%。与此同时，经营活动产生的现金流量净额达10.32亿元，同比增长94.57%；货币资金达16.56亿元，较2017年的12.89亿元同比增长28.47%。

2019年7月16日，辅仁药业发布了《2018年度权益分派实施公告》，该公告指出，原定红利派发股权登记日为2019年7月19日，除权（息）日为2019年7月22日，现金红利发放日为2019年7月22日，按每10股派1元的红利派发方案，预计将发放红利6 200余万元。然而仅时隔三天，辅仁药业突然在7月19日公告称，因资金安排原因，公司未按有关规定完成现金红利分红款项划转，无法按照原定计划发放现金红利，原权益分派股权登记日、除权（息）日及现金红利发放日相应取消。而公司2019年度一季度报表显示，货币资金余额18.16亿元，远高于本次拟发放的现金分红金额。针对这一异常行为，上海证券交易所火速闻讯。7月25日，在公司回复中，辅仁药业表示，截至2019年7月19日，公司及公司子公司总共有现金1.27亿元，其中1.23亿元为受限资金，流动资金仅有378万元。仅仅3个多月，16.78亿元资金消失殆尽。

这一分红式"爆雷"事件引得市场哗然，也引出了市场和监管机构对辅仁药业业绩和年报真实性的质疑。上海证券交易所于7月24日再次对辅仁药业发出问询函，不但要求辅仁药业对公司"货币资金、负债、与控股股东及其关联方的资金往来等情况进行认真自查，并进行补充披露"，还对公司2017年度重组置入资产开药集团有限公司（以下简称开药集团）的实际经营情况，以及公司控股股东辅仁集团、实际控制人朱文臣的资产负债情况进行了多重质疑和问询。上海证券交易所问询函甚至直截了当地指出"市场和投资者对开药集团质疑较多，我部前期也曾予以问询，现请你公司进行核实并补充披露"。

除了监管机构的迅速反应，市场也给出了最直接的反馈。自7月25日复牌以来，辅仁药业连续两日跌停，两日市值蒸发约12亿元。

（资料来源：汪心悦. 上市公司财务造假案例分析——以ST辅仁为例［J］. 中国管理信息化，2021（5）：31-33.）

第一节　货币资金与业务循环概述

一、货币资金的特点

货币资金是流动性最强的资产，是企业进行生产经营必不可少的物质条件。企业的生产经营过程，实质上就是货币资金的垫支、支付过程和货币资金的回收、分配过程的结合。因此，企业的全部经营活动都可以通过货币资金表现出来。同时，货币资金也是不法分子盗窃、贪污、挪用的重要对象。

货币资金项目审计是企业资产负债表审计的一个重要组成部分，主要包括库存现金、银行存款和其他货币资金的审计。由于货币资金较易发生舞弊，因此，货币资金审计的风险较高，花费的时间相对较长，审计的范围相对较广。

二、货币资金与业务循环

企业货币资金运营的整个过程，是从资金流入企业形成货币资金开始，到通过销售收回货币资金、成本补偿确定利润、部分资金流出企业为止。企业资金的不断循环，构成了企业的资金周转。

在企业销售与收款循环、采购与付款循环、生产与存货循环和筹资与投资循环中，货币资金均有参与。

三、货币资金涉及的主要凭证和会计记录

货币资金涉及的主要凭证和会计记录一般包括：①现金盘点表；②银行对账单；③银行存款余额调节表；④有关科目的记账凭证，如现金收付款凭证、银行收付款凭证；⑤有关会计账簿，如现金日记账、银行存款日记账。

第二节 货币资金的内部控制及控制测试

一、货币资金业务中的内部控制

在实务中，库存现金、银行存款和其他货币资金的转换比较频繁，三者的内部控制制度的制定与实施大致相似。货币资金业务中的内部控制主要包括职责分工、信息传递控制和实物控制。

（一）职责分工

（1）采购、销售、工资、其他零星收支与财会部门相互独立，防止作弊。

（2）收入单据的开具与审核相互独立，防止贪污或挪用。

（3）支出和报销单据的编制、审批、审核相互独立，防止虚列支出。

（4）收付款结算办理与审核相互独立，防止差错和舞弊。

（5）支票的签发与出纳相互独立，防止虚列支出、贪污或挪用。

（6）出纳员与会计相互独立分管货币资金收支和记录，防止收入不入账、虚列支出、贪污或挪用。

（7）记账凭证的编制与审核相互独立，防止连贯性差错。

（8）现金日记账、银行存款日记账的登记与总账相互独立，防止连贯性差错。

（9）由出纳员以外人员编制银行存款余额调节表和对现金进行稽核，防止连贯性差错。

（10）支票与印章应由不同的人保管，防止管理失控。

（二）信息传递控制

1. 授权程序

对货币资金的各项业务均应由主管领导授权或审查批准后才可办理，建立报销审批、审核制度。

2. 文件和记录的使用

出纳员与会计人员根据审核后的原始凭证填制连续编号的收、付款记账凭证，及时办理收、付款业务，并在原始凭证上加盖"收讫"或"付讫"戳记，签字盖章以示收付完成。

3. 监督控制

（1）会计人员在办理各项货币资金收、付款业务，以及进行会计核算时，都要审核经济业务内容的合法性，业务处理手续的合规性，原始凭证内容的完整性、真实性，审核后要签字盖章。

（2）通过对账保证总账与日记账、企业账与开户银行账目的一致性。会计与出纳员要定期核对日记账与总账，保证账账一致。同时，主管会计要定期核对银行存款日记账与银行对账单，编制银行存款余额调节表，调整未达账项，保证企业的银行存款账与开户银行账相符。

（3）定期开展内部审计，内部审计人员或稽核员应定期或不定期地通过监督、盘点库存现金，保证账实相符；抽查收、付款业务账项和凭证，检查有无错误和弊端。

（三）实物控制

（1）设置现金、支票、账簿保管设施，防止失窃。

（2）限制接近货币资金以进行实物控制，出纳员主管现金和银行单据的收付与保管，要限制其他人的接近。

（3）在企业内部，现金的收取和支付尽可能集中办理，收到的现金要及时解缴银行，防止坐支现金。

二、货币资金内部控制的控制测试

1. 了解货币资金内部控制

注册会计师可以根据实际情况，采用不同的方法实现对货币资金内部控制的了解。一般而言，注册会计师可以采用编制流程图的方法。编制货币资金内部控制流程图是货币资金控制测试的重要步骤。注册会计师在编制之前应通过询问、观察等调查手段收集必要的资料，然后根据所了解的情况编制流程图。对中小企业，也可采用编写货币资金内部控制说明的方法。若年度审计工作底稿中已有以前年度的流程图，注册会计师可根据调查结果加以修正，以供本年度审计之用。一般来说，了解货币资金内部控制时，注册会计师应当注意检查货币资金内部控制是否建立并严格执行。

2. 抽取并检查收款凭证

如果货币资金收款的内部控制不强，很可能会发生贪污舞弊或挪用等情况。例如，在一个小企业中，出纳员若同时记应收账款明细账，则很有可能发生循环挪用的情况。为测试货币资金收款的内部控制，注册会计师应选取一定数量的货币资金收款凭证，做如下的检查：

（1）核对收款凭证与存入银行账户的日期和金额是否相符；

（2）核对银行存款日记账的收入金额是否正确；

（3）核对收款凭证与银行对账单是否相符；

（4）核对收款凭证与应收账款等相关明细账的有关记录是否相符；

（5）核对实收金额与销货发票等相关凭据是否相符。

3. 抽取并检查付款凭证

为测试货币资金付款的内部控制，注册会计师应选取一定数量的货币资金付款凭证，做如下检查：

（1）检查付款的授权批准手续是否符合规定；

（2）核对银行存款日记账的付出金额是否正确；

（3）核对付款凭证与银行对账单是否相符；

（4）核对付款凭证与应付账款等相关明细账的记录是否相符；

（5）核对实付金额与购货发票等相关凭据是否相符。

4. 抽取一定期间的现金、银行存款日记账与总账核对

首先，注册会计师应抽取一定期间的现金日记账、银行存款日记账，检查其有无计算错误，加总是否正确无误。如果检查中发现问题较多，说明被审计单位货币资金的会计记录不够可靠。其次，注册会计师应根据日记账提供的线索，核对总账中的现金、银行存款、应收账款、应付账款等有关账户的记录。

5. 抽取一定期间的银行存款余额调节表，查验其是否按月正确编制并经复核

为证实银行存款记录的正确性，注册会计师必须抽取一定期间的银行存款余额调节表，将其与银行对账单、银行存款日记账及总账进行核对，确定被审计单位是否按月正确编制并复核银行存款余额调节表。

6. 评价货币资金的内部控制

注册会计师在完成上述程序之后，即可对货币资金的内部控制进行评价。评价时，注册会计师应首先确定货币资金的内部控制可依赖的程度以及存在的薄弱环节和缺点，然后据以确定在货币资金实质性测试中哪些环节可以适当减少审计程序、哪些环节应增加审计程序，以降低审计风险。

表 13-1 是 A 会计师事务所对甲股份有限公司 2021 年年报进行审计时编制的了解和评价内部控制底稿，包括控制名称、控制目标和控制描述等内容。

表 13-1　了解和评价与货币资金有关的内部控制

被审计单位：甲股份有限公司	索引号：
项目：了解和评价业务流程层面控制	财务报表截止日/期间：2021 年 12 月 31 日/2021 年度
编制：	审核：
日期：2021 年 11 月 28 日—2022 年 1 月 20 日	日期：2022 年 1 月 21 日—2022 年 1 月 28 日

该循环具体业务流程及控制

子流程	控制名称	控制目标	控制描述	是否应对特别风险
现金管理	现金管理制度控制	现金账实相符	制定现金管理制度，对现金使用范围、库存现金限额加以规定	N/A
	现金保管环境控制		现金存放于有防盗措施房间的专用保险柜内	N/A
	盘点控制		严格执行现金清查盘点制度，保证现金安全完整。现金出纳会计每天盘点现金实存数，与现金日记账的账面余额进行核对，保证账实相符；财务负责人必须定期或不定期地进行清查盘点，编制现金盘点表记录；财务部组织定期的现金盘点，总账会计每月末对现金进行盘点，编制库存现金盘点表，将盘点金额与现金日记账余额进行核对，公司要求所有现金收支业务均需及时入账，不允许出现白条抵库、未提现支票等现象；不允许盘点金额、账面余额出现差异，出现差异须立即上报分管副总	N/A
	盘点、复核控制		公司库存现金不准以个人名义存入银行，不准保留账外公款；现金出纳会计必须及时登记现金日记账，并与总账进行核对，做到日清月结，账账相符；总账会计必须每月进行现金稽核，保证余额的正确性	N/A

子流程	控制名称	控制目标	控制描述	是否应对特别风险
银行存款管理	银行账户管理控制	银行存款安全	严格按《银行账户管理办法》的规定开立银行存款账户；财务部门必须按开设的账户设置银行存款日记账；不得出租、出借银行账户，不得签发空头支票，不得签发空白支票；除基本存款账户、有贷款的银行结算账户外，其他一般性账户、临时性账户、专用账户的开设经分管负责人同意	N/A
	复核控制	银行存款账实相符	公司现金开支范围以外的各项款项收付，应通过银行办理结算；建立健全的银行存款日记账，出纳员应根据银行存款付款凭证逐笔记录银行存款收付业务，进行明细核算；按月进行银行存款稽核，保证银行存款余额的正确性；按月与银行对账单进行核对，有未达账项应编制银行存款余额调节表；一切银行存款支出都要有原始凭证，出纳根据审核批准后的原始凭证办理银行付款，银行付款后应加盖"银行付讫"戳记；银行出纳会计应妥善保管支票	N/A
票据及印章管理	复核控制	保证资金安全	财务部门设置银行票据登记簿，防止票据遗失或盗用；出纳员登记银行票据的购买、领用、背书转让及注销等事项，空白票据存放在保险柜中	N/A
	盘点、复核控制	保证资金安全	每月末，会计主管指定出纳员以外的人员对空白票据、未办理收款和承兑的票据进行盘点，编制银行票据盘点表并与银行票据登记簿进行核对，会计主管复核库存银行票据盘点表，如果存在差异需要查明原因	N/A
	网银账户管理控制	保证资金安全	公司账户的网银U盾及其密码分开掌管，其中出纳员掌管业务U盾及其密码，财务主管和财务部长掌管授权U盾及其密码（财务部长掌握10万元以上款项支付的授权U盾和密码；财务主管掌握10万元以下款项支付的授权U盾和密码）。只有两人都完成相应操作后，款项才可支付成功	N/A
	印章保管控制	保证资金安全	财务部必须指定专人负责财务印鉴保管。财务印鉴要分别管理，开支票使用印鉴实行复核制。不得在空白支票和结算凭证上预盖印鉴备用；严禁携带财务印鉴离开办公地点，确因事需要外带使用，应办理借用手续，用后立即归还；下班后财务人员要将财务印鉴存入保险箱，财务专用章和法定代表人章要分开存放	N/A

子流程	控制名称	控制目标	控制描述	是否应对特别风险
收支管理	审批控制	控制资金的流入和流出	制定了资金的限制接近措施，经办人员进行业务活动时已经授权批准，任何未经授权的人员不得办理资金收支业务	N/A
	审批控制	控制资金的流入和流出	有关部门或个人用款时，应当提交资金支付申请，并在资金支付申请表上填写用款用途、金额、时间等事项	N/A
	审批与复核控制	控制资金的流入和流出，减少错误和舞弊	审批人根据其职责、权限和相应程序对支付申请进行审批。资金款项支付和审批的一般流程为：部门人员提出付款申请，先经部门经理审核同意，再交财务经理审核同意（审核内容包括审查原始凭证反映的收支业务是否真实合法，手续及相关单证是否齐备，金额计算是否准确等），最后需转交总经理审批同意后，方可由出纳员办理支付手续。款项支付后，需由经办人员在原始凭证或支付申请单上签名	N/A
	收付控制	防止会计信息失真	出纳员根据经审批的支付申请，按规定办理货币资金支付手续（其中，对已完成现金收付的凭证需加盖戳记），并及时登记日记账	N/A
	复核控制	保证资金安全	每月末，出纳员根据本月货币资金收支情况，经与货币资金日记账核对无误后，向财务部长报送当月现金报销情况汇总表和资金进出汇总表，供财务部长和分管副总审阅	N/A
重大事项报告制度	重大事项报告控制	保证资金安全	公司要求发生重大资金管理事项时（如诉讼或仲裁、账户被冻结、金融机构关闭、有关人员涉嫌犯罪等），财务或相关部门需及时报告总经理	N/A

注：N/A 代表 Not Applicable（不适用）。

第三节　库存现金审计

企业的库存现金是企业根据现金管理制度规定留用的现款。我国对企业支付、收取和留存现金都有明确的规定，要求企业严格遵守。库存现金审计是对库存现金及其收付业务和保管情况的真实性、合法性进行的审查和核实。企业现金流动性大，收付业务繁多，容易被不法分子侵吞。尽管随着电子支付的普及，企业的现金支付会越来越少，但是，在企业还在使用现金收付时，注册会计师应将库存现金列为审计的重点。库存现金审计，对巩固和严格现金管理制度，维护结算纪律，揭露错误与舞弊，保护库存现金的安全都具有十分重要的意义。

一、库存现金的审计目标

库存现金的审计目标一般包括：确定被审计单位资产负债表中的现金在财务报表日是否确实存在，是否为被审计单位所拥有；确定被审计单位在特定期间内发生的现金收支业务是否均已记录完毕，有无遗漏；确定现金余额是否正确；确定现金在财务报表中的披露是否恰当。

二、库存现金的实质性程序

库存现金的实质性程序，一般包括如下几个方面。

1. 核对现金日记账与总账的余额是否相符

注册会计师测试现金余额的起点，是核对现金日记账与总账的余额是否相符。如果不相符，应查明原因，并建议进行适当调整。

2. 盘点库存现金

盘点库存现金是证实资产负债表所列现金是否存在的一项重要程序。

盘点库存现金通常包括对已收到单位存入银行的现金、零用金、找换金等的盘点。盘点库存现金的时间和人员应视被审计单位的具体情况而定，但必须有出纳员和被审计单位会计主管人员参加，并由注册会计师进行监督。盘点库存现金的步骤和方法如下。

（1）制定库存薪金盘点程序，实施突击性的检查。盘点的范围一般包括企业各部门存放的现金。在进行现金盘点前，由出纳员将现金集中起来存入保险柜。必要时可封存，然后由出纳员把已办妥现金收付手续的收付凭证登入现金日记账。若企业现金存放部门有两处或两处以上者，应同时进行盘点。

（2）审阅现金日记账并与现金收付凭证进行核对。一方面，检查日记账的记录与凭证的内容和金额是否相符；另一方面，了解凭证日期与日记账日期是否相符或接近。

（3）由出纳员根据现金日记账进行加计，累计数额，结出现金结余额。

（4）盘点保险柜的现金实存额，同时编制库存现金盘点表，分币种、面值列示盘点金额。

（5）资产负债表日后进行盘点时，应调整至资产负债表日的金额。

（6）将盘点金额与现金日记账余额进行核对，如果有差异，应查明原因，并加以记录或进行适当调整。

（7）若有冲抵库存现金的借条、未提现支票、未作报销的原始凭证，应在库存现金盘点表中注明或进行必要的调整。

3. 抽查大额现金收支

注册会计师应抽查大额现金收支的原始凭证内容是否完整，有无授权批准，并核对相关账户的进账情况。若有与被审计单位生产经营业务无关的收支事项，应查明原因，并进行相应的记录。

4. 检查现金收支的正确截止

被审计单位资产负债表上的现金数额，应以结账日实有数额为准。因此，注册会计师必须验证现金收支的正确截止日期。通常，注册会计师可以对结账日前后一段时期内现金收支凭证进行审计，以确定是否存在跨期事项。

5. 检查外币现金、银行存款的折算是否正确

对于有外币现金的被审计单位，注册会计师应检查被审计单位对外币现金的收支是否按所规定的汇率折合为记账本位币金额，外币现金期末余额是否按期末市场汇率折合为记账本位币金额，外币折合差额是否按规定计入相关账户。

6. 检查库存现金是否在资产负债表中恰当披露

根据规定，库存现金在资产负债表中"货币资金"项下反映，注册会计师应在实施上述审计程序后，确定现金账户的期末余额是否恰当，据以确定货币资金是否在资产负债表中恰当披露。

案例分析

在对 HY 公司 2019 年度财务报表进行审计时，A 注册会计师负责审计货币资金项目，以下是相关情况摘要。

（1）HY 公司总部和营业部均设有出纳部门，为顺利监盘库存现金，A 注册会计师在监盘前一天通知 HY 公司会计主管人员做好监盘准备。

（2）HY 公司工作时间为每日上午 9 点至下午 5 点，考虑到出纳员的日常工作安排，对总部和营业部库存现金的监盘时间分别定于上午 8 点和下午 5 点。

（3）监盘时，由出纳员与注册会计师共同参与，出纳员将现金放入保险柜，并将已办妥现金收付手续的交易登入现金日记账，结出现金日记账余额。

（4）由 A 注册会计师当场盘点现金，并将盘点金额与现金日记账余额进行核对。

（5）由 A 注册会计师编制库存现金监盘表，在其签字后纳入审计工作底稿。

要求：针对上述（1）至（5）项，指出库存现金监盘工作中是否存在不当之处，并提出改进建议。

【解析】（1）不恰当。应实施突击性检查。

（2）不恰当。总部和营业部库存现金应同时监盘。

（3）不恰当。会计主管人员应参与现金盘点。

（4）不恰当。库存现金应由出纳员盘点，由注册会计师监盘。

（5）不恰当。库存现金监盘表应由出纳员、会计主管人员和注册会计师共同签字。

第四节　银行存款审计

一、银行存款的审计目标

银行存款的审计目标主要包括：确定被审计单位资产负债表中的银行存款在财务报表日是否确实存在，是否为被审计单位所拥有；确定被审计单位在特定期间内发生的银行存款收支业务是否均已记录完毕，有无遗漏；确定银行存款的余额是否正确；确定银行存款在财务报表中的披露是否恰当。

二、银行存款的实质性程序

银行存款的实质性程序，一般包括如下几个方面。

1. 核对银行存款日记账余额与总账余额是否相符

注册会计师在审查银行存款余额时，首先应核对银行存款日记账余额与总账余额是否相符。如果不相符，应查明原因，将其作为继续审查银行存款余额的基础。

2. 实施分析程序

注册会计师应比较银行存款余额的本期实际数与预算数以及与上年度账户的差异变动，对本期数字与上期实际数或本期预算数的异常差异或显著波动必须进一步追查原因，确定审计重点。尤其应注意银行存款中定期存款所占的比例，以确定企业是否存在高息资金拆借。如果存在高息资金拆借，应进一步分析拆出资金的安全性。

3. 审查银行存款余额调节表

审查结算日银行存款余额调节表是证实资产负债表所列货币资金中银行存款是否存在的一个重要方法。注册会计师对银行存款余额调节表的审计主要包括以下几个方面。

（1）核实调节表数据计算的正确性。注册会计师对银行存款余额调节表数据计算正确性的核实，主要应从以下几个方面来进行：

1）核实银行对账单、银行存款余额调节表上的列示是否正确；

2）将银行对账单记录与银行日记账逐笔核对，核实银行存款余额调节表上各调节项目的列示是否真实完整，任何漏记、多记调节项目的现象都应引起注册会计师的高度警惕；

3）在核对银行存款日记账账面余额和银行对账单余额的基础上，复核上述未达账项及其加减调节情况，并验证调节后两者的余额计算是否正确、相符，如果不相符，应说明其中一方或双方存在记账差错，并进一步追查原因，扩大测试范围。

（2）调查未达账项的真实性。未达账项的真实性调查主要包括：

1）列示未兑现支票清单，注明开票日期和收款人姓名或单位，并调查金额较大的未兑现支票、可提现的未兑现支票以及注册会计师认为较为重要的未兑现支票；

2）追查截止日银行对账单上的在途存款，并在银行存款余额调节表上注明存款日期；

3）审查至截止日银行已收而被审计单位未收款项的性质及其来源；

4）审查至截止日银行已付而被审计单位未付款项的性质及其来源。

对于未达账项（包括银行方面和被审计单位方面的），一般应追查至此年初的银行对账单，查明年终的银行对账单，查明年终的未达账项，并从日期上进一步判断业务发生的真实性，注意有无利用未达账项来掩饰某种舞弊行为。

一般而言，银行存款余额调节表应由被审计单位编制并向注册会计师提供，但在某些情况下（如被审计单位内部控制比较薄弱），注册会计师也可亲自编制银行存款余额调节表。

4. 函证银行存款余额

函证是指注册会计师在执行审计业务过程中，需要以被审计单位的名义向有关单位发函询证，以验证被审计单位的银行存款是否真实、合法、完整。注册会计师在执行审计业务时，可以被审计单位的名义向有关单位发函询证。各商业银行、政策性银行、非银行金融机构要在收到询证函之日起 10 个工作日内，根据函证的具体要求，及时回函并可按照国家的有关规定收取询证费用；各有关企业或单位根据函证的具体要求回函。

函证银行存款余额是证实资产负债表所列银行存款是否存在的重要程序。通过向往来银行的函证，注册会计师不仅可以了解被审计单位资产的存在，同时可以了解其欠银行的债务。函证还可用于发现被审计单位未登记的银行借款。

函证时，注册会计师应向被审计单位在本年度存过款（含外埠存款、银行汇票存款、银行本票存款、信用证存款）的所有银行发函，其中包括被审计单位存款账户已结清的银行，因为有可能存款账户已结清，但仍有银行借款或其他负债存在。同时，虽然注册会计师已直接从某一银行取得了银行对账单和所有已付支票，但仍应向该银行进行函证。

案例分析

RZ 会计师事务所负责审计 XC 公司 2021 年度财务报表，审计项目组认为，货币资金的存在和完整性认定存在舞弊导致的重大错报风险，审计工作底稿中与货币资金审计相关的部分内容摘录如下。

（1）2022 年 2 月 2 日，审计项目组要求星辰公司管理层于次日对库存现金进行盘点。2 月 2 日，审计项目组在现场实施了监盘，并将结果与现金日记账进行了核对，未发现异常。

（2）因对 XC 公司管理层提供的银行账户清单的完整性存有疑虑，审计项目组前往当地中国人民银行查询并打印了 XC 公司已开立银行结算账户清单，结果满意。

（3）因对 XC 公司提供的银行对账单的真实性存有疑虑，审计项目组要求 XC 公司管理层重新取得所有银行账户的对账单，并现场察看了被审计单位打印对账单的过程，未发现异常。

（4）审计项目组未对年末余额小于 10 万元的银行账户实施函证，这些账户年末余额合计小于实际执行的重要性，审计项目组检查了银行对账单原件和银行存款余额调节表，结果满意。

（5）针对年末银行存款余额调节表中企业已开支票但银行尚未扣款的调节项，审计项目组通过检查相关的支票存根和记账凭证予以确认。

要求：针对上述的（1）至（5）项，逐项指出审计项目组的做法是否恰当。如果不恰当，指出改进建议。

【解析】（1）不恰当。对库存现金的监盘最好实施突击性检查，时间最好选择在上午上班前或下午下班时。

（2）恰当。

（3）不恰当。如果对 XC 公司提供的银行对账单的真实性存在疑虑，注册会计师可以在被审计单位的协助下亲自到银行获取银行对账单。在获取银行对账单时，注册会计师要全程关注银行对账单的打印过程。

（4）不恰当。审计项目组应当对银行存款账户（包括零余额账户和在本期内注销的账户）实施函证程序，除非有充分证据表明某一银行存款对财务报表不重要且与之相关的重大错报风险很低。

（5）不恰当。针对年末银行存款余额调节表中企业已开支票但银行尚未扣款的调节项，审计项目组不仅应通过检查相关的支票存根和记账凭证予以确认，还应取得期后银行对账单，确认未达账项是否存在，银行是否已于期后入账。

第五节　其他货币资金审计

其他货币资金包括企业到外地进行临时或零星采购而汇往采购地银行开立采购专户的款项所形成的外埠存款，企业为取得银行汇票按照规定存入银行的款项所形成的银行汇票存款，企业为取得银行本票按照规定存入银行的款项而形成的银行本票存款，在途货币资金和信用证存款等。

一、其他货币资金的审计目标

其他货币资金的审计目标主要包括：确定被审计单位资产负债表中的其他货币资金在财务报表日是否确实存在，是否为被审计单位所拥有；确定被审计单位在特定期间内发生的其他货币资金收支业务是否均已记录完毕，有无遗漏；确定其他货币资金的金额是否正确；确定其他货币资金在财务报表中的披露是否恰当。

二、其他货币资金的实质性程序

其他货币资金的实质性程序主要包括以下几个方面。

（1）核对外埠存款、银行汇票存款、银行本票存款、在途货币资金等各明细账期末合计数与总账数是否相符。

（2）函证外埠存款户、银行汇票存款户、银行本票存款户期末余额。

（3）对于非记账本位币的其他货币资金，检查其折算汇率是否正确。

（4）抽查一定样本量的原始凭证进行测试，检查其经济内容是否完整，有无适当的审批授权，并核对相关账户的进账情况。

（5）抽取资产负债表日后的大额收支凭证进行截止测试，若有跨期收支事项，应进行适当调整。

（6）检查其他货币资金在财务报表中的披露是否恰当。

本章小结

货币资金包括库存现金、银行存款和其他货币资金。货币资金具有很强的流动性，属于高风险资产；货币资金又与企业生产经营活动的各个交易循环有着密切的关系，在企业生产经营中起着重要的作用，因此，货币资金审计是财务报表审计的重要内容之一。

货币资金的主要内部控制包括：货币资金收支业务的处理与记账分离；每笔货币资金收支要有合理合法的凭据；全部货币资金收支应及时准确入账；每笔支出要有严格的核准手续；当日收入的现金应及时送存银行；由独立人员按月盘点现金，编制银行存款余额调节表等。

思考与练习

一、单项选择题

1. 下列项目中，不属于货币资金控制测试内容的是（　　）。

A. 抽取收款凭证和付款凭证，检查相关的控制程序

B. 检查货币资金收支的正确截止

C. 编制货币资金内部控制流程图

D. 抽取银行存款余额调节表，确定被审计单位是否按月正确编制并复核银行存款余额调节表

2. 注册会计师在监盘库存现金时，若发现有抵充库存现金的借条或未提现支票，应当（　　）。

A. 通知被审计单位及时入账

B. 将其作为审计差异并记录于审计差异调整表

C. 在库存现金盘点表中注明或进行必要的调整

D. 要求被审计单位在资产负债表的附注中列示

3. 对银行存款进行截止测试的关键是（　　）。

A. 检查当年各月份的银行存款余额调节表

B. 确定被审计单位当年记录的最后一笔银行存款业务

C. 检查当年各月份的银行存款对账单

D. 抽查资产负债表日前后若干天的银行存款收支凭证

4. 被审计单位动用银行存款支付造假的、并未收到的原材料款，注册会计师可以采取（　　）程序予以发现。

A. 向银行函证　　　　　　　　　　　B. 从银行存款日记账追查卖方发票

C. 调节银行对账单　　　　　　　　　D. 从卖方发票追查银行存款日记账

5. 注册会计师对银行存款实施的下列程序中，属于控制测试程序的是（　　）。

A. 取得银行存款余额调节表并检查未达账项的真实性

B. 检查银行存款收支的正确截止

C. 检查是否定期取得银行对账单并编制银行存款余额调节表

D. 函证银行存款余额

二、多项选择题

1. 在测试货币资金收款的内部控制时，注册会计师抽取收款凭证并进行检查的内容包括（　　）。

A. 核对收款凭证与存入银行账户的日期和金额是否相符

B. 核对收款凭证与银行对账单是否相符

C. 核对收款凭证与应收账款明细账额有关记录是否相符

D. 核对实收金额与销货发票等相关凭据是否相符

2. 注册会计师在取得由被审计单位编制的银行存款余额调节表后,应实施的检查包括 ( )。

A. 验证调节表的数字计算是否正确

B. 追查截止日期银行对账单上的在途存款

C. 追查截止日期银行对账单已收企业未收的款项性质及来源

D. 函证各银行存款账户余额

3. 盘点和监盘库存现金的要点包括 ( )。

A. 制定库存现金盘点程序,并实施突击性检查

B. 若在资产负债表日后进行盘点,应将实际盘点数调整至资产负债表日的金额

C. 将盘点金额与现金日记账余额进行核对

D. 盘点保险柜的现金实存数,同时编制库存现金盘点表

4. 注册会计师函证银行存款的目的包括 ( )。

A. 证实被审计单位银行存款余额是否真实存在

B. 了解被审计单位的所有债务

C. 了解被审计单位所欠银行的债务

D. 发现被审计单位未入账的银行借款

5. 注册会计师拟对被审计单位的货币资金实施实质性程序。以下审计程序中,属于实质性程序的有 ( )。

A. 检查银行预留印鉴的保管情况

B. 检查银行存款余额调节表中未达账项在资产负债表日后的进账情况

C. 检查现金交易中是否存在应通过银行办理转账手续支付的项目

D. 抽查大额银行存款收支的原始凭证内容是否完整,有无授权批准,并核对相关账户的进账情况

三、简答题

1. 简述货币资金的内部控制。

2. 简述货币资金的控制测试。

3. 简述盘点库存现金的步骤和方法。

4. 简述检查银行存款余额调节表的实质性程序。

第十四章 特殊事项审计

本章学习目标

1. 掌握期初余额的审计目标及审计程序；
2. 掌握期后事项的审计目标及审计程序；
3. 掌握或有事项的审计目标及审计程序；
4. 掌握持续经营审计的内容；
5. 掌握关联方交易审计的内容。

案例导入

海航创新对其2018年度审计报告有关事项的说明

海航创新股份有限公司（以下简称海航创新）2018年度财务报告由普华永道中天会计师事务所（特殊普通合伙）（以下简称普华永道）审计，该所为海航创新出具了带与持续经营相关的重大不确定性段落的无保留意见审计报告。海航创新董事会对审计报告中涉及事项作专项说明如下。

一、审计报告中强调事项的内容

如财务报表附注二（1）所述，海航创新于2018年度合并净亏损为人民币191 886 569.97元，经营活动使用的现金流量净额为人民币114 668 411.92元。截至2018年12月31日，海航创新一年内到期的非流动负债是一笔已逾期而未偿还的借款计人民币249 500 000.00元（"逾期借款事项"）；于同日，海航创新的货币资金余额为人民币247 831 339.03元，其中包括因该逾期借款事项相关的诉讼而于2019年2月1日被法院冻结的货币资金计人民币202 857 270.85元（附注十）。此外，由于逾期借款事项导致于2018年12月31日及本报告日另一银行根据相关合同有权要求海航创新一联营企业立即偿还一笔余额为人民币470 000 000.00元的银行借款并要求海航创新作为借款担保方承担连带责任。上述事项，连同财务报表附注二（1）所示的其他事项，表明存在可能导致对海航创新持续经营能力产生重大疑虑的重大不确定性。本事项不影响已发表的审计意见。

二、董事会针对审计意见涉及事项的相关说明

公司董事会认为该审计意见客观反映了公司面临的实际情况，对该意见予以理解和认可。鉴于上述情况，为有效化解风险，保持并促进公司可持续发展，切实维护上市公司和广大股东尤其是中小股东的合法权益，董事会拟采取以下措施，增加公司的净现金注入，继续保持公司的持续经营：（1）加快九龙山度假区内各项目的销售进度，争取实现更多的资金回笼；（2）通过招商引资方式，以丰富相关高附加值产业内容为指引，引入文娱、健康养生、教育等相关产业，积极拓展利润空间；（3）与当地政府及大股东方进一步沟通，争取九龙山景区的开发建设获得更好的支持；（4）进一步完善法人治理结构、内部控制体系与风险防范机制，积极推进相关诉讼案件的清理，推动公司历史遗留问题解决，夯实企业发展基础。

（资料来源：证券日报. https://finance.eastmoney.com/a2/201904291110197965.html.）

第一节　期初余额审计

一、期初余额的定义

期初余额，是指期初已存在的账户余额。期初余额与注册会计师首次接受委托相联系，其以上期期末余额为基础，反映了以前期间的交易和上期采用的会计政策的结果。通常，期初余额是上期账户结转至本期账户的余额，在数额上与相应账户的上期期末余额相等。但是，由于受上期期后事项、会计政策变更、前期会计差错更正等诸多因素的影响，上期期末余额结转至本期时，有时需经过调整或重新表述。此外，期初余额也包括期初存在的需要披露的事项，如或有事项和承诺事项。

虽然注册会计师无须专门对期初余额发表审计意见，但鉴于期初余额是本期财务报表的基础，注册会计师应以高度的责任感和慎重的态度，去判断期初余额对所审计财务报表影响的程度。判断期初余额对本期财务报表的影响程度应着眼于以下三个方面：

（1）上期结转至本期的金额；

（2）上期所采用的会计政策；

（3）上期期末已存在的或有事项及承诺。

二、期初余额的审计目标

在执行首次审计业务时，注册会计师针对期初余额进行审计的目标是获取充分、适当的审计证据，以确定：

（1）期初余额是否含有对本期财务报表产生重大影响的错报；

（2）期初余额反映的恰当的会计政策是否在本期财务报表中得到一贯运用，或会计政策的变更是否已按照适用的财务报告编制基础作出恰当的会计处理和充分的列报。

在确定有关期初余额的审计证据的充分性和适当性时，注册会计师应考虑以下事项：

（1）上期财务报表是否经过审计，如果经过审计，审计报告是否为非标准审计报告；

（2）期初余额对本期财务报表的重要程度；

（3）账户的性质以及本期财务报表重大错报风险水平。

三、期初余额的审计程序

为达成上述期初余额的审计目标，注册会计师对期初余额的审计程序通常包括以下几个方面。

（1）注册会计师应当阅读最近期间的财务报表和前任注册会计师出具的审计报告（如有），获取与期初余额相关的信息，包括披露。

（2）注册会计师应当通过采取下列措施，获取充分、适当的审计证据，以确定期初余额是否包含对本期财务报表产生重大影响的错报：

1）确定上期期末余额是否已正确结转至本期，或在适当的情况下已作出重新表述；

2）确定期初余额是否反映对恰当会计政策的运用；

3）实施一项或多项审计程序。

（3）如果获取的审计证据表明期初余额存在可能对本期财务报表产生重大影响的错报，注册会计师应当实施适合具体情况的追加的审计程序，以确定对本期财务报表的影响。如果认为本期财务报表中存在这类错报，注册会计师应当按照《中国注册会计师审计准则第1251号——评价审计过程中识别出的错报》的规定，就这类错报与适当层级的管理层和治理层进行沟通。

（4）注册会计师应当获取充分、适当的审计证据，以确定期初余额反映的会计政策是否在本期财务报表中得到一贯运用，以及会计政策的变更是否已按照适用的财务报告编制基础作出恰当的会计处理和适当的列报。

如果上期财务报表已由前任注册会计师审计，并发表了非无保留意见，注册会计师应当按照《中国注册会计师审计准则第1211号——通过了解被审计单位及其环境识别和评估重大错报风险》的规定，在评估本期财务报表重大错报风险时，评价导致对上期财务报表发表非无保留意见的事项的影响。

第二节　期后事项审计

一、期后事项的定义和种类

（一）期后事项的定义

期后事项是指财务报表日至审计报告日之间发生的事项以及审计报告日后发现的事实。期后事项涵盖的期间是自财务报表日次日起至财务报告批准报出日止的一段时间，如图14-1所示。该段时间可划分为三个时段：第一时段为财务报表日后至审计报告日，第二时段是审计报告日后至财务报表报出日，第三时段是财务报表报出日后。

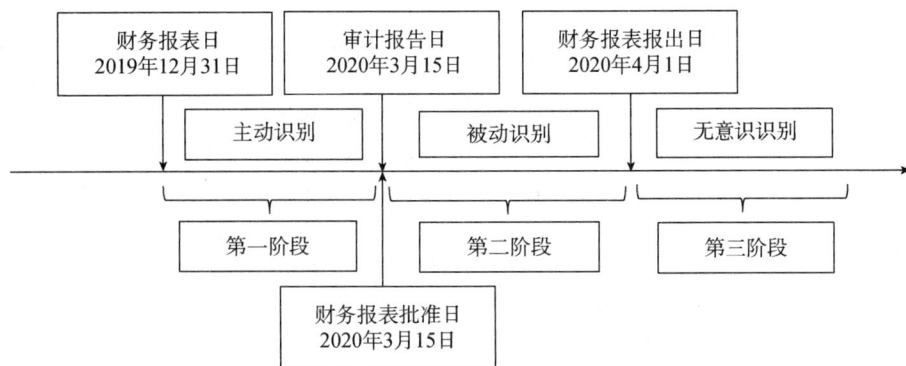

图 14-1　期后事项涵盖的期间图示

（二）期后事项的种类

根据期后事项对财务报表产生的影响程度，可将期后事项分为两类，一类是财务报表日后调整事项，另一类是财务报表日后非调整事项。期后事项的种类及举例如表 14-1 所示。

表 14-1　期后事项的种类及举例

期后事项的种类	举例
财务报表日 后调整事项	（1）财务报表日后取得确凿证据，表明某项资产在财务报表日后发生了减值或者需要调整该项资产原先确认的减值金额。例如，财务报表日被审计单位会计人员认为可以收回的大额应收款项，因财务报表日后债务人突然破产而无法收回。注册会计师应考虑提请被审计单位计提坏账准备或增加计提坏账准备，调整财务报表有关项目的数额 （2）财务报表日后发现了财务报表舞弊或差错。例如，在财务报表日以前或财务报表日，被审计单位确认为已经销售，并在财务报表上反映。但在财务报表日后至财务报告批准报出日之间所取得的证据证明该批已确认为销售的物资确实已经退回。如果金额较大，注册会计师应考虑提请被审计单位调整财务报表有关项目的数额 （3）财务报表日后诉讼案件结案，法院判决证实了企业在财务报表日已经存在现时义务，需要调整原先确认的与该诉讼案件相关的预计负债，或确认一项新负债。如果被审计单位由于某种原因被起诉，法院于财务报表日后作出判决，被审计单位应赔偿对方的损失。因这一负债实际上在财务报表日前就已存在，所以，如果赔偿数额偏大，注册会计师应考虑提请被审计单位调整或增加财务报表有关负债项目的数额，并加以说明 （4）财务报表日后进一步确定了财务报表日前购入资产的成本或售出资产的收入。例如，被审计单位在财务报表日前购入一项固定资产，并投入使用。由于购入时尚未确定准确的购买价款，故先以估计的价格考虑其达到预定可使用状态前所发生的可归属于该项固定资产的运输费、装卸费、安装费和专业人员服务费等因素暂估入账，并按规定计提固定资产折旧。如果在资产负债表日后商定了购买价款，取得了采购发票，被审计单位就应该据此调整该固定资产原值

期后事项的种类	举例
财务报表日后非调整事项	（1）财务报表日后发生重大诉讼、仲裁、承诺 （2）财务报表日后资产价格、税收政策、外汇汇率发生重大变化 （3）财务报表日后因自然灾害导致资产发生重大损失 （4）财务报表日后发行股票和债券以及其他巨额举债 （5）财务报表日后资本公积转增资本 （6）财务报表日后发生巨额亏损 （7）财务报表日后发生企业合并或处置子公司 （8）财务报表日后企业利润分配方案中拟分配的以及经审议批准宣告发放的股利或利润

二、期后事项的审计目标

期后事项的审计目标如下：

（1）获取充分、适当的审计证据，以确定所有在财务报表日至审计报告日之间发生的、需要在财务报表中调整或披露的事项均已得到识别，并确定其是否均已按照适用的财务报告编制基础在财务报表中得到恰当反映；

（2）恰当应对在审计报告日后注册会计师知悉的，且如果在审计报告日知悉可能导致注册会计师修改审计报告的事实。

三、期后事项的审计程序

（一）财务报表日后至审计报告日发生的期后事项审计

对于财务报表日后至审计报告日（即第一时段）发生的期后事项，注册会计师负有主动识别的义务，应当设计专门的审计程序来识别这些期后事项，并根据这些事项的性质判断其对财务报表的影响，进而确定是进行调整还是披露。用以识别第一时段期后事项的审计程序通常包括：

（1）了解被审计单位管理层为确保识别期后事项而建立的程序；

（2）询问管理层和治理层（如适用），确定是否已发生可能影响财务报表的期后事项；

（3）查阅被审计单位的所有者、管理层和治理层在财务报表日后举行会议的纪要，在不能获取会议纪要的情况下，询问此类会议讨论的事项；

（4）查阅被审计单位最近的中期财务报表（如有）、预算、现金流量预测和其他相关的管理报告；

（5）就诉讼和索赔事项询问被审计单位的法律顾问（如认为必要），或扩大之前口头或书面查询的范围；

（6）考虑是否有必要获取涵盖特定期后事项的书面声明以支持其他审计证据，从而获取充分、适当的审计证据。

在实施上述审计程序后，如果注册会计师识别出对财务报表有重大影响的期后事项，应当确定这些事项是否按照适用的财务报告编制基础的规定在财务报表中得到恰当反映。

若所知悉的期后事项属于调整事项，注册会计师应当考虑被审计单位是否已对财务报表作出适当的调整。若所知悉的期后事项属于非调整事项，注册会计师应当考虑被审计单位是否在财务报表附注中予以充分披露。

（二）审计报告日后至财务报表报出日发现的期后事项审计

对于审计报告日后至财务报表报出日（即第二时段）发现的期后事项，注册会计师没有义务针对财务报表实施任何审计程序。审计报告日后，注册会计师针对被审计单位的审计业务已经结束，要识别可能存在的期后事项比较困难，因而无法承担主动识别第二时段期后事项的审计责任。但是，在这一阶段，被审计单位的财务报表并未报出，管理层有责任将发现的可能影响财务报表的事实告知注册会计师。当然，注册会计师还可能从媒体报道、举报信或证券监管部门告知等途径获悉影响财务报表的期后事项。

在审计报告日后至财务报表报出日，如果知悉了某事实，且若在审计报告日知悉该事实可能导致修改审计报告，注册会计师应当与管理层和治理层（如适用）讨论该事项，确定财务报表是否需要修改，如果要修改，应询问管理层将如何在财务报表中处理该事项。

（三）财务报表报出日后发现的期后事项审计

对于财务报表报出日后（即第三时段）发现的期后事项，注册会计师没有义务针对财务报表实施任何审计程序。但是，这并不排除注册会计师通过媒体等其他途径获悉对财务报表产生重大影响的期后事项的可能性。如果在财务报表报出日后，注册会计师知悉在审计报告日已经存在的、可能导致修改审计报告的期后事项，应考虑与管理层和治理层（如适用）进行讨论，并确定是否需要修改财务报表，如果需要修改，应询问管理层将如何在财务报表中处理该事项。

第三节 或有事项审计

一、或有事项的定义

或有事项，是指过去的交易或者事项形成的，其结果须由某些未来事件的发生或不发生才能决定的不确定事项。或有事项结果的发生具有不确定性，其可能形成或有负债，也可能形成或有资产，与或有事项相关、满足特定条件的义务应当确认为预计负债。

二、或有事项的审计目标

根据企业会计准则的相关规定，企业应当确认预计负债，不确认或有资产和或有负债。同时，企业应当披露预计负债和或有负债的相关信息而不应披露或有资产。因此，或有事项的审计目标可归纳为以下三个：①确定或有事项是否存在和完整，尤其是完整性；②确定或有事项的确认和计量是否符合规定；③确认或有事项的列报是否恰当。

三、或有事项的审计程序

表14-2详细列示了针对或有事项实施的审计程序的相关内容。

表14-2　针对或有事项实施的审计程序

审计程序	具体内容
了解被审计单位与识别或有事项有关的内部控制	注册会计师可通过询问、观察等方式了解被审计单位与或有事项相关的政策和工作程序，以便对相关内部控制的环境、风险评估过程、信息与沟通、控制活动以及对控制的监督活动有深入了解
审阅和分析相关资料	注册会计师可审阅截至审计工作完成日被审计单位历次董事会会议纪要和股东大会会议记录以及其他重要的文件或凭证，以确定是否存在未决诉讼、未决索赔、税务纠纷、债务担保等方面的记录。同时，注册会计师还可分析和复核前期以及所审会计期间税务机构的税收结算报告，以便发现可能存在的税务纠纷问题
询问或者函证被审计单位外部人员	一方面，注册会计师可以向与被审计单位往来的银行函证，或检查借款协议和往来函件，以便查找有关票据贴现、背书、应收账款抵借、票据背书和担保；另一方面，注册会计师还可向被审计单位的法律顾问和律师进行函证，分析在审计期间发生的法律费用，以确定是否存在未决诉讼、索赔等事项
审查预计负债的确认和计量是否正确	根据会计准则的规定，预计负债应同时满足相关条件才可进行确认，其数额应当按照履行相关现时义务所需支出的最佳估计数进行初始计量，当或有事项涉及单个项目时，最佳估计数按照最可能发生金额确定，而若或有事项涉及多个项目，最佳估计数则按可能结果及相关概率计算确定。注册会计师在执行或有事项审计时，应按照企业会计准则规定，审查预计负债的确认和计量的正确性
确定或有事项在财务报表中的披露是否恰当	注册会计师应当审查被审计单位是否按照企业会计准则的规定在财务报表附注中披露与或有事项相关的信息

第四节　持续经营审计

一、持续经营假设的定义

持续经营假设是指被审计单位在编制财务报表时，假定其经营活动在可预见的将来会继续下去，不拟也不必终止经营或破产清算，可以在正常的经营过程中变现资产、清偿债务。持续经营假设是会计确认和计量的四项基本假设之一，对财务报表的编制和审计关系重大。例如，对于固定资产，企业在持续经营假设基础下，以历史成本计价，并在预计使用年限内对该项资产计提折旧。通过此方式，可将资产的成本分摊到不同期间的费用中，据以核算各个期间的损益。如果这一假设不再成立，该项资产应以清算价格计价。

二、持续经营的审计目标

注册会计师对持续经营进行审计的目标包括：

（1）就管理层编制财务报表时运用持续经营假设的适当性，获取充分、适当的审计证据，并得出结论；

（2）根据获取的审计证据，就可能导致对被审计单位持续经营能力产生重大疑虑的事项或情况是否存在重大不确定性得出结论；

（3）按照相关审计准则的规定出具审计报告。

三、持续经营的审计程序

（一）实施风险评估程序

在按照《中国注册会计师审计准则第 1211 号——通过了解被审计单位及其环境识别和评估重大错报风险》的相关规定实施风险评估程序时，注册会计师应考虑是否存在可能导致对被审计单位持续经营能力产生重大疑虑的事项或情况，并确定管理层是否已对被审计单位持续经营能力作出初步评估。

如果管理层已对持续经营能力作出初步评估，注册会计师应当与管理层进行讨论，并确定管理层是否已识别出单独或汇总起来可能导致对被审计单位持续经营能力产生重大疑虑的事项或情况；如果管理层已识别出这些事项或情况，注册会计师应当与其讨论应对计划；如果管理层未对持续经营能力作出初步评估，注册会计师应当与管理层讨论其拟运用持续经营假设的理由，询问管理层是否存在单独或汇总起来可能导致对被审计单位持续经营能力产生重大疑虑的事项或情况。

（二）评价管理层对持续经营能力作出的评估

管理层需定期对企业的持续经营能力进行分析和判断，确定以持续经营假设为基础编制财务报表的适当性。注册会计师应当对管理层的持续经营能力评估作出评价。在评价管理层对被审计单位持续经营能力作出的评估时，注册会计师的评价期间应当与管理层按照适用的财务报告编制基础或法律法规（如果法律法规要求的期间更长）的规定作出评估的涵盖期间相同。管理层对持续经营能力的合理评估期间应是自财务报表日起的下一个会计期间。一般而言，如果管理层评估持续经营能力涵盖的期间短于自财务报表日起的 12 个月，注册会计师应当提请管理层将其延长至自财务报表日起的 12 个月。

（三）识别出事项或情况时实施追加的审计程序

如果识别出可能导致对持续经营能力产生重大疑虑的事项或情况，注册会计师应当通过实施追加的审计程序（包括考虑缓解因素），获取充分、适当的审计证据，以确定可能导致对被审计单位持续经营能力产生重大疑虑的事项或情况是否存在重大不确定性。

这些追加的审计程序主要包括：

（1）如果管理层尚未对被审计单位持续经营能力作出评估，提请其进行评估；

（2）评价管理层与持续经营能力评估相关的未来应对计划，这些计划的结果是否可能改善目前的状况，以及管理层的计划对于具体情况是否可行；

（3）如果被审计单位已编制现金流量预测，且对预测的分析是评价管理层未来应对计划时所考虑事项或情况未来结果的重要因素，评价用于编制预测的基础数据的可靠性，并确定预测所基于的假设是否具有充分的支持；

（4）考虑自管理层作出评估后是否存在其他可获得的事实或信息；

（5）要求管理层和治理层（如适用）提供有关未来应对计划及其可行性的书面声明。

第五节　会计估计审计

一、会计估计的定义和性质

会计估计，是指在缺乏精确计量手段的情况下，采用的某项金额的近似值。会计估计一般包括存在估计不确定性时以公允价值计量的金额，以及其他需要估计的金额。其中，涉及公允价值计量的会计估计简称公允价值会计估计。

由于经营活动具有内在不确定性，某些财务报表项目只能进行估计。进一步讲，某项资产、负债或权益组成部分的具体特征或财务报告编制基础规定的计量基础或方法，可能导致有必要对某一财务报表项目作出估计。

某些会计估计涉及相对较低的估计不确定性，并可能导致较低的重大错报风险。例如：

（1）从事不复杂的经营活动的实体作出的会计估计；

（2）因与常规交易相关而经常作出并更新的会计估计；

（3）从较易获得的数据（如公布的利率或证券交易价格）中得出的会计估计，这些数据在公允价值会计估计中可能被称为可观察到的；

（4）在适用的财务报告编制基础规定的公允价值计量方法简单且容易使用的情况下，对需要以公允价值计量的资产或负债作出的公允价值会计估计；

（5）在模型的假设或输入数据是可观察到的情况下，采用广为人知或被普遍认可的计量模型作出的公允价值会计估计。

然而，某些会计估计可能存在相对较高的估计不确定性，尤其是当这些会计估计以重大假设为基础时。例如：

（1）与诉讼结果相关的会计估计；

（2）非公开交易的衍生金融工具的公允价值会计估计；

（3）采用高度专业化的、由被审计单位自主开发的模型，或采用难以在市场上观察到的假设或输入数据作出的公允价值会计估计。

值得注意的是，并非所有需要以公允价值计量的财务报表项目都涉及估计不确定性。例如，对于存在活跃和公开市场且能轻易获得交易发生时点价格的可靠信息的某些财务报表项目，公开的市场报价通常是确定公允价值的最佳审计证据。但是，即使能够明确地规定估值方法和数据，估计不确定性仍然存在。例如，如果持有量相对于市场存量重大或在交易方面存在限制，在以市场价格对具有活跃市场报价的证券估值时，可能需要作出调整。此外，当时的总体经济情况（如在特定市场缺乏流动性）也可能影响估计不确定性。

二、会计估计的审计目标

会计估计的审计目标是注册会计师获取充分、适当的审计证据，以确定：

（1）根据适用的财务报告编制基础，财务报表中确认或披露的会计估计是否合理；

（2）根据适用的财务报告编制基础，财务报表中的相关披露是否充分；

（3）会计估计的风险评估程序。

（一）风险评估程序和相关活动

根据《中国注册会计师审计准则第 1211 号——通过了解被审计单位及其环境识别和评估重大错报风险》的相关要求，在了解被审计单位及其环境时，注册会计师应当了解以下三方面内容，作为识别和评估会计估计重大错报风险的基础。

1. 了解与会计估计相关的适用的财务报告编制基础的要求

了解与会计估计相关的适用的财务报告编制基础的要求，有助于注册会计师确定该编制基础是否：

（1）规定了会计估计的确认条件或计量方法；

（2）明确了某些允许或要求采用公允价值计量的条件；

（3）明确了要求作出或允许作出的披露。

与此同时，了解适用的财务报告编制基础的要求，也为注册会计师就管理层如何运用与会计估计相关的要求、注册会计师对这些要求是否得到恰当运用的判断等事项提供了基础。

当会计估计对重大假设特别敏感时，适用的财务报告编制基础可能要求披露这些重大假设。此外，当存在高度的估计不确定性时，一些适用的财务报告编制基础不允许在财务报表中确认会计估计，但要求在财务报表附注中作出某些披露。

2. 了解管理层如何识别是否需要作出会计估计

编制财务报表要求管理层确定是否有必要对某项交易、事项和情况作出会计估计，以及确定是否已按照适用的财务报告编制基础确认、计量和披露所有必要的会计估计。管理层识别需要作出会计估计的交易、事项和情况，可能依据下列因素：

（1）管理层对被审计单位经营情况和所在行业的了解；

（2）管理层对当前期间实施经营战略情况的了解；

（3）管理层在以前期间编制财务报表所积累的经验（如适用）。

在上述情况下，注册会计师主要通过询问管理层，就可以了解管理层如何识别需要作出会计估计的情形。在其他情况下，当管理层作出会计估计的流程更为结构化（如管理层设有正式的风险管理职责）时，注册会计师可以针对管理层定期复核导致会计估计的情况及在必要时重新估计会计估计的方法及惯常做法实施风险评估程序。会计估计（特别是与负债相关的会计估计）的完整性，通常是注册会计师考虑的重要因素。

注册会计师可以向管理层询问下列情况：

（1）被审计单位是否已从事可能需要作出会计估计的新型交易；

（2）需要作出会计估计的交易的条款是否已改变；

（3）由于适用的财务报告编制基础的要求或其他规定的变化，与会计估计相关的会计政策是否已经相应变化；

（4）可能要求管理层修改或作出新会计估计的外部监管变化或其他不受管理层控制的变化是否已经发生；

（5）是否已经发生可能需要作出新估计或修改现有估计的新情况或事项。

在审计过程中，注册会计师可能识别出一些管理层没有识别出但需要作出会计估计的交易、事项和情况。针对管理层未能识别出重大错报风险的情形，《中国注册会计师审计准则第 1211 号——通过了解被审计单位及其环境识别和评估重大错报风险》提供了处理方法，包括如何确定与被审计单位的风险评估过程相关的内部控制是否存在值得关注的内部控制缺陷。

3. 了解管理层如何作出会计估计

编制财务报表时，管理层应建立针对会计估计的财务报告过程，这些过程通常包括：

（1）选择适当的会计政策，并规定作出会计估计的流程，包括适当的估计或估值的方法或模型（如适用）；

（2）形成或识别影响会计估计的相关数据和假设；

（3）定期复核需要作出会计估计和在必要时重新作出会计估计的情形。

在了解管理层如何作出会计估计时，注册会计师可能考虑的事项包括：

（1）与会计估计相关的账户或交易的类型，例如，会计估计是在对常规和重复发生的交易进行记录时作出的，还是在对异常或非重复发生的交易进行记录时作出的；

（2）针对特定会计估计，管理层是否使用以及如何使用经认可的计量技术；

（3）会计估计是否以期中可获得的数据为基础，如果是以期中可获得的数据为基础，管理层是否已考虑以及如何考虑期中时点至期末之间发生的事项、交易和变化后的情况产生的影响。

管理层作出会计估计的方法和依据如下。

（1）计量方法（包括使用的模型）。在某些情况下，适用的财务报告编制基础可能规定会计估计的计量方法，如计量公允价值会计估计的特定模型。但是，在许多情况下，适用的财务报告编制基础没有规定计量方法，或可能规定了多种可供选择的计量方法。

当适用的财务报告编制基础没有规定具体环境下采用的特定计量方法时，注册会计师在了解管理层作出会计估计所采用的方法或模型（如适用）时可能考虑的事项包括：①在选择特定计量方法时，管理层如何考虑需要作出估计的资产或负债的性质；②被审计单位是否在某些业务领域、行业或环境中从事经营活动，而这些业务领域、行业或环境存在用于作出特定类型会计估计的通用方法。

如果管理层作出会计估计时采用了内部开发的模型或偏离了某一特定行业或环境中所采用的通用方法，则可能存在更高的重大错报风险。

（2）相关控制。在了解相关控制时，注册会计师可能考虑的事项包括作出会计估计的人员的经验与胜任能力，以及与下列情况相关的控制：①管理层如何确定作出会计估计所使用的数据的完整性、相关性和准确性；②由适当层级的管理层和治理层（如适用）对会计估计（包括使用的假设或输入数据）进行复核和批准；③将批准交易的人员和负责作出会计估计的人员进行职责分离，包括职责分配是否恰当地考虑了被审计单位的性质以及产品或服务的性质，例如，对于大型金融机构，相关职责分离可能包括设置负责对自有金融产品的公允价值作出估计和验证的独立部门，且该部门职员的薪酬不与这些产品挂钩。

（3）管理层利用专家的工作。管理层可能拥有作出点估计必要的经验和胜任能力，或者被审计单位可能雇佣那些具备作出点估计必要的经验和胜任能力的人员。在某些情况下，管理层可能需要聘请专家作出或者帮助管理层作出会计估计。这些情况可能包括：①需要作出会计估计的事项（如在采掘行业对矿产或油气储量的测量）具有特殊性质；

②满足适用的财务报告编制基础相关要求的模型（如对某些公允价值计量采用的模型）具有一定的技术含量；③需要作出会计估计的情况、交易或事项具有异常性或偶发性。

（4）会计估计所依据的假设。假设是会计估计不可或缺的组成部分。在了解构成会计估计基础的假设时，注册会计师可能考虑的事项包括：①假设（包括重大假设）的性质；②管理层如何评价假设是否相关和完整，即考虑了所有相关变量；③管理层如何确定所采用假设的内在一致性（如适用）；④假设是否与管理层所能控制的事项相关（如对可能影响资产使用年限的维修计划的假设），以及这些假设是否与被审计单位的经营计划和外部环境相符，或者假设与管理层控制之外的事项相关，如对利率、死亡率、潜在的司法或监管行为或未来现金流量的变动和时间安排的假设；⑤支持假设的文件记录（如存在）的性质和范围。

假设可能由专家作出或识别，以有助于管理层作出会计估计。当管理层采用这些假设时，就成为管理层的假设。

管理层可能使用来源于内部和外部不同类型的信息来支持假设，这些信息的相关性和可靠性各不相同。在某些情况下，假设可能可靠地建立在来源于外部（如公布的利率或其他统计数据）或内部（如历史信息或被审计单位以前经历过的情况）适用的信息基础上。在其他情况下，假设可能更具主观性，如被审计单位缺乏经验或没有获取信息的外部来源。

对于公允价值会计估计，假设反映熟悉情况且自愿的公平交易参与方（有时称为市场参与方或类似称谓）在交换资产或清偿债务时用以确定公允价值可能使用的信息，或者假设与熟悉情况且自愿的公平交易参与方使用的信息一致。特定假设也可能因被估值资产或负债的特征、估值方法（如市场法或收益法）和适用的财务报告编制基础的要求不同而不同。

假设或输入数据的主观程度（如是否可观察到）影响估计不确定性的程度，并由此影响注册会计师对会计估计的重大错报风险的评估。

（5）用以作出会计估计的方法是否已经发生变化。在评价管理层如何作出会计估计时，注册会计师需要了解用以作出会计估计的方法与前期相比是否已经发生变化或应当发生变化。当影响被审计单位的环境或情况或者适用的财务报告编制基础的要求发生变化时，需要改变估计方法加以应对。如果管理层改变了用于作出会计估计的方法，则注册会计师需要确定管理层能够证明新方法更加恰当，或者新方法本身就是对变化的应对。例如，如果管理层将作出会计估计的依据从盯市法转为模型法，注册会计师需要根据经济环境质疑管理层关于市场的假设是否合理。

（6）管理层是否评估以及如何评估估计不确定性的影响。在了解管理层是否以及如何评估估计不确定性的影响时，注册会计师可能考虑的事项包括：①管理层是否已经考虑以及如何考虑各种可供选择的假设或结果，如通过敏感性分析确定假设变化对会计估计的影响；②当敏感性分析表明存在多种可能结果时，管理层如何作出会计估计；③管理层是否监控上期作出会计估计的结果，以及管理层是否已恰当应对实施监控程序的结果。

（二）识别和评估重大错报风险

注册会计师应当按照《中国注册会计师审计准则第 1211 号——通过了解被审计单位及其环境识别和评估重大错报风险》的相关规定，识别和评估与会计估计相关的重大错报，以评价与会计估计相关的估计不确定性的程度，并根据职业判断确定识别出的具有高度估计不确定性的会计估计是否会导致特别风险。

1. 估计不确定性的影响因素

与会计估计相关的估计不确定性的程度，受下列因素的影响：

（1）会计估计对判断的依赖程度；

（2）会计估计对假设变化的敏感性；

（3）是否存在可以降低估计不确定性的经认可的计量技术；

（4）预测期的长度和从过去事项得出的数据对预测未来事项的相关性；

（5）是否能够从外部来源获得可靠数据；

（6）会计估计依据可观察到的或不可观察到的输入数据的程度。

估计不确定性程度可能影响会计估计对管理层偏向的敏感性。在评估重大错报风险时，注册会计师考虑的事项也可能包括：

（1）会计估计的实际的或预期的重要程度；

（2）会计估计的记录金额（即管理层的点估计）与注册会计师预期应记录金额的差异；

（3）管理层在作出会计估计时是否利用专家工作；

（4）复核上期会计估计的结果。

2. 高度估计不确定性的会计估计

可能存在高度估计不确定性的会计估计的情形有很多，包括：

（1）高度依赖判断的会计估计，如对未决诉讼的结果或未来现金流量的金额和时间安排的判断，而未决诉讼的结果或未来现金流量的金额和时间安排取决于多年后才能确定结果的不确定事项；

（2）未采用经认可的计量技术计算的会计估计；

（3）注册会计师对上期财务报表中类似会计估计进行复核的结果表明最初会计估计与实际结果之间存在很大差异，在这种情况下管理层作出的会计估计；

（4）采用高度专业化的、由被审计单位自主开发的模型，或在缺乏可观察到的输入数据的情况下作出的公允价值会计估计。

在某些情况下，会计估计的估计不确定性可能导致对被审计单位的持续经营能力产生重大疑虑。《中国注册会计师审计准则第 1324 号——持续经营》及其应用指南针对这种情况作出了规定并提供了指引。

三、应对与会计估计相关的评估的重大错报风险

在应对与会计估计相关的评估的重大错报风险时，注册会计师应当考虑会计估计的性质，并采取以下措施中的一项或多项。

（一）确定截至审计报告日发生的事项是否提供有关会计估计的审计证据

如果截至审计报告日可能发生的事项预期发生并提供用以证实或否定会计估计的审计证据，确定这些事项是否提供有关会计估计的审计证据可能是恰当的应对措施。

对于某些会计估计，截至审计报告日发生的事项不可能提供审计证据。例如，与某些会计估计相关的情况或事项需要较长时间才有进展；同样，由于公允价值会计估计的计量

目标，期后信息可能不反映资产负债表日存在的事项或情况，因而可能与公允价值会计估计的计量无关。即使决定对特定会计估计不采取这种方法，注册会计师仍需要遵守《中国注册会计师审计准则第 1332 号——期后事项》及其应用指南的相关规定。注册会计师需要实施审计程序，获取充分、适当的审计证据，以确定财务报表日至审计报告日之间发生的、需要在财务报表中调整或披露的事项是否已经按照适用的财务报告编制基础在财务报表中得到恰当反映。除公允价值会计估计外的许多会计估计的计量通常取决于未来情况、交易或事项的结果，《中国注册会计师审计准则第 1332 号——期后事项》规定的审计工作与这种会计估计尤为相关。

（二）测试管理层如何作出会计估计以及会计估计所依据的数据

在下列情况下，测试管理层如何作出会计估计和会计估计所依据的数据，可能是恰当的应对措施：

（1）会计估计是依据模型（适用可观察到的或不可观察到的输入数据）作出的公允价值会计估计；

（2）会计估计源于被审计单位会计系统对数据的常规处理；

（3）注册会计师对上期财务报表中类似的会计估计的复核表明管理层本期的会计估计流程可能是有效的；

（4）会计估计建立在性质相似、单项不重要但数量众多的项目的基础上。

在进行测试时，注册会计师应当评价采用的计量方法在具体情况下是否恰当，以及根据适用的财务报告编制基础确定的计量目标，管理层使用的假设是否合理。测试管理层如何作出会计估计还可能涉及下列方面：

（1）测试会计估计所依据的数据的准确性、完整性和相关性，以及管理层是否使用这些数据和假设恰当地作出会计估计；

（2）考虑外部数据或信息的来源、相关性和可靠性，包括从管理层聘请的、用以协助其作出会计估计的外部专家那里获取的数据或信息；

（3）重新计算会计估计，并复核有关会计估计信息的内在一致性；

（4）考虑管理层的复核和批准流程。

（三）测试与管理层如何作出会计估计相关的控制运行的有效性，并实施恰当的实质性程序

审计准则规定，当存在下列情形之一时，注册会计师需要测试控制运行的有效性：

（1）在评估认定层次的重大错报风险时，预期针对会计估计流程的控制的运行是有效的；

（2）仅实施实质性程序不能提供认定层次充分、适当的审计证据。

如果管理层作出会计估计的流程的设计、执行和维护情况良好，测试与管理层如何作出会计估计相关的控制运行的有效性可能是适当的。这样的例子如存在适当层级的管理层和治理层（如适用）对会计估计进行复核和批准的控制以及会计估计源于被审计单位会计系统对数据的常规处理。

（四）注册会计师作出点估计或区间估计以评价管理层的点估计

当存在下列情形时，注册会计师作出点估计或区间估计以评价管理层的点估计，可能是恰当的应对措施：

（1）会计估计不是源于会计系统对数据的常规处理；

（2）注册会计师对管理层在上期财务报表中作出的类似事项的会计估计进行复核后认为本期流程不太可能是有效的；

（3）被审计单位没有恰当设计或执行针对会计估计流程的控制；

（4）财务报表日至审计报告日之间发生的事项或交易与管理层的点估计相互矛盾；

（5）注册会计师能够从其他来源获取作出点估计或区间估计时可使用的相关数据。

注册会计师在作出点估计或区间估计时使用的方法可能有所不同，取决于具体情况下哪种方法最有效。例如，注册会计师可能在开始时作出初始点估计，然后评估其对假设变化的敏感性，以确定用以评价管理层点估计的区间估计。在其他情况下，注册会计师可能首先作出区间估计，然后再确定点估计（如可能）。

注册会计师可能采用下列方法作出点估计或区间估计：

（1）使用模型，如公开出售供特定部门或行业使用的模型，或专有的模型，或注册会计师自行开发的模型；

（2）在管理层考虑可供选择的假设或结果的基础上进一步深入研究，如引入不同的一组假设；

（3）雇用或聘请在专门领域具有专长的人员开发或运用模型，或者提供相关假设；

（4）参照其他可比较的条件、交易或事项，或者可比较的资产或负债的市场（如相关）。

当注册会计师作出点估计或区间估计并使用有别于管理层的假设或方法时，注册会计师需要按照审计准则的要求充分了解管理层在作出会计估计时使用的假设和方法。这种了解可能向注册会计师提供与其作出恰当点估计或区间估计相关的信息，并有助于了解和评价任何有别于管理层点估计的重大差异。例如，差异可能源于注册会计师与管理层适用不同但同样有效的假设。这可能显示出会计估计对某些假设高度敏感，因此受高度估计不确定性的影响。这意味着会计估计可能存在特别风险。此外，差异也可能是由于管理层造成的事实错误所导致的。根据具体情况，注册会计师在得出结论时，与管理层就使用假设的基础及其有效性以及作出会计估计的方法差异（如存在）进行讨论可能是有帮助的。

当注册会计师认为运用区间估计（注册会计师的区间估计）来评价管理层点估计的合理性是恰当的时候，按照审计准则要求作出的区间估计需要包括所有"合理"的结果而不是所有可能的结果。这是因为包括所有可能结果的区间估计太宽泛，以至于不能有效地确定会计估计是否存在错报。如果注册会计师的区间估计范围足够小以至于能够估计会计估计是否存在错报，它就是有用和有效的。

四、实施进一步实质性程序

（一）实施进一步实质性程序时的评价事项

在审计导致特别风险的会计估计时，注册会计师在实施进一步实质性程序时需要重点评价下列事项：

（1）管理层是如何评估估计不确定性对会计估计的影响，以及这种不确定性对财务报表中会计估计的确认的恰当性可能产生的影响；

（2）相关披露的充分性。

（二）为应对导致特别风险的会计估计，注册会计师应当实施的审计程序

1. 评估管理层对估计不确定性的考虑

管理层可能根据具体情况采用多种方法评价会计估计的可供选择的假设或结果。方法之一是敏感性分析，可能涉及确定会计估计的金额如何随假设的不同而变化。即使对于公允价值会计估计，由于不同市场参与方使用不同的假设，会计估计仍然可能存在差异。敏感性分析可能针对乐观和悲观等不同情形得出一系列结果。敏感性分析结果可能表明会计估计对特定假设的变化不敏感，也可能表明会计估计对一个或多个假设敏感，因而这些假设成为注册会计师重点关注的对象。

在处理估计不确定性时，某种特定方法（如敏感性分析）并不一定比其他方法更合适，管理层也并不一定需要通过细致的过程和详尽的记录来体现对可供选择的假设或结果的考虑。重要的是管理层是否已评估了估计不确定性影响会计估计的方式，而不是所采用的具体评估方法。相应地，当管理层没有考虑可供选择的假设或结果时，注册会计师有必要与管理层讨论其如何处理估计不确定性对会计估计的影响，并要求管理层提供支持性证据。

2. 评估管理层使用的重大假设是否合理

如果在作出会计估计时运用的某些假设的合理变化可能对会计估计的计量产生重大影响，则这些假设被视为重大假设。

从管理层建立的持续战略分析和风险管理流程中可能获得相关信息，以支持管理层根据其了解的情况作出的重大假设。即使没有建立正式的流程（如在小型被审计单位），注册会计师可以通过询问管理层或与其讨论评价假设，并结合其他审计程序，获取充分、适当的审计证据。

3. 评价管理层的意图和能力

当管理层实施特定措施的意图和能力与其使用的重大假设的合理性或对适用的财务报告编制基础的恰当应用相关时，评价这些意图和能力。

（三）针对管理层没有适当处理特别风险的会计估计，注册会计师应当作出区间估计的情形

针对管理层没有适当处理特别风险的会计估计，注册会计师应当作出区间估计的情形如下：

（1）通过评价管理层如何处理估计不确定性的影响，不能获取充分、适当的审计证据；

（2）有必要进一步分析与会计估计相关的估计不确定性的程度，例如，注册会计师注意到类似环境下类似会计估计的结果存在较大差别；

（3）不大可能通过复核截止报告日发生的事项等审计程序获得其他审计证据；

（4）可能有迹象表明管理层在作出会计估计时存在管理层偏向。

（四）考虑确认和计量的标准

1. 评价管理层在财务报表中对会计估计的确认

如果管理层在财务报表中确认一项会计估计，注册会计师评价的重点是会计估计的计量是否足够可靠，能否满足适用的财务报告编制基础规定的确认标准。

对于没有在财务报表中确认的会计估计，注册会计师评价的重点是会计估计是否在实

质上已满足适用的财务报告编制基础规定的确认标准。即使某一项会计估计没有得到确认，且注册会计师认为这种处理是恰当的，可能仍然有必要在财务报表附注中披露具体情况。注册会计师也可能将被认为具有高度估计不确定性的会计估计确定为按照《中国注册会计师审计准则第 1504 号——在审计报告中沟通关键审计事项》的规定，应当在审计报告中沟通的关键审计事项（如适用），注册会计师也可能认为有必要在审计报告中增加强调事项段。如果该事项被确定为关键审计事项，《中国注册会计师审计准则第 1503 号——在审计报告中增加强调事项段和其他事项段》禁止注册会计师在审计报告中针对该事项增加强调事项段。

2. 作出会计估计的计量基础

对于公允价值会计估计，某些适用的财务报告编制基础在要求或者允许进行公允价值计量和披露时，是以公允价值可以可靠计量这一假定作为前提条件的。在某些情况下，如不存在恰当的计量方法或基础，这种假定可能不成立。此时，注册会计师评价的重点是，管理层用以推翻适用的财务报告编制基础所规定的与采用公允价值相关的假定的依据是否恰当。

五、评价会计估计的合理性并确定错报

（一）利用点估计或区间估计评估错报

注册会计师应当根据获取的审计证据，评价财务报表中的会计估计在适用的财务报告编制基础下是合理的还是存在错报。根据获取的审计证据，注册会计师可能认为这些证据指向与管理层的点估计不同的会计估计。

当审计证据支持点估计时，注册会计师的点估计与管理层的点估计之间的差异构成错报。

当注册会计师认为使用其区间估计能够获取充分、适当的审计证据时，在注册会计师区间估计之外的管理层的点估计得不到审计证据的支持。在这种情况下，错报不小于管理层的点估计与注册会计师区间估计之间的最小差异。

（二）导致会计估计错报的原因

一项错报，无论是由于舞弊还是错误导致，当与会计估计相关时，可能是由下列因素导致的：

（1）毋庸置疑地存在错报（事实错报）；

（2）由注册会计师认为管理层对会计估计作出的判断不合理，或认为管理层对会计政策的选择或运用不恰当而产生的差异（判断错报）；

（3）注册会计师对总体中错报的最佳估计，包括由审计样本中识别出的错报推断出总体中的错报（推断错报）。

六、针对会计估计的其他相关审计程序

（一）关注与会计估计相关的披露

1. 总体要求

注册会计师应当获取充分、适当的审计证据，以确定与会计估计相关的财务报表披露

是否符合适用的财务报告编制基础的规定。对导致特别风险的会计估计，注册会计师还应当评价在适用的财务报告编制基础下，财务报表对估计不确定性的披露的充分性。

2. 按照适用的财务报告编制基础作出的披露

适用的财务报告编制基础可能允许或规定与会计估计相关的披露，并且某些实体可能在财务报表附注中自愿披露额外信息。这些披露可能包括：

（1）使用的假设；

（2）使用的估计方法，包括适用的模型；

（3）选择估计方法的基础；

（4）改变上期估计方法产生的影响；

（5）估计不确定性的原因和影响。

3. 在某些情况下，适用的财务报告编制基础可能对披露估计不确定性作出特别规定

在某些情况下，适用的财务报告编制基础可能对披露估计不确定性作出特别规定。例如：

（1）披露关键假设以及产生估计不确定性的其他原因，该估计不确定性具有导致对资产和负债账面价值作出重大调整的特别风险，这些要求可能用"估计不确定性的关键原因"或"关键会计估计"等术语表述；

（2）对于区间估计，披露可能出现的结果的区间和用以确定该区间的假设；

（3）披露关于公允价值会计估计相对被审计单位财务状况和经营成果的重要程度的信息；

（4）披露定性信息（如受风险影响的情况、被审计单位管理风险的目标、政策和程序以及计量风险的方法），以及自上期以来这些定性信息的任何变化；

（5）披露定量信息，如受风险影响的程度（以内部提供给关键管理人员的信息为基础），包括信用风险、流动性风险和市场风险。

4. 披露导致特别风险的会计估计的估计不确定性

（1）对具有特别风险的会计估计，即使已按照适用的财务报告编制基础的要求进行了披露，注册会计师仍可能根据所涉及的情况和事实认为对估计不确定性的披露是不充分的。

（2）在某些情况下，注册会计师可能认为鼓励管理层在财务报表附注中描述与估计不确定性相关的情况是适当的。

当注册会计师认为管理层在财务报表中对估计不确定性的披露不充分或存在误导时，《中国注册会计师审计准则第1502号——在审计报告中发表非无保留意见》及其应用指南为注册会计师在这种情况下如何发表审计意见作出了规定并提供了指引。

（二）识别可能存在管理层偏向的迹象

在审计过程中，注册会计师可能注意到管理层作出的可能导致出现管理层偏向迹象的判断和决策。这些迹象可能影响注册会计师对有关风险评估结果和相关应对措施是否仍然恰当的判断，并且注册会计师可能有必要考虑对审计其他方面的影响。进一步讲，这些迹象可能影响注册会计师对财务报表整体是否存在重大错报的评估。

与会计估计相关的可能存在管理层偏向的迹象包括：

（1）管理层主观地认为环境已经发生变化，并相应地改变会计估计或估计方法；

（2）针对公允价值会计估计，被审计单位的自有假设与可观察到的市场假设不一致，但仍使用被审计单位的自有假设；

（3）管理层选择或作出重大假设以产生有利于管理层目标的点估计；

（4）选择带有乐观或悲观倾向的点估计。

（三）获取书面声明

1. 总体要求

注册会计师应当向管理层和治理层（如适用）获取书面声明，以确定其是否认为在作出会计估计时使用的重大假设是合理的。

2. 有关财务报表中确认或披露的会计估计的书面声明包括内容

有关财务报表中确认或披露的会计估计的书面声明应当包括如下内容：

（1）计量流程（包括管理层在根据适用的财务报告编制基础作出会计估计时使用的相关假设和模型）的恰当性，以及流程的一贯运用；

（2）假设恰当地反映了管理层代表被审计单位执行特定措施的意图和能力（当这些意图和能力与会计估计和披露相关时）；

（3）在适用的财务报告编制基础下与会计估计相关的披露的完整性和适当性；

（4）不存在需要对财务报表中会计估计和披露作出调整的期后事项。

3. 针对未在财务报表中确认或披露的会计估计的书面声明包括内容

针对未在财务报表中确认或披露的会计估计的书面声明应当包括以下内容：

（1）管理层用于确定不满足适用的财务报告编制基础规定的确认或披露标准的依据的恰当性；

（2）针对未在财务报表中以公允价值计量或披露的会计估计，管理层用于推翻适用的财务报告编制基础规定的与使用公允价值相关的假定依据的恰当性。

七、会计估计审计结果的处理

注册会计师应根据审计过程中所获取的审计证据对被审计单位会计估计及其变更的合理性作出最终评价，并为形成审计意见提供依据。若依据审计证据得出的评估结果与被审计单位在财务报表中列示的估计金额间存在差异，注册会计师应当确定是否需要对该差异进行调整。如果需要调整而管理层拒绝对其进行调整，则注册会计师应当将该差异视为错报，连同所有其他错报一并考虑，以评价对财务报表的影响是否重大，并根据审计准则规定给出适当的审计意见。

案例分析

RZ 会计师事务所负责审计甲公司 2021 年度财务报表，审计项目组在审计工作底稿中记录了与公允价值和会计估计审计相关的情况，部分内容摘录如下。

（1）为了确定甲公司管理层在 2020 年度财务报表中作出的会计估计是否恰当，审计项目组复核了甲公司 2020 年度财务报表中的会计估计在 2021 年度的结果。

（2）甲公司年末持有上市公司乙公司的流通股股票 100 万股，账面价值为 500 万元。以公允价值计量，审计项目组核对了该股票于 2021 年 12 月 31 日的收盘价，结果满意。

（3）甲公司持有以公允价值计量的投资性房地产。审计项目组认为该项公允价值计量不存在特别风险，无须了解相关控制，聘请 GH 资产评估公司对该投资性房地产的公允价值进行了评估。

（4）2021 年年末，甲公司针对一项未决诉讼确认了 500 万元预计负债，审计项目组作出的区间估计为 550 万元至 650 万元，据此认为预计负债存在少记 50 万元的事实错报。

（5）为减少利润总额和应纳税所得额之间的差异，甲公司自 2021 年 1 月 1 日起将固定资产折旧年限调整为税法规定的最低年限。审计项目组根据变更后的折旧年限检查了甲公司 2021 年度计提的折旧额，结果满意。

要求：针对上述（1）～（5）项，逐项指出审计项目组的做法是否恰当。如果不恰当，简要说明理由。

【解析】（1）不恰当。注册会计师复核上期财务报表中会计估计的结果，是为了识别和评估本期会计估计重大错报风险而执行的风险评估程序，目的不是质疑上期依据当时可获得的信息而作出的判断。

（2）恰当。

（3）不恰当。即使不存在特别风险，注册会计师亦应了解相关控制。

（4）不恰当。根据审计项目组的区间估计，只能得出错报不小于 50 万元的结论，并不能确定就是 50 万元。该错报应为判断错报，而不是事实错报。

（5）不恰当。管理层变更折旧年限的理由不合理。

第六节　关联方交易审计

一、关联方及关联方交易的定义

（一）关联方

一方控制、共同控制另一方或对另一方施加重大影响，以及两方或两方以上同受一方控制、共同控制或重大影响的，构成关联方。关联方涉及两方或多方，任何单独的个体不能构成关联方关系。构成企业关联方的主要包括：

（1）该企业的母公司；

（2）该企业的子公司；

（3）与该企业受同一母公司控制的其他企业；

（4）对该企业实施共同控制的投资方；

（5）对该企业施加重大影响的投资方；

（6）该企业的合营企业；

（7）该企业的联营企业；

（8）该企业的主要投资者个人及与其关系密切的家庭成员；

（9）该企业或其母公司的关键管理人员及与其关系密切的家庭成员；

（10）该企业主要投资者个人、关键管理人员或与其关系密切的家庭成员控制、共同控制或施加重大影响的其他企业。

（二）关联方交易

关联方交易是指关联方之间发生转移资源、劳务或义务的行为，而不论是否收取价款。

1. 关联方交易的特征

关联方交易是一种独特的交易形式，具有两面性的特征，具体表现在：

（1）从制度经济学角度看，与遵循市场竞争原则的独立交易相比，关联方之间进行交易的信息成本、监督成本和管理成本要少，交易成本可得到节约，故关联方交易可作为公司集团实现利润最大化的基本手段；

（2）从法律角度看，关联方交易的双方尽管在法律上是平等的，但在事实上却不平等，关联人在利己动机的诱导下，往往滥用对公司的控制权，使关联方交易违背了等价有偿的商业条款，导致不公平、不公正的关联方交易的发生，进而损害了公司及其他利益相关者的合法权益。

2. 关联方交易的类型

关联方交易的类型通常包括：

（1）购买或销售商品；

（2）购买或销售商品以外的其他资产；

（3）提供或接受劳务；

（4）担保；

（5）提供资金（贷款或股权投资）；

（6）租赁；

（7）代理；

（8）研究与开发项目的转移；

（9）许可协议；

（10）代表企业或由企业代表另一方进行债务结算；

（11）关键管理人员薪酬。

二、关联方交易的审计目标

在关联方及其交易问题上，被审计单位管理层与注册会计师各有不同的责任。被审计单位管理层的责任是：按照企业会计准则的要求识别和披露关联方及其交易。注册会计师的责任是：实施必要的审计程序，获取充分、适当的审计证据，以确定被审计单位是否按照企业会计准则的要求识别和披露关联方及其交易。在财务报表审计中，注册会计师审计关联方交易的目标在于：

（1）无论适用的财务报告编制基础是否对关联方作出规定，充分了解关联方关系及其交易，以便能够确认由此产生的、与识别和评估由舞弊导致的重大错报风险相关的舞弊风险因素（如有），根据获取的审计证据，就财务报表受到关联方关系及其交易的影响而言，确定财务报表是否实现公允反映；

（2）如果适用的财务报告编制基础对关联方作出规定，获取充分、适当的审计证据，那么就要确定关联方关系及其交易是否已按照适用的财务报告编制基础得到恰当识别、会计处理和披露。

三、风险评估程序和相关活动

审计项目组应按照《中国注册会计师审计准则第 1211 号——通过了解被审计单位及其环境识别和评估重大错报风险》实施风险评估程序和相关活动，以获取与识别关联方关系及其交易相关的重大错报风险的信息。

（一）了解关联方关系及其交易

注册会计师可通过审计项目组内部讨论、询问管理等方式了解关联方关系及其交易，具体程序如表 14-3 所示。

表 14-3 了解关联方关系及其交易的具体程序

程序	具体内容
审计项目组内部的讨论	审计项目组按照《中国注册会计师审计准则第 1211 号——通过了解被审计单位及其环境识别和评估重大错报风险》和《中国注册会计师审计准则第 1141 号——财务报表审计中与舞弊相关的责任》的规定进行内部讨论时，应当特别考虑由于关联方关系及其交易导致的舞弊或错误使财务报表存在重大错报的可能性。审计项目组进行内部讨论的内容包括： （1）关联方关系及其交易的性质和范围，如利用在每次审计后更新的有关识别出的关联方的记录进行讨论； （2）强调在整个审计过程中对关联方关系及其交易导致的潜在重大错报风险保持职业怀疑的重要性； （3）可能显示管理层以前未识别或未向注册会计师披露的关联方关系或关联方交易的情形或状况，如被审计单位组织结构复杂，利用特殊目的实体从事表外交易，或信息系统不够完善； （4）可能显示存在关联方关系或关联方交易的记录或文件； （5）管理层和治理层对关联方关系及其交易（如果适用的财务报告编制基础对关联方作出规定）进行识别、恰当会计处理和披露的重视程度，以及管理层凌驾于相关控制之上的风险
询问管理层	注册会计师应当向管理层询问下列事项： （1）关联方的名称和特征，包括关联方自上期以来发生的变化； （2）被审计单位和关联方之间关系的性质； （3）被审计单位在本期是否与关联方发生交易，如果发生交易，询问交易的类型、定价政策和目的

注册会计师还需了解与关联方关系及其交易相关的控制。注册会计师应当询问管理层和被审计单位内部其他人员（包括治理层成员；负责生成、处理或记录超出正常经营过程的重大交易的人员，以及对其进行监督或监控的人员；内部审计人员；内部法律顾问），实施其他适当的风险评估程序，以获取对相关控制的了解，包括：

（1）按照适用的财务报告编制基础，对关联方关系及其交易进行识别、会计处理和披露；

（2）授权和批准重大关联方交易和安排；

（3）授权和批准超出正常经营过程的重大交易和安排。

（二）在检查记录或文件时对关联方信息保持警觉

1. 检查记录或文件

某些情况下，被审计单位可能存在管理层以前未识别或未向注册会计师披露的关联方关系或关联方交易，在审计过程中检查记录或文件时，注册会计师应当对这些情况保持警觉。为确定是否存在管理层以前未识别或未向注册会计师披露的关联方关系或关联方交易，注册会计师应当检查下列记录或文件：

（1）注册会计师实施审计程序时获取的银行和律师的询证函回函；

（2）股东会和治理层会议的纪要；

（3）注册会计师认为必要的其他记录和文件。

此外，注册会计师还可检查其他可能提供关联方关系及其交易信息的记录或文件，如：

（1）注册会计师自其他第三方取得的询证函回函；

（2）被审计单位所得税申报表；

（3）被审计单位提供给监管机构的资料；

（4）股东登记名册以便识别公司主要股东；

（5）管理层和治理层的利益冲突声明；

（6）被审计单位有关投资和福利计划的记录；

（7）与关键管理层或治理层成员签订的合同和协议；

（8）被审计单位非普通经营事项的重要合同和协议；

（9）被审计单位与专业顾问的往来函件和发票；

（10）被审计单位购买的人寿保险单；

（11）被审计单位在报告期内重新商定的重要合同；

（12）内部审计人员的报告；

（13）被审计单位向证券监管机构报送的文件。

2. 询问管理层

注册会计师就超出正常经营过程的重大交易获取的进一步信息，使其能够评价是否存在舞弊风险因素，并能够在适用的财务报告编制基础对关联方作出规定的情况下识别重大错报风险。超出正常经营过程的交易包括：

（1）复杂的股权交易，如公司重组或收购；

（2）与处于公司法制不健全的国家或地区的境外实体之间的交易；

（3）在合同期限届满之前变更条款的交易；

（4）对外提供厂房租赁或管理服务，而没有收取对价的交易；

（5）循环交易，如售后回购交易；

（6）具有异常大额折扣或退货的销售业务。

四、识别和评估与关联方关系及其交易相关的重大错报风险

(一) 总体要求

注册会计师应当按照相关审计准则的规定，识别和评估关联方关系及其交易导致的重大错报风险，并确定这些风险是否为特别风险。在确定时，注册会计师应当将识别出的、超出被审计单位正常经营过程的重大关联方交易导致的风险确定为特别风险。

(二) 考虑与具有支配性影响的关联方相关的舞弊风险因素

管理层由一人或少数人控制且缺乏相应的补偿性控制是一项舞弊风险因素。关联方施加的支配性影响可能表现在下列方面：

（1）关联方否决管理层或治理层作出的重大经营决策；

（2）重大交易需经关联方的最终批准；

（3）对关联方提出的业务建议，管理层和治理层未曾或很少进行讨论；

（4）对涉及关联方或与关联方关系密切的家庭成员的交易，极少进行独立复核和批准。

如果关联方在被审计单位的设立和日后管理中均发挥主导作用，也可能表明存在支配性影响。在出现其他风险因素的情况下，存在具有支配性影响的关联方，可能表明存在由于舞弊导致的特别风险。例如：

（1）异常频繁变更高级管理人员或专业顾问，可能表明被审计单位为关联方谋取利益而从事不道德或虚假的交易；

（2）利用中间机构从事难以判断是否具有正当商业理由的重大交易，可能表明关联方出于欺诈目的，通过控制这些中间机构从交易中获利；

（3）有证据显示关联方过度干涉或关注会计政策的选择，或重大会计估计的作出，可能表明存在虚假财务报告。

五、针对与关联方关系及其交易相关的重大错报风险的应对措施

注册会计师应当按照《中国注册会计师审计准则第 1231 号——针对评估的重大错报风险采取的应对措施》的相关规定，针对评估的与关联方关系及其交易相关的重大错报风险，设计和实施进一步审计程序，以获取充分、适当的审计证据。

(一) 识别出管理层以前未识别或未披露的关联方关系或重大关联方交易

当注册会计师识别出管理层以前未识别或未披露的关联方关系或重大关联方交易时，注册会计师应当采取下列措施。

1. 向项目组成员传达与新识别的关联方有关的信息

及时向项目组成员传达有关新识别的关联方信息，有助于项目组成员确定这些信息是否对已实施风险评估程序的结果和由此得出的结论产生影响，包括是否需要重新评估重大错报风险。

2. 与新识别出的关联方关系或重大关联方交易实施恰当的实质性程序

针对新识别出的关联方关系或重大关联方交易，注册会计师可能实施的实质性程序如下。

（1）询问被审计单位与新识别出的关联方之间的关系的性质，包括向对被审计单位及

其业务非常了解的外部人士询问（如适用，并且法律法规或注册会计师职业道德守则未予禁止）。这些外部人士包括法律顾问、主要代理商、主要业务代表、咨询专家、担保人或其他关系密切的商业伙伴等。

（2）分析与新识别出的关联方进行交易的会计记录，可以采用计算机辅助审计技术进行分析。

（3）核实新识别出的关联方交易的条款和条件，评价是否已经按照适用的财务报告编制基础的规定对关联方交易进行恰当的会计处理和披露。

3. 考虑管理层有意不予披露关联方关系或重大关联方交易的情况

如果管理层不披露关联方关系或重大关联方交易看似是有意的，显示可能存在由于舞弊导致的重大错报风险，应评价这一情况对审计的影响。注册会计师因此还可能考虑是否有必要重新评价管理层对询问的答复以及管理层声明的可靠性。

（二）识别出超出正常经营过程的重大关联方交易

对于识别出的超出正常经营过程的重大关联方交易，注册会计师应当采取下列措施。

1. 评价重大关联方交易的商业理由

在评价超出正常经营过程的重大关联方交易的商业理由时，注册会计师可能考虑下列事项：

（1）交易是否过于复杂；

（2）交易条款是否异常，如价格、利率、担保或付款等条件是否异常；

（3）交易的发生是否缺乏明显且符合逻辑的商业理由；

（4）交易是否涉及以前未识别的关联方；

（5）交易的处理方式是否异常；

（6）管理层是否已与治理层就这类交易的性质和会计处理进行讨论；

（7）管理层是否更强调需要采用某项特定的会计处理方式，而不够重视交易的经济实质。

如果管理层的解释与关联方交易条款存在重大不一致，注册会计师需要按照《中国注册会计师审计准则第1301号——审计证据》的规定，考虑管理层对其他重大事项作出的解释和声明的可靠性。

注册会计师也可以从关联方的角度了解上述交易的商业理由，这可能有助于注册会计师更好地了解交易的经济实质和发生原因。如果注册会计师了解的商业理由与关联方的业务性质不一致，则可能表明存在舞弊风险因素。

2. 获取交易已经恰当授权和批准的审计证据

如果超出正常经营过程的重大关联方交易经管理层、治理层或股东（如适用）授权和批准，可以为注册会计师提供审计证据，表明该项交易已在被审计单位内部的适当层面进行了考虑，并在财务报表中恰当披露了交易的条款和条件。

如果存在未经授权和批准的这类交易，且注册会计师与管理层或治理层进行讨论后仍未获取合理解释，则可能表明存在由于舞弊或错误导致的重大错报风险。在这种情况下，注册会计师可能需要对其他类似性质的交易保持警觉。

然而，授权和批准本身不足以就是否不存在由于舞弊或错误导致的重大错报风险得出结论，其原因是如果被审计单位与关联方串通舞弊或关联方对被审计单位具有支配性影响，被审计单位与授权和批准相关的控制可能是无效的。

（三）考虑管理层对关联方交易是否按照等同于公平交易中通行的条款执行的认定

针对关联方交易与类似公平交易的价格比较情况，注册会计师可以比较容易地获取审计证据。但实务中存在的困难，限制了注册会计师获取关联方交易与公平交易在所有其他方面都等同的审计证据。例如，注册会计师可能能够确定关联方交易是按照市场价格执行的，却不能确定该项交易的其他条款和条件（如信用条款、或有事项以及特定收费等）是否与独立各方之间通常达成的交易条款相同。因此，如果管理层认定关联方交易是按照等同于公平交易中通行的条款执行的，则可能存在重大错报风险。

如果管理层认定关联方交易是按照等同于公平交易中通行的条款执行的，则管理层在编制财务报表时需要证实这项认定。管理层用于支持这项认定的措施可能包括：

（1）将关联方交易条款与相同或类似的非关联方交易条款进行比较；

（2）聘请外部专家确定交易的市场价格，并确认交易的条款和条件；

（3）将关联方交易条款与公开市场进行的类似交易条款进行比较。

评价管理层如何支持这项认定，可能涉及以下一个或多个方面：

（1）考虑管理层用于支持其认定的程序是否恰当；

（2）验证支持管理层认定的内部或外部数据来源，对这些数据进行测试，以判断其准确性、完整性和相关性；

（3）评价管理层认定所依据的重大假设的合理性。

有些财务报告编制基础要求披露未按照等同于公平交易中通行的条款执行的关联方交易。在这种情况下，如果管理层未在财务报表中披露关联方交易，则可能隐含着一项认定，即关联方交易是按照等同于公平交易中通行的条款执行的。

六、评价识别出的关联方关系及其交易的会计处理和披露

当按照《中国注册会计师审计准则第 1501 号——对财务报表形成审计意见和出具审计报告》的规定对财务报表形成审计意见时，注册会计师应当评价：

（1）识别出的关联方关系及其交易是否已按照适用的财务报告编制基础得到恰当会计处理和披露；

（2）关联方关系及其交易是否导致财务报表未实现公允反映。

按照《中国注册会计师审计准则第 1251 号——评价审计过程中识别出的错报》的要求，注册会计师在评价错报是否重大时，需要考虑错报的金额和性质以及错报发生的特定情况。对财务报表使用者而言，某项交易的重要程度，可能不仅取决于所记录的交易金额，还取决于其他特定的相关因素，如关联方关系的性质。

注册会计师应当按照适用的财务报告编制基础的规定对被审计单位关于关联方关系及其交易的披露进行评价，需要考虑被审计单位是否已对关联方关系及其交易进行了恰当汇总和列报，以使披露具有可理解性。

存在下列情形之一，表明管理层对关联方交易的披露可能不具有可理解性：

（1）关联方交易的商业理由以及交易对财务报表的影响披露不清楚，或存在错报；

（2）未适当披露为理解关联方交易所必需的关键条款、条件或其他要素。

七、针对关联方交易的其他相关审计程序

（一）获取书面声明

在下列情况下，注册会计师向治理层获取书面声明可能是适当的：

（1）治理层批准某项特定关联方交易，该项交易可能对财务报表产生重大影响或涉及管理层；

（2）治理层就某些关联方交易的细节向注册会计师作出口头声明；

（3）治理层在关联方或关联方交易中享有财务或者其他利益。

如果适用的财务报告编制基础对关联方作出规定，注册会计师应当向管理层和治理层（如适用）获取下列书面声明：

（1）已经向注册会计师披露了全部已知的关联方名称和特征、关联方关系及其交易；

（2）已经按照适用的财务报告编制基础的规定，对关联方关系及其交易进行了恰当的会计处理和披露。

此外，注册会计师可能决定就管理层作出的某项特殊认定获取书面声明，如管理层对特殊关联方交易不涉及某些未予披露的"背后协议"的声明。

（二）与治理层沟通

注册会计师与治理层沟通审计工作中发现的与关联方相关的重大事项，有助于双方就这些事项的性质和解决方法达成共识。与关联方相关的重大事项包括：

（1）管理层有意或无意未向注册会计师披露关联方关系或重大关联方交易，沟通这一情况可以提醒治理层关注以前未识别的重要关联方和关联方交易；

（2）识别出的未经适当授权和批准的、可能产生舞弊嫌疑的重大关联方交易；

（3）注册会计师与管理层在按照适用的财务报告编制基础的规定披露重大关联方交易方面存在分歧；

（4）违反适用的法律法规有关禁止或限制特定类型关联方交易的规定；

（5）在识别被审计单位最终控制方时遇到的困难。

本章小结

特殊事项审计包括期初余额审计、期后事项审计、或有事项审计、持续经营审计及会计估计审计等。

期初余额，是指期初已存在的账户余额。期初余额与注册会计师首次接受委托相联系，其以上期期末余额为基础，反映了以前期间的交易和上期采用的会计政策的结果。在执行首次审计业务时，注册会计师针对期初余额进行审计的目标是获取充分、适当的审计证据以确定期初余额是否含有对本期财务报表产生重大影响的错报；期初余额反映的恰当的会计政策是否在本期财务报表中得到一贯运用，或会计政策的变更是否已按照适用的财务报告编制基础作出恰当的会计处理和充分的列报。

期后事项是指财务报表日至审计报告日之间发生的事项以及审计报告日后发现的事实。期后事项审计主要是为了获取充分、适当的审计证据，以确定所有在财务报表日至审

计报告日之间发生的、需要在财务报表中调整或披露的事项均已得到识别并确定其是否均已按照适用的财务报告编制基础在财务报表中得到恰当反映。

或有事项，是指过去的交易或者事项形成的，其结果须由某些未来事件的发生或不发生才能决定的不确定事项。或有事项结果的发生具有不确定性，其可能形成或有负债，也可能形成或有资产，与或有事项相关、满足特定条件的义务应当确认为预计负债。根据企业会计准则的相关规定，企业应当确认预计负债，不确认或有资产和或有负债。同时，企业应当披露预计负债和或有负债的相关信息而不应披露或有资产。因此，或有事项的审计目标可归纳为确定或有事项是否存在和完整，尤其是完整性；确定或有事项的确认和计量是否符合规定；确认或有事项的列报是否恰当。

持续经营假设是指被审计单位在编制财务报表时，假定其经营活动在可预见的将来会继续下去，不拟也不必终止经营或破产清算。注册会计师应考虑是否存在可能导致对被审计单位持续经营能力产生重大疑虑的事项或情况，并确定管理层是否已对被审计单位持续经营能力作出初步评估。

会计估计，是指在缺乏精确计量手段的情况下，采用的某项金额的近似值。会计估计的审计目标是注册会计师获取充分、适当的审计证据以确定根据适用的财务报告编制基础，财务报表中确认或披露的会计估计是否合理；根据适用的财务报告编制基础，财务报表中的相关披露是否充分。

思考与练习

一、单项选择题

1. 在询问关联方关系时，下列组织或人员中，注册会计师的询问对象通常不包括（　　）。

A. 内部审计人员　　　　　　　　B. 董事会成员

C. 证券监管机构　　　　　　　　D. 内部法律顾问

2. 如果注册会计师识别出超过正常经营过程的重大关联方交易导致的舞弊风险，下列程序中，通常能够有效应对该风险的是（　　）。

A. 检查交易是否经适当的管理层审批

B. 评价交易是否具有合理的商业理由

C. 检查交易是否按照适用的财务报告编制基础进行会计处理和披露

D. 就交易事项向关联方函证

3. 注册会计师对被审计单位 2021 年 1 月至 6 月财务报表进行审计，并于 2021 年 8 月 31 日出具审计报告。下列各项中，管理层在编制 2021 年 1 月至 6 月财务报表时，评估其持续经营能力应当涵盖的最短期间是（　　）。

A. 2021 年 7 月 1 日至 2022 年 6 月 30 日止期间

B. 2021 年 9 月 1 日至 2022 年 8 月 31 日止期间

C. 2021 年 7 月 1 日至 2021 年 12 月 31 日止期间

D. 2021 年 7 月 1 日至 2022 年 12 月 31 日止期间

4. 下列与会计估计审计相关的程序中，注册会计师应当在风险评估阶段实施的是（   ）。

  A. 复核上期财务报表中会计估计的结果

  B. 确定管理层作出会计估计的方法是否恰当

  C. 评估会计估计的合理性

  D. 确定管理层是否恰当运用与会计估计相关的财务报告编制基础

5. 注册会计师应当评价管理层对持续经营能力作出的评估。下列说法中，不正确的是（   ）。

  A. 在某些情况下，管理层缺乏详细分析以支持其评估，可能不妨碍注册会计师确定管理层运用持续经营假设适合具体情况

  B. 注册会计师应当考虑管理层作出的评估是否已经考虑所有相关信息，这些信息不包括注册会计师实施审计程序时获取的信息

  C. 如果管理层评价持续经营能力涵盖的期间短于自财务报表日起的12个月，注册会计师应当要求管理层延长评估期间

  D. 注册会计师应当考虑管理层对相关事项或情况结果的预测所依据的假设是否合理

二、多项选择题

1. 下列各项中，属于注册会计师在了解管理层如何作出会计估计时，可以考虑的因素的有（   ）。

  A. 作出会计估计的模型

  B. 管理层是否利用了管理层专家的工作

  C. 管理层对所采用假设的评价

  D. 作出会计估计的人员的胜任能力

2. 下列各项中，构成错报的有（   ）。

  A. 管理层对导致特别风险的会计估计的估计不确定性的披露不充分

  B. 管理层作出的点估计小于注册会计师作出的区间估计的最小值

  C. 管理层作出的点估计与注册会计师作出的点估计存在差异

  D. 会计估计的结果与财务报表中原已确认的金额存在差异

3. 下列各项中，属于关联方施加的支配性影响的情形的有（   ）。

  A. 重大交易需经关联方的最终批准

  B. 关联方关注重大会计估计的作出

  C. 管理层和治理层成员由关联方选定

  D. 管理层和治理层未曾讨论即通过关联方提出的业务建议

4. 下列各项中，影响会计估计的不确定性程度的有（   ）。

  A. 会计估计设计的预测期的长度

  B. 会计估计依据不可观察到的输入数据的程度

  C. 会计估计对假设变化的敏感性

  D. 会计估计对判断的依赖程度

5. 对于首次审计业务，下列各项程序中，注册会计师应当实施的有（   ）。

  A. 阅读前任注册会计师出具的审计报告

  B. 阅读最近期间的财务报表

C. 在接受审计委托前与前任注册会计师沟通

D. 对期初银行存款余额实施函证程序

三、简答题

1. 简述期初余额的审计程序。

2. 简述期后事项的审计程序。

3. 简述或有事项的审计程序。

4. 简述关联方交易的审计目标。

第十五章　完成审计工作

本章学习目标

1. 了解管理层书面声明和律师声明书；
2. 了解和掌握项目质量控制复核。

案例导入

深圳证券交易所对××在线股份有限公司2018年年报的问询函（节选）

××在线股份有限公司董事会：

我部在对你公司2018年年报进行审查的过程中，关注到如下事项。

会计师对你公司2018年度财务报告出具了保留意见，形成保留意见的基础是导致2017年度无法表示意见所述事项对本年度财务报表已不存在广泛影响，但该事项对本期数据和对应数据可能存在影响；此外，会计师认为多起未决诉讼事项导致你公司多项资产及银行账户被冻结。这些事项或情况，表明存在可能导致对你公司持续经营能力产生重大疑虑的重大不确定性。

（1）请会计师详细说明认定保留意见所涉及事项对本期财务报表影响不广泛的依据，是否存在以保留意见代替否定意见或无法表示意见的情形。

（2）请会计师详细说明认为公司持续经营能力存在重大不确定性，但公司财务报告编制基础是仍以持续经营为假设的合理性。

（资料来源：深圳证券交易所官方网站）

第一节 取得管理层书面声明和律师声明书

一、取得管理层书面声明

注册会计师在复核被审计单位期后事项和或有事项时，需要向被审计单位索取书面声明并向律师发出审计询问函。这种书面声明和回函记录了被审计单位何时对注册会计师查询事项进行答复，是注册会计师从被审计单位和律师处获得查询的书面证据，从而降低了发生错误或误解的可能性。

（一）管理层书面声明的含义与作用

管理层书面声明是指管理层向注册会计师提供的书面陈述，用以确认某些事项或支持其他审计证据。书面声明不包括财务报表及其认定，以及支持性账簿和相关记录。

管理层书面声明是在审计过程中，注册会计师与管理层就财务报表审计的相关重大事项不断沟通而形成的。管理层书面声明具有两方面的作用：一是明确管理层认可财务报表的责任；二是提供具有补充作用的审计证据。

注册会计师应当获取审计证据，以确定管理层认可其按照适用的会计准则和相关会计制度的规定编制财务报表的责任，并且已批准财务报表。在获取此类审计证据时，注册会计师应当考虑查阅治理层相关会议纪要、向管理层获取书面声明或已签署的财务报表副本。

（二）将管理层书面声明作为审计证据

1. 可将管理层书面声明作为审计证据的特殊情形

（1）应当获取管理层书面声明的情形。对于多数事项来说，存在相互印证的审计证据。但对于某些对财务报表具有重大影响的事项来说，如涉及管理层的判断、意图以及仅限管理层知悉的事实的事项，除存在实施询问程序获得的审计证据之外，不存在其他充分、适当的审计证据。在这种情况下，注册会计师应当就对财务报表具有重大影响的事项询问管理层，并获取其签字确认的书面声明。管理层对其口头声明的书面确认可以降低注册会计师与管理层之间产生误解的可能性。注册会计师要求管理层提供的书面声明可仅限于单独或汇总起来对财务报表产生重大影响的事项。必要时，注册会计师应将对声明事项重要性的理解告知管理层。

（2）应当向管理层获取书面声明的主要事项。这主要包括：①管理层认可其设计和实施内部控制以防止或发现并纠正错报的责任；②管理层认为注册会计师在审计过程中发现的未更正错报，无论是单独还是汇总起来考虑，对财务报表整体均不具有重大影响；未更正错报项目的概要应当包含在书面声明中或附于书面声明后。

2. 收集审计证据，以支持管理层书面声明

管理层书面声明是一种内部证据，其证明力较弱，本身不构成充分、适当的审计证据，不能作为发表审计意见的基础。因此，当管理层书面声明的事项对财务报表具有重大影响时，注册会计师应当实施下列审计程序，以收集充分、恰当的审计证据，验证管理层

书面声明：①从被审计单位内部或外部获取佐证证据；②评价管理层书面声明是否合理并与获取的其他审计证据（包括其他声明）一致；③考虑作出声明的人员是否熟知所声明的事项。

3. 管理层书面声明不能替代其他审计证据

注册会计师不应以管理层书面声明替代能够合理预期获取的其他审计证据。如果不能获取对财务报表具有或可能具有重大影响的事项的充分、适当的审计证据，而这些证据预期是可以获取的，即使已收到管理层就这些事项作出的声明，注册会计师仍应将其视为审计范围受到限制。

如果管理层的某项声明与其他审计证据相矛盾，注册会计师应当调查这种情况，获取充分、恰当的审计证据，验证管理层书面声明或者其他审计证据的恰当性。当实施的进一步审计程序证明管理层书面声明不恰当时，注册会计师应当重新考虑管理层作出的其他声明的可靠性。

（三）对管理层书面声明的记录

1. 管理层书面声明的形式

注册会计师应当将获取的管理层书面声明作为审计证据，并形成审计工作底稿。管理层书面声明包括书面声明和口头声明。书面声明作为审计证据通常比口头声明可靠，并可避免双方的误解。

书面声明可采取下列形式：①书面声明书；②注册会计师提供的列示其对管理层书面声明的理解并经管理层确认的函；③董事会及类似机构的相关会议纪要，或已签署的财务报表副本。

2. 管理层书面声明书的基本要素

管理层书面声明书的基本要素如下。

（1）标题：一般写"书面声明书"即可。

（2）收件人：即接受委托的会计师事务所及签署审计报告的注册会计师。

（3）声明内容：根据审计约定事项的具体情况、财务报表编制基础等因素，签字的注册会计师列出各项声明。

（4）签章：管理层书面声明书通常由管理层中对被审计单位及其财务负主要责任的人员签署，在某些情况下，注册会计师也可以向管理层中的其他人员获取管理层书面声明书。

（5）日期：管理层书面声明书标明的日期通常接近或与审计报告日一致，但某些交易或事项的声明书日期，可以是注册会计师获取该声明书的日期。

当要求管理层提供声明书时，注册会计师应当要求将声明书径送注册会计师本人。声明书应当包括要求列明的信息，标明适当的日期并经签署。

3. 管理层书面声明书的主要内容

管理层书面声明书的正文一般要求列明以下三个方面的内容。

（1）关于财务报表。这主要包括：①管理层认可其对财务报表编制的责任；②管理层认可其设计、实施和维护内部控制以防止或发现并纠正错报的责任；③管理层认为注册会计师在审计过程中发现的未更正错报，无论是单独还是汇总起来考虑，对财务报表整体均不具有重大影响。

（2）关于信息的完整性。这主要包括：①所有财务信息和其他数据的可获得性；②所有股东会和董事会会议记录的完整性和可获得性；③就违反法规行为事项，被审计单位与监管机构沟通的书面文件的可获得性；④与未记录交易相关的资料的可获得性；⑤涉及管理层、对内部控制具有重大影响的雇员，及对财务报表的编制具有重大影响的其他人员的舞弊行为或舞弊嫌疑的信息的可获得性。

（3）关于确认、计量和列报。这主要包括：①对资产或负债的确认或列报具有重大影响的计划或意图；②关联方交易，以及涉及关联方的应收或应付款项；③需要在财务报表中披露的违反法规的行为；④需要确认或披露的或有事项，对财务报表具有重大影响的承诺事项和需要偿付的担保等；⑤对财务报表具有重大影响的合同的遵循情况；⑥对财务报表具有重大影响的重大不确定性事项；⑦被审计单位对资产的拥有或控制情况，以及抵押、质押或留置资产；⑧持续经营假设的合理性；⑨需要调整或披露的期后事项。根据上述事项的复杂程度和重要性，注册会计师可以将其全部列入管理层书面声明书中，也可以就某个事项向管理层获取专项声明。

下面列示了一种常见的管理层书面声明书的范例，仅供参考。

书 面 声 明 书

××会计师事务所并××注册会计师：

本公司已委托贵事务所对本公司20××年12月31日的资产负债表、20××年的利润表、股东权益变动表和现金流动表以及财务报表附注进行审计，并出具审计报告。为配合贵事务所的审计工作，本公司就已知的全部事项作出如下声明。

1. 本公司承诺，按照企业会计准则的规定编制财务报表是我们的责任。

2. 本公司已按照企业会计准则的规定编制20××年度财务报表，财务报表的编制基础与上年度保持一致，本公司管理对上述报表的真实性、合法性和完整性承担责任。

3. 设计、实施和维护内部控制，保证本公司资产安全和完整，防止或发现并纠正错报，是本公司管理层的责任。

4. 本公司承诺财务报表符合适用的会计准则的规定，公允反映本公司的财务状况、经营成果和现金流量情况，不存在重大错报或漏报。贵事务所在审计过程中发现的未更正错误，无论是单独还是汇总起来考虑，对财务报表均不具有重大的影响，未更正错报汇总见后附的附件。

5. 本公司已向贵事务所提供了：（1）所有财务信息和其他数据；（2）所有股东会和董事会会议记录；（3）全部重要的决议、合同、章程、纳税申报表等相关资料。

6. 本公司所有经济业务均已按规定入账，不存在债外资产或未计负债。

7. 本公司认为所有与公允价值相关的重大假设是合理的，恰当地反映了本公司的意图和采取特定政策的能力；用于确定公允价值的计量方法符合企业会计准则的规定，并在使用上保持了一贯性；本公司已在财务报表中对上述事项作出恰当披露。

8. 本公司不存在导致重述比较数据的任何事项。

9. 本公司已提供所有与关联方和关联方交易相关的资料，并已根据企业会计准则的规定识别和披露了所有重大关联交易。

10. 本公司已提供全部或有关项的相关资料。除财务报表中披露的或有事项外，本公司不存在应披露而未披露的诉讼、赔偿、承兑、担保等或有事项。

11. 除财务报表附注披露的承诺事项外，本公司不存在应披露而未披露的承诺事项。

12. 本公司不存在未披露的影响财务报表公允性的重大不确定事项。

13. 本公司已采取必要措施防止或发现舞弊及其他违反法规行为，未发现下列人员的或舞弊嫌疑的信息：（1）管理层；（2）对内部控制具有重大影响的雇员；（3）对财务报表编制具有重大影响的其他人员。

14. 本公司严格遵守了合同规定的条款，不存在未履行合同而对财务报表产生重大影响的事项。

15. 本公司对资产负债表上列示的所有资产均拥有合法权利，除已披露事项外，无其他被抵押、质押或留置资产。

16. 本公司编制财务报表所依据的持续经营假设是合理的，没有计划终止经营或破产清算。

17. 本公司已提供全部资产负债表日后事项的相关资料，除财务报表附注中披露的资产负债表日后事项外，本公司不存在其他应披露而未披露的重大资产负债表日后事项。

18. 本公司管理层确信：（1）未收到监督机构有关调整或修改财务报表的通知；（2）无税务纠纷。

19. 其他事项。本公司在银行存款或现金运用方面未受到任何限制；不存在未披露的大股东及关联方资金占用和担保事项。

××股份有限公司

法定代表人：（签名并盖章）

财务负责人：（签名并盖章）

二○××年×月×日

（四）管理层拒绝提供声明时的措施

如果管理层拒绝提供注册会计师认为必要的声明，注册会计师应当将其视为审计范围受到限制，出具保留意见或无法表示意见的审计报告。

在这种情况下，注册会计师应当评价审计过程中获取的管理层其他声明的可靠性，并考虑管理层拒绝提供声明是否可能对审计报告产生其他影响。

二、取得律师声明书

由于没有能力进行法律上的判断，注册会计师从管理层获取有关被审计单位期后事项和或有事项等相关信息后，通常会通过向被审计单位的法律顾问或律师进行函证，并取得律师声明书来证实这些信息是否完整、可靠。被审计单位法律顾问或律师对询证函的答复，就是律师声明书。一般而言，律师声明书可以提供有力的证据，帮助注册会计师合理确认有关的期后事项和或有事项，从而在一定程度上减少注册会计师对上述事项出错或误解的可能性。但是，注册会计师并不能直接根据律师的声明形成审计意见。

通常，注册会计师会要求被审计单位向其法律顾问或律师寄发审计询证函。询证函的内容应包括被审计单位对与该律师业务相关的期后事项、或有事项等情况的叙述和评价。律师回函时，应当声明被审计单位有关期后事项和或有事项等的陈述是否真实完整，并对管理层对有关期后事项、或有事项等情况的说明作出相应的评价。在审计实务中，询证函一般有通用的格式，但由于被审计单位性质、业务范围及管理情况不同，其律师出具的声明书会各具特点，有很大差别。律师询证函的一般格式如下。

律师询证函

××律师事务所

刘×律师台鉴：

　　本公司已申请××会计师事务所对本公司2019年12月31日（以下简称资产负债表日）的资产负债表以及截止于资产负债表日的该年度利润以及股东权益变动表和现金流量表进行审计。为配合该项审计，谨请贵律师基于受理本公司委托的工作（诸如常年法律顾问、专项咨询和诉讼代理等），提供下述资料，并函告××会计师事务所。

　　一、请说明存在于资产负债表日并且自该日起至本函回复日止，本公司委托贵律师代理进行的任何未决诉讼。该说明中请包含以下内容：

　　1. 案件的事实经过与目前的发展进程；

　　2. 在可能的范围内，贵律师对本公司管理层就上述事件所持看法及处理计划（如庭外和解设想）的了解及您对可能发生结果的意见；

　　3. 在可能范围内，您对可能发生的损失或收益回收的可能性及金额的估计。

　　二、请说明存在于资产负债表日并且自该日起至本函回复日止，本公司曾向贵律师咨询的其他诸如未决诉讼、追索债务、被追索债务以及政府有关部门对本公司的调查等可能涉及本公司法律责任的事件。

　　三、请说明截止于资产负债表日，本公司与贵律师事务所律师服务费的结算情况（如有可能，请依据服务项目区分）。

　　四、若无上述一及二事项，为节约您宝贵的时间，烦请填写本函背面的《律师询证函复函》并盖章后，按以下地址寄往××会计师事务所（地址：××市××路××号；邮编×××××）。

　　谢谢合作！

××股份有限公司（签章）

公司负责人（签章）

2020年1月5日

律师询证函复函

××会计师事务所：

　　本律师于2019年期间，除向××股份有限公司提供一般性法律咨询服务外，并未接受委托，代理进行或咨询如前述一、二项所述之事宜。

　　另：截至2019年12月31日，该公司未积欠本律师事务所任何律师服务费。

　　尚有本律师事务所的律师服务费计人民币零元，未予付清。

××律师事务所

律师：刘×（签章）

2020年1月17日

　　有时，被审计单位律师可能出于保密或其他目的，对审计询证函所列示内容拒绝或部分拒绝提供有关信息。因此，注册会计师在审计过程中应当考虑这种影响。通常，注册会计师会根据律师的职业条件和声誉情况来判断律师声明书的合理性。如果注册会计师熟悉该律师的职业声誉，就不再需要做专门的查询；如果注册会计师对代理被审计单位重大法律事务的律师并不熟悉，则要查询律师的职业背景、声誉及其在法律界的地位等情况。

律师的复函可能只限于他作为聘任律师或法律顾问所关注的事项，或者就重要性而言与注册会计师达成共识的事项，而且律师经常很难对未决诉讼结果作出判断，因此注册会计师应意识到这种不确定性的存在。对律师声明书应从整体上分析，以便确定它对审计询证函的总体反映，确定它是否符合注册会计师在审计过程中所知的情况。如果律师声明书表明或暗示律师拒绝所要求提供的信息，或是隐瞒信息，或是对被审计单位叙述的情况不加修正，就表明注册会计师的审计范围受到了限制，注册会计师应当考虑这种影响，并重新考虑审计意见的类型和措辞。

第二节　与治理层沟通

一、与治理层的沟通

（一）沟通事项

1. 审计工作中发现的问题

在终结审计之前，注册会计师应当就审计工作中发现的问题与治理层直接沟通。沟通的内容包括以下几个方面。

（1）注册会计师对被审计单位会计处理质量的看法。注册会计师应当就下列重要会计处理的质量和可接受性与治理层沟通：①选用的会计政策；②作出的会计估计；③财务报表的披露。如果认为某项重大的会计处理不恰当，注册会计师应当向治理层说明理由，并在必要时提请更正。如果不恰当的会计处理未予更正，注册会计师应当考虑该事项对本期和未来期间财务报表的影响，以及对审计报告的影响，并将这种影响告知治理层。

（2）审计工作中遇到的重大困难。注册会计师在审计工作中遇到的重大困难可能包括：①管理层在提供审计所需信息时出现严重拖延；②不合理地要求缩短完成审计工作的时间；③为获取充分、适当的审计证据需要付出的努力远远超过预期；④无法获取预期的证据；⑤管理层对注册会计师施加的限制；⑥管理层不愿按照注册会计师的要求对持续经营能力作出评估，或拒绝将评估期间延伸至资产负债表日起的 12 个月。在某些情况下，上述困难可能构成对审计范围的限制，注册会计师应当出具保留意见或无法表示意见的审计报告。

（3）尚未更正的错报，除非注册会计师认为这些错报明显不重要。除非认为错报明显不重大，注册会计师应当要求管理层更正所有已知错报。如果错报未予更正，注册会计师应当就此与治理层沟通，并再次提请予以更正。对未更正的重大错报，注册会计师应当逐笔与治理层沟通。对未更正的大量小额错报，注册会计师可以向治理层提供列明这些错报的笔数和累计影响额的汇总表，而不必沟通每笔错报的细节。注册会计师应当考虑与治理层讨论未能更正错报的原因及其影响，包括对未来财务报表可能产生的影响。为了降低发生误解的可能性，注册会计师可以要求治理层提供书面声明，说明已引起治理层注意的错报没有得到更正的原因；但获取该声明并不能减轻注册会计师对未更正错报的影响形成结论的责任。

（4）审计工作中发现的、根据职业判断认为重大且与治理层履行财务报告过程的监督责任直接相关的其他事项。注册会计师应当与治理层沟通审计工作中发现的、与治理层履行对财务报告过程的监督职责直接相关的其他重大事项，包括已更正的、含有已审计财务报表的文件中的其他信息存在的对事实的重大错报或重大不一致。

（5）根据职业判断认为需要提请治理层注意的管理层书面声明。如果出现下列情形，注册会计师应当将管理层书面声明中的相关事项提请治理层注意：①除管理层书面声明之外的审计证据很少；②相关的会计处理可能会因被审计单位意图的不同而不同；③管理层对作出注册会计师要求的声明很勉强；④管理层书面声明与其他审计证据不符。在某些情况下，注册会计师应当向治理层提供完整的管理层书面声明书副本。此时，注册会计师应当明确列示根据职业判断认为需要提请治理层关注的事项。

（6）已与管理层讨论或书面沟通的在审计工作中发现的重大事项。已与管理层讨论或书面沟通的重大事项主要包括：①管理层已更正的错报；②对管理层就会计或审计事项向其他专业人士进行咨询的关注；③管理层在首次委托或连续委托中，就会计准则和审计准则应用、审计或其他服务费用与注册会计师进行的讨论或书面沟通。让治理层了解这些内容，有利于注册会计师更好地开展审计工作，也有利于治理层更好地履行监督财务报告过程的职责。

2. 注册会计师的独立性

如果被审计单位是上市公司，注册会计师应当就独立性与治理层直接沟通下列内容：①就审计项目组成员、会计师事务所其他相关人员以及会计师事务所按照法律法规和职业道德规范的规定保持了独立性作出声明；②根据职业判断，注册会计师认为会计师事务所与被审计单位之间存在的可能影响独立性的所有关系和其他事项，包括会计师事务所在财务报表涵盖期间为被审计单位和受被审计单位控制的组成部分提供审计、非审计服务的收费总额；③为消除对独立性的威胁或将其降至可接受的水平，已经采取的相关防护措施。如果被审计单位是非上市公司，但可能涉及重大的公众利益，注册会计师应当考虑上述沟通事项是否适用。

如果出现了违反与注册会计师独立性有关的职业道德规范的情形，注册会计师应当尽早就该情形及已经或拟采取的补救措施与治理层直接沟通。

3. 要求和商定沟通的其他事项

要求和商定沟通的其他事项包括：①法律、法规和中国注册会计师审计准则以外的其他审计准则要求沟通的事项；②与治理层或管理层商定沟通的事项。

与治理层或管理层商定沟通的事项，可能与治理层对财务报告过程的监督责任相关，也可能与治理层的其他责任相关。在某些情况下，可能要求注册会计师实施额外程序识别这些事项；在其他情况下，可能仅要求注册会计师就财务报表审计中注意到的事项进行沟通。

4. 补充事项

补充事项可能是注册会计师在财务报表审计中发现的、但与治理层对财务报告过程的监督并不直接相关的事项，也可能是通过审计以外的其他方式注意到的事项。如果存在下列事项，注册会计师应当将其作为补充事项与治理层沟通：①已引起注册会计师注意的事项；②根据职业判断认为与治理层的责任关系重大，且管理层或其他人员尚未与治理层有效沟通的事项。

除非法律法规或协议要求执行审计程序以确定是否发生了补充事项，注册会计师在与治理层沟通这些事项时，应当使其了解：①识别补充事项只是审计的副产品，注册会计师除为形成审计意见实施必要程序外，没有实施额外程序以识别这些事项；②没有专门实施程序以确定是否还存在与已沟通事项性质相同的其他事项；③除不适合与管理层讨论的事项外，已就补充事项与管理层进行讨论。

（二）沟通的形式

沟通的形式涉及口头或书面沟通、详细或简略沟通、正式或非正式沟通。有效的沟通形式不仅包括正式声明和书面报告等正式形式，也包括讨论等非正式的形式。

注册会计师就下列事项与治理层沟通时，应当采取书面形式：①审计工作中发现的重大问题，其中已向治理层提出并得到妥善解决的事项不必包含在书面沟通文件中；②注册会计师的独立性。其他事项的沟通，既可以采用书面形式，也可以采用口头形式。

如果以口头形式沟通涉及治理层责任的事项，注册会计师应当确信沟通的事项已记录于讨论纪要或审计工作底稿。

注册会计师在确定采用何种沟通形式时，除了考虑特定事项的重要程度外，还应当考虑下列因素：①管理层是否已就该事项与治理层沟通；②被审计单位的规模、经营结构、控制环境和法律结构；③如果执行的是特殊目的的财务报表审计，注册会计师是否同时审计该被审计单位的通用目的财务报表；④法律法规的规定；⑤治理层的期望，包括与注册会计师定期会面或沟通的安排；⑥注册会计师与治理层保持联系和对话的数量；⑦治理层的成员是否发生重大变化。

如果就某一重大事项与治理层的某一成员以非正式方式进行讨论，注册会计师应当考虑在随后的正式沟通中概述该事项，以便治理层的其他成员得到完整和对称的信息。

为防止治理层未经注册会计师允许将书面沟通文件提供给第三方，注册会计师应当在书面沟通文件中声明：①书面沟通文件仅供治理层使用，如果被审计单位是集团的组成部分，也可供集团管理层和负责集团审计的注册会计师使用；②注册会计师对第三方不承担责任；③未经注册会计师事先书面同意，沟通文件不得被应用、提及或向其他人披露。

如果法律法规要求注册会计师向监管机构或其他第三方提供为治理层编制的书面沟通文件，注册会计师在提供这些文件前应当事先征得治理层的同意，并对上述声明内容进行适当修改。

（三）沟通的时间

注册会计师应当及时与治理层沟通，沟通的时间因沟通事项的重大程度和性质，以及治理层拟采取的措施等业务环境的不同而不同。注册会计师应当根据具体的业务环境确定适当的沟通时间：①对于审计中遇到的重大困难，如果治理层能够协助注册会计师克服这些困难，或者这些困难可能导致出具保留意见或无法表示意见的审计报告，应尽快予以沟通；②对于注册会计师注意到的内部控制设计或实施中的重大缺陷，应尽快与管理层或治理层沟通；③对于审计中发现的与财务报表或审计报告相关的事项，包括注册会计师对被审计单位会计处理质量的看法，应在最终完成财务报表前进行沟通；④对于注册会计师的独立性，应在最终完成财务报表前或在对独立性威胁及其防护措施作出重大判断时进行沟通；⑤如果同时审计特殊目的财务报表或其他历史财务信息，沟通时间应与通用目的财务报表审计的沟通时间相协调。

（四）沟通过程的充分性

注册会计师应当评价其与治理层之间的双向沟通是否足以实现审计目标。如果注册会计师无法进行足够的沟通，就可能存在不能获取充分、适当的审计证据的风险。在这种情况下，注册会计师应当考虑沟通不充分对评估重大错报风险的影响，并寻求与治理层讨论这种情况。如果这种情况得不到解决，注册会计师应采取下列主要措施：①根据审计范围受限的程度出具保留意见或无法表示意见的审计报告；②就采取不同措施的后果征询法律意见；③与治理结构中拥有更高权力的组织或人员沟通，或与监管机构等第三方沟通；④解除业务约定。

（五）沟通的记录

注册会计师应当记录与治理层沟通的重大事项。如果以被审计单位编制的纪要作为沟通的记录，注册会计师应当确定这些纪要恰当地记录了沟通的内容，并将其副本形成审计工作底稿。如果根据业务环境不易识别适当的沟通人员，注册会计师还应当记录识别治理结构中的适当沟通人员的过程。如果治理层全部参与管理，注册会计师还应当记录对沟通的充分性进行考虑的过程。

二、与管理层的沟通

《中国注册会计师审计准则第1151号——与治理层的沟通》中并没有规范注册会计师与管理层或所有者的沟通，除非他们同时履行治理职责。

但在审计实务工作中，注册会计师一般就财务报表审计相关事项与管理层讨论。在与治理层沟通特定事项前，注册会计师通常先与管理层讨论，除非这些事项不适合与管理层讨论。不适合与管理层讨论的事项包括管理层的胜任能力和诚信问题等。

如果被审计单位设有内部审计职能，注册会计师可以在与治理层沟通特定事项前，先与内部注册会计师讨论有关事项。

如果管理层或内部审计师的意见及拟采取的措施有助于治理层了解特定事项，注册会计师应当考虑将这些意见和措施包括在与治理层沟通的内容中。

第三节　复核审计工作

审计结束，签发审计报告前必须要由富有专业知识与丰富经验的注册会计师认真复核所有的工作底稿。通常由会计师事务所的主任会计师负责进行，目的是确保所实施的审计程序充分、恰当，所取得的审计证据是充分的、适当的以及审计结论是客观而公正的。

一、签发审计报告前复核的意义

在签发审计报告前对审计工作底稿进行的全面、最终复核，意义主要包括以下三个方面。

1. 实施对审计工作结果的最后质量控制

审计工作的高质量，在于形成审计意见的正确性。注册会计师在审计工作中将工作成果和工作过程中的各种情况记录于审计工作底稿中，并据此形成审计意见。如果形成的审计意见与审计工作底稿的某些部分存在矛盾，那么，注册会计师的审计工作就失去了有效性。因此，对签发审计报告前的审计工作底稿进行复核，是实施对审计工作结果的最后质量控制，能避免重大审计问题的遗留或对审计工作情况理解不透彻等情况，以便于形成与审计工作结果一致的审计意见。

2. 确保审计工作达到会计师事务所的工作标准

会计师事务所对开展各项审计工作都应有明确的标准。在会计师事务所内，不同的注册会计师进行工作的质量有很大的不同。因此，必须由主任会计师谨慎地复核，严格保持审计工作质量的一致性，确认审计工作已达到会计师事务所的工作标准。

3. 防止注册会计师因个人偏见所产生的判断失误，降低审计风险

在执行审计的过程中，常常需要注册会计师对各种问题作出专业判断。注册会计师可能期望在整个审计过程中保持客观性，但如果有大量问题需要解决而又经长时间的审计，就容易丧失正确的观察能力和判断能力，对一些问题得出不符合事实的审计结论。而主任会计师在签发审计报告前对审计工作底稿进行全面复核，可以防止注册会计师因个人偏见所产生的判断失误，降低审计风险，得出客观而符合逻辑的审计结论。

二、整理和复核审计工作底稿

在外勤工作阶段时，注册会计师所收集的审计工作底稿一般是分散的、不系统的。因此，编制审计报告以前，注册会计师应根据审计计划中拟定的内容、范围和要求，对审计工作底稿进行整理和复核。

（1）注册会计师及其助理人员对各自工作底稿的初步整理。其主要是分析是否已完成规定的审计任务，回顾是否存在遗漏程序，并着重列举审计过程中所发现的问题，提出相应的处理意见。

（2）由审计项目组内经验较丰富的人员复核经验较少的人员所执行的工作。在复核已实施的审计工作时，复核人员应当考虑以下内容：①审计工作是否已按照法律法规、职业道德规范和审计准则的规定执行；②重大事项是否已提请进一步考虑；③相关事项是否已进行适当咨询，由此形成的结论是否得到记录和执行；④是否需要修改已执行审计工作的性质、时间和范围；⑤已执行的审计工作是否支持形成的结论，并已得到适当记录；⑥获取的审计证据是否充分、适当；⑦审计程序的目标是否实现。

项目负责人应当在审计过程的适当阶段及时实施复核，以使重大事项在出具审计报告前能够得到满意解决。在出具审计报告前，项目负责人应当通过复核审计工作底稿与项目组讨论，确信获取的审计证据已经充分、适当，足以支持形成的结论和拟出具的审计报告。其复核的主要内容包括对关键领域所作的判断，尤其是执行业务过程中识别出的疑难问题或争议事项、特别风险，以及项目负责人认为重要的其他领域。项目负责人应当对复核的范围和时间予以适当记录。

三、复核和分析已审计财务报表

财务报表的最后审阅和工作底稿的最后复核是紧密相关的，有些业务还是交叉进行的。尽管编制财务报表和披露相关信息是被审计单位的责任，但由于注册会计师是会计方面的专家，他们往往会指导被审计单位编制财务报表及其附注。但注册会计师的作用只是提供业务上的指导，而不是代替客户进行业务上的判断。

在审计结束或临近结束时，应当由项目负责人或主任会计师复核经审计后的财务报表。复核人员应当运用分析程序对财务报表总体进行复核，以确定财务报表整体是否与其对被审计单位的了解一致，并要特别关注是否存在不正常的金额或关联方交易，同时分析所获取的审计证据是否充分、适当。

如果识别出以前未识别的重大错报风险，注册会计师应当重新考虑对全部或部分各类交易、账户余额、列报评估的风险是否恰当，并在此基础上重新评价之前计划的审计程序是否充分，并考虑是否追加实施进一步审计程序。

在执行分析程序时，比较的一方是被审计单位经审计后的财务报表，另一方通常是注册会计师的预期结果、同行业有关资料或其他相关资料。

第四节　项目质量控制复核

一、项目质量控制复核的总体要求

为了保证特定业务执行的质量，除了需要项目组实施组内复核外，会计师事务所还应当制定政策和程序，要求对特定业务实施项目质量控制复核，并在出具报告前完成项目质量控制复核。

项目质量控制复核是指会计师事务所挑选不参与该业务的人员，在出具报告前，对项目组作出的重大判断和在准备报告时形成的结论作出客观评价的过程。

对特定业务实施项目质量控制复核，充分体现了分类控制、突出重点的质量控制理念。值得注意的是，项目质量控制复核并不会减轻项目负责人的责任，更不能替代项目负责人的责任。

二、项目质量控制复核对象的确定

1. 项目质量控制复核政策和程序

会计师事务所制定的项目质量控制复核政策和程序应当包括下列要求：

（1）对所有上市公司财务报表审计实施项目质量控制复核；

（2）规定适当的标准，据此评价上市公司财务报表审计以外的历史财务信息审计和审阅、其他鉴证业务及相关服务业务，以确定是否应当实施项目质量控制复核；

（3）对符合适当标准的所有业务实施项目质量控制复核。

2. 对其他业务实施项目质量控制复核应考虑的问题

在制定用于确定除上市公司财务报表审计以外的其他业务是否需要实施项目质量控制复核的标准时，会计师事务所应当考虑下列事项：

(1) 业务的性质，包括涉及公众利益的范围；

(2) 在某项业务或某类业务中已识别的异常情况或风险；

(3) 法律法规是否要求实施项目质量控制复核。

在实务中，会计师事务所除对上市公司财务报表审计业务必须实施项目质量控制复核外，还可以自行建立判断标准，确定对那些涉及公众利益的范围较大，或已识别出存在重大异常情况或较高风险的特定业务，实施项目质量控制复核。如果法律法规明确要求对特定业务实施项目质量控制复核，会计师事务所应当对其实施项目质量控制复核。

三、项目质量控制复核的具体要求

会计师事务所应当制定项目质量控制复核政策和程序，以规定以下几项内容：

(1) 项目质量控制复核的性质、时间和范围；

(2) 项目质量控制复核人员的资格标准；

(3) 对项目质量控制复核的记录要求。

会计师事务所的质量控制制度应当对上述事项进行明确和适当的规定，这对于保证项目质量控制复核工作的有效进行有着重要作用。如果会计师事务所对项目质量控制复核的性质、时间和范围设计不当，或虽设计得当，但委派的项目质量控制复核人员的技术资格和客观性存在问题，就无法实现预期的复核目的。

四、项目质量控制复核的性质

会计师事务所应当根据实现项目质量控制复核目标的总体要求，并结合具体情况，合理确定项目质量控制复核的性质。确定复核的性质就是决定采用何种方法实施复核。

会计师事务所通常采用的项目质量控制复核方法包括：

(1) 与项目负责人进行讨论；

(2) 复核财务报表或其他业务对象信息及报告，尤其考虑报告是否适当；

(3) 选取与项目组作出重大判断及形成结论有关的工作底稿进行复核。

除上述方法外，会计师事务所还可以视情况需要，采用其他适当的复核方法。例如，复核有关处理和解决重大疑难问题或争议事项形成的工作底稿，复核重大事项概要等。

五、项目质量控制复核的范围

会计师事务所应当根据特定业务的复杂程度和出具不恰当报告的风险，确定项目质量控制复核的范围。

在对上市公司财务报表审计实施项目质量控制复核时，复核人员应当考虑以下几个方面：

(1) 项目组就具体业务对会计师事务所独立性作出的评价；

(2) 在审计过程中识别的特别风险以及采取的应对措施；

（3）作出的判断，尤其是关于重要性和特别风险的判断；

（4）是否已就存在的意见分歧、其他疑难问题或争议事项进行适当咨询，以及咨询得出的结论；

（5）在审计中识别的已更正和未更正的错报的重要程度及处理情况；

（6）拟与管理层、治理层以及其他方面沟通的事项；

（7）所复核的审计工作底稿是否反映了针对重大判断执行的工作，是否支持得出的结论；

（8）拟出具的审计报告的适当性。

在对上市公司财务报表审计以外的其他业务实施项目质量控制复核时，项目质量控制复核人员可根据情况考虑上述部分或全部事项。

以上是中国注册会计师审计准则对项目质量控制复核范围的最低要求。在实务中，会计师事务所对其认为复杂程度很高和出具不恰当报告的风险很大的特定业务，可以确定更大的项目质量控制复核范围。

六、项目质量控制复核的时间

会计师事务所的政策和程序应当要求在出具报告前完成项目质量控制复核。项目质量控制复核人员应当在业务过程中的适当阶段及时实施复核，以使重大事项在出具报告前得到满意解决。

如果项目负责人不接受项目质量控制复核人员的建议，并且重大事项未得到满意解决，项目负责人不应当出具报告。只有在按照会计师事务所处理意见分歧的程序解决重大事项后，项目负责人才能出具报告。

七、项目质量控制复核人员的资格标准

被委派的项目质量控制复核人员应符合下列要求：①履行职责需要的技术资格，包括必要的经验和权限；②在不损害其客观性的前提下，提供业务咨询的程度。

1. 复核人员的胜任能力

项目质量控制复核人员应当具备复核具体业务所需要的足够、适当的技术专长、经验和权限。

在实务中，足够、适当的技术专长、经验和权限由什么构成，应视业务的具体情况而定。此外，上市公司财务报表审计的项目质量控制复核人员，应当具备担任上市公司财务报表审计项目负责人应有的足够、适当的经验和权限。

会计师事务所可根据具体情况，对项目质量控制复核人员应当具备的复核具体业务所需要的足够、适当的技术专长、经验和权限，作出明确的规定，并严格遵照该规定。针对特定业务的需要，选派适当的复核人员。

2. 复核人员的客观性

项目质量控制复核人员能否客观地实施项目质量控制复核，对复核的效果有重要影响。为此，会计师事务所应当制定项目质量控制复核政策和程序，保证项目质量控制复核人员的客观性。

为了保证项目质量控制复核人员的客观性，在确定项目质量控制复核人员时，会计师

事务所应当避免下列情形：

(1) 由项目负责人挑选；

(2) 在复核期间以其他方式参与该业务；

(3) 代替项目组进行决策；

(4) 存在可能损害复核人员客观性的其他情形。

在业务执行过程中，项目负责人可以向项目质量控制复核人员进行咨询。但是，当咨询问题的性质和范围十分重大时，项目组和复核人员应当谨慎从事，以使复核人员保持客观性。如果复核人员不能保持客观性，会计师事务所应当委派本所的其他适当人员或聘请具有适当资格的外部人员，担当项目质量控制复核人员或该项业务的被咨询者。所谓具有适当资格的外部人员，是指会计师事务所外部的、具有担任项目负责人的必要素质和专业胜任能力的个人。

八、项目质量控制复核的记录

会计师事务所应当制定项目质量控制复核政策和程序，记录项目质量控制复核情况，具体包括以下内容：

(1) 有关项目质量控制复核的政策所要求的程序已得到执行；

(2) 项目质量控制复核在出具报告前已完成；

(3) 复核人员没有发现任何尚未解决的事项，使其认为项目组作出的重大判断及形成的结论不适当。

本章小结

注册会计师在复核被审计单位期后事项和或有事项时，需要向被审计单位索取书面声明并向律师发出审计询问函。这种书面声明和回函记录了被审计单位何时对注册会计师查询事项进行答复，是注册会计师从被审计单位和律师处获得查询的书面证据，从而降低了发生错误或误解的可能性。在审计过程中发现问题需要及时与治理层进行沟通，注意沟通的事项、形式、时间并做好相应的记录。

审计结束，签发审计报告前必须要由富有专业知识与丰富经验的注册会计师认真复核所有的工作底稿。通常由会计师事务所的主任会计师负责进行，目的是确保所实施的审计程序充分、恰当，所取得的审计证据是充分的、适当的以及审计结论是客观而公正的。

为了保证特定业务执行的质量，除了需要项目组实施组内复核外，会计师事务所还应当制定项目质量控制复核政策和程序，要求对特定业务实施项目质量控制复核，并在出具报告前完成项目质量控制复核。项目质量控制复核是指会计师事务所挑选不参与该业务的人员，在出具报告前，对项目组作出的重大判断和在准备报告时形成的结论作出客观评价的过程。对特定业务实施项目质量控制复核，充分体现了分类控制、突出重点的质量控制理念。值得注意的是，项目质量控制复核并不会减轻项目负责人的责任，更不能替代项目负责人的责任。

思考与练习

一、单项选择题

1. 在确定项目组内部复核的性质、时间和范围时，下列各项中，注册会计师无须考虑的是（　　）。

A. 被审计单位的规模
B. 项目组成员的专业素质和胜任能力
C. 评估的重大错报风险
D. 项目质量复核人员的经验和能力

2. 下列有关书面声明的说法中，正确的是（　　）。

A. 书面声明包括财务报表及其认定
B. 书面声明可能为某些事项提供充分、适当的审计证据
C. 注册会计师可以在出具审计报告后获取其他书面声明
D. 书面声明需要涵盖审计报告中提及的所有期间

3. 下列书面文件中，注册会计师认为可以作为书面声明的是（　　）。

A. 董事会会议纪要
B. 财务报表副本
C. 注册会计师列示管理层责任并经被审计单位管理层确认的信函
D. 内部法律顾问出具的法律意见书

4. 在执行项目组内部复核时，下列各项中，复核人员通常无须考虑的是（　　）。

A. 已获取的审计证据是否充分、适当
B. 审计工作是否已按照执业准则的规定执行
C. 重大事项是否已提请项目质量复核人员参与决策
D. 外部咨询形成的结论是否已得到记录和执行

二、多项选择题

1. 下列各项中，属于注册会计师评价错报时的考虑因素的有（　　）。

A. 错报对监管要求的影响程度
B. 错报对其他信息的影响程度
C. 错报对增加管理层薪酬的影响程度
D. 错报对财务报表中列报的分部信息的影响程度

2. 下列各项中，属于注册会计师用以识别第一时段期后事项的审计程序的有（　　）。

A. 了解管理层为确保识别期后事项而建立的程序
B. 查阅所有者、管理层和治理层在财务报表日后举行会议的纪要
C. 查阅被审计单位在财务报表日后最近期间内的预算
D. 就诉讼和索赔事项询问被审计单位的法律顾问

3. 下列各项中，应列入书面声明的有（　　）。

A. 管理层认为，未更正错报单独或汇总起来对财务报表整体的影响不重大
B. 被审计单位已向注册会计师披露了管理层注意到的、可能影响被审计单位的与舞弊或舞弊嫌疑相关的所有信息
C. 所有交易均已记录并反映在财务报表中
D. 被审计单位将及时足额支付审计费用

4. 在适用的财务报告编制基础对关联方作出规定的情况下，下列各项中，应当包含在被审计单位管理层和治理层（如适用）书面声明的有（　　　）。

A. 已向注册会计师披露了全部已知的关联方名称和特征

B. 已向注册会计师披露了全部已知的关联方关系及其交易

C. 已按照适用的财务报告编制基础的规定，对关联方关系和交易进行了恰当的会计处理

D. 已按照适用的财务报告编制基础的规定，对关联方关系和交易进行了恰当的披露

三、简答题

1. 简述管理层书面声明的含义与作用。

2. 简述管理层书面声明书的基本要素。

3. 简述与治理层的沟通事项。

4. 简述项目质量控制复核的总体要求。

5. 简述项目质量控制复核的范围。

第十六章 审计报告

本章学习目标

1. 了解审计报告的含义和作用；
2. 掌握审计意见的种类及出具意见的条件；
3. 掌握审计报告的基本内容；
4. 掌握标准审计报告和非标准审计报告的编制。

案例导入

新审计报告准则下关键审计事项披露分析

审计报告的信息含量与决策相关性不足一直是困扰审计职业界的一个重要问题，针对现行审计报告信息含量与决策相关性不足的严重缺陷，英国、美国等相继启动了新审计报告准则的修订工作。2015年，国际审计与鉴证准则理事会（The International Auditing and Assurance Standards Board，IAASB）修订并发布了新国际审计报告准则，针对提高审计报告的信息含量这一问题对审计报告准则作出了重大改进。为了进一步实现与国际审计报告准则的持续趋同，提高审计报告的信息含量与决策相关性，中国注册会计师协会（以下简称中注协）在借鉴国际审计报告准则修订成果的基础上，对我国审计报告准则的修订进行了全面起草、论证和征求意见，并于2016年12月23日，由财政部印发并要求分批、分步实施《在审计报告中沟通关键审计事项》等12项中国注册会计师审计准则（以下简称新审计报告准则）。截至2017年4月30日，11家会计师事务所首次对93家A+H股上市公司按照新审计报告准则披露了关键审计事项，为今后新审计报告准则的实施发挥了良好的示范作用。

一、关键审计事项的界定

在审计报告中沟通关键审计事项是新审计报告准则修订的核心内容，准则提出了在审计报告中披露关键审计事项的要求，体现注册会计师年报审计的重点、难点等审计项目的增量信息。《中国注册会计师审计准则第1504号——在审计报告中沟通关键审计事项》第二章第七条界定的关键审计事项是指注册会计师根据职业判断认为对本期财务报表审计最为重要的事项。关键审计事项从注册会计师与治理层沟通过的事项中选取。通常情况下，关键审计事项来源于被审计单位重大错报风险领域、重大会计政策的选择和重大会计估计判断以及当期重大交易。在确定关键审计事项时，注册会计师需在审计过程中融入大量的审计职业判断，确定哪些事项对上市公司本期财务报表审计最为重要。

二、新审计报告准则下关键审计事项披露的整体情况

截至 2017 年 4 月 30 日，40 家具有证券资格的会计师事务所为我国 3 136 家上市公司出具了 2016 年度财务报表审计报告，其中 11 家会计师事务所为 93 家 A+H 股上市公司出具了带关键审计事项的审计报告，其中由"四大"审计的为 62 家（普华永道中天 20 家，安永华明 17 家，德勤华永 14 家，毕马威华振 11 家），占比 66.67%；"非四大"审计的为 31 家，占比 33.33%。在按照新审计报告准则披露关键审计事项的 93 家上市公司中，92 家上市公司财务报表审计报告的审计意见类型为标准无保留意见，只有 1 家上市公司（*ST 墨龙，002490）为带强调事项段的无保留意见的审计报告。

（资料来源：张凤丽. 新审计报告准则下关键审计事项披露分析与建议 [J]. 会计之友，2018（1）：137-139.）

第一节　审计报告概述

中国注册会计师协会从 2015 年开始中国审计报告准则的修订和研讨工作，最终形成了以《中国注册会计师审计准则第 1504 号——在审计报告中沟通关键审计事项》为核心的新审计报告准则体系。

一、审计报告的含义

审计报告是指注册会计师根据审计准则的规定，在执行审计工作的基础上，对财务报表是否在所有重大方面按照适用的财务报告编制基础编制并实现公允反映发表审计意见的书面文件。

二、审计报告的特征和要求

（1）审计报告是注册会计师在完成审计工作后向委托人提交的最终产品。
（2）注册会计师通过对财务报表发表意见履行该业务约定书约定的责任。
（3）注册会计师应当以书面形式出具审计报告。
（4）注册会计师应当将已审计的财务报表附于审计报告之后，以便于财务报表使用者正确理解和使用审计报告，并防止被审计单位替换、更改已审计的财务报表。

三、审计报告的作用

注册会计师签发的审计报告，主要作用有以下三个。
（1）鉴证作用。注册会计师签发的审计报告，不同于政府审计和内部审计的审计报

告，是以独立第三方身份，对被审计单位财务报表合法性、公允性发表意见，具有鉴证作用，得到了政府、投资者和其他利益相关者的普遍认可。依据注册会计师的审计报告，政府有关部门可以判断财务报表是否合法、公允，企业投资者可以判断被投资企业的财务报表是否公允地反映了财务状况和经营成果。

（2）保护作用。注册会计师通过审计，对被审计单位财务报表出具不同类型审计意见的审计报告，可以提高或降低财务报表使用者对财务报表的信赖程度，在一定程度上对被审计单位的债权人和股东以及其他利害关系人的利益起到保护作用。

（3）证明作用。审计报告是对注册会计师审计任务完成情况及其结果所做的总结，可以表明审计工作的质量，明确注册会计师的审计责任。因此，审计报告可以对审计工作质量和注册会计师的审计责任起证明作用。

第二节　审计意见的形成和审计报告的类型

一、审计意见的形成

注册会计师应当评价根据审计证据得出的结论，以作为对财务报表形成审计意见的基础。在对财务报表形成审计意见时，注册会计师应当根据已获取的审计证据，评价是否已对财务报表整体不存在重大错报获取合理保证。

注册会计师执行财务报表审计业务的目标如下。

（1）在评价根据审计证据得出的结论的基础上，对财务报表形成审计意见。

（2）通过书面报告的形式清楚地表达审计意见，说明其形成基础。注册会计师应当就财务报表是否在所有重大方面按照适用的财务报告编制基础编制并实现公允反映形成审计意见。为了形成审计意见，针对财务报表整体是否不存在由舞弊或错误导致的重大错报，注册会计师应当得出结论，确定是否已就此获取合理保证。

注册会计师应当评价被审计单位财务报表是否在所有重大方面按照适用的财务报告编制基础编制。在评价时，注册会计师应当考虑被审计单位会计实务的质量，包括表明董事会的判断可能出现偏向的迹象。

注册会计师应当依据适用的财务报告编制基础特别评价下列内容：

（1）财务报表是否充分披露了所选择和运用的重要会计政策；

（2）所选择和运用的会计政策是否符合适用的财务报告编制基础，并适合被审计单位的具体情况；

（3）董事会作出的会计估计是否合理；

（4）财务报表列报的信息是否具有相关性、可靠性、可比性和可理解性；

（5）财务报表是否作出充分披露，使预期使用者能够理解重大交易和事项对财务报表所传递信息的影响；

（6）财务报表使用的术语（包括每一财务报表的标题）是否适当。

注册会计师作出的评价还应当包括财务报表是否实现公允反映。在评价财务报表是否实现公允反映时，注册会计师应当考虑下列方面：

（1）财务报表的整体列报、结构和内容是否合理；

（2）财务报表（包括相关附注）是否公允地反映了相关交易和事项。

注册会计师应当评价被审计单位财务报表是否恰当提及或说明适用的财务报告编制基础。

如果认为被审计单位财务报表在所有重大方面按照适用的财务报告编制基础编制并实现公允反映，注册会计师应当发表无保留意见。

当存在下列情形之一时，注册会计师应当按照中国注册会计师审计准则的规定，在审计报告中发表非无保留意见：

（1）根据获取的审计证据，得出财务报表整体存在重大错报的结论；

（2）无法获取充分、适当的审计证据，不能得出财务报表整体不存在重大错报的结论。

如果被审计单位财务报表没有实现公允反映，注册会计师应当就该事项与被审计单位管理层讨论，并视适用的财务报告编制基础的规定和该事项得到解决的情况，决定是否有必要按照中国注册会计师审计准则的规定在审计报告中发表非无保留意见。

二、审计报告的类型

审计意见的类型包括无保留意见和非无保留意见。非无保留意见包括保留意见、否定意见和无法表示意见。

（一）无保留意见

如果认为被审计单位财务报表在所有重大方面按照适用的财务报告编制基础编制并实现公允反映，注册会计师应当发表无保留意见。

1. 标准无保留意见

标准无保留意见说明注册会计师认为被审计者编制的财务报表已按照适用的会计准则的规定编制并在所有重大方面公允反映了被审计者的财务状况、经营成果和现金流量。

2. 带强调事项段的无保留意见

带强调事项段的无保留意见说明注册会计师认为被审计者编制的财务报表符合相关会计准则的要求并在所有重大方面公允反映了被审计者的财务状况、经营成果和现金流量，但是存在需要说明的事项，如对持续经营能力产生重大疑虑及重大不确定事项等。

强调事项段是指审计报告中含有的一个段落，该段落提及已在被审计单位财务报表中恰当列报或披露的事项。根据注册会计师的职业判断，该事项对财务报表使用者理解财务报表至关重要。

如果认为有必要提醒财务报表使用者关注已在财务报表中列报或披露，且根据职业判断认为对财务报表使用者理解财务报表至关重要的事项，在同时满足下列条件时，注册会计师应当在审计报告中增加强调事项段：

（1）该事项不会导致注册会计师发表非无保留意见；

（2）该事项未被确定为在审计报告中沟通的关键审计事项。

如果在审计报告中包含强调事项段，注册会计师应当采取下列措施：

（1）将强调事项段作为单独的一部分置于审计报告中，并使用包含"强调事项"这一术语的适当标题。

（2）明确提及被强调事项以及相关披露的位置，以便能够在财务报表中找到对该事项的详细描述。强调事项段应当仅提及已在财务报表中列报或披露的信息。

3. 带持续经营事项段的无保留意见

当被审计单位存在可能导致对持续经营能力产生重大疑虑的事项或情况、但不影响已发表的审计意见，即运用持续经营假设是适当的，但存在重大不确定性，且财务报表对重大不确定性已作出充分披露，注册会计师应当发表无保留意见，并在审计报告中增加以"与持续经营相关的重大不确定性"为标题的单独部分，以提醒财务报表使用者关注财务报表附注中对与持续经营重大不确定性相关事项的披露。

4. 带其他事项段的无保留意见

如果认为有必要沟通虽然未在财务报表中列报或披露，但根据职业判断认为与财务报表使用者理解审计工作、注册会计师的责任或审计报告相关的事项，在同时满足下列条件时，注册会计师应当在审计报告中增加其他事项段：

（1）未被法律法规禁止；

（2）该事项未被确定为在审计报告中沟通的关键审计事项。

如果在审计报告中包含其他事项段，注册会计师应当将该段落作为单独的一部分，并使用"其他事项"或其他适当标题。

注册会计师的目标是在对被审计单位财务报表形成审计意见后，如果根据职业判断认为有必要在审计报告中增加强调事项段或其他事项段，通过明确提供补充信息的方式，提醒财务报表使用者关注下列事项：

（1）尽管已在被审计单位财务报表中恰当列报或披露，但对财务报表使用者理解财务报表至关重要的事项；

（2）未在被审计单位财务报表中列报或披露，但与财务报表使用者理解审计工作、注册会计师的责任或审计报告相关的其他事项。

（二）非无保留意见

非无保留意见，是指对财务报表发表保留意见、否定意见或无法表示意见。

1. 保留意见

（1）在获取充分、适当的审计证据后，注册会计师认为错报单独或汇总起来对财务报表的影响重大，但不具有广泛性。

（2）注册会计师无法获取充分、适当的审计证据以作为形成审计意见的基础，但认为未发现的错报（如存在）对财务报表可能产生的影响重大，但不具有广泛性。

2. 否定意见

在获取充分、适当的审计证据后，如果认为错报单独或汇总起来对财务报表的影响重大且具有广泛性，注册会计师应当发表否定意见。

3. 无法表示意见

如果无法获取充分、适当的审计证据以作为形成审计意见的基础，但认为未发现的错报（如存在）对财务报表可能产生的影响重大且具有广泛性，注册会计师应当发表无法表示意见。

如果存在多个不确定事项，即使注册会计师对每个单独的不确定事项获取了充分、适当的审计证据，但由于不确定事项之间可能存在相互影响，以及可能对财务报表产生累计影响，注册会计师应当发表无法表示意见。

第三节　审计报告的基本内容

一、审计报告的要素

审计报告应当包括下列要素：
（1）标题；
（2）收件人；
（3）审计意见；
（4）形成审计意见的基础；
（5）管理层对财务报表审计的责任；
（6）注册会计师对财务报表审计的责任；
（7）按照相关法律法规的要求报告的事项（如适用）；
（8）注册会计师的签名和盖章；
（9）会计师事务所的名称、地址和盖章；
（10）报告日期。

在适用的情况下，注册会计师还应当按照相关规定，在审计报告中对持续经营相关的重大不确定性、关键审计事项、被审计单位年度报告中包含的除财务报表和审计报告之外的其他信息进行报告。

二、审计报告的日期和签署

1. 审计报告日的含义

审计报告日不应早于注册会计师获取充分、适当的审计证据并在此基础上对财务报表形成审计意见的日期。

2. 审计报告的签署

（1）在实务中，注册会计师在正式签署审计报告前，通常把审计报告草稿随同管理层已按审计调整建议修改后的财务报表一起提交给管理层。如果管理层签署已按审计调整建议修改后的财务报表，注册会计师即可签署审计报告。

（2）注册会计师签署审计报告的日期可能与管理层签署已审计财务报表的日期为同一天，也可能晚于管理层签署已审计财务报表的日期。

3. 审计报告的内容

（1）审计报告应当具有标题，统一规范为"审计报告"。

（2）审计报告应当按照审计业务约定的要求载明收件人。

（3）审计报告的第一部分应当包含审计意见，并以"审计意见"为标题。审计意见部分还应当包括下列方面：

1）指出被审计单位的名称；

2）说明财务报表已经审计；

3）指出构成整套财务报表的每一财务报表的名称；

4）提及财务报表附注，包括重大会计政策和会计估计；

5）指明构成整套财务报表的每一财务报表的日期或涵盖的期间。

如果对财务报表发表无保留意见，除非法律法规另有规定，审计意见应当使用"我们认为，后附的财务报表在所有重大方面按照使用的财务报告编制基础（如企业会计准则等）的规定编制，公允反映了……"的措辞。

（4）审计报告应当包含标题为"形成审计意见的基础"的部分。该部分应当紧接在审计意见部分之后，并包括下列方面：

1）说明注册会计师按照审计准则的规定执行了审计工作；

2）提及审计报告中用于描述审计准则规定的注册会计师责任的部分；

3）声明注册会计师按照与审计相关的职业道德要求独立于被审计单位，并履行了职业道德方面的其他责任，声明中应当指明适用的职业道德要求，如中国注册会计师职业道德守则；

4）说明注册会计师是否相信获取的审计证据是充分、适当的，为发表审计意见提供了基础。

（5）审计报告应当包含标题为"管理层对财务报表的责任"的部分。审计报告中应当使用特定国家或地区法律框架下的恰当术语，而不必限定为"管理层"。在某些国家或地区，恰当的术语可能是"治理层"。管理层对财务报表的责任部分应说明管理层负责下列方面：

1）按照适用的财务报告编制基础的规定编制财务报表，使其实现公允反映，并设计、执行和维护必要的内部控制，以使财务报表不存在由于舞弊或错误导致的重大错报；

2）评估被审计单位的持续经营能力和使用持续经营假设是否适当，并披露与持续经营相关的事项（如适用），对管理层评估责任的说明应当包括描述在何种情况下使用持续经营假设是适当的。

（6）审计报告应当包含标题为"注册会计师对财务报表审计的责任"的部分。注册会计师对财务报表审计的责任部分应当包括下列内容：

1）说明注册会计师的目标是对财务报表整体是否不存在由于舞弊或错误导致的重大错报获取合理保证，并出具包含审计意见的审计报告；

2）说明合理保证是高水平的保证，但并不能保证按照审计准则执行的审计在某一重大错报存在时总能发现；

3）说明错报可能由于舞弊或错误导致。在说明错报可能由于舞弊或错误导致时，注册会计师应当从下列两种做法中选取一种，一是描述如果合理预期错报单独或汇总起来可能影响财务报表使用者依据财务报表作出的经济决策，则通常认为错报是重大的，二是根据适用的财务报告编制基础，提供关于重要性的定义或描述。

注册会计师对财务报表审计的责任部分还应当包括说明在按照审计准则执行审计工作的过程中，注册会计师运用职业判断，并保持职业怀疑；通过说明注册会计师的责任，对审计工作进行描述。这些责任包括以下五个方面。

1）识别和评估由于舞弊或错误导致的财务报表重大错报风险，设计和实施审计程序以应对这些风险，并获取充分、适当的审计证据，作为发表审计意见的基础。由于舞弊可能涉及串通、伪造、故意遗漏、虚假陈述或凌驾于内部控制之上，未能发现由于舞弊导致的重大错报的风险高于未能发现由于错误导致的重大错报的风险。

2）了解与审计相关的内部控制，以设计恰当的审计程序，但目的并非对内部控制的有效性发表意见。当注册会计师有责任在财务报表审计的同时对内部控制的有效性发表意见时，应当略去上述"目的并非对内部控制的有效性发表意见"的表述。

3）评价管理层选用会计政策的恰当性和作出会计估计及相关披露的合理性。

4）对管理层使用持续经营假设的恰当性得出结论。同时，根据获取的审计证据，就可能导致对被审计单位持续经营能力产生重大疑虑的事项或情况是否存在重大不确定性得出结论。如果注册会计师得出结论认为存在重大不确定性，审计准则要求注册会计师在审计报告中提请报表使用者注意财务报表中的相关披露；如果披露不充分，注册会计师应当发表非无保留意见。注册会计师的结论基于截至审计报告日可获得的信息。然而，未来的事项或情况可能导致被审计单位不能持续经营。

5）评价财务报表的总体列报、结构和内容（包括披露），并评价财务报表是否公允反映相关交易和事项。

注册会计师对财务报表审计的责任部分还应当包括下列内容。

1）说明注册会计师与治理层就计划的审计范围、时间安排和重大审计发现等事项进行沟通，包括沟通注册会计师在审计中识别的值得关注的内部控制缺陷。

2）对于上市实体财务报表审计，指出注册会计师就已遵守与独立性相关的职业道德要求向治理层提供声明，并与治理层沟通可能被合理认为影响注册会计师独立性的所有关系和其他事项，以及相关的防范措施（如适用）。

3）对于上市实体财务报表审计，规定沟通关键审计事项的其他情况，说明注册会计师从与治理层沟通过的事项中确定哪些事项对本期财务报表审计最为重要，因而构成关键审计事项。注册会计师应当在审计报告中描述这些事项，除非法律法规禁止公开披露这些事项，或在极少数情形下，注册会计师合理预期在审计报告中沟通某事项造成的负面后果超过在公众利益方面产生的益处，因而确定不应在审计报告中沟通该事项。

（7）按照相关法律法规的要求报告的事项。除审计准则规定的注册会计师责任外，如果注册会计师在对财务报表出具的审计报告中履行其他报告责任，应当在审计报告中将其单独作为一部分，并以"按照相关法律法规的要求报告的事项"为标题，或使用适合于该部分内容的其他标题，除非其他报告责任涉及的事项与审计准则规定的报告责任涉及的事项相同。如果涉及相同的事项，其他报告责任可以在审计准则规定的同一报告要素部分列示。

如果将其他报告责任在审计准则规定的同一报告要素部分列示，审计报告应当清楚区分其他报告责任和审计准则要求的报告责任。如果审计报告将其他报告责任单独作为一部分，应当置于"对财务报表出具的审计报告"标题下；"按照相关法律法规的要求报告的事项"部分置于"对财务报表出具的审计报告"部分之后。

（8）审计报告应当由项目合伙人和另一名负责该项目的注册会计师签名和盖章。注册会计师应当在对上市实体整套通用目的的财务报表出具的审计报告中注明项目合伙人。

（9）审计报告应当载明会计师事务所的名称和地址，并加盖会计师事务所公章。

（10）审计报告应当注明报告日期。审计报告日不应早于注册会计师获取充分、适当的审计证据，并在此基础上对财务报表形成审计意见的日期。

三、在审计报告中沟通关键审计事项

关键审计事项，是指注册会计师根据职业判断认为对本期财务报表审计最为重要的事项。关键审计事项从注册会计师与治理层沟通过的事项中选取。注册会计师的目标是确定关键审计事项，并在对财务报表形成审计意见后，以在审计报告中描述关键审计事项的方式沟通这些事项。

1. 在审计报告中沟通关键审计事项的意义

在审计报告中沟通关键审计事项，旨在通过提高已执行审计工作的透明度，增加审计报告的沟通价值。沟通关键审计事项能够为财务报表预期使用者提供额外的信息，以帮助其了解注册会计师根据职业判断认为对本期财务报表审计最为重要的事项。沟通关键审计事项还能帮助财务报表预期使用者了解被审计单位以及已审计财务报表中涉及重大管理层判断的领域。在审计报告中沟通关键审计事项，还能为财务报表预期使用者就与被审计单位、已审计财务报表或已执行审计工作相关的事项进一步与管理层和治理层沟通提供基础。

在审计报告中沟通关键审计事项以注册会计师已就财务报表整体形成审计意见为背景。在审计报告中沟通关键审计事项不能代替下列事项：

（1）管理层按照适用的财务报告编制基础在财务报表中作出的披露，或为使财务报表实现公允反映而作出的披露；

（2）注册会计师根据审计业务的具体情况发表非无保留意见；

（3）当可能导致对被审计单位持续经营能力产生重大疑虑的事项或情况存在重大不确定性时，注册会计师按照持续经营的规定进行报告。

在审计报告中沟通关键审计事项也不是注册会计师就单一事项单独发表意见。注册会计师在对财务报表发表无法表示意见时，不得在审计报告中沟通关键审计事项，除非法律法规要求沟通。

2. 在审计报告中确定关键审计事项

注册会计师应当从与治理层沟通过的事项中确定在执行审计工作时重点关注的事项。在确定时，注册会计师应当考虑下列方面：

（1）通过了解被审计单位及其环境识别和评估重大错报风险，评估出的重大错报风险较高的领域或识别出的特别风险；

（2）与财务报表中涉及重大管理层判断（包括被认为具有高度估计不确定性的会计估计）领域相关的重大审计判断；

（3）本期重大交易或事项对审计的影响。

注册会计师应当从确定的事项中，确定哪些事项对本期财务报表审计最为重要，从而构成关键审计事项。

3. 在审计报告中沟通关键审计事项

注册会计师应当在审计报告中单设一部分，以"关键审计事项"为标题，并在该部分使用恰当的子标题逐项描述关键审计事项。关键审计事项部分的引言应当同时说明下列事项：

（1）关键审计事项是注册会计师根据职业判断，认为对本期财务报表审计最为重要的

事项；

（2）关键审计事项的应对以对财务报表整体进行审计并形成审计意见为背景，注册会计师不对关键审计事项单独发表意见。

如果注册会计师发表非无保留意见，不得在审计报告的关键审计事项部分沟通这些事项。

在审计报告的关键审计事项部分逐项反映关键审计事项时，注册会计师应当分别索引至财务报表的相关披露（如有），同时说明下列内容：

（1）该事项被认定为审计中最为重要的事项之一，因而被确定为关键审计事项的原因；

（2）该事项在审计中是如何应对的。

除非存在下列情形之一，注册会计师应当在审计报告中描述每项关键审计事项：

（1）法律法规禁止公开披露某事项；

（2）在极少数情形下，如果合理预期在审计报告中沟通某事项造成的负面后果超过在公众利益方面产生的益处，注册会计师确定不应在审计报告中沟通该事项。

导致非无保留意见的事项，或者可能导致对被审计单位持续经营能力产生重大疑虑的事项，就其性质而言都属于关键审计事项。然而，这些事项不得在审计报告的关键审计事项部分进行描述。

如果注册会计师根据被审计单位和审计业务的具体事实和情况，确定不存在需要沟通的关键审计事项，或者仅有的需要沟通的关键审计事项是导致非无保留意见的事项或者可能导致对被审计单位持续经营能力产生重大疑虑的事项，注册会计师应当在审计报告中单设的关键审计事项部分对此进行说明。

四、典型的不同审计意见审计报告的格式和内容

（一）标准无保留意见审计报告的格式和内容

当注册会计师出具的无保留意见审计报告不附加强调事项段和其他事项段或者修饰性用语时，该审计报告称为标准审计报告。其内容如下：

审 计 报 告

ABC 股份有限公司全体股东：

一、对财务报表出具的审计报告

（一）审计意见

我们审计了 ABC 股份有限公司（以下简称 ABC 公司）财务报表，包括 2020 年 12 月 31 日的资产负债表，2020 年度的利润表、现金流量表、股东权益变动表，以及财务报表及财务报表附注（包括重大会计政策和会计估计）。

我们认为，后附的财务报表在所有重大方面按照企业会计准则的规定编制，公允反映了 ABC 公司 2020 年 12 月 31 日的财务状况以及 2020 年度的经营成果和现金流量。

（二）形成审计意见的基础

我们按照中国注册会计师审计准则的规定执行了审计工作。审计报告的"注册会计师对财务报表审计的责任"部分进一步阐述了我们在这些准则下的责任。按照中国注册会计师职业道德守则，我们独立于 ABC 公司，并履行了职业道德方面的其他责任。我们相信，

我们获取的审计证据是充分、适当的，为发表审计意见提供了基础。

（三）关键审计事项

关键审计事项是我们根据职业判断，认为对本期财务报表审计最为重要的事项。这些事项的应对以对财务报表整体进行审计并形成审计意见为背景，我们不对这些事项单独发表意见。

在公司良好业绩背后，是 ABC 公司与控股股东存在的巨额的关联交易。公司 2020 年向控股股东及其子公司关联方出售商品和提供劳务发生关联交易金额为 1 006.54 亿元，占总收入的 85.5%。有些关联交易难以找到市场可比价格。

（四）其他信息

董事会对其他信息负责。其他信息包括 ABC 公司未来五年规划报告中涵盖的信息，但不包括财务报表和我们的审计报告。

我们对财务报表的审计意见并不涵盖其他信息，我们也不对其他信息发表任何形式的鉴证结论。

结合我们对财务报表的审计，我们的责任是阅读其他信息，在此过程中，考虑其他信息是否与财务报表或我们在审计过程中了解的情况存在重大不一致或者似乎存在重大错报。

基于已经执行的工作，如果确定其他信息存在重大错报，我们应当报告该事实。本次审计，我们确定其他信息不存在重大错报。

（五）管理层和治理层对财务报表的责任

管理层负责按照企业会计准则的规定编制财务报表，使其实现公允反映，并设计、执行和维护必要的内部控制，以使财务报表不存在由于舞弊或错误导致的重大错报。

在编制财务报表时，管理层负责评估 ABC 公司的持续经营能力，披露与持续经营相关的事项（如适用），并运用持续经营假设，除非管理层计划清算 ABC 公司、终止运营或别无其他现实的选择。

治理层负责监督 ABC 公司的财务报告过程。

（六）注册会计师对财务报表审计的责任

我们的目标是对财务报表整体是否不存在由于舞弊或错误导致的重大错报获取合理保证，并出具包含审计意见的审计报告。合理保证是高水平的保证，但并不能保证按照审计准则执行的审计一定会发现存在的重大错报。错报可能由于舞弊或错误导致，如果合理预期错报单独或汇总起来可能影响财务报表使用者依据财务报表作出的经济决策，则通常认为错报是重大的。

在按照审计准则执行审计工作的过程中，我们运用职业判断，并保持职业怀疑。同时，我们也执行以下工作。

（1）识别和评估由于舞弊或错误导致的财务报表重大错报风险，设计和实施审计程序以应对这些风险，并获取充分、适当的审计证据，作为发表审计意见的基础。由于舞弊可能涉及串通、伪造、故意遗漏、虚假陈述或凌驾于内部控制之上，未能发现由于舞弊导致的重大错报的风险高于未能发现由于错误导致的重大错报的风险。

（2）了解与审计相关的内部控制，以设计恰当的审计程序，但目的并非对内部控制的有效性发表意见。

（3）评价管理层选用会计政策的恰当性和作出会计估计及相关披露的合理性。

（4）对管理层使用持续经营假设的恰当性得出结论。同时，根据获取的审计证据，就可能导致对 ABC 公司持续经营能力产生重大疑虑的事项或情况是否存在重大不确定性得出结论。如果我们得出结论认为存在重大不确定性，审计准则要求我们在审计报告中提请报表使用者注意财务报表中的相关披露；如果披露不充分，我们应当发表非无保留意见。我们的结论基于截至审计报告日可获得的信息。然而，未来的事项或情况可能导致 ABC 公司不能持续经营。

（5）评价财务报表的总体列报、结构和内容（包括披露），并评价财务报表是否公允反映相关交易和事项。

我们与治理层就计划的审计范围、时间安排和重大审计发现等事项进行沟通，包括沟通我们在审计中识别出的值得关注的内部控制缺陷。

我们还就已遵守与独立性相关的职业道德要求向治理层提供声明，并与治理层沟通可能被合理认为影响我们独立性的所有关系和其他事项，以及相关的防范措施（如适用）。

从与治理层沟通的事项中，我们确定哪些事项对本期财务报表审计最为重要，因而构成关键审计事项。我们在审计报告中描述这些事项，除非法律法规禁止公开披露这些事项，或在极少数情形下，如果合理预期在审计报告中沟通某事项造成的负面后果超过在公众利益方面产生的益处，我们确定不应在审计报告中沟通该事项。

二、按照相关法律法规的要求报告的事项

根据现行法律法规对其他报告责任性质的规定，我们没有发现 ABC 公司在所审计期间有需要报告的其他事项。

YX 会计师事务所	中国注册会计师：李×（项目合伙人）（签名并盖章）
（盖章）	中国注册会计师：王×（签名并盖章）
中国上海市	二○二一年二月十日

（二）带强调事项段的无保留意见审计报告的格式和内容

审计报告

四川 LTH 股份有限公司全体股东：

一、审计意见

我们审计了四川 LTH 股份有限公司（以下简称 LTH 股份）财务报表，包括 2018 年 12 月 31 日的合并及母公司资产负债表，2018 年度的合并及母公司利润表、合并及母公司现金流量表、合并及母公司股东权益变动表以及相关财务报表附注。

我们认为，后附的财务报表在所有重大方面按照企业会计准则的规定编制，公允反映了 LTH 股份 2018 年 12 月 31 日的合并及母公司财务状况以及 2018 年度的合并及母公司经营成果和现金流量。

二、形成审计意见的基础

我们按照中国注册会计师审计准则的规定执行了审计工作。审计报告的"注册会计师对财务报表审计的责任"部分进一步阐述了我们在这些准则下的责任。按照中国注册会计师职业道德守则，我们独立于 LTH 股份，并履行了职业道德方面的其他责任。我们相信，我们获取的审计证据是充分、适当的，为发表审计意见提供了基础。

三、强调事项

我们提请财务报表使用者关注，如财务报表附注十二、2（2）所述，截至2018年12月31日，因破产重整事项，LTH股份母公司、宁夏HN化学有限公司债权人申报的债权金额，管理人暂缓确认的情况如表16-1所示。

表16-1　债权人申报的债权金额、账面记录金额及差异　　　　单位：万元

公司名称	债权人申报的债权金额	账面记录金额	差异
LTH股份母公司	1 207.59	159.60	1 047.99
宁夏HN化学有限公司	25 818.20	6 014.11	19 804.09
合计	27 025.79	6 173.71	20 852.08

管理人对债权暂缓确认的原因主要系债权人与宁夏HN化学有限公司大化肥项目工程款结算款存在争议。后期债权人如果单独提起诉讼，公司存在承担支付义务的可能，直接影响财务报表资产与负债金额。

该段不影响已发表的审计意见。

四、关键审计事项

关键审计事项是我们根据职业判断，认为对本期财务报表审计最为重要的事项。这些事项的应对以对财务报表整体进行审计并形成审计意见为背景，我们不对这些事项单独发表意见。我们确定下列事项是需要在审计报告中沟通的关键审计事项：

（略）

五、其他信息

LTH股份管理层对其他信息负责。其他信息包括2018年年度报告中涵盖的信息，但不包括财务报表和我们的审计报告。

我们对财务报表发表的审计意见不涵盖其他信息，我们也不对其他信息发表任何形式的鉴证结论。

结合我们对财务报表的审计，我们的责任是阅读其他信息，在此过程中，考虑其他信息是否与财务报表或我们在审计过程中了解到的情况存在重大不一致或者似乎存在重大错报。

基于我们已执行的工作，如果我们确定其他信息存在重大错报，我们应当报告该事实。在这方面我们无任何事项需要报告。

六、管理层和治理层对财务报表的责任

LTH股份管理层负责按照企业会计准则的规定编制财务报表，使其实现公允反映，并设计、执行和维护必要的内部控制，以使财务报表不存在由于舞弊或错误导致的重大错报。

在编制财务报表时，管理层负责评估LTH股份的持续经营能力，披露与持续经营相关的事项（如适用），并运用持续经营假设，除非管理层计划清算LTH股份、终止运营或别无其他现实的选择。

治理层负责监督LTH股份的财务报告过程。

七、注册会计师对财务报表审计的责任

我们的目标是对财务报表整体是否不存在由于舞弊或错误导致的重大错报获取合理保证，并出具包含审计意见的审计报告。合理保证是高水平的保证，但并不能保证按照审计准则执行的审计在某一重大错报存在时总能发现。错报可能由于舞弊或错误导致，如果合理预期得出错报单独或汇总起来可能影响财务报表使用者依据财务报表作出的经济决策，

则通常认为错报是重大的。

在按照审计准则执行审计工作的过程中，我们运用职业判断，并保持职业怀疑。同时，我们也执行以下工作。

（1）识别和评估由于舞弊或错误导致的财务报表重大错报风险，设计和实施审计程序以应对这些风险，并获取充分、适当的审计证据，作为发表审计意见的基础。由于舞弊可能涉及串通、伪造、故意遗漏、虚假陈述或凌驾于内部控制之上，未能发现由于舞弊导致的重大错报的风险高于未能发现由于错误导致的重大错报的风险。

（2）了解与审计相关的内部控制，以设计恰当的审计程序。

（3）评价管理层选用会计政策的恰当性和作出会计估计及相关披露的合理性。

（4）对管理层使用持续经营假设的恰当性得出结论。同时，根据获取的审计证据，就可能导致对 LTH 股份持续经营能力产生重大疑虑的事项或情况是否存在重大不确定性得出结论。如果我们得出结论认为存在重大不确定性，审计准则要求我们在审计报告中提请报表使用者注意财务报表中的相关披露；如果披露不充分，我们应当发表非无保留意见。我们的结论基于截至审计报告日可获得的信息。然而，未来的事项或情况可能导致 LTH 股份不能持续经营。

（5）评价财务报表的总体列报、结构和内容（包括披露），并评价财务报表是否公允反映相关交易和事项。

（6）就 LTH 股份中实体或业务活动的财务信息获取充分、适当的审计证据，以对财务报表发表审计意见。我们负责指导、监督和执行集团审计，并对审计意见承担全部责任。我们与治理层就计划的审计范围、时间安排和重大审计发现等事项进行沟通，包括沟通我们在审计中识别出的值得关注的内部控制缺陷。

我们还就已遵守与独立性相关的职业道德要求向治理层提供声明，并与治理层沟通可能被合理认为会影响我们独立性的所有关系和其他事项，以及相关的防范措施（如适用）。

从与治理层沟通的事项中，我们确定哪些事项对本期财务报表审计最为重要，因而构成关键审计事项。我们在审计报告中描述这些事项，除非法律法规禁止公开披露这些事项，或在极少数情形下，如果合理预期在审计报告中沟通某事项造成的负面后果超过在公众利益方面产生的益处，我们确定不应在审计报告中沟通该事项。

四川 HX（集团）会计师事务所 中国注册会计师：陈×（项目合伙人）（签名并盖章）
（盖章）   中国注册会计师：黄×（签名并盖章）
中国重庆市   二〇一九年×月×日

（三）保留意见审计报告的格式和内容

保留意见表示注册会计师对已审财务报表总体上给予肯定，但对某些事项的处理有不同的看法，因而有所保留。一般是由于某些事项的存在，无保留意见的条件不完全具备，影响了被审计单位财务报表的表达，因而注册会计师对无保留意见加以修正，对影响事项提出保留意见，并表示对该意见负责。如果认为财务报表整体是公允的，但还存在下列情形之一，注册会计师应当出具保留意见的审计报告：①会计政策的选用、会计估计的作出或财务报表的披露不符合适用的会计准则和相关会计制度的规定，虽影响重大，但不至于出具否定意见的审计报告；②因审计范围受到限制，不能获取充分、适当的审计证据，虽影响重大，但不至于出具无法表示意见的审计报告。

注册会计师在出具保留意见的审计报告时，应于"意见段"之前另设"说明段"，以说明所持意见的理由，并在"意见段"中使用"除……的影响外"等专业术语。如果因审计范围受到限制，注册会计师还应当在注册会计师的责任段中提及这一情况。

发表保留意见的审计报告的参考格式如下所示。

（1）保留意见的审计报告（会计政策选择不当）。

审 计 报 告

ABC 股份有限公司全体股东：

我们审计了后附的 ABC 股份有限公司（以下简称 ABC 公司）财务报表，包括20×2年12月31日的资产负债表，20×2年度的利润表、股东权益变动表和现金流量表以及财务报表附注。

一、管理层对财务报表的责任

按照企业会计准则和××会计制度的规定编制财务报表是 ABC 公司管理层的责任。这种责任包括：（1）设计、实施和维护与财务报表编制相关的内部控制，以使财务报表不存在由于舞弊或错误而导致的重大错报；（2）选择和运用恰当的会计政策；（3）作出合理的会计估计。

二、注册会计师的责任

我们的责任是在实施审计工作的基础上对财务报表发表审计意见。除本报告"三、导致保留意见的事项"所述事项外，我们按照中国注册会计师审计准则的规定执行了审计工作。中国注册会计师审计准则要求我们遵守职业道德规范，计划和实施审计工作以对财务报表是否不存在重大错报获取合理保证。

审计工作涉及实施审计程序，以获取有关财务报表金额和披露的审计证据。选择的审计程序取决于注册会计师的判断，包括对由于舞弊或错误导致的财务报表重大错报风险的评估。在进行风险评估时，我们考虑与财务报表编制相关的内部控制，以设计恰当的审计程序，但目的并非对内部控制的有效性发表意见。审计工作还包括评价管理层选用会计政策的恰当性和作出会计估计的合理性，以及评价财务报表的总体列报。

我们相信，我们获取的审计证据是充分、适当的，为发表审计意见提供了基础。

三、导致保留意见的事项

经审计，我们发现贵公司20×2年12月预付的下年度产品广告费×万元，全部作为当月费用处理。我们认为，按照企业会计准则的规定，预付的产品广告费应作为待摊费用处理，但贵公司未接受我们的意见。该事项使贵公司12月31日资产负债表的流动资产减少了×万元，该年度利润表的利润总额减少了×万元。

四、审计意见

我们认为，除了前段所述预付产品广告费的会计处理不符合规定外，ABC 公司财务报表已经按照企业会计准则和××会计制度的规定编制，在所有重大方面公允反映了 ABC 公司20×2年12月31日的财务状况以及20×2年度的经营成果和现金流量。

××会计师事务所	中国注册会计师：×××（签名并盖章）
（盖章）	中国注册会计师：×××（签名并盖章）
中国××市	二○×三年×月×日

（2）保留意见的审计报告（审计范围受到限制）。

审计报告

ABC 股份有限公司全体股东：

我们审计了后附的 ABC 股份有限公司（以下简称 ABC 公司）财务报表，包括 20×2 年 12 月 31 日的资产负债表，20×2 年度的利润表、股东权益变动表和现金流量表以及财务报表附注。

一、管理层对财务报表的责任

按照企业会计准则和××会计制度的规定编制财务报表是 ABC 公司管理层的责任。这种责任包括：（1）设计、实施和维护与财务报表编制相关的内部控制，以使财务报表不存在由于舞弊或错误而导致的重大错报；（2）选择和运用恰当的会计政策；（3）作出合理的会计估计。

二、注册会计师的责任

我们的责任是在实施审计工作的基础上对财务报表发表审计意见。除本报告"三、导致保留意见的事项"所述事项外，我们按照中国注册会计师审计准则的规定执行了审计工作。中国注册会计师审计准则要求我们遵守职业道德规范，计划和实施审计工作以对财务报表是否不存在重大错报获取合理保证。

审计工作涉及实施审计程序，以获取有关财务报表金额和披露的审计证据。选择的审计程序取决于注册会计师的判断，包括对由于舞弊或错误导致的财务报表重大错报风险的评估。在进行风险评估时，我们考虑与财务报表编制相关的内部控制，以设计恰当的审计程序，但目的并非对内部控制的有效性发表意见。审计工作还包括评价管理层选用会计政策的恰当性和作出会计估计的合理性，以及评价财务报表的总体列报。

我们相信，我们获取的审计证据是充分、适当的，为发表审计意见提供了基础。

三、导致保留意见的事项

ABC 公司 20×2 年 12 月 31 日的应收账款余额×万元，占资产总额的×%。由于 ABC 公司未能提供债务人地址，我们无法实施函证以及其他审计程序，以获取充分、适当的审计证据。

四、审计意见

我们认为，除了前段所述未能实施函证可能产生的影响外，ABC 公司财务报表已经按照企业会计准则和会计制度的规定编制，在所有重大方面公允反映了 ABC 公司 20×2 年 12 月 31 日的财务状况以及 20×2 年度的经营成果和现金流量。

××会计师事务所	中国注册会计师：×××（签名并盖章）
（盖章）	中国注册会计师：×××（签名并盖章）
中国××市	二〇×三年×月×日

（四）否定意见审计报告的格式和内容

否定意见表示注册会计师对已审财务报表总体上持否定态度，认为已审财务报表严重失实，已失去使用价值。

注册会计师经过审计后，如果认为财务报表没有按照适用的会计准则和相关会计制度的规定编制，未能在所有重大方面公允反映被审计单位的财务状况、经营成果和现金流量，注册会计师应当出具否定意见的审计报告。

注册会计师在出具否定意见的审计报告时，应于"意见段"之前另设"说明段"，说明所持否定意见的理由，并在"意见段"中使用"由于上述问题造成的重大影响""由于受到前段所述事项的重大影响"等专业术语。

否定意见的审计报告的参考格式如下所示：

审计报告

ABC 股份有限公司全体股东：

我们审计了后附的 ABC 股份有限公司（以下简称 ABC 公司）财务报表，包括20×2年12月31日的资产负债表，20×2年度的利润表、股东权益变动表和现金流量表以及财务报表附注。

一、管理层对财务报表的责任

按照企业会计准则和××会计制度的规定编制财务报表是 ABC 公司管理层的责任。这种责任包括：(1) 设计、实施和维护与财务报表编制相关的内部控制，以使财务报表不存在由于舞弊或错误而导致的重大错报；(2) 选择和运用恰当的会计政策；(3) 作出合理的会计估计。

二、注册会计师的责任

我们的责任是在实施审计工作的基础上对财务报表发表审计意见。我们按照中国注册会计师审计准则的规定执行了审计工作。中国注册会计师审计准则要求我们遵守职业道德规范，计划和实施审计工作以对财务报表是否不存在重大错报获取合理保证。

审计工作涉及实施审计程序，以获取有关财务报表金额和披露的审计证据。选择的审计程序取决于注册会计师的判断，包括对由于舞弊或错误导致的财务报表重大错报风险的评估。在进行风险评估时，我们考虑与财务报表编制相关的内部控制，以设计恰当的审计程序，但目的并非对内部控制的有效性发表意见。审计工作还包括评价管理层选用会计政策的恰当性和作出会计估计的合理性，以及评价财务报表的总体列报。

我们相信，我们获取的审计证据是充分、适当的，为发表审计意见提供了基础。

三、导致否定意见的事项

如财务报表附注×所述，ABC 公司的长期股权投资未按企业会计准则的规定采用权益法核算。如果按权益法核算，ABC 公司的长期投资账面价值将减少×万元，净利润将减少×万元，从而导致 ABC 公司由盈利×万元变为亏损×万元。

四、审计意见

我们认为，由于受到前段所述事项的重大影响，ABC 公司财务报表没有按照企业会计准则和××会计制度的规定编制，未能在所有重大方面公允反映 ABC 公司20×2年12月31日的财务状况以及20×2年度的经营成果和现金流量。

××会计师事务所　　　　　　　　　中国注册会计师：×××（签名并盖章）

（盖章）　　　　　　　　　　　　　中国注册会计师：×××（签名并盖章）

中国××市　　　　　　　　　　　　　　　　　　二○×三年×月×日

（五）无法表示意见审计报告的格式和内容

如果审计范围受到限制可能产生的影响非常重大和广泛，不能获取充分、适当的审计证据，以至于无法对财务报表表达审计意见，注册会计师应当出具无法表示意见的审计报告。

当出具无法表示意见的审计报告时，注册会计师应当删除注册会计师的责任段，并在"意见段"中使用"由于审计范围受到限制可能产生的影响非常重大和广泛""我们无法对上述财务报表发表意见"等术语。只有当审计范围受到限制可能产生的影响非常重大和广泛，不能获取充分、适当的审计证据，以至于无法确定财务报表的合法性和公允性时，注册会计师才应当出具无法表示意见的审计报告。无法表示意见不同于否定意见，它通常仅仅适用于注册会计师不能获取充分、适当的审计证据。如果注册会计师发表否定意见，必须获取充分、适当的审计证据。无论是无法表示意见还是否定意见，都只能在非常严重的情形下采用。

无法表示意见的审计报告的参考格式如下所示：

审 计 报 告

ABC 股份有限公司全体股东：

我们接受委托，审计后附的 ABC 股份有限公司（以下简称 ABC 公司）财务报表，包括 20×2 年 12 月 31 日的资产负债表，20×2 年度的利润表、股东权益变动表和现金流量表以及财务报表附注。

一、管理层对财务报表的责任

按照企业会计准则和××会计制度的规定编制财务报表是 ABC 公司管理层的责任。这种责任包括：（1）设计、实施和维护与财务报表编制相关的内部控制，以使财务报表不存在由于舞弊或错误而导致的重大错报；（2）选择和运用恰当的会计政策；（3）作出合理的会计估计。

二、导致无法表示意见的事项

ABC 公司未对 20××年 12 月 31 日的存货进行盘点，金额为×万元，占期末资产总额的 40%。我们无法实施存货监盘，也无法实施替代审计程序，以对期末存货的数量和状况获取充分、适当的审计证据。

三、审计意见

由于上述审计范围受到限制可能产生的影响非常重大和广泛，我们无法对 ABC 公司财务报表发表意见。

××会计师事务所 　　　　　　　　　中国注册会计师：×××（签名并盖章）

（盖章）　　　　　　　　　　　　　中国注册会计师：×××（签名并盖章）

中国××市　　　　　　　　　　　　　　　二○×三年×月×日

案例分析

RZ会计师事务所对以下公司2019年度财务报表进行审计，情况如下。

（1）审计甲公司长期投资时，发现一笔数额较大的长期投资是甲公司持有A公司15%的股权，A公司已连续发生亏损三年，2019年年末每股净资产已为负数，因甲公司采用成本法核算长期投资，所以没有确认任何损失。

（2）完成对乙公司的审计后，发现有三项错报，这三项错报每项都小于可容忍误差，但这三项错报之和高于所设定的重要性水平。因其每项错报都小于可容忍误差，乙公司认为不必进行任何调整。

（3）丙公司因财务状况恶化，于2019年年初向法院申请进行债务重整，债务重整是否成功影响丙公司能否继续经营，目前尚无法预测重整的结果。

（4）丁公司于2019年12月31日有一笔数额很大的应收账款客户，占公司流动资产的23%。该客户2019年中期发生火灾且没有进行保险，致使该公司无力偿还丁公司的债务，丁公司不愿在2019年度单项计提较大的坏账准备，只愿意在财务报表附注中说明。

（5）戊公司2019年度的销售收入中有80%是对关联方的销售，经注册会计师审计后并未发现有任何异常现象。

（6）注册会计师未能对戊公司期末存货进行监督盘点，且无法采用其他替代审计程序。戊公司年末存货占总资产总值的65%。

要求：分析每种情况应发表什么类型的审计意见，并简要说明理由。

【解析】（1）应出具保留意见审计报告。长期投资应计提减值准备。

（2）应出具保留意见审计报告。这三项错报之和高于所设定的重要性水平。

（3）应出具无保留意见审计报告。公司的持续经营存在问题。

（4）应出具保留意见审计报告。应对应收账款计提坏账准备。

（5）应出具标准无保留意见审计报告。该公司的关联交易不存在问题。

（6）应出具无法表示意见审计报告。期末存货无法进行监盘。

本章小结

审计报告是审计工作的最终成果，具有鉴证、保护和证明等作用。审计报告分为标准审计报告和非标准审计报告。当注册会计师出具的无保留意见审计报告不附加说明段、强调事项段或任何修饰性用语时，该报告称为标准审计报告。非标准审计报告，是指标准审计报告以外的其他审计报告，包括带强调事项段的无保留意见审计报告和非无保留意见审计报告。非无保留意见审计报告包括保留意见审计报告、否定意见审计报告和无法表示意见审计报告。注册会计师应根据实际情况和各种审计意见的条件发表审计意见，出具不同类型的审计报告。

思考与练习

一、单项选择题

1. 标准审计报告的内容中不包括（　　　）。

A. 引言段　　　　　　　　　　　　　B. 强调事项段

C. 管理层对财务报表的责任段　　　　D. 注册会计师的责任段

2. 如果审计报告的审计意见段中使用了"除……的影响外"术语，这种审计报告是（　　）的审计报告。

A. 无保留意见　　　B. 保留意见　　　C. 否定意见　　　　D. 无法表示意见

3. 注册会计师经过审计后，如果认为被审计单位财务报表没有按照适用的会计准则和相关会计制度的规定编制，未能在所有重大方面公允反映被审计单位的财务状况、经营成果和现金流量，应当出具（　　　）审计报告。

A. 无保留意见　　　B. 保留意见　　　C. 否定意见　　　　D. 无法表示意见

4. 如果审计报告的审计意见段中使用了"由于审计范围受到限制可能产生的影响非常重大和广泛"术语，这种审计报告是（　　　）审计报告。

A. 无保留意见　　　B. 保留意见　　　C. 否定意见　　　　D. 无法表示意见

二、多项选择题

1. 以下关于审计报告的叙述，正确的有（　　　）。

A. 审计报告的收件人一般是指审计业务的委托人

B. 审计报告的引言段应当说明被审计单位的名称和财务报表已经过审计

C. 标准审计报告应该包括管理层对财务报表的责任段和注册会计师的责任段

D. 审计报告的日期不应早于注册会计师获取充分、适当的审计证据，并在此基础上对财务报表形成审计意见的日期

2. 注册会计师在审计报告中的审计意见段之前增加说明段的情形包括（　　　）审计报告。

A. 保留意见　　　　　　　　　　　　B. 否定意见

C. 标准无保留意见　　　　　　　　　D. 无法表示意见

3. 注册会计师经过审计后，如果认为被审计单位财务报表同时符合（　　　）的条件时，应出具无保留意见审计报告。

A. 财务报表已经按照适用的会计准则和相关会计制度的规定编制

B. 财务报表在所有重大方面公允反映了被审计单位的财务状况、经营成果和现金流量

C. 注册会计师已经按照中国注册会计师审计准则的规定计划和实施审计工作

D. 注册会计师在审计过程中未受到限制

三、简答题

1. 简述审计报告的含义和作用。

2. 试述审计报告的类型和基本内容。

3. 试述影响发表非无保留意见的情形。

参 考 答 案

第一章

一、单项选择题

1. D 2. B 3. C 4. B

二、多项选择题

1. ABCD 2. ABD 3. BD 4. ABD

三、简答题

（略）

第二章

一、单项选择题

1. C 2. B 3. C 4. C

二、多项选择题

1. ABCD 2. ABCD 3. ABC

三、简答题

（略）

第三章

一、单项选择题

1. B 2. D 3. C 4. C 5. A

二、多项选择题

1. ABCD 2. ABC 3. BCD 4. ABCD

三、简答题

（略）

第四章

一、单项选择题

1. B 2. A 3. C 4. C 5. C

二、多项选择题

1. ABCD 2. ABC 3. ACD 4. ACD 5. AB

三、简答题

（略）

第五章

一、单项选择题

1. C 2. B 3. D 4. D

二、多项选择题

1. ABC 2. AC 3. ACD 4. AC 5. ABCD

三、简答题

（略）

第六章

一、单项选择题

1. C 2. B 3. D 4. C 5. A

二、多项选择题

1. ABC 2. BCD 3. ACD 4. ABD 5. ABCD

三、简答题

（略）

第七章

一、单项选择题

1. D 2. D 3. C 4. C 5. D

二、多项选择题

1. ABCD 2. CD 3. ABCD 4. ABCD 5. ABCD

三、简答题

（略）

第八章

一、单项选择题

1. D 2. C 3. D 4. B 5. D

二、多项选择题

1. ABCD 2. AB 3. ABC 4. ABD 5. BD

三、简答题

（略）

第九章

一、单项选择题

1. D 2. C 3. A 4. C 5. D

二、多项选择题

1. AC 2. BC 3. ABD 4. ABCD 5. ABCD

三、简答题

（略）

第十章

一、单项选择题

1. A 2. C 3. B 4. C 5. B

二、多项选择题

1. ABCD 2. ABCD 3. ABCD 4. ABCD 5. ABC

三、简答题

(略)

第十一章

一、单项选择题

1. B 2. B 3. A 4. D 5. A

二、多项选择题

1. ABD 2. ABCD 3. BCD 4. ACD 5. ABC

三、简答题

(略)

第十二章

一、单项选择题

1. A 2. B 3. C 4. B 5. A

二、多项选择题

1. ABCD 2. ABCD 3. ABCD 4. ABCD 5. ACD

三、简答题

(略)

第十三章

一、单项选择题

1. B 2. C 3. D 4. B 5. C

二、多项选择题

1. ABCD 2. ABC 3. ABCD 4. ACD 5. BD

三、简答题

(略)

第十四章

一、单项选择题

1. C 2. B 3. A 4. A 5. B

二、多项选择题

1. ABCD 2. ABC 3. ACD 4. ABCD 5. ABC

三、简答题

(略)

第十五章

一、单项选择题

1. D 2. D 3. C 4. C

二、多项选择题

1. ABCD 2. ABCD 3. ABC 4. ABCD

三、简答题

（略）

第十六章

一、单项选择题

1. B   2. B   3. C   4. D

二、多项选择题

1. ABCD   2. ABD   3. ABCD

三、简答题

（略）

参 考 文 献

[1] 陈毓圭. 对风险导向审计方法的由来及其发展的认识 [J]. 会计研究, 2004 (2).

[2] 韩晓梅, 郭威. 现代风险导向审计与项目审计工时: 来自中国证券市场的初步证据 [J]. 会计研究, 2011 (12): 78-85.

[3] 李莫愁, 周红, 夏立军. 风险导向的审计准则是否提高了注册会计师的风险敏感性? [J]. 财经研究, 2015 (9): 96-107.

[4] 刘云, 李霁. 关于审计起源的探讨 [J]. 审计研究, 2000 (5): 12-15.

[5] 陆建桥. 后安然时代的会计与审计——评美国《2002 年萨班斯—奥克斯利法案》及其对会计、审计发展的影响 [J]. 会计研究, 2002 (10): 33-42.

[6] 吴寿元. 企业内部控制审计研究: 基于整合审计的视角 [M]. 北京: 中国财政经济出版社, 2016.

[7] 谢志华, 崔学刚. 风险导向审计: 机理与运用 [J]. 会计研究, 2006 (7): 15-20.

[8] 张俊瑞, 刘慧, 杨蓓. 未决诉讼对审计收费和审计意见类型的影响研究 [J]. 审计研究, 2015 (1): 67-74.

[9] 张龙平, 李长爱, 邓福贤. 国际审计风险准则的最新发展及其启示 [J]. 会计研究, 2004 (12): 76-81.

[10] 中国财政部. 中国注册会计师执业准则 [M]. 上海: 立信会计出版社, 2020.

[11] 中国注册会计师协会. 中国注册会计师执业准则应用指南 [M]. 上海: 立信会计出版社, 2020.

[12] 中国注册会计师协会. 中国注册会计师职业道德守则 [M]. 北京: 中国财政经济出版社, 2009.

[13] 何清萍, 韩月纪. 审计 [M]. 北京: 中国传媒大学出版社, 2011.

[14] 张继勋. 审计学 [M]. 北京: 清华大学出版社, 2008.

[15] 刘明辉, 史德刚. 审计 [M]. 大连: 东北财经大学出版社, 2011.

[16] 秦荣生. 我国国家审计的新要求与新发展 [J]. 财会月刊, 2019 (1): 3-6.

[17] 秦荣生. 我国内部审计的新使命与发展新路径 [J]. 会计之友, 2019 (8): 2-5.